U0095197

张任之　主编

舍勒全集
第 6 卷

社会学与世界观学说文集

〔美〕曼弗雷德·弗林斯　编

晏文玲　译

商务印书馆
创于1897　The Commercial Press

Max Scheler

Gesammelte Werke VI: Schriften zur Soziologie und Weltanschauungslehre

© Bouvier Verlag Herbert Grundmann，Bonn，1985

本书根据 Bouvier Verlag Herbert Grundmann 出版社
《舍勒全集》第 6 卷 1985 年版译出

国家社会科学基金重大项目成果

总　序

　　舍勒在现代欧陆哲学发展史、特别是现象学运动中占有着特殊的地位。在其并不算长的三十年学术生涯中几乎涉猎了现象学、伦理学、宗教哲学、知识社会学、哲学人类学、形而上学、社会批判和政治思想等现代精神科学的各个领域。他是最早有经典著作被译成法语的现象学家,其价值伦理学也被看作自亚里士多德德性伦理学、康德义务伦理学以来伦理学发展的第三阶段,同时,他还曾一度被称作天主教哲学精神的引领者以及知识社会学的先驱和现代哲学人类学的奠基人,等等。可以说,舍勒思想构成了20世纪西方思想运动中的一道绚丽的风景。系统翻译和研究其经典著作,不仅对于更好地把握现象学运动发展,而且对了解现代欧陆哲学发展史,以及对汉语学界的伦理学、知识社会学、哲学人类学等学科建构,特别是对现象学的中国化或汉语现象学(比如心性现象学)的建构和发展,都有着重要的意义。

　　德文版《舍勒全集》由舍勒遗孀玛丽亚·舍勒(Maria Scheler)和弗林斯(Manfred S. Frings)先后主持编辑,至1997年出齐15卷。自1989年开始,舍勒的著作便有了汉译本。此后,在两岸三地学者的共同努力下,舍勒著作的汉译已经有了一定的积累,这些著作也已经极大地推动了汉语学界的舍勒研究。但是,与现已出版的德文《舍勒全集》相比,以及与英语、意大利语、法语、日语等舍勒著作的翻译相比,中文本的翻译出版仍然滞后了很多。

有鉴于此,在 2017 年度国家社科基金重大项目"《马克斯·舍勒全集》翻译与研究"的支持下,我们拟与"国际舍勒协会"合作,在德文版《舍勒全集》十五卷的基础上,吸收该全集出版二十多年以来国际舍勒研究界的相关成果,全面汇辑新整理出版的文献,形成第 16 卷,同时结合国际学界最新研究,部分吸纳更为可靠和信实的底本,总计编辑并翻译 16 卷本的《舍勒全集》。这一全集翻译计划不仅是国际上第一套《舍勒全集》的翻译,而且是一套比德文版全集收集更全、考证更详、更为精确、更为完善的全集版本。希望此套全集的编译出版能为汉语学界的舍勒思想研究、现象学研究提供重要的文献支撑!

张伟

2019 年 4 月 24 日

目　　录

基督宗教与社会

增　补

同时期发表的其它短文

附　录

全 书 前 言

我的出版商希望我能为已绝版的拙作《战争与建设》（1916 年） 7
的再版工作做准备。经细致商讨，我们最终决定，把书中所有不以
该书面世时段内德国所处历史局势的时代问题为转移的文章，也就
是那些包含不受时代限制的认识及真理内涵的文章，再加上一些部
分已在期刊上刊登过、部分尚未发表过的新文章和论文一道，集结
成四个分卷。整部作品题为《社会学与世界观学说文集》。四个分
卷分别为：第一分卷，《道德文存》；第二分卷，《国族与世界观》；
第三分卷，《基督宗教①与社会》；第四分卷，《历史哲学》②，其各自
内容已由上述标题自动得到了说明。

笔者是如何理解"世界观学说"的，第一分卷的第一篇文章给
出了明确和清晰的说明。同时，作为笔者立论的基础，前两篇导论
式文章对孔德提出的三阶段法则提出了批判，从而拒绝了所谓的

---

① 此译本中，"基督宗教"一词作泛指概念用（少数情况下也使用"基督教"一
词），即对基督宗教各派别不加区分和限定的统称；在指称历史上宗教改革后形成的新教
各宗派时，将根据原文，或采用"基督新教"一词，或使用各具体宗派的名称。——译注

② 计划中的第四分卷（《历史哲学》）并未出版。提到该分卷的脚注在目前此《文
集》版本中仍予以保留，因为它们提示了作者的计划。附录中还有几个脚注提示了作者
日后发表的文章，其中就包括此处计划作品的一部分。历史哲学方面的作品预计会收
录于《舍勒全集》第 13 卷。——编者注

"社会学"这个词和这件事所起源于的那个实证主义的观念圈,而三阶段法则正是此观念圈的一个核心组成部分。由此,这两篇文章也指出了一切所谓"社会学的"理解和解释的意义与边界之所在。第四分卷《历史哲学》还会进一步阐述笔者所理解的社会学的更确切意涵。(尤其可参"历史效应因素的本质及秩序"一文。)[①]

　　笔者之所以选择上面这个主标题,是因为将分卷中集结的几乎所有文章贯穿起来的纽带,首先并不是对某一种世界观的代表,而是对给定的、至今仍起作用的"诸世界观"的客观意义和主观态度形式的澄清。并且,此处使用的"诸世界观"一词,不是指所谓的"世界观哲学"的日常产出,而是在"诸世界观"一词的创造者威廉·冯·洪堡的意义上,作为相互关联的大型群体所具有的有机且历史地形成的观看和评价世界、灵魂及生命的方式与方法的称呼。在这个意义上,每个人都有其"世界观",每种职业、每个阶级、等级、国族也都有其"世界观"——就像每个主体都有其语言那样——无论世界观主体是否以及在何种程度上将自己世界观的内容整理成反思式的判断知识。当然,和黑格尔一样,我们认为,在与今天任何一种将整个哲学分解为单纯的比较世界观学说的尝试的有意识对立中,最终,也只有从一种系统性的事实哲学出发,世界观学说才能证成;并且,对于事实上存在着的"诸世界观",也只有从一种被有理有据且理性明见地证成和设定的"世界观"出发,其意义和

8

---

　　① 此处参收录于《知识诸形式与社会》(1926 年;伯尔尼,1980 年,第三版;后即《舍勒全集》第 8 卷)一书中的论文"知识社会学的诸问题"(1924 年)的第一部分。——编者注

相对真理内涵才能正确地被理解、被概观。人或许尚可"理解"蠕虫、青蛙、黑猩猩的世界观，但反过来，蠕虫、青蛙、黑猩猩却无法理解人的世界观；醒着的人或许尚能把握并描述做梦的人的世界，但反过来，做梦的人却无法把握并描述醒着的人的世界。同样的道理，只有已亲自钻研过哲学的那些永恒的事实问题的人——他仿佛站在他那以如此方式登上的自由瞭望台上回头眺望——才有能力完全把握事实存在着的诸种群体世界观各自所特有的狭隘性、模糊性以及个别性。只有正确、适当以及绝对的认识，才能在最终照亮其对象以外，也使得我们的世界图景当中那些错误、不适当以及相对之事被理解——按照斯宾诺莎的深刻说法即是："正确之事是其自身的记号——同时也是错误之事的记号。"因此，我们这部并非为了证成我们的哲学，而是首先致力于理解现存诸世界观的意义的文集，并不否认我们自己的哲学和"世界观"，它希望以间接的方式，服务于笔者的系统性著作所直接服务的同一个目标：澄清并巩固几个核心基本观点——今天的人正是带着这几个基本观点迎接混乱的日常生活的多样性的。

对于在原《战争与建设》一书的那部分文章之外新加入的文章，各分卷的简短前言会分别细加介绍。所有这些文章加起来，会使本文集的篇幅在原《战争与建设》一书基础上翻倍。第四分卷不包含现已绝版的原书当中的任何一篇文章[①]；第四分卷的任务在于，首次

---

① 参前揭，第 7 页。——编者注。［本书作者和德文编者所指页码均为原文页码，即此中译本的页边码。——译注］

以文字形式将笔者过去常在高校以大课形式讲授过的历史哲学的基本线索公开发表出来。

马克斯·舍勒

1922 年 11 月于科隆

道德文存

《道德文存》前言

第一分卷《道德文存》的开头两篇文章，"世界观学说、社会学
与世界观设定"和关于奥古斯特·孔德"三阶段法则"的那篇，应
作为整部文集的导论。此外，我们还将"论受苦的意义"和"爱与
认识"（另见《战争与建设》）这两篇文章收入了本分卷，再加一篇
较短的文章"论对欢乐的背叛"，这三篇构成一个整体。[①]"论受苦
的意义"一文进行过大幅扩充，它位于本分卷的中间位置。这篇文
章既希望用"世界观"对"痛苦"这件我们这个世界的根本事实的
诸种阐释形式进行比较式的描述，又希望揭示出伦理上与这些世界
观相应的目标观念，以及隶属于这些世界观的灵魂技艺。在我们练
习这些技艺时，由于我们的人格-精神举动的投入，痛苦得到了——
根据理想类型的不同而不同的——"对待"。近年来，随着笔者学
会了把"忍耐的技艺"看得比那股主动去对抗受苦缘由的力量更为
重要，相应地，对笔者而言，这项研究的对象也变得越来越重要。
这项研究所希冀的，不仅在于提供冷静的理论认识；它更希望指明
我们面对受苦的态度所可能具有的全然不同的形式，由此展示出现
代西欧对待受苦时的那种巨大而又极为可疑的片面性，进而以"忍

---

① 此处未提到的文章"论东方和西方的基督宗教"（Über östliches und westliches Christentum）是作者写完前言后才收入当时出版的第一分卷的。——编者注

耐的技艺"为例，为"经过系统训练的灵魂技艺"这类重大问题提供一种初步的展望。若除此之外这项研究还能再给读者注入些许"耐心"这门高贵的技艺，那么笔者就更满意了。向人格统一体"凝神"、沉默、忍耐、沉思自身、默观、默想，以及其它一些非同寻常的意识状态，这类经过系统训练的技艺是我们在自然态度和天然世界观条件下所不具备的；然而，恰恰作为我们人格精神的支配域在生命进程的内在世界这个方向上的扩展，这类技艺在如今这个时代，至少变得和我们人类对无生命自然界的支配域在物质技术层面的扩展同样重要。在我看来，德意志青年运动①当前就已成熟地认识到，让灵魂变得宁静、有力、自由并且准备好采取我们民族有朝一日若要从它深重的苦难中振作起来所决然必需的那些行动的，不是抱怨、厌世、冷酷、叫喊，也不是漫无目的、比划来比划去的外在的所谓"行动主义"，而是每个个体都应当操练的一种新式的、系统化的自我与灵魂科目——根据古往今来最优秀的人们凝聚到某一点上的智慧和经验。如果说，在另一篇论"对欢乐的背叛"的文章中，我们是在同德国人思想当中的那股强劲的——按照我们的信念乃是错误的——蔑视幸福的潮流做斗争，那么，我们之所以那样做，是因为得到正确理解的幸福本身就属于伦常力量最强大的本源。而上述两篇文章的用意，便在于指出提高这种伦常力量的道路。

马克斯·舍勒

1922 年 11 月于科隆

----

① 参见附录部分短文"青年运动"，见编者后记。——编者注［此处"附录"为德文编者用词，实际应为本书"同时期发表的其他短文"部分。——译注］

世界观学说、社会学与世界观设定

为了提出本系列研究导论部分所应探讨的问题，我还得从马克 斯·韦伯在慕尼黑发表的那场题为"科学作为天职"（1919 年）的演讲说起。该演讲的第二部分，即讨论"科学天职"问题的那部分，在学界引发了一场颇为可观的讨论[①]。另外，韦伯在那场演讲中提出的观点最近受到了热烈的追捧，例如雅斯贝尔斯在其《世界观心理学》、拉德布鲁赫在其《法哲学》中的论述（还有其它一些没那么引人瞩目的作品）。当然，韦伯的这些观点首先体现在他自己的大部头作品《宗教社会学》之中。上述事实都提高了他那场演讲的重要性。

韦伯演讲的第二部分可总结为五大观点：一、对于世界观设定而言，实证式的专业科学毫无意义可言。专业科学必须严守价值中立，在世界观上必须毫无前设。它的历史进程从本质上讲是无止境

---

① 参见冯·卡勒（E. v. Kahler）著《科学之职业》（Der Beruf der Wissenschaft），柏林，1920 年；萨尔茨（A. Salz）著《捍卫科学、抵制蔑视科学群体中的受教育者》（Für die Wissenschaft gegen die Gebildeten unter ihren Verächtern），慕尼黑，1921 年；库尔提乌斯（E. R. Curtius）著"马克斯·韦伯论'科学作为天职'"（Max Weber über Wissenschaft als Beruf），载《工作共同体》（Die Arbeitsgemeinschaft），1919 年度，总第 17 卷；特洛尔奇（Ernst Troeltsch）著"科学界的革命"（Die Revolution in der Wissenschaft），载《施莫勒年鉴》（Schmollers Jahrbuch），1921 年度，总第 45 卷。

的，研究者只能以极严谨的戒断世界观的姿态，为既有的"科研现状"稍微添砖加瓦，而且他必须时刻意识到，自己取得的成就一定会被后世再度超越。二、尽管如此，对人类而言，拥有某种世界观，"供奉某些特定的神祇"（韦伯语）而排斥另外一些，这是一件比一切科学都重要得多的事情。三、因为哲学（哲学上，韦伯十分接近康德主义在李凯尔特那里经过费希特式的以及意识唯心主义层面的改造后的形式）必须将自己完全局限于一种纯形式上的认识与规范论，并且，因为质料形而上学以及对客观价值等级秩序的任何质料认识都被康德一劳永逸地克服了，因此，哲学永远不能给出并设定"世界观"。不管是在科学上，还是在哲学上（基于洞见、认识、智慧），都不应有世界观设定，取而代之的将会是关于诸世界观的学说。这种学说的任务在于（正如狄尔泰尝试就诸种哲学世界观表述过的那样），在客观的意义理解下对诸世界观的内容进行描述（描述式世界观学说），并发展出一种关于世界观的比较式理想类型学，甚至再以某种关于主观理解的心理学将前面那种理想类型学回溯到人类心理的基本类型上去（例如西美尔、雅斯贝尔斯），以期在（静态、动态兼具的）比较社会学研究中"理解"世界观与经济体系、政治体系、种族，乃至与民族和人类的发展阶段之间的种种关系。除了这种部分是客观-意义描述式的、部分是心理学-社会学的世界观学说，还可以有一种对历史上各种既有的世界观在技术层面加以应用的学说，它会告诉修习该学说的学徒：倘若你自愿选择了此种或彼种世界观（比如作为修道者、从政者、经商者），那么，鉴于你在价值中立姿态下所研究的事实，鉴于这些事实的虽价值中立但纯属假设性的法则（自然律以及所谓的阶段律及发展律，或发展方向），在此问题或彼问题上，你基于你自身世界观的意义与价值必须做出这样的决定而非其它的决定，并且，你还必须为自己的决定承担不管是从哲学上还是从科学上都找不到根据的责任！四、现在，既然科学、哲学、世界观学说在此都是无用的并且都被排除在外了，那么，根据韦伯的观点，又是什么导致了"设定"并拥有某种世界观呢？韦伯的回答是：要么是传统、习俗、"在某种世界观占统治地位的圈子里有机地出生并在其中接受教育"这件事、阶级命运、民族命运，要么则是"卡里斯玛型先知"（但这一概念仍须价值中立地去理解，并被当作远超宗教之外的榜样与领袖类型吗？——比如煽动者、"福将"［heureux général］①、经济带头人、阶级领袖等）。让我们产生追随榜样和领袖的动力的，不是任意一种认识与洞见，而仅仅是"先知"的纯粹暗示性的力量与追随者的某种完全非理性的"决定"，即"信仰冒险"的合流。在这里，（有着加尔文宗的心思结构却无加尔文宗信仰的唯名论派意志论者）②韦伯常常有些故弄玄虚。他提到，人之中有选择这些或那些"神祇"的"神魔"（Dämon），还提到"命运"（一半是指古希腊的赫玛墨涅神［Heimarmene］，一半则是加尔文宗预定论意义上的）以及性格不可避免的如此性（Soheit）。五、不过，韦伯最后还确认了一件依据他自己的哲学与

---

　① 舍勒在此处以法语词组"heureux général"所指人格类型，其原型应是普鲁士著名将领冯·比洛（Friedrich Wilhelm von Bülow, 1755-1816）将军。这位将军曾在第六次反法同盟与拿破仑的系列战争中（尤其是在莱比锡战役和滑铁卢战役中）屡立战功，因而在民间有"福将"之美誉。——译注

　② 参见《知识诸形式与社会》1980 年第三版中来自舍勒遗稿增补部分的成于1921 年的手稿，该文曾以"马克斯·韦伯对哲学的取消（唯名论思想样式的心理学与社会学）"为题发表过（亦可参《舍勒全集》第 8 卷编者后记）。——编者注

科学"天职"理论来判断恰恰尤具悲剧性，甚至可以说几近恐怖的事实，那便是："先知"和"救主"其实并不存在。因为"先知"既不能被"研究者"、"教授"、"哲人"取代，也不能被总是活在教会中的基督（这个可能选项也被韦伯排除了）所取代，所以，只剩下一种姿态，即：带有终末论色彩地盼望先知，与此同时，在环绕着我们的绝对"黑暗"和"长夜"中痛苦地隐忍。在这样的"长夜"里，我们只能从事苦修式的"科学"，研究非设定式的"世界观学说"。这场著名演讲体现了现已离我们而去的这位令人尊敬的作者的整个灵魂的高度，它非常生动地以流亡时期的"以东守望者之歌"①作为结语："有人从以东的西珥呼喊：'敢问守望人，长夜何时尽？'守望者答曰：'白昼终将至，眼下夜未央！君若欲知悉，劳请复来询。'"

这里，我们希望避免像韦伯和他的学生雅斯贝尔斯原则上针对一切世界观（这当然不包括他们自己的世界观）所做的那样，去书写在某种被十分明确"设定的"世界观基础上形成的对事物的看法——这种看法自然非常具有启发性——的"心理学"。②这是出于对刚刚离我们而去的这位大师的学术成就和人格魅力的敬畏。韦伯的那篇重要讲话不单单是一份记载人类思想的文献（documen thumain），关于这一点，有他的表态所得到的强烈拥护为证。这意味着：他的演讲除了是一份记载人类思想的文献，还是一份记录了一整个时代的震撼式的文件——可惜的是，这个时代正是我们身处

---

①　此处的"以东守望者之歌"直接根据德语原文译出。该歌典出圣经旧约《以赛亚书》21：11-12，其中，"以东"和"西珥"分别为圣经地名，思高本分别作"厄东"、"色依尔"。——译注

②　参前揭（亦可参《舍勒全集》第8卷编者后记）。——编者注

的时代。在此，我不想没完没了地批判韦伯的立场，我只想将他演讲的思想内容和我对事物的看法进行对比，继而从中得出几点对韦伯以及对讨论这篇演讲的文献的批评。

　　我首先列出三种直观形式的本质区分，它们又分别要么是世界观（*Welt*anschauung），要么是自身观（*Selbst*anschauung），要么是上帝观（*Gottes*anschauung）。第一种直观形式是绝对天然的世界观①（以及天然的自身观或上帝观）。这是一种在哲学中需要进行描述式说明的、历史-社会学层面不变的"常量"；当然，要在（艰难地）剥离了每种具体的群体世界观当中总是与它交织在一起的"真正的、活着的"传统之后，这种绝对天然的世界观才会出现。这里所说的"真正的"传统，其内容仅仅是某一传统中被体验为当下直观的内容，这一传统的载体则完全没有被意识和认识到。②接下来第二种是"相对天然的诸种世界观"，它们是由绝对天然的世界观加上活着的真传统复合而成的。它们在历史层面和社会学层面都不是恒定的，对于每一个群体单元，比如"文化圈"、"国族"、"民族"，它们都是各不相同的。不管有什么透过"历史命运"进入了这些相对天然的世界观，它们之间的相异性的最终源泉都是（谱系学意义上而非系统意义上的）种族在态度、价值、生命力心理方面所具有的观念形式的缩影。就算是那些"相同的"历史命运，也会被不同的种族态度以不同的方式加以处理，因而，以结晶化的方式进

16

---

① 参见"知识社会学的诸问题"，概念索引。——编者注

② 详参拙著《论同情感的本质》一书中关于"传统"之本质的论述，波恩，1923年。[参见《论同情感》第五版，美茵河畔法兰克福，1948年，概念索引。该书后作为《舍勒全集》第7卷出版，1973年第六版。——编者注]

入其各自活传统的东西也会是不同的。它们之间的相异性既不能从历史的角度，也不能从心理学或社会学的角度加以解释。只有奠基于精确的遗传理论、部落与家族研究以及人种学之下的某种研究心理遗传值的种族遗传学，才有可能解释清楚这些活传统最初的出发点。三、与前两种世界观形式相对的是全体教育世界观（以及教育自身观与教育上帝观）的缩影。它们是由有意识的精神活动创造的，它们依据"少数几位"领袖和榜样人物联同"众多"追随与效仿者的法则得以传播并获取权力。每一种"教育世界观"都建立于相对而言天然的世界观的坚实基础之上，它既不能推倒，也无法从根本上改变后者的效力与构成。真正的活传统只可能（像有机体那样）"消亡"。比方说，科学有可能成为其掘墓人，也有可能加速其本来就业已展开的消亡进程，但科学不可能是其真正的死亡诱因。相对天然的世界观只能由于（1）混血以及（2）诸民族的总体生命过程相互间真实的共生发生改变，例如，得到统一、融合、分裂，但它们从来就不可能首先因为纯精神层面的手段（学说、教育、精神归化等）而发生变化。

那么，一种信仰观点、一种信念、一种价值态度等，究竟属于"相对而言天然的"世界观，还是属于"教育的"世界观呢？对这个问题，现在有某种更确切的标准吗？我认为是有一种完全确切的标准的——哪怕它可能常常难以运用到具体的情况上。某个群体相对天然的世界观包括了所有那些在该群体里被相信和感受为无需证明且不是任何或然举证责任之对象的事物，即被相信并被感受为完全"不言而喻"的那些事情。比方说，在古印度全境，灵魂的不断生（Fortleben）属于相对天然的世界观，因为人们觉得不断生无需证明，相反，可能出现的停止，即死亡，则是需要证明的。在古印度，佛陀是作为"死亡的发现者"出现的，而他有关涅槃的教诲的（为所有新涌现出的教育世界观最初所特有的）巨大"矛盾"即在于此。[①]相对地，在整个西方，包括古代在内，"居主导地位的"同一套信仰学说却并不属于相对天然的世界观，而属于教育的世界观。[②]

　　在教育世界观里，如果我们只着眼于世界认识观（也就是说，如果我们在此排除宗教、艺术、伦理），那么，我们会碰到"科学"和"哲学"（首先作为形而上学和价值学说）这样两种本质相异的范畴。我们今天称之为"科学"的，它本身也只是某一种世界观，即西欧世界观的产物——或者更恰当的表达应是：它只在这种世界观主导下才有可能存在。[③]

　　我几乎完全赞同韦伯下面这句话的核心观点："对于某种世界观的获取和设定而言，科学——越是严肃、严谨、毫无前设地理解和从事科学的话——从本质上讲完全没有任何意义。"埃里希·冯·卡勒写过一本精彩的书，在基本倾向上很有道理，但在该书中，他有一处严重错误：他对韦伯上面这句话提出质疑，认为这句话只适用于"传统"科学，也就是说，冯·卡勒想要"革"科学的

---

① 参见本卷"论受苦的意义"一文。——编者注

② 参见罗德（E.Rohde）的"心理"（Psyche）概念，在罗德那里，"对灵魂的实质设想起源于亚洲"这一点得到了详细的证明。

③ 在接下来的一篇论述孔德三阶段法则的文章中，笔者根据认识论的结构、领袖类型、社会学形式、与国族间的关系以及在历史中的运动样式、意义与目标，对哲学与科学的本质相异性进行了描述。[参见作者后来的文章"知识社会学的诸问题"。——编者注]这里，笔者明确以该文中所述内容为前提，这样做同时也是笔者为本文的目的对其进行的扩充。

"命"。他想要从基础和方法上着手，重新构建西欧历史历经两千年
累积下来的全部作品，这部全集便是理性的、世界观方面无前设的、
归纳式或者形式-演绎式的专业科学。他完全没有看到自己这种尝
试的荒谬之处。不管提出这样一种要求的，究竟是那些要求用"无
产阶级新科学"去取代所谓的"资产阶级科学"的共产主义者，还
是那些言过其实、思想复辟的浪漫主义者，这种要求都是一样没有
意义的。"意识形态"有资产阶级和无产阶级"意识形态"之分（即
由阶级利益隐秘且前意识地所主导的历史构想和行动纲领），"科
学"却只有与这些"意识形态"毫无瓜葛的"诸门科学"。科学与设
定式世界观之间没有也不能有关系，这并不在于某种不完整的历史
状态，而——正如韦伯很正确地认识到的——在于科学（以及各种
样式的科学，包括文化学与精神科学）的本质之中。

　　以下，我简短总结一下将"'科学'可以赋予世界观"这种可能
性永远排除的本质特征：一、科学的本质包括劳动分工的多样性。
"唯一的"科学并不存在，存在的只有诸门科学。而世界观却要求
统一，世界观的获得不存在"劳动分工"。二、科学要么是（像数学
那样）以形式-演绎的方式进行的，它从暗含的定义出发，其认识值
不是由它自己而是由哲学（数学哲学）来检验。在一个本质无止境
的过程中，它从对感官知觉内容而言预先给定的某种直观材料中，
构建出虚构的结构来，这些虚构结构的内在法则性使得我们有可能
在面对真实自然的同时去研究某种可能自然的诸种纯形式，并在它
们的帮助下，对真实自然加以整理和规定（数学哲学的对象就是研
究这如何才可能）。要么，科学就是以归纳的方式进行的，就像在
一切实在科学中所进行的那样。即便是这个时候，科学在其发展的

每个环节也都是未完成的，意思即是说，它处在一个无边界的过程中。它的每个结果都（a）仅仅是或然性的（即柏拉图意义上的意见，而非真知），（b）总是能用新的观察、实验等进行修正的。[①]而世界观却想要（a）将某种"不言自明"且不可更改的事物吸收进它的信念中去，正如只可能存在着不言自明的先天的本质知识那样（本质知识既与宗教意义上对启示的"信仰"根本不同，又与归纳式的可能知识根本不同），（b）构建某种原则上在每个时代都可从恒定的"天然"世界观中获得的事物，（c）某种以或"开放"或"封闭"系统（我们反对后一种系统）的形式反映出世界永恒结构形式的世界整全性。三、科学是价值中立的，这并不是因为（像韦伯所认为的那样）不存在客观价值，或者客观价值没有严格、明见的等级秩序，而是因为，为了保有其对象，科学必须有意识地不以任何价值为转移，尤其不以上帝、人、族群、党派的任何特定的意志目标为转移。这即是说，在研究中，科学对待这个世界"就仿佛"世界上没有自由的个人和因缘一般。四、科学与天然世界观所包含的那个仅以人类为中心的世界无关，与每种"世界观"都想要在其中说了算的那个绝对此在域也无关，而只与位于上述两个此在层级之间的那个此在层级有关，这个层级（a）是同生命知觉以及可能对周遭世界产生的自由活动与控制行为的任何一个中心相关的，但不再同"人的"组织相关，（b）对人来说可以（不依赖于文化圈、国族、民族、个人禀赋而）"普遍适用"。正是因为世界观想要"拥有"和占有，并且想

---

①　此处请参拙著《论人之中的永恒》（Vom Ewigen im Menschen，1921 年）中"论哲学的本质"（Vom Wesen der Philosophie，1917 年）一文。[参见带附录的第四版，伯尔尼，1955 年。——编者注]

要纯默观式地"拥有"和占有绝对的本质及此在，其对象是此在绝对的，因此，就其本质而言，世界观是被个人、或者说（就连在其大批追随者那里也是）被由个人组成的领导者群体所规定的，这些领导者并不是"研究者"，他们是"形而上学者"和"智者"。

而韦伯的错误就是从这里开始的。他把"个人"（persönlich）和"主观"（subjektiv）两者混为一谈了——而不是把前者理解为最大程度上且超常规地"客观"——并且，他对科学为了控制世界之故（为了预见而看见；"知识就是力量"）而对直观世界和生命现实进行拣选时所依据的那些仅普遍适用的生命价值和目的不感兴趣。他没有看见，只有认识的人格形式才能给予世界以整全性，一切事物的绝对此在层级也只对人格形式开放。[①]韦伯和康德一样，把我们的意志目标的那种绝对的事实协调（严格意义上的"真"）与价值协调（严格意义上的"善"）的观念歪曲成了对全人类而言单纯的"普遍适用性"的观念；[②]他完全没有看见，总是只有相对的真和善才可能"普遍适用"，绝对的真和善只能是并不普遍适用的人格-个体层面的真和善，即在仅普遍适用者范围内作为精神上层建筑而超越于纯粹普遍适用者之上的那种真和善。科学若仅仅是"对世界的祛魅"，那它就只能给出技术上有价值的知识。韦伯自己肯定也对这一点有着敏锐的感受。不过，他既没有看出其原因，也没有看出，

①　关于"人格与世界"，关于绝对的、人格式的以及相对的、普遍的真理，请参《伦理学中的形式主义与质料的价值伦理学》（1913-1916），第六篇 A 第 3 章 c，新版概念索引，伯尔尼，1980 年第六版。即《舍勒全集》第 2 卷。——编者注

②　此处参《论价值的颠覆》（Vom Umsturz der Werte）[参见第五版，伯尔尼，1972 年，附录一则（概念索引）。即《舍勒全集》第 3 卷。——编者注]中的"道德建构中的怨恨"（Das Ressentiment im Aufbau der Moralen，1912 年）一文。

比起仅仅对我们的诸门科学和价值认定的纯形式上的前提加以确定——这么做当然还不足以设定某种世界观——作为本质直观术和形而上学的哲学还有着完全不同并且关键得多的任务。

　　正如特洛尔奇在上述文章中极为正确地发现并指出的那样，哲学（不光以其如今的成就，更同时也作为人的实质性的认识姿态）在韦伯这里完全不值一提。冯·卡勒没有要求在观念、质料和严格本体论的意义上进行一场哲学变革（因为他正确看到了，韦伯的观点对任何精神建设来说都会是灭顶之灾），他倒是无缘无故地要求掀起一场"科学的革命"——而非顶多透过一种改良过的质料层面的事实与存在哲学去为诸门科学赋予精神生机。然而，对韦伯和他的朋友们（萨尔茨、雅斯贝尔斯、拉德布鲁赫）来说，这些错误的开头，其后果不亚于将所有质料层面的哲学都消解为纯粹的"世界观学说"（相应地，恐怕我们还得说：把所有的教义神学和天然神学也都消解为宗教学，消解为系统的宗教世界观学说和历史的宗教世界观学说）。

　　由此，首先可以得出韦伯圈子里那个常见的[①]、毫无意义可言的"先知式哲学"的概念，此概念与科学以及世界观学说并立。自然，苏格拉底、柏拉图、亚里士多德、笛卡尔、莱布尼茨、斯宾诺莎、黑格尔、谢林、叔本华、爱德华·冯·哈特曼这一干人等总得有个去处。既然他们和世界上所有伟大的形而上学者一样，既不认为自己是监管诸门科学的警察和形式上的认识理论家，又不认为自己是专

———————————

　　① 参诸如雅斯贝尔斯（K.Jaspers）所著《世界观心理学》（Psychologie der Weltanschauungen），柏林，1919 年。

业研究者，更不会满足于仅仅去描述其他人的世界观或是从心理学和社会学层面对其加以"理解"，于是，他们就被作为类型（毫无道理地）等同于先知式的修道人，即耶利米、以赛亚、摩西①之类的人了。这种划等号的做法不仅是对宗教本质的深刻误解（简直是诺斯替派或文人式的对宗教的瓦解），也是对哲学本质的深刻误解，还是对宗教与哲学的认识源泉（对宗教而言是启示和恩宠，对哲学而言是自发认识）的深刻误解。可在韦伯圈子里，这一点并未被注意到。

这样一来，其实如此重要的世界观学说在知识体系当中的位置就遭到了不小的误解。展开批评前，让我们先试着对这个位置进行一下确定：

哲学形而上学是设定式的世界观。它具有——在这里我只能稍微提一下——三重本质相异的认识源泉：(a)有着恒定性的天然世界观；(b)哲学上的本质学（Eidologie），它对所有事实领域里的现实要素（它仅作为在追求、意愿、消极和积极的专注中对某个行动的可能抗阻被给予给我们）②进行还原，发展出一种关于形式和质料层面全部此在可能性的先天知识（即一种不取决于归纳式经验量的知识）；(c)各门科学达到的水平。形而上学——指向绝对此在者——把绝对此在者的形式等同于天然世界观的对象的此在形式，而把天然世界观所包含的一切始终只以人类为中心、与人的此在相

---

① 这几位人物，天主教习惯上分别作"耶肋米亚"、"依撒意亚"、"梅瑟"。——译注

② 关于实在性的问题，参见"认识与工作"一文，收录于《知识诸形式与社会》，第三版，伯尔尼，1980年。《舍勒全集》第8卷以及《舍勒全集》第9卷《唯心论——实在论》。——编者注

关的内蕴都摒弃掉；它仅从对被还原的本质世界的先天认识中提取它所下判断的质料谓词和它所做推理的大前提；最后，它再从实证科学对现实的认识中采纳它所下判断的主词和它所做推理的小前提。形而上学便存在于上面这种对认识世界的三种形式所进行的融合之中。难道说，科学已经克服了天然世界观？因为它给出了一个不再与人及其特有的感性组织方式此在相关的世界，这个世界虽可被转译为一切可能的感性语言，却依旧还是与某个受制于感性的生命体此在相关，即某个具有知觉——以便透过知觉迹象去获得预先勾勒好的、自己可能会对世界采取的行动——的生命体。正如没有注意力就没有感知力，没有生命体的行动体系也就没有其感性的样式和性质。

　　形而上学以范畴论（即此在形式理论）、本质学和科学这三者为 21前提。前两组认识是不言自明的，并且，在仅为渐增归纳式的历史经验的每个阶段，我们从原则上讲都能够达到这两组认识。它们并不取决于经验的量。但是，因为形而上学的每个认识当中都融入了实证学的结论，所以，每个这种样式的认识都只会是假设性的和或然性的。[①] 从形而上学的前两重认识源泉中，我们理解了首先由狄尔泰和西美尔确切认识到的事实，即，会有有限数量的形而上学体系类型不断重复出现（例如唯物主义、客观唯心主义、自由的人格主义等），因此，形而上学不会表现出持续的进步，也不会表现出知识前一阶段相对于后一阶段而言的持续式的作废——就像科学必

---

　　① 此处参见"现象学与认识论"，收录于《遗稿第一卷》第三章，"现象学之争"，1933 年初版；伯尔尼，1957 年第二版。《舍勒全集》第 10 卷。——编者注

然会经历的那样。对于那些跨意识的此在形式和本质脉络，我们有可能会不断得到更新的认识。在这个意义上，哲学的整座大厦都在"不断增长"，只不过其增长方式在于，所有过去曾取得过的都"被保存下来"，而不是像在归纳式科学当中那样，被新的观察和经验所"克服"。因为，一旦本质脉络和此在形式被认识，那么，相对于所有归纳式的、历史累积的经验来说，这种直观式的知识是严格先天的。此外，哲学的增长还有另外一个维度：哲学的可能"类型"中的每一种，都试图以实证科学的精神去达到该科学每一次经扩展所达到的水平，并将科学上取得的成果纳入自身结构中去。只在后面这个方面，形而上学才同时也是"时代的表达"，意思即是，它也受到历史条件的限定。否则，哲学——恰恰基于其根本认识样式——就只是哲学："永恒哲学"。但它是有着多种类型的哲学，其中每种类型都认为自己才是"那个"唯一的哲学。

那么，从体系类型的这种持续的共存中，我们是否能得出韦伯、西美尔、雅斯贝尔斯所得出的结论，即，所有这些类型既不真也不假，它们只是心理学层面不同的人之类型的"表达"吗？对此，我们必须回答：不能！只有那种普适于一切哲学争论的可调解性失效了（这仅是一件"社会层面的"事实，或只是"社会层面的"恶）。但是，关于绝对实在在事实层面的真理性的观念，并不关心社会层面"对统一的需求"，而不管有多少人在主观上有能力把握这种样式的"真"。另一方面，在相对于此在的真理的意义上（莱布尼茨已深刻认识到这一点），并不是没有哪种体系类型可被判断为"真"，而是这些体系类型中的每一种都在如下意义上可被判断为"真"，即，

22 每一种体系类型都同任何一个与某个主体此在相关的世界层级相

符——也就是对应于从事哲学的各色人等的人格类型所构成的客观等级秩序的那个层级——都是匹配的。从普罗泰戈拉到休谟、孔德、斯宾塞、密尔，这些实证主义者一直都是同一种人。有必要问的仅仅是，这种人的价值何在，他的"如在"（So-Sein）在多大程度上允许他透过知识参与到世界的此在中来。因为，人的有意识的存在和人的认识活动半径都指向人的存在。因此，历史或者心理学上的"相对主义"绝不是同对体系类型间所谓的"永恒"共存的承认联系在一起的，绝不是说，我们可以——像韦伯认为的那样——"自由"地"选择"世界观，或者说，世界观屹立于真与假的彼岸，它仅仅是人的灵魂的"表达形式"而已。就连诸种哲学世界观与文化圈——乃至从部分上讲与国族——之间的绑定性也并非如韦伯、斯宾格勒这些人所认为的那样，是对相对主义的"证明"。从这种绑定性当中只能得出，（先不论每种教育世界观相对天然的基础，）主体对理性的组织，即这些文化族群的主体范畴体系是（在不同规模上）各不相同的。[1]在那些伟大天才对本质世界的同一性各种并不恰如其分的观照中，主体对理性的组织才通过"功能化"[2]而产生，以便经由接下去的再次执行传播给大众。尽管如此，本质世界的同一性仍旧存在。随后发生的就只是：一、不可能出现一个形而上学世界观的"封闭"体系；二、只有依靠对文化圈和国族的所有世界观进行世界政治式的、超历史的渗透和补充，个人的"那种"形而上学世

---

① 此处，只有完全放弃被马克斯·韦伯（并至今被启蒙哲学和整个康德主义）所固守的、关于理性的人之天性在事实上的统一和同形性的学说，我们才能继续往下思考。

② 关于"功能化"，参见"论宗教诸问题"，收录于《论人之中的永恒》，伯尔尼，1955 年第四版（概念索引）。《舍勒全集》第 5 卷。——编者注

界观才能变得越来越恰如其分（这和"国际化的"、"进步的"并且一再让自己相对而言作废的"科学"形成了最为鲜明的对比）。

上述内容已足以说明，我们必须反对任何将哲学和形而上学转化为世界观学说的尝试，而且不管别处的情况如何，至少在这里，"议会制体系"失败了。作为形而上学以及质料的价值等级秩序学说而先行于所有世界观学说的，始终都是设定式的世界观哲学。（针对这一点，正如黑格尔从原则上已在其《精神现象学》中用正确的方法寻求过的那样）对所有那些需要透过意义描述去探究的世界观就其自身在认识上的价值加以评判，将其中包含的真理部分保存下来，并放入一个逐渐扩展的整体中去，与此同时，再从这些世界观自身出发，基于其明见与设定对其期罔、片面性和谬误加以解释，所有这些，都是设定式的世界观形而上学（或者元心理学〈Metapsychologie〉、元史学〈Metahistorie〉等）的任务。黑格尔并没有错在这一立场，他错在完全不同的别的东西。比方说，作为真正的欧洲主义者，他把精神的那些纯西欧的运动形式当成了"世界精神"的运动形式；作为思考"封闭"体系的系统思想家，他认为自己的形而上学是无可超越且不言自明的（而非仅仅是假设性的和或然性的）。即便如此，他却始终认为，每种哲学都是其"时代精神"的表达（他没有看到，每种哲学，都只有涉及科学的那个组成部分才必然是历史的，受所谓"时代精神"所决定的，不是这种哲学的内蕴，而始终都只是对这种哲学的接受和传播）。再比方说，黑格尔还忽视了，哲学乃是"某种永恒哲学"（莱布尼茨语），他同样忽视了，诸体系类型存在着某种必然共存，哲学的运动形式首先并不是某种思潮的逻辑辩证法，而是多种潮流自始至终的并驾齐驱，这些潮流始源于人类所具有的持恒的人格类型，它们之间差异性的根源不在于思想，而在于人格精神与世界之间的这种对世界进行直观和价值判断的关系中。

现在，只有设定式的世界观才有可能为世界观学说指出其终极目标与任务（神学与系统宗教学以及宗教史之间的关系也类似于此）。

我们必须把教育世界观学说分为四大部分：

一、关于本质可能的诸世界观以及这些可能的世界观的部分和环节之间本质脉络的（仍是"哲学的"）科目，它直接同世界以及意识形式的本质现象学相衔接。

实证却纯属"意义描述性的世界观学说"，它丝毫无需顾虑任何"心理学"，因为它只涉及比如某个实际存在着的宗教、某种实际存在着的哲学体系、某种实际存在着的法律体系等在观念上的客观意义内蕴。该科目同生成史毫无关系。

二、主观理解式的世界观学说，它要做的是去体会诸世界观原初地诞生于人格和文化共同体当中的那些观念型精神举动之间的关联，并将其呈现出来。

三、从实在和因果层面阐明诸世界观的民族学、社会学和心理学。这是一个从来就无法（就像自然主义的历史构想所虔诚"企盼"的那样）阐明某种世界观本身的意义内蕴的科目。但它或许尚能解释，为什么在人格或族群已给定的精神文化与生物心理禀赋条件下曾同样有可能出现的一些世界观，最终并没有得以实现或者得到传播，也没有能够成为社会、国家、教会中的主导，得以实现或能够成功的是其它一些世界观，为什么这些对某些特定族群整体而言可能的世界观当中的一个或多个以这样或那样的方式分布于各个部落、民族、职业、阶级当中，并反映在实际的制度之中，而其它一些同样曾有可能的世界观却并没有这样。① 比方说，马克思主义只能从新的西欧思想史和卡尔·马克思个人及其教育史的角度加以理解。成无产阶级的"意识形态"和党派纲领的，是马克思的理论，而非洛贝尔图斯和李斯特的理论，这一点又只能从社会学角度阐释了。《卡拉马佐夫兄弟》的内容和起源实在不能从社会学角度解释，可以如此解释的或许是，为什么这部作品杰出的艺术内涵和宗教上先知式的意义内蕴不是用"史诗"这种形式，而是用"扣人心弦的"长篇连载通俗小说的形式来承载的——为了养家糊口，作为社会资产阶级一员的陀思妥耶夫斯基不得不以这种形式写作。德意志浪漫派（如诺瓦利斯的作品）就其精神内蕴而言，既不能从民族学角度，也不能从社会学角度阐释，但浪漫主义运动所抵达的主导地位，则恰恰可以从德意志精神无法在政治现实中得以施展、又对法国大革命深感失望的那种世代统一当中得到解释，也许除此之外还可以从民族学角度将其阐释为东北德意志的部族精神对"欧洲思想史"②的侵入。十分肯定的是，没有人能从社会学角度解释叔本华哲学：其主要作品出版时，"青年德意志"运动从乐观主义的生命希望中迸溅出来，进入了政治和社会。下面这些倒是可以从社会学角度解释：叔本华一开始几乎不为人所知，出版商甚至都想把他的作品捣

---

① 参见"知识社会学的诸问题"，第一部分，对自然主义历史建构的批判以及笔者关于历史的理想和现实因素所扮演角色的学说。——编者注

② 参见纳德勒（J.Nadler）在其《柏林浪漫派：1800—1814》（Berliner Romantik 1800—1814，柏林，1921 年）中所做的有趣但也向批评开放的尝试。

碎，然而，随着1848年革命导致的崩溃，在普遍的沮丧情绪中，叔本华的作品得到了极广泛的传播。只有思想作品的"荣耀"和"影响力"才会有其社会学，一部作品的意义和价值内蕴是不会有自己的社会学的。——但所有的世界观学说都不同于纯的"世界观历史"，前者仍属于系统文化学的领域。

教育世界观学说的这四个子科目中，到目前为止至少第一个，即纯哲学的世界观学说，看上去得到了承认。该科目并不以形而上学、伦理学、美学为其前提。相反，形而上学者本人还必须部分地与该科目合作。意识形式的本质学或许也构成了对实际给定的、在描述式学说（第二点和第三点）中被形容出来的世界观进行的一切意义与举动理解范围内最高一等的那种理解公理学。我们不可能在本文的篇幅范围内给这种公理学一个合乎其意义的概念。我只能举例略述自己的观点。我认为，在描述式的世界观学说中，历史上曾有以下定理共存于同一体系中：

唯名论——唯意志论；唯名论——社会层面的个体主义；自由主义——自由贸易理论、联想式心理学、自然神论；凝聚主义——有神论；社会主义——一元主义（泛神论）；实证主义认识论——感官主义、价值功利主义；

或者，在不同的文化区域之间：

机械论世界观念——货币经济——市民领导阶层——对自然界的权力意志（技术）——长篇小说等。

客观的形式唯心主义下的有机论世界观念——手工业和采邑经济——由司职默观的祭司等级和封建血缘式贵族组成的领导阶层——对自然界缺乏权力意志，但有对自然界的爱及其表现形式

〈史诗〉等。

接下来，我可以问：除了对这些事物恒定或相对恒定的共同存在进行断言，或许还应用明见的方式让人理解这些事物必然是一体的？我是否可以，并且在多大程度上可以从某种实际存在的世界观的碎片当中"重构出"其整体，从某一族群已认识到的少数几项价值侧重当中"重构出"他们的一整套伦理——即承载并决定上述价值侧重（Wertschätzung）、得到认可并被身体力行的那套价值偏好秩序？我相信，我们还是可以洞见这种一体的，并且，上述第一个科目应当教导我们在一切领域当中（语言、艺术、哲学、法律）进行如此"洞见"的最高准则。它是能在事实上让我们可以对某位哲学家"有着比他自己对自己的理解还要更好的理解"的（正如康德关于柏拉图所表述的那样）。此外，对于某一种文化，我们首先可以透过对代表它经过教育的"客观精神"的那些贯穿于这一文化的全部领域的人物们的精神检视，描述式地找出其精神结构和风格形式，而上述科目还能将自己的最高先天准则应用于这种文化的精神结构和风格形式，从而教导我们关于诸如一个时代的艺术的继续发展在观念上的可能性，并由此让我们看到，在实现这些"可能性"的时候，有什么是只被现实因素排除在外的，有什么是只被权力、血缘、经济关系和情况、阶级结构排除在外的，而它们却触发了"另外一些可能性"的实现，使后者获得普遍成功，或者说，加速或延缓了其普遍成功。针对黑格尔和他的那些大多并未意识到自己的师承关系、只知道在面对所谓历史中的"有机形成者"时要怀有虔诚感恩之心的追随者们提出的存在于整个历史当中的可笑的神义论问题，恰恰因为有了这种在所有领域上都以哲学为支撑的世界观学说，我们得以认识到盲目的现实因素，也就是迄今历史亏欠我们的那些事情发挥的作用，我们也间接地认识到了所有那些在历史的每个时间点上本来应该是可能的事情，由此，我们被重新赋予了一种更高的、去塑造比迄今历史更好的历史的自由。至于这些仅具选择性而无创造性的现实因素（血缘、政治权力关系、经济关系、地缘政治和文化地理因素）发挥作用的秩序，以后我们还会论及。① 因为，关于这一秩序也有着严格的洞见和理论。

对我们来说，世界观学说本身也是一门非常重要且丰富的科目。刚好眼下它在德国得到了突飞猛进的发展，它甚至展示出了将哲学和神学排挤到一旁去的野心。这件事有其自身深刻的社会学渊源。如前所述，它就像是世界观统治当中的"议会系统"。这可以有助于我们的民族和它的各个部分达成共识。对我们这个仍在怯于承担责任、纯粹着眼于原则和心志的众多党派中分崩离析的政治祖国的诸部族、阶级、党派间的互相认识和彼此理解，这也可以很有价值。比如，对成教学院（*Volkshochschule*）来说，世界观学说甚至应是其基础科目。② 但这并不应意味着没人再敢在这些问题上设定些什么了，因为自己的邻居可能会不喜欢。此外，这更不应意味着固执于也许根本不会到来的"先知"。因为，毕竟罗素爵士所言还是有些道理的——尽管他的这种说法有些自相矛盾——他说：

---

①　参前揭。文中提示是指《文集》未出版的第四分卷（参前揭）。——编者注

②　参见拙文"大学和成教学院"（Universität und Volkshochschule），载冯·威泽（L.v. Wiese）编《成教事业社会学》（Soziologie des Volksbildungswesens，慕尼黑，1921年）。["大学和成教学院"（1919 至 1921 年间）一文由笔者于 1926 年收入《知识诸形式与社会》，第三版，1980 年。《舍勒全集》第 8 卷。——编者注]

"纯粹的哲学史就是一部关于错误的历史。因为，我们认之为真的东西并不是'曾经存在过的'，或是'历史的'，它们是永恒的当下。就连我们自己也确信这一点。"

论知识的实证主义历史哲学

（三阶段法则）

关于知识与认识的社会学所面临的相关问题，无论是就其整体面貌，还是就其结构及其相互间的内在依赖性而言，迄今几乎都未曾被看见、被正确提出，更遑论被解决了。社会学的考察方式在诸如系统艺术学和艺术史[①]等学科中早就获得了一席之地，研究宗教信仰共同体的社会学也通过特洛尔奇、韦伯、狄尔泰等人获得了极大的进展。而对于某个主导群体的社会协作、劳动分工、精神和道德这些事物与哲学和科学的结构、其各自研究对象、目标、方法及其各自在学校和知识协会（如柏拉图学园、漫步学派、研究者及学人等级在现代和中世纪的组织形式等）中的组织形态之间的关联，德国学者们却只做出了零星评论而已。例如西美尔[②]、滕尼斯[③]、桑巴特[④]、狄尔

---

① 参见豪森施坦（W. Hausenstein）新近作品《艺术与社会》（Die Kunst und die Gesellschaft），慕尼黑，1917 年。

② 参见西美尔（G.Simmel）著《金钱哲学》（Philosophie des Geldes），莱比锡，1900 年。

③ 参滕尼斯（F. Tönnies）著《哲学术语学》（Philosophische Terminologie），柏林，1921 年，以及《共同体与社会》（Gemeinschaft und Gesellschaft），1912 年第二版。

④ 参见桑巴特（W.Sombart）著《现代资本主义》（Der moderne Kapitalismus），慕尼黑-莱比锡，1916 年。

泰 ①、柏格森 ② 等人，都对存在于以下两者间的必要关联做出了许多极有价值的论述：其一，某种量化且偏机械论式的考察自然和灵魂的方式占据着主导地位，这种考察自然和灵魂的方式取消了身体的质性；其二，工业和技术日益取得主导地位，其位于整个社会顶端的代表者们不愿（像位于印度社会结构第一等级的婆罗门种姓那样）一再用冥想的方式思索自然奇迹，不愿（像有着一整套作为社会下层基础的奴隶制经济从而自由无虞的希腊思想者那样）惊异地默观自然，并通过理智的思考去探究其本质，而是希望驾驭自然，并让其服务于人的目的。（"知识就是力量。"——培根语）此外，他们还对同时存在于上述那种量化考察世界的方式和把财富去质化为"商品"的货币经济及商业这两者间的关联发表过高论。桑巴特非常夸张地写道："现代自然研究的精神（伽利略、乌巴迪斯、惠更斯、牛顿）是从复式簿记和总账的精神之中诞生的。"

28　　在这里，极富价值的预感比比皆是。然而对于这种关联以及被观察到的类似关联 ③，人们还完全缺乏对其更深层原因的探源。要完成这一探源工作，只能把机械式自然学说的那种得到深化的认识论与人群伦理学说（因为主流伦理会赋予一门科学以研究"目标"，

---

① 参见狄尔泰（W.Dilthey）著《精神科学导论》（Einleitung in die Geisteswissenschaften）以及尤其是《精神科学的天然体系》（Das natürliche System der Geisteswissenschaften），收录于《狄尔泰全集》第二卷，莱比锡，1914 年。

② 参见柏格森（H.Bergson）著《材料与记忆》（Matière et mémoire）和《创造的进化》（L'évolution créatrice）。

③ 关于机械式自然学说的认识论和群体伦理学说之间的这种"关联"，参见舍勒后来的文章"认识与工作"，收录于《知识诸形式与社会》。《舍勒全集》第 8 卷。——编者注

而这门科学的思维模式与方法又取决于其研究目标）以及对上述那种理解世界的方式相比中世纪经院哲学思维模式而言的兴盛有着确凿认识的历史有益地结合起来。而在中世纪经院哲学思维模式下，自然被理解为一个由形式活动所构成的层级国度，正如社会被理解为由等级组成的层级国度那样。迪昂[①]对一个国家的数学和理论物理这两门科学以及同时期的艺术（戏剧、小说）、国家与经济结构、伦常与价值评价方式进行了细致入微的比较，并从法、英、德三国的精确科学[②]中，将各国富有国族特色的天才的面容清晰地展现在我们面前，于是，我们能看到迪昂对凝结在数学和理论物理学中的法兰西、英格兰、德意志国族精神的细致评论。后来，奥斯瓦尔德·斯宾格勒相当外行地对这种把科学都回溯到相应的"文化灵魂"以及该文化灵魂（依照他的理解）在某些特定时期内产生的命运般的效应上去的方法进行了夸张——这样做的效果达于荒诞，乃至于知识进步的那种其实十分国际化的、并且从未因诸国族文化（或是其余那些由语言、宗教、政权思想、种族的统一而自成一体的文化圈）的勃兴、成熟与衰落而完全中断过的理性历史意蕴脉络，竟变得完全不可理解。

这便引出了几个只能在一门（作为哲学认识论组成部分的）纯粹的认识社会学的严格框架下解决的原则性问题：一、不同的科学各自在何种程度上与文化灵魂绑定在一起（比方说以国族而论）？

---

① 参见迪昂（P.Duhem）著《物理理论的目标和结构》（Ziel und Struktur der physikalischen Theorien），由马赫（E. Mach）译为德语，莱比锡，1908 年。

② 参见本卷中"法国思想中的'国族'元素"一文以及"增补"部分最后两篇。——编者注

哲学和形而上学的绑定程度肯定远远大于诸门实证科学；精神科学远大于数学和自然科学；生物学[①]远大于物理学，如此等等。二、在诸门科学中，例如印度数学、希腊数学、现代数学，有什么是这样与文化灵魂绑定的？又有什么是"真正的结果"，从而能与观察对象世界的诸种特殊形式分离？还有什么能与国族性的或受文化史限定的诸"方法"及"思维模式"分离？三、在哪些研究任务中，一切国族和文化圈当中的"天赋异禀者们"原则上都可以任意互为代表、任意协力合作？反之，在哪些研究任务中，由于研究对象的本性，上述这类互为代表从本质上即被排除，而只有透过作为各自独立的精神集合体（而非同一个国族的任意成员的集合）的诸国族本身之间的合作，透过诸国族的特殊禀赋、其观察及思维模式间的互补，才能得出某种尽可能相匹配的对象认识？四、哪些对象的哪些认识成分及相关科学能经得起某个连贯的民族文化的没落，然后还能与关于某个新的或者别的文化灵魂的科学处于不断的意蕴关联之中，从而得以进入某种持续的进步运动？反之，哪些对象的哪些认识成分及相关科学做不到这样？[②]

　　据我所知，几乎还没有人对研究问题做这样具体的限定和细化，并且，尤其是认识论与社会学研究问题之间的关联，我们迄今仍不了解。只有奥古斯特·孔德、赫伯特·斯宾塞等人的实证主义哲学，将认识论与社会统计学、社会动力学更为紧密地联系了起来。

---

① 此处参见拉德尔（E. Rádl）深刻的作品《生物理论史》（Geschichte der biologischen Theorien，1913 年第二版）第二卷的最后几段。

② 参见"知识社会学的诸问题"一文。——编者注

孔德对诸门科学所做的著名划分，同他的三阶段法则在内容上有着紧密的关联。知识的每一部分，其发展都会次第经过这三个阶段，一门科学的对象越简单、抽象（根据图表中的秩序），它就会越快地从神学阶段进入形而上学阶段，再从形而上学阶段进入实证阶段。这条发展路线最终是以关于知识的实证主义理想来衡量的，这一理想也是构造这条路线的出发点。然而，该理想对认识目标做了相当大的限制：一、它将认识目标限制在"为了预见而看见"这一点上，或者仅将那些人们能够通过它们而预先驾驭未来事件的世界内容和关系接收到进行认识的意识当中去；二、它将认识目标限制在发现感官现象的法则（在量上可确定的相互关系）上，而不考虑一切对事物"本质"以及对"实体"和"力"的追问。

那种将一切——最主要是德意志的——实证主义-感官主义认识论都视为错误和过时了的哲学，迄今都没能提出一种堪与实证主义的同类学说相抗衡的、关于知识的不同部分与样式间的认识合作形式及发展法则的社会学和历史哲学理论。这是一项重大的不足与显著的漏洞。[①]

实证主义关于知识三阶段的学说的各种形式，即不管是以孔

_____

① ［此处被引用的文集出版于 1924 年（参见《舍勒全集》第 8 卷编者后记）。舍勒所撰导论"知识社会学的诸问题"经扩充，于 1926 年收录于《知识诸形式与社会》文集之中。——编者注］因此，我在科隆大学社会科学研究所的社会学科室为自己设定的任务之一便是，在与我多年来建设的哲学体系的紧密关联之中，也特别去注意一下认识社会学。此处所许可的空间根本不允许发展出一套对这些任务的细节描述更准确的规划。将由我以研究所名义主编的一部篇幅较大的关于"一门知识社会学的尝试"的文集即将出版。［此处参本卷"增补"部分中"对威廉·耶路撒冷'评论'评论"一文（亦可参编者后记）。——编者注］

德、密尔、斯宾塞为其赋予的形式，还是以马赫及阿芬那留斯为其赋予的形式，都是根本谬误的。宗教－神学认识与思考、形而上学认识与思考以及实证认识与思考并非知识发展所经历的历史阶段，而是基本的、持续的、与人之精神的本质本身一同被给予的精神姿态和"认识形式"。没有哪一种能够"取代"或"代表"另一种。无论是从人格化的缘由出发去理解世界的任务，还是使那些在随机现实中得以实现的本质关联及永恒的观念关联对进行观察的理性来说变得明见〈从而在其上建立一种形而上学〉的任务，抑或是用某种数学符号明确地对现象进行整理、分类并根据其依赖性的所有样式而对其做出明确规定的任务，此三者皆是具有同样初始法权的任务，并且是同样原初地从密契思想中分化出来的。

孔德的实证主义认为，宗教是对自然界的一种原始的解释，透过这种解释，社会群体才适应了大自然，必须通过科学的进步让这种解释逐渐瓦解并最终消亡。对于这种甚深的谬误，今天的人们已不需要再做启蒙的工作了。宗教是人格以及超个体的整个群体与某种被直观为一切事物的本原的神圣势力间的生命共同体，而孔德误认了宗教的这一本质。宗教也不像费希特、黑格尔、谢林、叔本华、哈特曼所设想的那样，是某种变得次要且具象化的形而上学，即某种"通俗的形而上学"。此处，孔德在某一点上的看法要比德意志唯心论更正确，他将神学思想作为形而上学思想的先导，并认为前者为后者规定了条件。我们所知的形而上学思想体系，如古印度、古希腊、基督宗教和现代的形而上学体系，总是带有其周遭宗教世界的烙印。尽管如此，形而上学并非宗教的某个"发展阶段"，而是从起初便与宗教相互分化，正如它从起初便与诸门实证科学相

互分化一样。狄尔泰①虽然试着将宗教而非形而上学奠基于人的精 31
神的某种持久气质之上，但他也只是将形而上学视为某种历史范
畴。因而，就连他的这种尝试也必定被视为失败的。

宗教、形而上学和实证科学建基于其上的，一共有三种完全不
同的动机、进行认识的精神的三种完全不同的举动组、三种不同的
目标、三种不同的人格类型以及三种不同的社会群体。历史上，这
三种精神势力的运动形式也是本质相异的。②

就动机而言，宗教建立在人格性对于实现精神上的自我主张所
具有的不可抗拒的渴望之上，而实现自我主张的途径则在于，将人
格之核挖掘并拯救至某种本身便具有位格性、神圣且驾驭着世界的
势力之中。形而上学建立在对"存在着些什么，而不是什么也没有"
这一点一而再再而三的惊异之上。实证科学则建立在驾驭自然界、
社会和灵魂的这一需求之上，而这种驾驭所依据的，乃是在从事职
业劳动的人身处其中的特殊目的衬托之下显得"任意的"目标和目
的。因此，只在劳动阶级和某个更高一等的有闲阶级逐渐相互渗
透的地方，尤其是在欧洲的城市市民阶层当中，才有了实证科学的
产生。

宗教建基于精神的吸纳式的特殊举动（如希望、恐惧、爱、意愿、
认识等）之上，这些举动具有某些共同特征，比如，有限的世界经验

---

① 参见狄尔泰著《精神科学导论》(Einleitung in die Geisteswissenschaften)，莱
比锡，1883年。

② 以下请参前引"知识社会学的诸问题"。关于人格类型，另请参遗作"榜样与
领袖"，收录于《遗作卷一》，《伦理学与认识论》，柏林，1933年初版；伯尔尼，1957年
第二版。《舍勒全集》第10卷。——编者注

无法让这些被奉为对象与目标的举动得到实现，这些举动的对象是某种被设想为"神圣"且"具有神性"之物。[1]形而上学通过直观本质的理性，而非通过观察与间接推论达成其目标，即本质认识。科学的目标在于观察、实验、归纳、演绎。[2]一切宗教，其目标都在于人格和群体的得救。形而上学的目标在于透过智慧而达到至高的人格塑造。实证科学的目标乃是一幅用数学符号描绘的世界图景，这幅图景有意忽略世界上所有"具有本质性的东西"，而仅容纳现象间的诸种关系，以便能依据这些关系去驾驭并掌控自然界。

宗教当中起领导作用的类型是"修道人"（homo religiosus）、圣者，也就是仅因其卡里斯玛质性的缘故便被人"信靠"、追随和信任的一种人之类型。修道人不以外在于他自身的事实规范来奠定其所言，而只因为他作为人格的所言、所行和他所特别体验到的与上帝间的关系因而要求被人信靠。除"圣者"之外，还有那些充当敬拜技师和教会神职人员的"祭司"，祭司所拥有的恒常派生性的权威奠基于宗教、教会或宗派创始者的卡里斯玛质性之上。形而上学当中的领导者类型是"智者"，这是完全不同于"修道人"的一种特殊的、具有人格性的精神形态。智者会给出关于本质结构，即关于世界元常量的知识的任意一种体系，也就是说，他的知识体系总是囊括一整个世界，而非分门别类的专业知识、职业知识等。不过，智者将自己的主张奠基于终极的直接明见之上，并敦促人们去实现

---

① 关于这些事情的详细内容参拙著《论人之中的永恒》（Vom Ewigen im Menschen，莱比锡，1921年）中"论宗教诸问题"（Probleme der Religion）一文。

② 此处参见《论人之中的永恒》中"论哲学的本质"（Vom Wesen der Philosophie）一文。

这些明见。实证科学当中的领袖类型是"研究者",研究者从不追求给出某种整体的、完善的"体系"或是某个"体系",而只想在任意某一点上将"科学"那〈本质〉无尽的过程继续进行下去。与"修道人"相对应的社交圈是"教会"、"宗派"、"堂区",与"智者"相对应的是(古代意义上的)"学派",与"研究者"相对应的是不懈追求国际性的"科学共和国"及其机构(如大学、专科院校、高研院、学会)。

认识的这三种基本样式在历史上的运动形式同样也是根本不同的,而实证主义却完全误解了这一点。一切宗教都基于对卡里斯玛者关于上帝、自己和得救所传授之内容的发自信仰的自愿接受;因此,宗教始终都是一个整体,是某种自成一体者和已达完善者。此处的领袖和榜样始终都是那位"独一者",除了"中介者",他不容忍任何其他人在自己身边。各大宗教的创始人似乎都曾说过:"不随同我的,就是反对我。"① 可称为"发展"、"进步"的一切,都只不过是更加深入至"启示内蕴"的深处,也就是原初的"修道人"在上帝那里直观到的、从上帝那里接收到的内容。只有一位"独一者"被另一位"独一者"罢免,决不会有哲学、艺术、科学意义上的对多个同样原初的领导者的认可。此外,一场宗教运动、革新、变革从来都不以放眼未来的方式发生,而总是在回溯过去的时候,作为某种"追本溯源"、作为"重建失落之所"、作为"重塑"② 发生的,这一点对宗教来说是本质性的。"修道人"从来都不愿有意而为地

---

① 《路加福音》11:23,《马太福音》12:30。——译注

② 此处原文为 Reformation,作历史名词时一般译为"宗教改革",此处根据上下文,取其字面义"重塑"。——译注

传授新事，他从来都只愿托古。

　　实证主义在知识的社会动力学上陷入了严重谬误，这是因为它在最狭隘的意义上以欧洲主义为导向，也即是说，它把最近三百年西欧的、而且还是被片面看待的知识运动形式——它只不过是人类精神发展曲线上极不起眼且涵盖地域范围极窄的一段——当成了整个人类发展的法则。这是实证主义在进步论上所犯下的难以估量的错误。它把人类的一个小群体于其所处时代在宗教和形而上学的颓废堕落（作为实证科学进步的负相关项）——市民资本主义时代的颓废堕落——当成了宗教和形而上学精神本身"消亡"的正常过程。因此，它无法看到普遍历史中的知识发展的最基本事实之一：在人类各大文化圈范围内，人的精神在本质上的三大认识样式所获得的能力分配，其规模是不同的，并且，与这种能力分配所产生的效应相对应的社会结构也是不同的。印度和东亚文化圈智识状态的特别之处在于，形而上学的精神姿态占据着至高的主导地位，它同时主导着实证科学和宗教这两者的精神姿态。因此，该文化圈内，并不存在"无止境的过程"这个意义上的知识进步，也不存在有着理性分工的专业科学——这种专业科学是为各司其职的人民群众以及受过训练的专业公务员阶层服务的，它试图创造一幅世界图景，借助该图景，人能在技术上掌控世界。上述文化圈内，有着完全不同的东西：首先，使人变得明智的那些精神姿态会一再接受锻炼，而用来锻炼这类精神姿态的材料是固定不变的，它们基本上没什么变化，也不会增多。这些材料是由榜样式的智者传授的古老经典（如吠陀典籍、佛陀传统、孔子、老子所传经典等）所组成的。它们不是学习资料，而是操练精神功能的练习材料：它们是冥想素材。人们阅读这些经典，并不是为了知道里面写了些什么——因为，要知道里面都写了什么，读一两遍就够了；人们一遍又一遍地阅读这些经典，为的是依照（作为范例的）经典、借助某种规定好的灵魂技艺去锻炼新的、越来越高阶的意识姿态，然后，在生命的每一刻、面对全部随机的世界经验时，人们可以去运用这些意识姿态。所以，在古印度和古中国，这种"科学"的目标在于人的"教育"和"塑造"——而不在于对人们用来驾驭自然界的规则的了解。这种科学始于灵魂，它从灵魂出发，下降到无生命世界的秩序中去，它与从无生命者到有生命者再到灵魂和上帝的欧洲科学的方向是相反的。在此意义上，古印度和古中国的社会上层片面地着眼于教育，正如欧洲的社会上层片面地着眼于绩效和控制。每种科学都包含一种技艺：亚洲的知识理想必然包含自我解脱的生命与灵魂技艺（即借助于某种仅进行纯粹直观的行为，把一切欲求与意愿、一切激情与感情冲动都对象化）；欧洲的知识理想则必然包含支配着自然界的非有机的技艺。[1]

实证主义的错误并不在于认为，作为认识官能，人的宗教知觉在历史的进程中是不断衰退而非增进的。实证主义的错误其实在于，它认为在历史中，就连人在宗教层面的需求、人对宗教的渴求也是不断衰退的；并且，由于它自己的错误的进步论（某种欧洲式的偏见），实证主义在灵魂直接与超越者接触的这类精神气质的衰退中看见了某种征兆，即，宗教知觉的被给予者不具备任何客观实

———————

① 参见本卷中"论受苦的意义"一文。另参前引"知识社会学的诸问题"一文。——编者注

在。它从这种衰退中得出的正确结论又仅仅是，在宗教事物里，晚近的人类只需去保护先祖们所认识到的东西就够了——只要上帝没有重新自愿向人类示现其自身并得到人的信仰。①

形而上学取得进展的方式也与实证科学不同。可能出现的诸种形而上学，就其主要模式来说，只有有限多个类型，它们不断地重复出现，并在科学形成与奠基的各不相同的水平上不断互相交锋、互相争论（参考狄尔泰）。这其实是出于形而上学以本质直观为基本方式的认识样式的天性。本质和本质关联乃是世界常量，对它们的认识是明见的、自成一体的，并且，这种认识相对于归纳式经验的量而言是先天的。形而上学认识在实证学所达到的每个历史高度上，即在每种人类经验的总量上都是原则可能的。它必然缺少"无止境的过程"这一特性，而这种特性普遍存在于所有进行观察、归纳、演绎的地方。正如形而上学缺乏实证学在本质上所包含的累积式的"进步"，同样，形而上学也不会有"进步"所带来的伴生现象：废止先前所达到的"科学高度"。柏拉图、亚里士多德、奥古斯丁、笛卡尔、莱布尼茨、康德等人的体系不会像拉瓦锡化学或是牛顿力学那样，到今天就已经过时了。它们永远不会过时。形而上学会在自己的各种类型中"生长"并在生长的过程中日臻完善，但它不会进步。②除此之外，因为形而上学是智者所创的作品和体系，所以它不能像实证科学那样分工式地开展。形而上学始终都在人格上同其创作者的精神面貌绑定在一起，创作者精神面貌的反映即

---

① 参见《论人之中的永恒》中"论宗教诸问题"一文。

② 黑格尔的错误在于，为宗教赋予与形而上学同样的运动形式。这就是他错误的"诺斯替主义"（Gnostizismus）。

是其"世界"。伟大的形而上学家因而是无可取代的。相反,实证科学上的重大发现,如惯性定律、能量守恒律、热力学第二定律等, 35 都是由众多研究者同时做出的。[1]问题水平及研究方法的自动发展似乎就能自发地把实证科学的成果向前推进。"研究者"看上去常常只是方法与符合事实逻辑的连续科学进程的仆从和发声筒。相反,柏拉图和康德的作品则都是独一无二的,我们无法想象别的什么人也能发现他们所发现的。

另外,形而上学是同国族和文化圈绑定在一起的。印度形而上学只可能在古印度产生,不可能在古希腊产生,希腊形而上学也不可能在古印度产生。与之相对,实证科学则是有分工的、非人格的、连续的、国际化的,并可让自己先前所达到的高度失效,从而获得累积式的进步。

所以说,宗教、形而上学及实证科学在所有这些方向上都是本质相异的,并且,作为任务与问题,它们都是人的精神从起初便含有的。

从这之中,便可得出针对每一个民族在建设教育机构时实践层面的要求,即,在建设中不应片面构建这些认识样式的诸种方向当中的某一种,而应进行一种着眼于全部方向的和谐构建。至于这一基本要求可以为德国教育事业的充实提供哪些借鉴,笔者会另撰专文论述。[2]

---

① 参见菲尔坎特(A. Vierkandt)著《文化转型中的持续性》(Die Stetigkeit im Kulturwandel),莱比锡,1908年。

② 此处参见拙文"大学与成教学院",载冯·威泽编《成教事业社会学》。[参前揭,第26页脚注。——编者注]

论受苦的意义

　　每一个时代、每一个地方，在伟大的修道人和哲人给予人类的那些理论与指南当中，有一块核心内容便是关于世界整体之中的痛与苦的意义的理论。在此基础上，针对该如何正确对待痛苦、如何正确承受〈或消除〉苦难，人们还发展出了某种指导与邀请。

　　而倘若情感生命毫无保留地是且仅是在我们之中遵循着因果律发生并联结起来的诸种状态的某种无声而又盲目的现实，那么，上述二者便没有了意义。好在事实并非如此。〈我们的情绪生命其实是一套包含了天然启示和征兆、被划分得极为精妙的系统，它们能让我们了解我们自己。〉至少，在情感体验本身之中，某些类别的情感就已经能赋予诸如"意义"、"意味"这一类的东西——通过它们，情感将我们遭遇到的某个存在、某件行为或是某种命运的某些〈客观〉价值差异复现出来，又或者，在其出现之前便对其有所预期，有所勾勒；通过它们，情感邀请并要求我们有所为，〈警告并威胁我们应当〉有所不为。在困乏感当中有着某种东西，用理智的语言表达便是："放下手里的活儿吧"，或是"去睡吧"。悬崖边上的眩晕感想要表达的是："快往回走。"在我们事实上开始跌落之前，这种情感便在我们眼前上演出一幅跌落的幻象，它所发出的警告是想要救回我们，让我们不至跌落。恐惧，它在危险到来之前就向我们指出某种可能的生命损伤乃是"危险"，并由此帮助我们逃离[1]；让我们期盼行动的希望，在这种希望中，我们在拥有某种财富之前就被许诺了这种财富；羞耻，在这种情感发生时，身体和灵魂保护着自己封闭的独有价值免遭公众的审视，只将其献给值得者，只有值得者方能得见该价值[2]；胃口大开和反胃，这两者当中，一道菜肴可能被吸收到有机体之中的益处和害处得到了情绪上的表现[3]；痛悔，它用充满疼痛的方式清理并丢弃，从而为我们的过往免罪，使我们能自由地施行新善[4]——以上便是几个说明情感可能具有某种附属于情感体验本身的意义的例子。这种意义极大地区别于情感的因果来源，也区别于生命家当里纯客观的合理性，比如各种缺乏某种被体验到的意义的疼痛样式所具有的合理性。

　　可正如情感并不是毫无意义和意味的，同样地，它也不仅仅是某种状态。而且，还有着能以极为多变的方式建立于情感的纯粹情状性之上的情绪行为方式或功能[5]：同一种疼痛和受苦状态（并非仅

---

①　〈杰宁斯（Jennings）已在草履虫那里证明过类似现象。〉

②　〈羞耻将性器官中的血液打入大脑方向，并以此减少性兴奋；但意识却被统一，发散至所有方向的性欲刺激被收摄到可能的爱之下。羞耻乃是"爱若斯（Eros）的良知"，因此也是"可爱的"，而非如撒娇那样是刺激感官的。〉

③　关于情感生活的意义、"羞耻"与"撒娇"（见脚注2），参阅作者收录于《遗作卷一》的作品"论羞耻和羞耻感"，关于"胃口大开"和"反胃"，参阅《伦理学中的形式主义》，参见《舍勒全集》第2卷、第10卷这两个新版本中的概念索引。——编者注

④　对痛悔举动的细致分析请参拙作《论人之中的永恒》当中的"痛悔与重生"（1917年）一文。另参拙作《同情感的本质与形式》，第二版，1923年，波恩，Cohen出版社。[参前揭，第22页，第15页。——编者注]

⑤　对情感状态的感受（可能与其表达相关项一道保存下来）若是完全没有，或者在很大程度上被削弱，那么，就会出现如洛维（M.Löwy）和席尔德（P.Schilder）所描述的去人格化者那里的状态。病患们虽体验到情感状态，但因为缺少统一的中枢情感功

指充当其条件的刺激）可以在非常不同的程度和样式上被功能性地
感受到。在情感状态（如身体疼痛）的刺激及增长阈值保持历史恒
定的情况下，与之明显有别的承受阈值以及对疼痛的承受力却能在
文明的历史进程中有着极为不同的等级。这同样适用于对快乐状
态感到喜悦的能力，快乐〈知觉〉越微小、越易逝，感到喜悦的能力
就越大，而快乐知觉又会带动"感到喜悦"这种情绪功能。将同一
种情感状态情绪-功能式地容纳到自我中去的方式也可以有多种：
我们可以向某种痛苦"投降"，或对之拼命抵抗，我们可以"忍受"它、
"忍耐"它，可以单纯地"承受"它，甚至还可以"享受"它（嗜痛）。
这些词汇表达了感受和奠基于其上的意愿的不同样式，但这些样式
并不随情感状态而明确地被确定。①

　　在这些"情感功能"的更上面一层，我们的精神人格性还拥有
一层活动和举动，它们能够在生命空间和脉络的整体当中为我们的
感觉状态的大小、处所、意义、活力赋予某种完全不同的性质。这
里，有注意力的不同，比如对情感的在意和不在意，有精神意志活
动的不同，它们可以"寻求"或"逃避"痛和苦，可以真正"克服"
痛和苦，或者仅仅将其"驱赶"〈到下意识里去〉，有评价的不同（当
作惩罚和赎罪、净化或改善的手段等），最后还有宗教和形而上学解
释的不同，透过这种解释，我们的情感能在其直接的体验意义之外，
被置入世界脉络及其〈有神的〉基底中去，成为其中的一环。因此，

能，所以，他们会觉得像被从"自我"那里剥离了，自我也不再有总体趋势上的统一。
参见席尔德著《自我意识和人格意识》，柏林，1914 年，第 60 页。

　　① 关于作为功能的感受和作为状态的情感，参见《形式主义》，第六版概念索引，
伯尔尼，1980 年。——编者注

每一种〈哲学上的〉受苦理论也都包含着一种对我们内心波澜的特殊象征、一种将有意义或无意义的控制力量全都纳入其丰富的情感 38 游戏中加以解释的做法。

痛与苦所具有的纯知觉性和情状性的东西，既是一切有生命者的事实，也是其无法挣脱的命运。只不过，在这种盲目的事实性之外，还有着一重意义域和一重自由域，那些伟大的得救学说正是从这两个领域入手的。

受造物所遭受的一切苦与痛都有着某种意义，至少有着某种客观意义。正如亚里士多德已经意识到的那样，各式各样的快乐和不快乐所表达的，要么是对生命的支持，要么是对生命的抑制。尽管还有一些看上去的例外，这一判断从原则上讲是正确的。我们猛灌一口冰水，这口冰水痛快地解了我们的渴，但在高温的状态下，我们当然也有可能因此而命丧黄泉；当然会有一些虽然很痛、却可以拯救整个有机体的生命的手术；也当然会有一些字面义和引申义上的甜美剧毒和苦口良药。并且，对生命的有害性似乎很少与疼痛的程度相符：拔掉指甲虽然会带来巨大的疼痛，但对生命历程来说这却无关紧要；剥去大脑皮层的一部分虽然不疼，但这却足以让人致命。不过，通过引入亚里士多德原则下的另外三条真理，上述以及类似的异议便可以得到统一：

一、我们的情感生命具有一种〈有意义的〉发出预警、邀请以及表达放松的系统，这个系统所针对的，只包括那些对每个有机体来说都具有物种典型性的损害和支持，这些都是有机体从一开始就会碰到的。如果在通常情况下，有机体的一部分受到可抵御攻击的保护，比如大脑皮层受到颅骨的保护，那么，这一部分就缺乏器官对疼痛的警报，而每个器官都是透过疼痛的警报，向中枢传达自己〈已〉受到威胁〈而不是实际损害已发生〉的信号的。大自然无法考虑到极少发生的人为干预，也无法顾及受文明〈及历史〉的影响而多变的刺激与刺激的组合。

二、其次，以快乐和不快乐作为〈预先的〉记号及心理内部镜像的那种对生命的支持与抑制，并非在所有的感觉样式下都是对作为整全个体的有机体的总体生命的支持与抑制。大多数情况下，它们只是对有机体及其即时状态的首先受到刺激的部分的生命活动的支持与抑制。更低等、更边缘的感觉，特别是"情感知觉"，本身并不会弄错刺激值。但它们就像是仅仅了解极个别的部分真相的证人，而且它们在时间上也相当短视：尽管长远地看，猛灌冰水将会是〈最终〉对整体造成损害的刺激，但它暂时支持了直接受到刺激的器官的生命活动。

39

三、最后，倘若我们像我已在别处 [①] 所做的那样，把亚里士多德的学说同关于情感深层次的学说联系起来，那么，亚氏的学说将获得更深的奠基。我所采用的是如下几个深层次：(1)延展开来并固定在有机体某个部位上的情感知觉(诸如疼痛、快感、觉得瘙痒)。(2)有机体全体及其生命力中枢才会拥有的生命力情感(如疲乏、清爽、或强烈或羸弱的生命感、安宁和紧张、害怕、健康感、疾病感)；它们不像悲伤、忧郁、喜悦那样，是作为"具有"一副身躯的灵魂"自我"的质性被体验到的，它们是通过身体统一体这个整体大致扩展开来的，只有透过〈整个〉身体的自我相关性的传递，这些生

---

① 　参见《伦理学中的形式主义与质料的价值伦理学》，第五部分，第8章。

命力情感才变得与自我相关。(3)既直接与自我相关又功能性地与感知、设想、幻想出来的对象、周遭世界的人格、外部世界的事物或是自己那仅经由设想活动才得以传递的自身相关联的那些灵魂情感。只在此层级上，灵魂情感才是"具有意图性的"，并可在认知层面上把握住价值；这种情感能够作为"同一种"情感被重新感受到(情感回忆)，也能够以同情感(Sympathie)的形式"被后续感受到"或者"被一并感受到"。相反，上述另外两种情感样式却仍是"情状式的"，而且就其本质而言，它们向来都仅是"实时的"，并且向来也都仅落在拥有这些情感样式的主体身上。这两种情感样式并不在相同意义上跟更深层的情感一样"可被传达"；情感知觉完全不可被传达，生命力情感虽可被传达，但它们与灵魂情感既不在相同意义上，也不以相同方式可被传达。这些更高等的情感很少会因为在情感上被体验到的不同身体状态而有所改变。一般而言，它们遵循着被设想的、不依赖于身体的过程所具有的意义连贯性，与此同时，它们也把握着这些过程的价值面。(4)那些纯粹精神性的形而上学-宗教情感，也就是那些与精神人格这一不可分割整体的核心相关联的"得救感"(幸福、绝望、安全感、良心痛、平安、〈痛悔〉等)。谁若更仔细地研究这些情感层次以及在这些情感层次上发生的情感过程及其有规律的相互关系所具有的丰富多样的程序法则，谁就会立刻认识到，在统辖着所有层次的快乐-不快乐这组对立当中被把握到的或者仅被客观展示出来的"支持"与"抑制"，就不同层次的情感而言，并不总是与〈人之中〉要么得到支持、要么受到抑制的"同一点"相关联。只有在生命力情感中，整个有机体的生命才会被体会为得到支持或受到抑制(以及"受到威胁"或"应予

以支持"）。个别目光短浅的情感知觉必须首先被灵魂的生命力中
40 枢〈（本能中枢）〉加工，这就好比它们必须先"被获悉"，并在它们
的相互作用中〈通过感受所具有的更高等的综合性上层功能〉"被
认为有价值"，从而，这些情感知觉才能在关乎有机整体被感受到
的生命力状态时被评价为〈对整体而言〉是具有生物学上的意义的。
至于灵魂情感和精神情感的存在，则完全不是为了将我们人类以及
高等动物本质上共有的"生命"所得到的支持和所受到的抑制展示
出来，而是为了将我们精神-灵魂人格的臻于圆满与自身价值减损
传达给我们，而精神-灵魂人格的伦常使命与个体化的基本方向并
不取决于我们广义上的动物式生命。这尤其适用于宗教-形而上学
情感和伦常情感（譬如所有的良知感）。

　　在我看来，囊括了一切受苦的最形式化且最普遍的总概念（从
疼痛知觉到形而上学-宗教层面的绝望）正是牺牲概念。正如死亡
在客观词义上指的是有机个体为了物种繁衍之故而必须承担的"牺
牲"（此"牺牲"也在原初意义上将自己的缘由同关乎繁衍的物质及
力量损失最为紧密地联系起来），死亡的天然出现以及〈物种的〉寿
命在越来越大的程度上被证明是取决于繁衍这件事的，正如在形态
上，死亡是到了有多细胞动物的世界时（即在多细胞生物门类下）才
出现的对有机体进行组织和区分的牺牲（米诺特语），同样地，在其
最为形式化的形而上学意义上，任何苦与痛都是对那种由部分为了
整体、由〈相对〉价值更低者为了价值更高者而做出的牺牲的体验。

　　亚里士多德认为，快乐和不快乐是生命乃至精神灵魂及人格得
到支持和受到抑制的记号。这一基本思想尽管如此正确，却仍旧完
全无法让人理解，这世界上苦与痛的存在，其意义究竟何在。基于

上述思想，我们能够理解的，无非是痛苦和快乐被有意义地并且目标明确地与有机体受到的刺激以及做出的反应绑定和关联起来，有了这些痛苦与快乐的存在，对生命的支持和抑制才会出现。作为一种对有机体的某些特定行为方式加以指示（诱惑、警告）的系统，这些绑定和关联是有意义且目标明确的。"驯化"动物和人类的所有方式，只要是使用奖（奖励）惩（并非在该词的道德义上）机制的，就仅仅是在运用这些天然的情感匹配，也就是将情感和各种生命过程及其就〈那些〉特殊目的（驯化、教育）而言对有机生命的特殊价值相匹配起来。在此意义上，人们也将有机体基于起初偶发的、要么属于纯反射性的、要么属于"游戏式的"活动的成败（"尝试"）而得到的自身学习经验恰如其分地称作了"自我驯化"。另一方面，一切从外部而来的、人为的他者驯化，运用的仅是有机体情感生命的那套适用于某些情境、行动、目标的天然奖惩机制，而对有机体天生正常的生活方式而言，这些情境、行动、目标并不是典型的。不过，有待追问的是：倘若针对有利于和有害于生命的行为方式，应该有一种由警告和诱惑组成的信号系统的话，那么，被纳入此记号系统中去的，就必须恰恰是痛与苦这种特殊的质性吗？为什么不能是别的信号？为什么不能是不生"疼"——痛是会生疼的——的信号？倘若〈神性的〉世界之基如此理性〈且明智〉，它给予生物一个由天然信号组成的系统，让生物知道为了自我保存和自我支持应该做什么、不该做什么，那么，世界之基为什么没有用不那么野蛮而又激烈的工具来发出警告和诱惑呢？为什么高等宗教格外排他式地赋予世界之基的良善与爱，与世界之基所具有的理性如此不相称，以至于它偏偏挑了痛与苦来警告它的受造物，来敲响生命受到威胁时的报警鼓？人们常把亚里士多德的思想当作某种神义论来使用，但这种〈神学〉思想还不足以成为神义论。我不妨这么说吧：假设我希望从世界的样貌和存在——正如我（在经验层面）已知的那样——中，以因果推论导出上帝观念和上帝存在，而不是从我的人格核心〈在宗教举动中〉同某个神圣的良善与智慧之间产生的某种原初的人格及经验联系当中导出①，那么，即便是在其余整个世界都在平安、幸福、和谐中熠熠生辉的情况下，也只需唯一一种哪怕还如此微弱的疼痛知觉的存在，比如被虫咬了，就完全足以让我无法再对"承认有一位'全善'〈且全能的〉世界创造者"这一点表示赞同。

在基督宗教的思想中，上帝出于爱而自愿在基督内代人牺牲受苦；或许，我们只有像基督宗教首先以历史上最为有力的方式所完成的那样，把痛与苦这一事实置于牺牲观念的光照之下，才有可能更接近一种更为深刻的受苦神义论。

为此，我们必须首先对这个晦暗而又多义的"牺牲"概念做一番澄清。无论在哪里〈——但也只可能在如下范围内——〉，我们都可以谈论一种客观意义上的"牺牲"（有别于只有自由的精神人格才有能力进行的某种自由的"对自己或对某物的牺牲"），只要有着某种相较之下"更高价值位阶"的善的实现看起来是和有着相较而言更低位阶的财富的湮灭或减少或者是和有着较低位阶等级的恶的设定本质必然地联系在一起的。而当我们只看到正面与负面价值以及两组价值中不同的量，而没有注意到客观位阶等级（这些

---

① 关于后面这条道路的唯一合理之处，参见前引拙作"论宗教诸问题"。

位阶等级当中的每一个又都含有正面和负面的价值①），那么，我们就只能说"代价"，而不能说"牺牲"。谁若偏好一种更大的快乐胜过一种更小的快乐，偏好一种未来持续更久的快乐胜过一种当前短暂的〈同类型〉快乐，偏好一种更小的恶和受苦胜过一种更大的恶和受苦，偏好一种更大的快乐胜过一种与这种快乐的缘由相关联的更小的恶，那么，他并没有因此而做出了"牺牲"。他只不过正确计算了"代价"。牺牲思想所包含的其实更多：它不仅仅是针对快乐与不快乐、良善与恶所做的算术，而且是不以别的形式再次出现的、对良善和快乐的最终的取消，以及对恶与不快乐的最终的设定。尽管如此，每一种牺牲（在主观及客观意义上）始终也都本质必然地是"为了什么而做出的"牺牲。作为客观发生之事，单纯对某种恶或某种苦进行设定，这在客观上是无意义的；作为自愿被追求、被意欲之事，这种设定同时也是荒唐的、病态的，比方说嗜痛、暴行带来的快感、纯粹毁灭别人也毁灭自我的那种否定主义。而这个"为了"总是指向一种位阶更高的正面价值，或是对位阶更高——比被牺牲的善所具有的位阶还要更高——的恶的避免。因果律作为承载价值的事物与经过之间的规律性，只有在它把实现某种更高的正面价值（以及避免某种位阶更高的恶）必然地同设定并实现某种位阶更低的恶关联在一起时，"牺牲"才是必然的。

　　当前我主张，从这种最为形式化的牺牲概念出发，痛与苦本身的所有类别——无论受苦者与它们之间的关系如何——都只是〈客观〉牺牲经过的主观灵魂映射和相关项，而所谓牺牲经过，指的也

---

① 关于价值和价值位阶秩序，参前揭。——编者注

就是为了某种更高秩序的善而去放弃某种较低秩序的善的那些产生效应的趋势。〈受苦本体论。〉

此处，只要存在着一个超过总和式的、真实的（即不仅是人为的、靠我们的归纳式理智这一恩宠为生的）整体，即一个其存在、活动与价值不依赖于其〈每一个单独〉部分的存在、活动与价值的整体，那么，基本的存在关系就是部分与整体的关系。只有在整体作为整全性（totalitas）在其各个部分之中活动、存在并生活，各个部分也不仅是在整体之中活动，而是"为了"整体而活动，我们才可以谈论存在于部分与整体之间的牺牲，并且，只有在这种情况下，也才有发生（无论何种样式的）受苦的可能性。只有在这类情况下，整体的各个部分也才被称作"肢体"（ὄργανα）；只有在这种情况下，整体和部分之间才存在着"休戚与共"的超过总和式的关系，条件是，整体在统辖、领导和指挥的意义上"为了"各个部分而存在，并且，各个部分在各自的服务、接受领导和指挥的意义上"为了"整体而存在。在一个就形式而言纯机械论-总和式的世界里，连苦与痛的可能性都不可能有——就更别提苦与痛本身了。〈在有神论所设想的绝对"目的论的世界"里，这也不可能发生。〉不过，一个世界，倘若其各个部分并非独立的、有着自身性质〈和自身力量〉的实体（Substanzen），而仅仅是在此在（Dasein）和如在（Sosein）这两个层面上"依赖于"整体的部分（"模式"），或者甚至只是主观剪切出来的一个整体的诸个侧面、指向整体的诸个"着眼点"，那么，在这样一个世界里，苦与痛的可能存在就连最低限度的条件也都是缺乏的。因此，不仅一般的理性因果有神论无法让人理解任何具有苦与痛这一本质的事情的存在，就连对待灵魂时的机械论式唯物主义与联想式立足点，乃至于抽象的泛神论一元主义（例如斯宾诺莎、黑格尔），也都无法让人理解上述事情的存在。因为，独立且有着自身规律性的各个部分与它们在整体——它们与整体休戚相关，反之亦然——当中的功能地位间的冲突，才是一个世界里存在着苦与痛〈在观念上的〉可能性的最普遍的本体论原因，而不管引起地球上生命体的这种或那种形式上的苦与痛的特殊第二因都是些什么。只有一个整体（在刚才所确定的意义上）在面临此冲突的情况下"拥有"或"体验"其部分肢体自身之间的冲突（以及部分"拥有"或"体验"整体〈与整体的活动之间的〉冲突）的方式，才是我们在最一般的意义上所称的"不快乐"。这样的冲突以作为整体的整体之中以及作为部分的部分之中自发的（因而不是随意的）活动性为前提。如果说，但凡在部分不是以合情合理的方式〈而是以不合情理或荒唐的方式〉服务于整体的情况下，我们都能成功克服整体针对部分而进行的任何形式的抵抗（之后我们还会回到"忍耐"的技术上），那么，各种可能的痛苦的最普遍条件，我们也都能一并给消除了；而当部分完全地服从于整体的动态运行，没有主动对整体发出抵抗时，上述那种最普遍条件也一样会被消除。我们在此称为"整体"和"部分"者，它们的位置可以由在最广的词义上表示这种多元统一体的东西来填充。根据一种表面的、并非以形而上的方式加以解释的经验，在我们这个由人类经验构成的世界里，该统一体首先指的是一切生命单元（细胞、有机体、社会生物学意义上的整体），其次指的是一切精神性的人格举动单元，它们一方面与人格的部分举动有关，另一方面又与以单个人格为肢体——在无损于其个体性的自身尊严的情况下——的总体人格（国族、国家、教会、文化圈）有

44

关。倘若连世界本身——我们并不确知——都是一个这样的整体，那么，我们也必须给"世界"本身赋予某种样式的苦难。

自然死亡是个体既为了自身繁衍也为了物种整体的存续和壮大而做出的、在死亡发生时被规定目标与意义的天然的自我牺牲——某〈一〉个生命自身为了更多且更高等的生命而自动做出的"牺牲"；但死亡这个观念却是人作为生物所能设想出来的最为苦痛的思想，只要人在观察死亡时是从他个体式的生命渴望出发的，即是说，他既不是从内在于生命进化本身的目标出发，也不是从他超越生命的精神人格性的要求和命运出发的。正如上述这类情况，痛也是某种类似于"小写的死亡"〈的记号〉：它是部分（及其自身的生命支持）为了维持整个有机体而做出的牺牲，它同时也是一种对死亡的提醒。某个〈部分〉生命单元（诸如细胞、组织、器官、器官系统）作为效劳要素而被纳入一个有组织的整体，从而体验到自己为了整体的缘故而受到了必要的限制与抑制，那么，只有对这些限制和抑制的"内在化"，才是我们称之为"痛"的东西。

而就连在这里，痛与死亡这两者彼此也是相似的：随着生命力整体相对于其组成部分而言在质性差异、层级化、劳动分工和专门化方面获得增长，痛与死亡存在并发生的条件在自然界和生命树的整体当中也变得越来越有可能，越来越无法回避。直到"联合体"出现，才产生了痛的条件。直到出现了明显"有组织的"多细胞生物，在其范围内才开始发生更明显的〈形式上的〉死亡现象（〈尸体〉），最初的那种明显有痛感的知觉可能也是到了这个时候才出现的。有机体中"各个部分的斗争"（鲁〈Roux〉语）以及各个部分在共同且各司其职地服务于整体时的那种爱的休戚与共，其可能性有着同样的初始条件，这个初始条件就是形成联合体。另一方面，所有那些"生长痛"（正在生长的部分因其周围已变得固定和僵化的部分发出的抵抗而受到的抑制）以及那些含义一致的小写的产"痛"，都和死亡因为〈物种〉繁衍而背负的个体恶有着同样的"意义"。正如繁衍被称为个体超越自身之外的生长，而生长〈只要它大于尺寸上的增长〉本身又建基于个体内细胞的繁殖〈分裂〉之上（器官就是由个体内的细胞构成的），同样地，死亡可被比作个体生命超越自身之外的某种生长痛，而生长痛也可被比作自身分裂着的组织和器官细胞的某种作为繁殖迹象的死亡。这两种情况下，牺牲思想都把死亡和痛紧密地联系在了一起。①

　　被我们相对于"行为"和"活动"（而非相对于"快乐"）而称为"受苦"的一切，皆具有双重性。在一个整体对抗一个部分的情况下，这个部分在反-对抗以及主张自己这些事上所需的力量越小，它所感受到的来自整体的对抗反而越大。痛作为这种"受苦"的内在化，其实是无力之痛、贫穷之痛、欠缺之痛、力量减损之痛、老化之痛。可是，"受苦"却因为下面这个极化对立的过程而愈增：整体让自身组织僵化，并由此将力量与规模都在"生长"的部分强行压制住，而在对抗整体的过程中，这个部分则表现出了某种超出正常水平的活动性。这是与痛、生长及生成之痛——"产痛"——相对立的类型。也许后者是更加高尚的痛，而前者是更加低卑的痛，也

45

---

　　① 在该文 1923 年（经扩充后的）第二版（收于《道德文存》）里，首先是下面这句——手稿中没有的——话："这种对立只存在于并且只能存在于有机物的范围内。"这是作者对排版清样做的一个补充，但该补充是否属于文本当中这一段尚不明确，因此，本卷将其放在按语内。——编者注

许此痛是"死去"这件事的迹象，而彼痛是生命上升的预兆，但无论如何，两者都是"牺牲"。

正如有生命力的爱（作为存在于有着更高的组织性、分为两种性别的生物那里的繁衍渴望的内里一面）被证明与死亡（作为繁衍过程中的实体和力量损耗对整体产生的原初反作用）息息相关，其相关度就像死亡和痛与形成联合体——它本身也是生命单元的那些建设性的、彼此寻找的、爱若斯式的力量所产生的作用——之间的相关度一样高，爱与痛也必然且紧密地息息相关。作为（在空间中的）形成联合体与（在时间中的）繁衍的原力，爱创造出了既是死亡又是痛的那种"牺牲"的先决条件。有生命者在形成联合体和繁衍的过程中表达出来的那同一种想要超越自身、抵达更多〈且更高等的〉生命的幽暗渴望，创造出了痛的本体论先决条件。在此双重意义上，痛和死亡都产生于爱。没有爱，就没有痛和死亡。

爱、死亡、痛、形成联合体以及通过分化和整合而达到的组织高度的递增（真正的"发展"），它们在纯生命力的存在域中形成了一个必要且不可分割地息息相关的过程与状态组。要设想这一点是很难的。但我们必须用一种简单的直觉把握住这些伟大而又基本的生命现象的全然紧密而又必要的统一。（对关于这些事物的观念的息息相关性而言，地球上植物-动物-人类组织的生命仅仅是一个偶然的范例。）就仿佛在不同的"侧面图"里面，生命的同一种振奋透过这一直觉向我们揭示出来；只不过，当一切有生命者——以任何一种或原始或复杂的形式——命中注定参与到生命的这些基本事件中来时，这种揭示就显得更加崇高。

而且，假如我们要在息息相关的事件和状态的整体当中为那个相同的统一体找一个名字，那么，就只有一个能将其统一起来的名字，那便是：牺牲。为了某种更高者，某种较低者被奉献了出来；为了整体能得救、得以保存，甚至于得到促进、得到提升，奉献或被奉献的部分受了苦，并"替代"整体赴死。一切受苦都是"替代式的"、乐于助人的，这样，整体才会少遭些罪。个体的一切死亡都是对那种如若个体不死亡就会发生的物种灭绝的替代，因此，它服务于摆脱自己那已然变得僵化的组织并希望超越自己既有组织的生命。一切的爱都是对牺牲的爱——是某个部分为了一个处于转型之中的整体而在意识当中发出的〈主观的〉牺牲之回声。

第一种给我们提供了关于此脉络及其必要性的洞见的理论是：我们不能二者只愿其一，不愿其二。也就是说，不能只要爱和联合体（共同体）而拒绝死亡和痛；不能只要更高的发展和生命的增长而拒绝痛和死亡；不能只要爱之甜蜜而拒绝牺牲及其痛。假如我们不仅以理智，更以心灵去完全把握这一洞见，那么，这一洞见会以比承认"痛仅仅是有用的"这一真理深刻得多的方式让我们与痛和苦的存在和解。因为，若我们自问，为了摆脱痛与死亡，我们是否能决意当真放弃爱以及生命的更高发展，恐怕只有极少数人会回答"是"。假如死亡和痛是保持生命和繁盛生长而不由自主遗留下来的必然痕迹，我们恐怕会很难将其拒于千里之外。所以，我们只可能拒绝并反抗匮乏之痛——而非拒绝生长之痛。

与此相关联的还有第二种洞见。牺牲就仿若一只雅努斯之头，它的面孔，一面在哭、另一面在笑！[1] 一面望向泪之河谷，另一面望

---

[1] 雅努斯之头（Janushaupt）是罗马神话中的门神、双面神。——译注

向欢乐之谷。牺牲包含以下两者：爱带来的欢乐以及为所爱之事献出生命的痛。不管过去还是现在，"牺牲"都在某种意义上先于欢乐和痛而存在，而欢乐和痛则仅仅是牺牲所放射出的光芒和它的孩子。在牺牲那里，快乐和痛都被纳入同一种生命之举的简单之中，就仿佛它们被绑成了一束花。生命寻找着自己新的、更高状态，生命的运动本身就是牺牲，在这种牺牲中，生命问候着自己新的〈更高〉状态，并和旧的状态告别。在牺牲的最高形式那里，即在自愿的、〈有意识的〉精神层面的爱之牺牲那里，这一点十分清晰明确。因为，在同一个举动里，我们既体验到去爱的幸福，又体验到因损失了在爱中被献出的财富而带来的痛。而就算是在精神层面对自动出现的痛、死亡、受苦的理解之中，也仍留有一束对某一自由精神的至纯、至高的体验之光，这束光甚至还少见地以其光辉充溢了一切位于精神界以下的受苦。站在这个更高的思想立足点看，对人生命中的快乐和痛所做的〈量上的〉考虑，比如享乐主义在历史上所做的那些考虑——一会儿是有着一份结果看似为正的快乐收支表的乐观主义，一会儿又是结果为负的悲观主义——哪怕仅作为方法，都已经是荒谬的了。归根到底，快乐和痛这两者都以同样的原初性植根于牺牲和对牺牲的爱之中；倘若我们想要否定快乐和痛，或否定两者之一，那么，生命本身便意味着否定。这两者一直要到至纯至高的爱的牺牲之中才会出现的至高的合一、凝聚、综合，于是成了生命的顶点：在这一点上，失去和得到一模一样。

　　因此，只有在我们的感性存在的最底层、最边缘的状态中，痛和快乐才分道扬镳。我们越是深入我们自身的深处，越是全神贯注于我们人格的现实性，痛与快乐也就越是相互渗透。例如，叔本华的悲观主义，它仅仅把痛看作是正面的、把快乐看作是负面的（也就是把快乐看作带有疼痛色彩的那种生命催逼、需要与追求所获得的"风平浪静"），这种悲观主义忽视了以下两者：一是那种着眼于生命活动本身的全然正面的快乐（以及针对精神"创造"而感到的至高快乐），二是并非源自"匮乏"〈或需求〉，而是源自生命活动超出其迄今规模的增强（比如生长痛）的那种痛和受苦。在任何时间和地点，生命从来都不是像洛克错误传授的那样，或者像叔本华所重复的那样，是靠由既有的不快乐状态而来的排斥力，或是靠所谓的"需求"、不得已的困窘与紧张状态而继续运动的。相反，正如"游戏"在人类和高等脊椎动物那里以及"碰运气的运动"在低等动物和单细胞生物那里所证明的那样，一开始生命其实是从力量过剩出发，非常快乐地进行着活动的；比起这种起初非常快乐的活动，被记忆固定下来并被越来越精确地分配给特定刺激组合的运动所产生的有利作用实属次要——直到习惯了这种毫无目的性的、仿佛游戏一般的行为所取得的财富和"成功"，才产生了所谓的"需求"。[①] 就连人类精神的最高创造，比如最强烈的感官快乐——生殖举动带来的快感——也并非这一规律的例外。最大的幸福并不是如叔本华所说的那种"无意愿的"审美享受。一位艺术家、一位研究者在其已完成的作品那里得到的满足，要远远大于他因荣耀或是从赞叹这件作品的周遭世界的赞美和掌声中——通过一道去享受周遭世界对作品的享受——所能得到的满足。不过，比起在产品、作品那里得

48

---

① 参见《形式主义》一书第五篇第 9 章中对需求-困境-理论的批评。——编者注

到的快乐，创造者、"天才"、（双亲）在创造过程本身当中得到的快乐还要大无数倍——伴随着创造过程的欢乐开始要干涸的时候，创造者才会认为其作品"完成了"。只有上帝从来不会对自己的创造感到不快——也仅因如此，祂的作品乃是无止境的。就连大自然，也将生命最强烈的感官快乐关联到生殖活动中用生命产生生命这件事之上。以肉欲那火一般的记号，大自然极大地表彰了以有生命者来创造生命这件事，其程度要远远高于大自然以快乐状态来表扬（通过满足饥饿和口渴来）单纯保全生命这件事。起初和作为恶中之恶的死亡同时发生的那同一个繁衍之举，一直要到多细胞生物那里，才越来越与死亡区分开来——但繁衍之举始终仍是死亡的第一因 ①〈及其本质伴随者〉——此繁衍之举也被大自然判定为值得获得最深层的快乐。〈就连在权力追逐中获胜本身也要排在繁衍之举的后面。〉

人类更高的——所谓"历史的"——发展阶段常常掩盖了这些简单法则的脉络，不过它们并不会打破这一脉络。当然，这里还包括对苦与乐进行规定的一些因素，在纯粹的生物学状态和法则下，不存在可与之相提并论者，而且这些因素也不会仅仅受上述法则的规定。人的"思想"〈张开精神之爱的翅膀〉开启了一个痛与欢乐的新世界。

---

① 多姆斯（H. Doms）的论文"论衰老、死亡和重返青春"对上面那句首先由格特（A. Goette）提出的观点给出了值得重视的批评意见，同时该文也是对格特思想十分深刻的继续发展。该文载于《解剖学与发展史成果》，第 23 卷，慕尼黑，1921 年。可惜上文无法再对该作进行评议。［关于"衰老和死亡"问题的遗稿中，舍勒讨论了格特、多姆斯、米诺特的上述理论。参见《舍勒全集》第 12 卷，人名索引（付印中）。——编者注］

　　首先，有一条法则在这里仍然适用：联合体的形成与叠加提高了个人与个人、群体与群体之间的依赖性，由于联合体越来越广泛同时也越来越密切的形成与相叠，由于人类共同体的生命、文明、劳动和精神文化日益强化的分化与整合，人类在历史中既参与到量上越来越多的痛与苦中来，也参与到受苦在质上愈增的多样性中来。针对人类联合体的诸形式，这一法则仍然适用，而根据米诺特[①]，该法则让死亡以及痛〈的承受能力〉看上去就像是生命为了物种更高等的组织而做出的牺牲。所有观察原始部落的研究者在如下判断上都是一致的，即，原始人的那种形式相同、始终如一——并且极少被我们这个种属所特有的最基本的受苦所打断——的愉悦无法在文明人那里找到相似者。活在当下的动物只知道一时的、产生于具体情境中的对死亡的害怕。人类有别于动物，对人而言，对死亡的恐惧是其最强烈的受苦根源之一。而在原始部落里，对死亡的恐惧却几乎完全被瓦解了，因为原始人普遍相信，亡者的身体〈而不仅仅其灵魂〉以不可见的方式继续存在着，他们相信，亡者会在新的身体里获得重生（孙辈与祖辈真的可以一模一样）。原始人在相同痛感知觉下的受苦能力无疑要低一些，这种能力会随着文明的升级而提高。尽管原始人比文明人更加暴露在自然界的恶劣条件、偶发事件以及对自己造成威胁的力量中，但原始人对自然界的恐惧和距离感却要比文明人小得多。而这两种情感，本来也都是被对自然界及其危险的客观认识以及技术文明向自然界发起的日益增加

49

---

　　① 参米诺特（C. S. Minot）著《年龄、生长和死亡的问题》，纽约 1908 年；另参《生物学的现代问题》，耶拿，1913 年。［1913 年，米诺特以此为题在耶拿大学开过一门大课。《生物学的现代问题》1913 年在费城出版。——编者注］

的斗争所唤醒的。在这里，个体的自我意识和灵魂意识仍旧〈像是〉完全沉睡在联合体及其集体观念与情感之中，活着的一整个世代统一体的有意识生命同样也像是完全沉睡在过去的传统、风俗和习惯中那样。在大自然以及命中注定的既有共同体和历史那母亲般的怀抱中，个体和世代安息着、做着梦，仿佛依然没有一个自己的以及被意识到是"自己的"情感区间。原始人缺乏文明人所特有的那种更深层的受苦，其先决条件便在于此。在文明人那里，因为脱离了这些母亲般的保护围栏，所以才有了文明人对于其生活方式的自我担责性，产生了孤立、孤独和不安全感，发生了共同体、传统及大自然的异化，生出了担忧与对生命的害怕；有了这一切，文明人更深层的受苦才增加了。

不过，在文化民族和它们存续的时期之间起作用的，也还是同一条法则。西方民族发展出了自己的历史精神、行动意识和工作精力，他们以认真的态度对待地球，他们在文明和文化当中取得了巨大的成就，随着人口数量的急剧增长，他们的国家规模扩大并有了复杂的组织，他们的感受力和风俗愈渐精致，出现了经济上的劳动分工和知识的专业化。但可以肯定的是，幸福并没有随着西方民族及其历史的上述这些和其它一些特殊性质的产生而增加。中国、日本、印度不管是现在还是过去——在没有欧洲文明的情况下——都更加幸福，而且，倘若它们不被强加欧洲文明，它们将来的幸福还会持续更长时间。在西方自身的历史中，受苦也比幸福更快地向前迈进。在这一点上，卢梭和康德说的对：文明创造出来的受苦，比文明通过对受苦原因做出的越来越大也越来越成功的斗争所减少的受苦，更多也更深。文明创造出来的新的欢乐与享受的源泉,〈可能〉巨大且多样,〈但〉它们只是针对较浅表的情感区间而言的——那些更深层的、触及人的实质的欢乐与享受源泉,在历史上则很少有所变化(例如良心的平安、爱带来的各式欢乐)。我们的感性组织已然是为此而配置的,痛的强度序列要大于快乐的强度序列;随着痛的刺激增大,对痛的知觉的提高要比迟钝的快乐知觉在快乐刺激〈等幅〉增大情况下的提高要快得多。[1] 比起我们对于客观困境的习惯,我们更容易习惯于处在客观进步中的生活标准,习惯于发明、工具、机械——这样一来,我们对这些事物的快乐反应就没有了。在增加同等的刺激的情况下,痛比快乐增长得更迅速,痛不仅更加稳定,而且更不容易因为适应〈和习惯〉而减少,同样地,痛所具有的相对性也比快乐更少。[2] 塔列朗曾经下过判断,他认为生活在 1789 年之后的人不知道生活的乐趣所在。他的这一判断既不仅仅是个别人的判断或是一位来自上层阶级的男士的判断,也不单单适用于法国大革命所引起的骤变。针对 1914 年,我们难道不能下同样的判断? 更何况,我们有更多的理由这样做。没有哪些梦想像十八世纪对〈历史中〉不断递增的关于人类幸福的梦想那样,如此残酷地被事物的走向所摧毁。为达到幸福的这种增长而投入其中的手段、工具、〈机器〉、组织,却将人的活动和人的灵魂如此深刻地卷入这些手段自身〈及其机制〉中来;到头来,投入这些手段、

---

[1]　参见科瓦勒夫斯基(A. Kowalewsky)著"悲观主义心理学研究"(Studien zur Pszchologie des Pessimismus),载洛文菲尔德(L. Löwenfeld)编《神经与心灵生命前沿问题》(Grenzfragen des Nerven- und Seelenlebens),威斯巴登,1904 年。

[2]　〈在关乎痛的时候,民族和种族所感知到的要比在关乎快乐时更相近。——共苦比同乐要容易。〉

工具等时所着眼的目标完全被人遗忘了；设想和打造这个技术式的手段世界原本是为了克服恶，而总的来说，比起在那些应被克服的恶上所受的苦，人在这个手段世界里——在其自身规律性、偶然事件和不可预测性上——所受的苦要更多。

历史上，自卢梭起，这种状态就必然会让文明与文化悲观主义的那种可疑的思想情感特征萌发出来。卢梭、康德、费希特、黑格尔、叔本华、冯·哈特曼、尼采、托尔斯泰、波德莱尔、巴尔扎克、热爱斯拉夫者、陀思妥耶夫斯基、斯特林堡，至少在从幸福主义角度对〈现代〉文明和文化做出负面评价这一点上，是完全一致的。十九世纪以前的整个西方思想史，从未遭遇过如此巨大而又持久的一股幸福主义的文化控诉。因此，哪怕对其论点的论证漏洞百出，无论如何，这也仍是关于那个时代在事实上的生命感知的一项指数。[①] 当然，这些思想家贡献给我们的对策和安慰是十分不同的。卢梭——就像他生活于其中的、有着文明生活不屈不挠的一贯性和无法回避性的那一整个世纪那样默默无闻——给我们提了一个幼稚的建议，这个建议便是：回到"大自然"、回到田园。康德以旧普鲁士的英雄主义精神说："尽管如此！"但对于"我们是否有权以幸福或无痛为标准来衡量人之状态的价值和尊严"这个问题，他表示怀疑。康德认为，"在一个理性的世界国家共同体中"建造"一个由无异议的目的所组成的国度"，这便是尘世间的至善，哪怕在这个国度发挥影响的过程中，人们会承受越来越多的苦难。根据康德的

---

① 参见收录于本文集第四分卷的论文"对一种关于颓废的历史哲学的新研究"。[参见编者后记中对本卷"同时期发表的其他短文"部分的"青年运动"一文所写内容。作者所引第四分卷并未出版。——编者注]

见解，在德性与幸福之间做出平衡这件事应被推至彼岸。依费希特之见，以理性去塑造作为"我们义务的素材"的自然界的行动，以及以履行我们的义务、实现我们的使命的方式让良心获得安宁，这些应该能让我们在面对人类渐增的苦痛时感到安慰。黑格尔曾郑重宣称，人类历史并不是"幸福的土壤"，他对一位在历史中成为其所是的上帝——这是一位亲自在历史中受苦的上帝，但祂却通过新的行动和创造，让祂永恒的自我矛盾中的每一种受苦之痛都仿佛被麻醉了一般——那创造性的生成漩涡进行了最为丰满的刻画，并试图以此来使我们摆脱我们那无声的个体之苦。对这位上帝而言，人只是服务于这一自我解放的神性"观念"的士兵；人投身于这一观念，并同自己的"敌人"作斗争——从形而上学角度讲，该敌人依然仅仅是神性必然性发挥作用时人自己的帮手，以防人万一忘记了上帝精神为了使人的历史行动力紧张起来而〈用"计谋"〉将之假装成一件真事的那些苦。叔本华则恰恰相反，他推崇的是屈服于盲目意志所永恒遭受之苦：听天由命并在哲学、艺术和克己苦修中逃遁到对观念的〈无为的〉默观中去；叔本华认为，这个世界的永恒本质就是盲目意志，盲目意志的有着最高组织程度、从而也受苦最深的表现形式则是人，是变得有意识且进行思考的人。存在本身是"债"，因而也是苦——况且，只有通过对我们之中的世界意志的否定而达成的对真实的去真实化，才能带来无痛与平安。冯·哈特曼把黑格尔的发展理论和历史主义同叔本华的形而上学悲观主义联系起来。通过其系统透彻、分析深刻而又贴近生活的思考，哈特曼尝试指出，人类的受苦随着文明和文化的进步而增多并加深，在快乐收支账单上，受苦来越多地超出快乐的数额；他还指出，站在发展史的角度看,人类也恰恰是在自己宏大的自我经验及世界经验进程中,才渐渐被救赎,人类不仅将自己,而且还将在人类中〈受苦的〉上帝从盲目的"尔旨成行"(fiat)之举中救赎出来——而最初,正是该举动赋予了这个世界以存在,也赋予了人类以存在。对于作为价值学说的幸福主义,无论是个体幸福主义、社会幸福主义,还是进步幸福主义,哈特曼都是最深刻最尖锐的批评者。尼采在幸福和苦难的摆幅、规模以及情感的内在多样性中寻找生命价值的标准。对于未来的历史,他更害怕的是更深层的受苦与快乐状态被拉平,而不是受苦的不断增加。

我怀疑,这些针对我们生命的历史方向这个大问题——以乐与苦来衡量——的对策和安慰是否正确。它们从不同侧面围绕着"牺牲"这一束少见的、明暗相间的、有甜有苦的乐与苦之花。可它们只是偶尔才触及到丰富的"牺牲"概念当中的零星要素;它们没有囊括其整体,也没有尽饮其深邃处的源泉。

康德、费希特、黑格尔和普鲁士-德国的其他一些其实有着过分英雄主义的"英雄豪杰们"清楚地看到了包含在一切牺牲当中的苦,也清楚地看到了包含在一切牺牲之中的价值。但他们忽视了,人其实无法放弃幸福,就像人无法放弃存在本身那样。任何一种快乐对其自身的肯定都太确凿了,我们根本无从置疑它。快乐不需要对自身价值的任何形式的证明。快乐"就是"快乐,快乐之所以有价值,是因为它存在。帕斯卡尔在其"论爱的激情"一文中表达得非常好:"快乐是好的,受苦是坏的,对此我们无需加以证明。心灵能感觉得到。"

每一种建立在对快乐的蔑视之上的英雄主义都是一种学说和

一种态度，它们如此确定地消耗着自身，正如每一种阿里斯提普式
的对快乐的肯定那样。[①] 两种态度都必然以悲观主义为结局。在德
国，康德、黑格尔、费希特那里的纯英雄主义也必然导向了悲观主
义。英雄主义以对一切幸福的蔑视所要求的行为是有一道边界的，
这道边界存在于有关某个世界的观念中：在这个世界里，这些行为
从形而上学角度看不再值得。在"纯粹的"英雄主义中，就像在"纯
粹的"享乐主义中那样，有一些甚为可笑的东西。一个因为英雄的
缘故而存在的世界，会要求世界之基长久地折磨其中的人们，直到
他们能表现出自己的"英雄主义"来。他们当中的最优秀者先天地
将始终是他们当中的殉道者、是他们当中最受折磨的人。但恰恰这
个世界，连同它那〈折磨人的〉"上帝"，都不配拥有英雄。英雄，
只有当他在某个超出其所承受苦难之外的领域中仍是一位幸福者
的情况下，才有意义。"绝对的"英雄已经不再是英雄——他要么是
愚人，要么是承受着嗜痛之苦的病人。认识到这一点，是叔本华、
哈特曼以及其他那些"历史行为"的"悲观主义者们"的巨大功绩。

　　结果呢？结果就是，只有当成长壮大的文明和文化在爱中、在
壮大并且愈加有资格的对牺牲之爱中同样也激起了某种隐秘的无
上幸福感时，文明和文化中的那种无疑也在递增的苦痛最终才变得
"值得"，因为这样的幸福感补偿了一切愈渐增加的痛，并让灵魂核
心超脱其上。最后，一定会对在此发展壮大中必然共同壮大的痛做
出超额补偿的，乃是由成长着的爱〈与创造性的文化活动〉、在广度
和深度这两个方向上都壮大着的共同体以及生命的〈交感〉历史性

---

　　① 阿里斯提普（Aristippos, 公元前 435–前 355）是苏格拉底学生之一，昔兰尼学
派的创始人，享乐主义者。——译注

所带来的快乐。对于这种爱以及从属于它的最为崇高的快乐,〈只此〉英雄主义是盲目的。〈不光是幸福的爱,就连不幸的爱,作为功能性的快乐,也仍旧让人幸福。〉对于痛的增长及其必要性,幸福主义是盲目的。只有"牺牲"本身及其必要性在增长——而不管是牺牲的快乐还是它的痛苦,这些都并没有增长。尼采最接近真理,他认为:在某种意义上,生命那在快乐深处和痛的深处这两者之间摆动的幅度及运动规模要"先于"快乐和受苦的状态本身,而后者仅仅是幅度变得越来越大的摆动偶然达到的终点。但这一幅度的"意义"恰恰在于"牺牲"。只不过尼采那仅仅着眼于生命多样性以及生命运动规模的精神却并不知道这一点。

在认识了痛与苦的意义的本质之后,让我们再回顾一下,人类迄今——透过艰苦的经验——都学会了什么,面对痛与苦时我们应该怎么做。面对这项艰巨而晦暗的任务,面对痛这件永恒无言的纯粹事实时,我们可以做的其实十分有限——不过总归还是有几点可做的。在这些理论里,每一种受苦技术,其根源都存在于某种受苦伦理学以及对受苦的某种形而上学或宗教学式的阐释之中。

首先,我要指出这类受苦理论的几个主要类型。若环顾历史,我们便能看到面对苦难的许多条道路:我们看到,有将受苦对象化与听天由命〈或者主动容忍〉之路,有享乐主义的逃避受苦之路,有对受苦麻木直至漠不关心之路,有英勇战斗和克服受苦之路,有压抑受苦和虚幻主义的否认受苦之路,有把一切受苦都理解为惩罚式受苦从而为其辩护的路,最后,还有最神奇也最纠结的那条路,那便是基督宗教的受苦理论:有福报的受苦以及在受苦本身之内、透过上帝的慈悲之爱而实现从苦难中解脱之路,即"十字架的中道"。

这些类型当中的第一种，历史上曾在佛陀的学说里以较大的纯粹性展现在我们面前，直到斯宾诺莎和歌德的时代，它还以多种伪装、在多种历史脉络中一再出现过。后期的婆罗门奥义书首先教导的是灵魂在不同的新身体里的无穷尽的漫游，奥义书将一切受苦都解释为对前一世生命中所犯过错的惩罚。直到在数论和瑜伽哲学中，才出现了那种形而上学的悲观主义，它将苦锚定在存在本身的基底中，并让苦一直延伸，其范围相当于追求与摧迫那涵盖一切现实的势力在事物与人当中所达到的范围。佛陀，这位教导死亡的伟大导师，这个在基本气质里充满了甜美快乐的秋日性的灵魂，便将自己的学说建立在上述基础之上。他想要指出一条道路，来终结这种按照罪债与代偿法则运行的不知疲倦的无尽漫游。这条道路乃是超越个体的自我持续地与一切个体化的欲望——也就是那种不断将燃烧着的现实重心设定到世界的纯内容之上、与苦的涵盖范围一样广的力量——相脱离的一个过程。因此，佛陀得出诸领域间的如下等式：欲求＝现实＝苦难＝个体性。这一脱离发生在将苦难与欲求对象化的过程中，发生在让苦难、欲求、现实这三者间铁一般的关联成为纯粹图像的时候。欲求、疼痛和苦难有一种在认识中突破灵魂核心的内心技术，该技术便服务于上述对象化过程。对佛陀来说，就连爱和"心解脱"①——并不是像在基督徒那里那样积极地

---

① 根据皮舍尔（R.Pischel）的译本，这是佛陀讲道当中一再出现的"爱"这个词的典型别名。["心解脱"概念出自《杂阿含经》卷一第一经："世尊告诸比丘。当观色无常。如是观者。则为正观。正观者。则生厌离。厌离者。喜贪尽。喜贪尽者。说心解脱。如是观受、想、行、识无常。如是观者。则为正观。正观者。则生厌离。厌离者。喜贪尽。喜贪尽者。说心解脱。"——译注]

让心灵获得幸福——就连一同受苦（Mitleiden）也只有在作为上述认识[①]的工具时才具有意义。此处，这条道路的目的地并非对人格的拯救，也不是从有机物的晦暗不明当中剥离出一个幸福的个体自我。这条道路的终点是能扑灭渴求、消解个体、消除苦难的那种汪洋大海般的心平气和，在这样的平和中，万有和个体性都完完全全成为图像，从而失去了真实性。而与此同时，感到自身苦难也被包含在宏大的世界苦难及其必然性之中的那份情感，应该又会让人变得稍稍听天由命一些。

55　　　应该导向认识并同时让认识者从苦中解脱的，是一整套彼此息息相关、相互支持的灵魂技艺。我们可以读一读诺依曼对佛陀演说的精彩翻译，他的译本能最好地让我们了解这些灵魂技艺。[②]

　　相对于每一种痛与苦，都存在着两条截然相反的减轻和消除它们的道路。其中一条是积极地与痛和苦在自然和社会层面的客观原因做外在的斗争——坚决地"抵抗"作为客观世界情状的"恶"。大体上看，这条道路即是西方的积极-英雄主义文明的道路。第二条道路在于，并不试着去革除恶以及随之而来的苦难，而是试着从内心去克服因一切可能之恶而受的苦，其方法是：尽可能无休止而又完全地在意志层面排除不由自主的自动抵抗，正如印度人早就认识到的那样，这种自动抵抗既是痛与苦的存在条件，也是其外在刺

---

①　参见之后的"爱与认识"一文。——编者注

②　参见《乔达摩·佛陀演讲集》（Die Reden Gotamo Buddhos），慕尼黑，1921年；另参海勒（Fr. Heiler）著《佛教的专心致志》（Die buddhistische Versenkung），第二版，慕尼黑，1922年；齐格勒（L.Ziegler）著《永远的佛陀》（Der ewige Buddho），达姆施塔特，1922年。

激，也就是自然和社会层面的客观之恶。透过恰恰不去抵抗恶这一积极的精神艺术——透过对恶的完全的"忍耐"——因恶而承受的苦就会从生命的中枢开始由内而外地被消除了，间接被消除的还包括恶本身；因为，根据上述理解，恶根本不是客观真实事物，而仅仅是我们因这世界而承受的苦投射到世界上的阴影。

　　这条道路最极端、最前后一贯、最伟大的形式便是佛陀之路。而且这条路还以远没有如此一贯的形式，被古罗马晚期的斯多葛派（爱比克泰德）和基督宗教所采纳。福音书里有句话叫"不要抵抗恶"，这句话近来又被列夫·托尔斯泰重新吸纳，甚至还直接被尊奉为他整个伦理学的基础。还有句话叫"手持剑者必为剑所屠"，这句话表达的则是所谓的"消极德性"的代价。即便如此，对基督宗教来说，这种面对痛、苦与恶的方式无疑并不像它对佛教来说那样举足轻重并具有系统性的意义。在基督宗教这里，没有佛陀部分地从瑜伽系统中接纳和发展的那些特殊技术，不仅如此，就连耶稣通过其生命经过和死亡所给出的人格榜样，也都恰恰在这一点上同佛陀的生与死本质不同。耶稣常常指出，他无意全然不抵抗恶与凶恶。他赶走换钱者以洁净圣殿，他在"神圣的忿怒"中与法利赛人对峙，他请求上帝"就让这杯离开我吧"，他自己的痛和人类的罪恶负担迫使他在十字架上发出最后一声绝望的呼喊，他知道自己是为了这些罪恶负担而"替代式地"受苦，他在内心深处不仅体验到这些罪恶负担，还体验到随之而来的全部罪恶折磨，这两者是结合在一起的。耶稣这样做时的严肃方式完全没有佛陀身上那种安宁、超脱而又冷静的镇定，而佛陀是浑身充满着这种镇定在和他的朋友的对话中死去的。不过，忍耐而又英勇地背负起十字架，基督宗教殉道者那承担与忍耐式的受苦英雄的观念，以及至少在典型范例中胜过了积极-英勇抵抗的消极抵抗的价值，仍旧是那同一种普遍的基督宗教理想的核心组成部分。[①]

另外，在基督宗教的东方教会当中，在其影响范围内，尤其是在俄国东正教范围内，消极忍耐和通过不抵抗来消除恶与受苦的观念（这是对斯拉夫人那种几乎有些嗜好受苦的民族性格以及对沙皇制度下的暴力举动及暴力方法的双重适应）甚至还超出了这些典型范例，它几乎在各个方面都胜过了那种积极革除恶与凶恶的思想。[②]〈旧秩序下的〉俄国农民应对冬季的饥寒交迫、战争的侵扰、领主的侵犯、自己和他人的激情的强力、犯罪分子以及一切悲剧性的人生命运的方法，也证明了这一点，正如俄国的伟大文学家和思想家以他们对谦卑、消极的隐忍主义做出的文学性与先知性赞颂所证明的那样——这其中就包括了托尔斯泰和陀思妥耶夫斯基。[③]

在这里，与西方的积极英雄主义理想——这一理想的了不起的证据就是包括其塑造文化、而非逃离文化的隐修生活在内的整个西方历史——相反，消极英雄主义的榜样观念赢得了人心。即便如此，这种观念仍与印度尤其是佛教面对痛、受苦、恶、凶恶的方式有极大的区别。这一区别可以简短表述为：

---

① 这一理想就连在基督宗教的国家理论中也得到了表达，比如，拒绝任何反抗上级的积极革命，哪怕上级下达了违反自然法的命令。

② 参见之后的"论东方和西方的基督宗教"一文。——编者注

③ 高尔基（Maxim Gorki）在其《人格的毁灭》（德译本，德累斯顿，1922 年）中，对这两位文学家提出了冷酷的控诉，他指出，他们借着这种态度无意中服务了市民资产阶级的利益，并会推迟革命的到来。这种经济-马克思主义的阐释是如此错误，不值得认真驳斥。

和西方那种最为积极的英雄主义一样，佛教同样也不是对苦单 57
纯的忍耐、接受与承受。西方的积极英雄主义认为，外在的那些恶
和受苦原因都是真实的，为消除它们，它将自己热情澎湃的意志倾
注到了技术、系统卫生、医疗、文明和文化工作中去。这种意志想
要把受苦，连同受苦的最微小原子和最深刻根源，完全彻底地从世
界上清除出去。而正是这种积极热情的意志——乃至这种意志目标
的观念以及对实际达成该目标的可能性的狂热信念——把佛陀和最
积极的西方英雄主义的那些我们所熟知的表现联系了起来：始于希
腊的普罗米修斯和赫拉克勒斯神话，一直到后来北欧的技术-资本
主义世界的思维与生活方式在弗朗西斯·培根直至卡尔·马克思
和威廉·詹姆斯的实证主义式的实用主义那里所得到的专门哲学
表述。这两种一般情况下截然对立的思维方式分不清高尚的〈炼净
式的〉苦和不高尚的〈拖拽式的〉苦之间的区别①，它们都认为，所
有的苦和每一种苦同样是不好的，都必须被消除。只不过在佛陀这
里，通往这一意志目标的道路，以及英雄行为的方式，都是和西方
的主流伦理截然相反的。② 简言之，西方的英雄思想将取消受苦的
手段设定为针对物质自然界和社会组织的外在技术活动，而印度-
佛教的英雄思想则将其设定为针对本能、针对"饥渴"（在佛陀那里，

---

① 关于这一点，布洛德（Max Brod）在其著《异教、基督宗教、犹太教》
（Heidentum, Christentum, Judentum，慕尼黑，1922 年）中有一些不错而且恰切的论述。
奇怪的是，该作者竟认为笔者不知道这种区别；笔者早就在自己有关情感的深层分层的
理论（参见《伦理学中的形式主义》，第五篇，第 8 章）中尖锐地表达过，情感在实践上
的可操控性与情感在其中被体验到的深层次，这两者的运行方式是截然相反的。

② 关于截然相反的这两条道路，参见前引"知识社会学的诸问题"以及《舍勒全
集》第 9 卷《哲学世界观》中集结的论文，"均衡时代的人"（1927 年）。——编者注

饥渴在热带地区所具有的那种烈焰般的炽热代表了全部的生命力本能及其自我中枢）的内在活动——或者更确切地说是灵魂内部、有机体内部的活动——，就连世界-此在和世界-图景都被设定为与这种饥渴首要的此在和影响、与它先于一切客观"此在"的预先存在相关。在此，取代"要去反抗恶"（积极的受苦英雄主义）和"不要去抵抗恶"（消极、忍耐式的受苦英雄主义）的位置的，是一句完全不同的、极深地奠基于某种附属的形而上学和知识论的命令式，我们可以为这句命令式赋予如下形式："以精神的方式、通过最为专注的精神行为，不要去消除恶，而是要通过克服〈直至扑灭〉饥渴，去消除那种出于本能而自动且不由自主地发生的对恶的可能抵抗。"因为，"饥渴"是世界以及其中的人物、事物拥有此在自治这一表象的条件；由此，"饥渴"也成为因世界而"受苦"的永恒初始条件——在这里，"受苦"意味着：必须接受世界的此在和如在仿佛事先不用征求你意见的那种"强加"；而又只有"饥渴"才一再地引起此在自治。一定要抵抗！只不过，抵抗的对象，是你内心那种一般情况下不受控制发生的对恶的有机-心理抵抗。因为恶本身并不是真实的，它只是这种可能发生的抵抗的影子，这种抵抗同时又是所有此在者本身之中的此在那一刻，也即这个世界的实际上仅仅是"貌似的"、鬼魅般的、骗人的此在自治。

　　佛教并不像其它宗教和形而上学那样，包含着某种作为其组成部分的受苦理论——佛教本身就是受苦理论。作为它最古老且最可靠的基石，四圣谛①所涉及的不外乎以下四点：一、苦的本质；二、

---

　　① 参奥尔登贝格（Hermann Oldenberg）在氏著《佛陀：生平、学说、团体》（Buddha,

苦的原因；三、消除苦所需的条件；四、用人的精神建立这种条件的道路。其中，只有第四条包含伦理学和受苦的技术；前三条，连同关于因果律的那句名言（"一切众生，系属于业，依止于业，随自业转"[①]），都是具有形而上学性质的定理或认识论原理。

虽然本文只探讨佛教的受苦技术，但在此之前，还需要对佛教的形而上学和认识论前提做几点说明。我们所着眼的，不是对历史的忠实度，更不是关于苦的这一形而上学在历史上以及在心理学层面是如何形成的，而是这一形而上学在事实层面的意义脉络——在纯粹世界观学说的意义上，纯粹世界观学说认为，佛教只是人类对待受苦的态度的某种可能理想类型最为突出的范例。

关于苦的本质与苦的产生的理论是最难理解的，对于这一理论，也有着各不相同的解读。主要问题是：佛陀是怎么把世界和人的此-在本身〈而不是如-在〉和苦划上等号的？这一乍看或初闻都完全经不起推敲的定理是基于对快乐、幸运、愉悦、至福的成千上万种形式和现实的单纯无视吗？这一定理是基于对佛陀的个人经验或是对他所属民族的历史经验的普遍化吗？这个不寻常的学说是应从热带让人困倦的气候这一角度出发去理解，还是应从这种气候对人的折磨的角度出发去理解呢？佛陀所寻找的和平、安宁、扑灭"饥渴"，仅仅是那种被提升至精神层面而印度人却很少能得到的"荫凉"吗？难道这一学说乃是基于某个晚到、退化的种族发自

59

---

sein Leben, seine Lehre, seine Gemeinde）中的描述，第 6 版，第 235 页及以下。［"四圣谛"又称"四真谛""四谛"，也就是中文语境中一般所说的"苦谛"、"集谛"、"灭谛"、"道谛"。——译注］

　　① 　此句译文采自瞿昙法智译《佛为首迦长者说业报差别经》。——译注

本能的对世界的否认及其死亡本能①吗？而这个种族先天地拒绝由
那种与世界的以及与对这个世界的形塑的斗争提供给处于生命上
升期的种族的一切受到正面强调的活动情感，只在温柔宁静、乃至
达到对一切意识姿态和存在姿态的完全平均化的超意识姿态中期
待得救。难道这一学说乃是基于浮现在人脑海中的关于幸运、至
福、至善的观念吗？而这一观念其实是被人内心的强烈渴望高高抛
起来的，以至于一切此在——比如"受苦"〈仅-受苦〉——的样貌
也都要以该观念来衡量。难道这一学说乃是基于某种对于在普遍
人性层面本能地去关注生老病死现象的反常陶醉吗？四圣谛中第
一条将生老病死现象称为"一切有情众生皆苦"这一点最引人注目
的证据，而且这些现象也在著名的（神话式的）佛陀开悟的故事中
占有极其重要的地位。或者说最后，难道这一学说并不是对温柔流
逝着的生命——其主动的种族意志已受到严重折损——的表达，而
是相反，它是那群如此热情洋溢、如此无条件地被一切可能会激发
我们人性欲求的现象所吸引、所迷惑、所陶醉的人的证据，并间接
地也是这群人的精神产品吗？而这群人为了长久地保持自身存有，
必须完全弃绝快乐那如此危险的醉人饮品，因为，他们一旦沾上这
饮品，就绝不可能再有什么适可而止。从业因果报的脉络当中抽离
自身这项心灵技术（我们接下来还会再谈到它），也就是说着"这不
是我"、"这不是我自身"、"这不是我的财产"这些话的技术，只是
用来治疗对任何一种所喜爱现象的如此神魂颠倒、如此独特且——

---

①　首先是梅契尼可夫（Metschnikoff）指出存在着某种"死亡本能"；这种本能会
在"自然"死亡前不久出现（但也可能在反常的病理学条件下出现）。死亡本能与一切死
亡意志或死亡愿望都截然不同。对整个种族来说，存在着"死亡本能"吗？我相信：不！

一旦被触动或者被允许在内心触发就——如此无法撤销的着迷和依恋引起的过度的欲念冲动的一剂解药、一味心灵之药吗？只有一个办法能阻止那种毁灭和击溃生命整体性的欲求，那便是，系统性地将其扼杀在萌芽状态。

我不认为，深入探讨上述这些以及其它一些与历史、种族、气候、心理相关的假说会很有价值，尤其是在这一学说的客观意义完全被理解之前——这在今天仍是一条漫长的道路。也许，所有这些假说仅回答了和我们号称要回答的问题完全不同的另一个问题，即：在哪些条件下，基于其最普遍的本质心灵结构，西方人有可能会转向这样的学说？ 60

因此，回到前面的问题：四圣谛第一条的前提，"众生皆苦；生住异灭皆是受苦，无论其如在（Sosein）如何，也无论其如在本身所唤起的是快乐还是痛"，究竟是什么意思——究竟能意味着什么？只要我还认为佛陀是全人类最深刻的思想者之一，而不是什么刺儿头或仅仅是像叔本华那样的愤怒悲观主义者，那么，我就永远也不可能理解如何将这一"受苦"思想的核心等同于苦-痛-不快乐。尽管不可否认，首先，正是那些唤起积极的不快乐、痛、苦、惧、怕的现象，被当成了"世界是'苦'"的示例和证据（比如，疾病、贫穷、死亡、丧失心爱之物和心爱之人等）。但这一受苦思想的核心却要形式化得多；它远远超出人的内在体验，在人类体验里，这一思想所包含的要大大多于人类体验具有的不快乐、痛、苦之类的成分。实际上，它包含着从外部——看上去以不可抗拒的力量——刺激着人、跟人哪怕有着丝毫关系的一切，它包含着语源学意义上人的"感情冲动"（Affekt）这个词所指涉的一切；它还包含着人被此在自治并显示出某种特有的彼此互为因果的制约性的那些人和事所施行的"强暴"。与其说它是作为快乐对立面的那种苦，倒不如说它是作为"活动"和"影响"之对立面的那种"苦"。

于是，首先有三件事便可以理解了：一、肯定不是个人的、真实的受苦经验迫使佛陀得出了他关于"世界本质乃是苦"的学说。因为，有关佛陀开悟前经历的神话先是为我们刻画了处于灼灼生辉的情境中的他；后来，通过直观，通过那种借助于对表现这个世界的基本受苦特征的纯示范性案例的共苦而产生的直观，才引入了佛陀的开悟。二、我们只能十分谨慎地将之称为佛教"悲观主义"的那种思想，无论如何不仅缺乏任何形式的对于世界的愤怒、控诉和指责（或对这里根本就不存在的世界创造者），而且，就连"世界可能会具有另外一种（比如更好的）样态"这样的观念，也压根不会出现。叔本华认为，这个世界因为其如在而是"所有可能世界中最坏的那一个"；叔本华的这种想法和佛教之间的距离，至少跟以下〈莱布尼茨的〉想法和佛教间的距离一样遥远：这个世界是"所有可能世界中最好的那一个"。因为，并非世界之如-在（So-sein），而只是世界之此-在（Da-sein）的自治，也就是其（看上去）绝对独立于我们的精神行为领域的状态——这种独立状态被设想为和某个可完全被纯然内在的精神之举所决定的世界之间的可能对立——才是苦本来与终极的根源，那就是：去承-受这个世界的那些宣称自己"乃是"此在自治的样态的（看上去）抵抗。三、这样就能解释，类似于叔本华和冯·哈特曼的形而上学悲观主义以之为基础的任何一种关于乐与苦的收支账单的思想，在这里都完全不存在，并且，解脱——始终都是从自我存在以及从世界存在之中的双面解脱——层

级的顶点也就不再包括作为快乐最纯粹形式的愉悦、静定、安宁，
而在那之前的"专心"这一层级则都是包含着前述这些快乐形式的。
快乐不会再被指责为快乐——而非不快——它反倒是会被指责为疾
病，就像痛和苦那样；也仅因如此，从教育角度，为了引导灵魂，快
乐相比起痛和苦受到更多的指责，因为快乐引发了依恋的饥渴及其
必然相关项，滋长了以世界内容的此在自治这一表象而让人着迷的
做法；与此同时，示范性地被观看到的（而非被真实承受的）痛（苦、
老、失去所爱）获得了下面这种无可限量的价值，即，慢慢地消灭那
引向自动且凭直觉发生着的此在设定的持续诱惑，并由此消除一切
疾病的共同本源。[①] 此处，快乐比痛还要"更坏"，这仅仅是因为，
快乐乃是诱惑和引诱，借助欺骗性的欲望这一幻象，它诱使我们把
某些本身存在与否其实尚处于我们〈对于欲念和欲念冲动的〉精神
势力范围之内的事情也当作真正此在自治的；痛之所以好，并不是
因为它是痛，而是因为，它能在更高的程度上将我们从以下这种智
识欺罔之源中解放出来：该智识欺罔的相关项乃是此在自治对象产
生的幻象，也就是某个强加于我们并且事先未"征求"我们意见的
世界产生的幻象。因此，被观看到——而非被真实承受——的苦，
并且是在少数几个范例、一个死人、一个病人身上观看到的苦，仅
具有引路的作用，它们以最清楚的例子，也就是"恶"的例子，教导
给我们普遍适用得多的道理，即：让我们对世界的此在自治这个谎

---

① "受苦＝被动存在以及承受＝不快乐"这一点几乎在所有语言中都建基于同样
的词根之上。这一语言事实可由以下事实出发得到理解："受苦＝被动存在"在痛和不
快乐中比在快乐——作为状态快乐至少本身也和痛一样被动——中，更加清楚明白地通
向反思。

62 言洞若观火。用肯定式表达就是说，这些悲观看到的苦具有如下价值：根据此在或非此在将世界重新带入我们的精神活动的仅因我们自身欲望而在无意间被夺走的那个支配领域。

因而，佛陀的认识行为的原初现象是认识论与得救论这两者的某种极为密切的关联，两者相结合，而后才有摆脱苦的技术的诞生。该认识论是关于世界此在的毫无保留的实在论，该得救论则是关于规范和生命任务的毫无保留的唯心论。世界起初乃是实在，但世界应当被观念把握——它应当化为图像：世界应被精神的行为转化为图像。诺瓦利斯曾说："世界并非梦境，世界应化为梦境。"对诺瓦利斯而言乃是某种内在行为和基于此类行为的教育历史的任务和目标的事情，康德和叔本华却宣称其为理论洞见。诺瓦利斯上面那句深刻的话语与康德以及叔本华的唯心论之间相距遥远，而佛陀的学说与这种晚近的西方唯心论之间的距离就更加遥远了。佛陀的发现的原初现象其实更在于：世上事物的无声话语，诸如"我们在"，"我们存在着，我们如我们所是那样存在，无需等候你的批准"，"我们存在着，并且不依赖于你对我们的知识以及有关我们的一切可能知识"，世上事物向单纯意识所说的这些话语"其实"都是"谎言"，（轮回），都是幻象，它们仅仅是我们的欲望所化为的凝固态，它们要么可以追溯到我们的个体欲求和依恋，要么可以追溯到我们的"饥渴"或是我们祖先通过繁衍而遗传给我们的"饥渴"；无论如何，它们都可追溯到人之为人的某种活动——某种不由自主的、变成自动的、但原则上仍可被"神圣者"撤回的活动。〈世界对人的这种不由自主的活动做出的回答才是：抵抗＝实在性。〉宣扬"一切此在皆是行为的结果与后果"的学说，一方面是以下情况的逻辑前提，即，这些行为当中的行为举动真的可以通过自我从因果关联中"退出"，通过建立"神圣冷淡"之举，通过达到"孤绝"以及通过最深的自我核心从这一不可救药的"因果性"链条当中分离而被撤回。另一方面，在佛陀学说的形成这层意义上，上述宣扬"一切此在皆是行为的结果与后果"的学说仅仅是对以下这种直觉式的原初的得救确定性的后续理性论证，即，从精神最深处的力量出发，人有能力并且可以实现从产生、形成之类的影子游戏——以及从本质无限的封闭式因果链条——当中完全脱离这一举动。因为，"只有建基于行为之上的事物，才有可能通过行为加以改变甚至被取消。"这条公理承载起了佛陀的一整套学说。

这里，"消除苦"的意思不是别的，而是那种貌似客观的"欺骗"和幻象：用自发获得的知识去揭开自身给定为此在自治并且自有规律的事物的表象。消除苦意味着，把"无"——这里，这个词绝不是"不-是-什么"的意思，而仅仅是事物的"非-此在"的意思，也即它们不-再-抵抗——的空恰恰设定到事物在那之前仍在其此在自治中活灵活现地闪耀的时间和地点当中去。因此，对于作为后果的大圆"智"来说，"将世界完整地掌握-在-精神-势力-中"和"无 = 涅磐"这两者即是严格平行的相关项。佛陀称之为"智"的，既不是参与（μέθεξις），也不是"临摹"、"指称"、"整理和塑形"。这种"智"仅仅只是通过斩断将我们束缚在这个世界上〈并让世界的此在成为可能〉的欲望枷锁，从而消除世界的此在性质；它是对关于"在我们眼前的或者能在因果层面与'在场'这一枷锁关联起来的这种世界内涵究竟存在与否"的游戏和争论的搁置——这一搁置因而也是次要的——它是从原则上（作为对此在进行肯定或否定的）

对此在判断的取消。

即便在这里，佛陀的学说和西方悲观主义——它仅仅是逆西方乐观主义主流而动的一种反向运动——之间的对立也是明显的。依叔本华和哈特曼之见，作为对世界此在的非逻辑性质的洞见所引发的后果，对世界的否定变成了得救学说。佛陀并未做出如此教导。佛陀站在此在与非此在的彼岸，站在对世界的肯定和否定的彼岸。对佛陀而言，作为对纯粹智及其相关项——即非此在者和“非-非-此在者”——之间的超对立性的洞见所引发的后果，也就是“涅磐”，神圣的冷淡才是解脱的目标，而从主体角度说，神圣的冷淡即“寂灭”。

若将该技术基于此在-乐观论基础的那一部分从印度人的这种此在-悲观论脉络中抽离出来，那么，在斯宾诺莎[①]和歌德的思想中，我们也能发现这一部分。此处，两位思想家的理论基础是，感情冲动一开始只存在于“混乱芜杂的观念和思想”中，存在于我们内在的理智活动的匮乏中。于是，可以得出，感情冲动必须通过澄清式的渗透和对象化，最终将自身完全地溶解，就好像，在望远镜中，一片星云消解成了一幅群星马赛克画。这条道路的根源肯定不会超出我们灵魂生活的事实之外。当我们目不转睛地直视苦及其对象，与此同时，当我们把苦本身从我们身上取出来，将其设定为对象，并通过某种孤立式的围捕将其抑制住，让它不要去渲染我们的

---

① 〈参见《伦理学》(感情冲动论和自由论)第二部分和第三部分。〉［参前揭，作者于1927年在阿姆斯特丹发表的演讲“斯宾诺莎”，收录于《舍勒全集》第9卷。——编者注］

整个生活，这时，自我的那种被苦所攫获和渗透的状态似乎就会减轻。这里也一样，增强的注意力会让情感消溶。不过，这条路并不能让我们走多远，而且它的理论基础是错误的。情感并不是"混乱 64 的思想"。苦有一种深度和强度，达到了此深度和强度，那种只抓住苦的对象，而不抓住苦本身的行动就会中断，它甚至还会产生截然相反的效果：它会压抑、聚集、压缩苦，使之成为没有客体、飘在心绪之中的一块。我们有理由问：印度人精神发展当中渐增的悲观主义是否恰恰是由这种练习了千百年之久的摆脱苦的技术所引发的？不过首先，我们该问的是：能让人［把苦］从身上取出的力量如果不是由位于更深处的幸福所赋予，那它究竟来自哪里？一切对苦的克服事实上都是某种位于更深处的幸福的结果，而非其原因。

反正众生皆苦，苦涩也好，温和-欢快也罢，要不索性听天由命吧？——这也是叔本华步印度人之后尘所乐于推荐的一条路。而这种"安慰"是可疑的。无论如何，那个隐忍于苦中、满足于在独自受苦的同时为周遭带来欢乐的灵魂，才是更加高尚的——在受苦中壮大的共同体以加倍的沉重落在这个高尚灵魂的心灵之上。

而享乐主义式的逃避受苦，也就是那种借助意志力去建立快乐盈余的尝试，已被证明是更为有效的了吗？从阿里斯提普到将自己的听众都推向死亡（劝人寻死者）的悲观主义者赫格西亚，再到伊壁鸠鲁——他以单纯的无痛和心绪安宁（毫无纷扰）去取代被阿里斯提普斯教导为至善的当前感官快乐的正极大值——，享乐主义学说最早在古希腊的那段历史并不支持这一论断。不过，该生命体系在历史上朝向最无安慰的悲观主义的倒戈，却只是精神的如下内在法则的一个具体例子，即：有些事物，当它们被有意设定为行动的〈目标和意志〉目的时，它们反倒不出现了，而有些事物，我们越是希望避免它们，它们反倒越是肯定会出现。幸运和苦就是这样的事物。幸运会从它的猎人面前逃走，越走越远。苦则会靠近逃离者，后者逃得越快，苦靠得就越近。〈这尤其适用于那些"更深的"情感。〉阿里斯提普开始时说，他不想追求财富、马匹、朋友、女人，而只想追求这些事物带给他的快乐；他说，只有愚人才追求物质和财富，智者只追求这些物质和财富带给自己的快乐。于是，阿里斯提普就将世界之丰盛及其内在价值内涵——在这种丰盛被〈怀有爱意地〉观看到并被实际塑造成仁慈的伴生现象〈与反应〉时，只有我们称之为"幸运"的东西才会欣然绽放——转化成了在自己孤独的身躯之上搭建由易逝的快乐知觉构成的楼阁时那可怜的〈单纯〉起辅助作用的支架，也就是说，转化成了〈单纯〉让这具身躯快乐的"刺激源"。他并不想问，他所爱的女友是否同样爱他；因为，当他吃一条鱼时，他也不会问鱼是否觉得他好吃，而只会问自己是否觉得鱼好吃！可阿里斯提普斯自己才是那个"愚人"。他在自己没有注意到的情况下，先是把幸运之花于其中绽放的土壤拿走了：自由自愿、充满爱意并且行动着的对世界〈以及所爱之人〉的献身。他没有注意到，即使是快乐——越是带来更深处满足的快乐就越是如此——也只有在我们的意图并不指向这一快乐，而是实际上指向其对象及其内在价值时，才会出现；他没有看到，告别自身的自我，进入因我们的爱而觉醒的以爱还爱（Gegenliebe）之主体的那种迷失状态，这才是爱这件幸事的核心所在。他没有注意到，生命的一则铁律乃是，通过直接指向幸福感本身的意愿和行动，幸福感的实际可制造性会随着这些情感的深度与持久性的增加而持续递减，并且，严格来说，只有感性层面的快乐感才是实际可制造的[1]；他没有留意到，痛有多么接近感性边缘地带，它就有多么可由意志避免。而且，他没有认识到，有了避免受苦缘由这项实践，在同样大小的痛上，所受之苦显著地增长了，以至于，随着对于人所不免遭受之痛的敏感度的增加，其最终效果只可能是承受更大的苦。他没有看见以下这件基本事实，那便是，情感只能是意愿的源泉、伴生现象〈及馈赠〉，而不应是其目标。因此，逃避苦这项技术必然终结于对死亡的渴望。

接下来提到的三条道路分别是：让受苦钝化直至麻木不仁，同受苦英勇作斗争，以及排斥受苦直至尝试幻想其消失。在古代，这三条道路——有时强调其中一条，有时又强调其中另一条——全都受到了犬儒哲学以及由其衍生的斯多葛学派的质疑。在此，发展方向从同受苦英勇作斗争这一极，正如关于由安提斯泰尼奠基的犬儒学派的圣贤赫拉克勒斯的那则传说以充满了古代磅礴之势的方式所展现出来的那样，一直延伸到了在最晚近的斯多葛派那里的自我暗示和幻想消失这另一极。

古代最典型的（kat'exochen）受苦姿势就是与众神和超出众神之上的那位摩伊赖带来的苦作斗争的英勇的斗士姿态。[2]这种姿态既不同于享乐主义式的逃避受苦，也不同于基督宗教对受苦的爱和对苦——作为上帝派遣来的致力于灵魂〈得救〉的友善医生——的接受〈，和佛教学说就更不一样了〉。古代的受苦英雄并不逃避受

---

[1]　参见笔者在拙著《伦理学中的形式主义和质料的价值伦理学》，第五篇，第8章、第9章中的相关论述。

[2]　摩伊赖（Moira）是古希腊神话中的命运女神，通常是三位。——译注

苦。恰恰相反，他反而会找上门去，他会在冒险、危险和艰苦劳动的领域里追求受苦。他会像找寻一位敌方骑士那样去自找苦受，他在自己意识中以及在周遭世界意识中的力量与价值大小，则是根据他是如何通过战斗、耐心、顽强将这位敌人打败来测量的。与此同时，他也在追求着〈自己的力量所带来的幸福感以及〉成为攻克受苦的人的那份光荣。这种几乎体育锻炼般的自我测量对周遭世界及其福祉只产生次要的有益结果，这就是古代的受苦英雄主义的灵魂，这也是古代的"克己苦修"的灵魂。安宁、镇静、坚定的那种激昂，往往再加上慷慨陈词的雄辩家的那种手势，古代英雄莫不钟爱以如此方式赴死，就连苏格拉底之死也未能完全免俗；直到腓特烈大帝——他的书信受到斯多葛精神的强烈感染——这种激昂仍一再被模仿。

　　然而，这种英勇姿态的作用范围很窄。在灵魂那并不受制于铆足劲头的意志的权力的、更深层的苦面前，它便失灵了。这种姿态太过经常地用自己战胜生命外在的苦这份光荣去换取心灵变硬以及冷酷厌世这种更深层的苦；它只不过是将苦排挤到了灵魂深处——就像是出于骄傲，亲口去承认铆足劲头的意志必定失灵的那个点。首先，这个英勇的灵魂始终完全依赖于自己在反思中传递给他人或者至少是传递给自己的那个样子。奥古斯丁在《上帝之城》中深刻而正确地评价了卢克莱西亚英勇的自杀："她为别人对她所做的苟且之事感到羞耻，虽然她并没有参与；作为一位罗马女子，她那么渴望赞美，真的担心如果她承受了那样的强暴活下来，别人会认为她是因为乐于承受而活了下来。她希望，她向自己施加的那样的刑罚，在别人眼里，能成为她的心志的见证，因为她并不能向他们证明自己的良知。"①

　　钝化式苦修首先出现在积极的英勇意志失灵的地方。在这里，古代的受苦英雄死心断念了。这种苦修是古代受苦者的奴隶道德，正如英雄主义是古代受苦者的主人道德那样。这种苦修的优秀代表是爱比克泰德〈以及帝制时期的斯多葛派〉。倘若这种钝化程序取得成功，那么，它就不仅会把一切高等和低等的愉悦从灵魂之中连根拔起，除此之外，麻木不仁这一充满了理性骄傲的理想还会适用于某种一旦实现便旋即破灭的幻象。因为，人若是达到了这一理想，就不再需要情感游戏施加给我们的生命的所有那些领导力以及发出的指示了。这一理想是"在墓地上方游荡的幽灵"。几年前曾有过对夏科氏诊所的一位女病人的准确描述。这位病人因某种疾病的后遗症，丧失了大部分的器官感受和心灵情感。她既感觉不到时间点，也感觉不到时间长度，她没有饥饿感和饱腹感，没有胃口，她也不会觉得恶心，不会觉得困倦，并且，就连对自己的孩子，她也没有丝毫的同情感。她不得不看钟，才能把五分钟和两个小时区 67 分开来；在缺乏饥饿和胃口的指引的情况下，她必须按钟点进食，按钟点睡觉，如此等等。面对自己的孩子，只有"他们是我的孩子"这一判断——而非丝毫的同情感——才能让她履行义务规定的行为；她的存在意识几乎萎缩成了"我思故我在"，她〈丧失了全部的情绪自动机制，〉只有带着惊恐，才感觉得到自己的存在和生命，就像感觉到一个"陌生人"的存在和生命那样。这个不幸的受造物，不得不将自己的全部心神都用在维持自己的存在这件最简单的事

---

　　① 　此段引文来自《上帝之城》第一卷，第 19 章，第 3 节。中译引自奥古斯丁：《上帝之城：驳异教徒》（上册），吴飞译，上海：三联书店，2007 年，第 29 页。——译注

情上。这也许能让我们大致了解，理想状态下斯多葛派的人会是个什么样子——倘若真有这样的人存在的话。

但在钝化机制之外，斯多葛学派还创制了另外一套机制。这套机制着眼于否认苦，一会儿以一种为世界上的恶进行所谓的形而上学辩护的形式出现，一会儿又以某种自我暗示的形式出现。在十七、十八世纪斯宾诺莎和莱布尼茨〈神义论〉的形而上学乐观主义中，上述形式当中的第一种又重新强势回归；第二种形式则重新出现在美国那令人惊奇地大获成功的基督教科学派的运动中。

根据第一个方向，让我们受苦的恶的样子只应产生自以下情况，即，我们对待世界的立足点太过自我中心、太过个别化了。按这种学说，我们看见恶，就说明我们站得离世界太近了——就好比观赏者离画太近，以至于他只看得见色块，看不见事实上应有的意义与和谐。于是，这种形而上学与每一系列的恶之间，都构建出一个由现实组成的不可见秩序，在它们的协同作用下，那种仅仅"看上去的"恶就不再是恶了，它反而变成了善。但是，恶究竟是得有多大、恶的范围究竟是得有多广啊，就连无止境的构建和幻想都无法将其纳入到这样一个不可见的脉络中来！这种形而上学本想证明一切，到头来却一无所获。这么看来，它确实"臭名昭著"〈叔本华〉，因为它削弱了与恶作斗争的每一种〈内在和外在的〉行动力。

早在斯多葛学派那里，第二个方向就是以下面这句话开始的：苦仅存在于"我们的设想之中并因我们的设想"而产生，它不因事物本身而产生，但是设想却可以被有活力的思想压制或改变，最后让苦停止。这句话带来了一项在古代晚期日益发达的对生命中的苦进行排斥与幻想的技术（与那种系统性地训练出来的、强调"痛并不是恶"的自我暗示联系在一起）。随着古代晚期的世界情感变得越来越负面，这项技术也得到了越来越广泛的传播。正如在基督教科学派的信徒中那样，早在古代晚期，人们就已着手进行自认为十分严肃的尝试，试图干脆把恶、苦、痛从这个世界扔出去。拉奥孔——苦难深重的古代世界的深刻象征——的最后尝试是想要摆脱向他袭来的蛇。基督宗教关于受苦的意义以及如何正确面对受苦的学说进入了这个世界。

68

《圣经·旧约》非常前后一贯地为受苦赋予了一种合法性意义。归根到底，一切受苦和任何受苦都应是惩罚式受苦，是上帝的审判正义在尘世间的实现：惩罚犯罪，不管是个体的罪、父母的罪，还是具有继承罪性的整个人类的罪。这种解释还给每一种无论如何都"无责任的"受苦之痛都增添了一种对在无论何处所犯之罪的惩罚之痛。① 然而，在《诗篇》②里，反对上述可怕解释的受苦义人的声音就已常常出现，最感人肺腑的是在《约伯记》③当中，后来，这一声音又重新出现在《传道书》④中。有一种思想认为，上帝会责打祂所爱的那些人，上帝这么做，不是为了惩罚他们，而是为了从尘世的混乱中将其本质精炼出来，使之达到宗教上的忠诚。这种思想可能会让一个生活在我们这个时代的人觉得难以忍受，但对不幸的约伯而言，它听起来却恰恰可能如同进入灵魂的一道和煦温柔的救赎之声。然而，招致了在其历史上经常被证明是有效的那种犹大式

---

① "原罪"只是这种受苦辩证法的一个边界概念。

② 思高本译作《圣咏集》。——译注

③ 思高本译作《约伯传》。——译注

④ 思高本译作《训道篇》。——译注

的受苦英雄主义的，并不是上述这种在基督宗教世界里才发挥出了其全部威力的思想，而是它那如火把一般在前方引路的弥赛亚式希望的热情。

从古代天才希望借之将苦海一饮而尽的那些阐释、医药、技术、麻醉的角度来看，基督宗教的受苦学说听上去就像是对待苦的态度的一百八十度转变。首先，这是一种本身就必定会起到如解脱那般效果的巨大放松，是一种通过对痛与苦的简单承认和单纯表达而达到的放松。它不再是古代人在面对受苦时的那种炫耀式的——因为苦的大小成了衡量自身力量的尺度并为周遭世界指明了方向——高傲态度。但它也不再是那种在自己和他人面前将苦隐蔽在沉着冷静的外表背后或是受着苦且将行将就木的"智者"的话术背后的〈强硬的〉骄傲。受着苦的受造物那长久以来被压抑的呼喊，现在重又自由而苦涩地响遍了寰宇。十字架上，耶稣自由〈而又坦诚地〉道出了那最深的苦，也就是远离上帝的那种感受本身："你为什么舍弃了我？"[1] 它不再是任何重新阐释：痛就是痛、是恶，快乐就是快乐——并且是正面的幸福，而不仅仅是"平安"或佛陀所说的"心解脱"，快乐是善中之善。它也不是钝化，而是让灵魂变得柔软的那种在自苦和共苦当中将苦这件事承受到底。但现在，针对这种将苦承受起来的做法，涌现出了一个全新的力量源泉，它从一种在爱、认识与行为之中才显露出来的、被至福直观到的更高的事物秩序里流淌出来。这种将苦承受起来的做法有了一层新的意义：以上帝的慈悲仁爱去炼净，这慈悲仁爱派遣苦去充当灵魂的朋友。直到

_____

① 《马太福音》27：46。——译注

有了这两者，基督宗教看上去才在没有重新阐释的情况下，成功地将苦——连同其全部沉重并且承认其恶的性质——作为本质要素纳入到了世界秩序和救赎秩序中来，而且还使其从灵魂的需要被克服的敌人变成了受欢迎的朋友。炼净——既非惩罚，亦非改善。"受苦的义人"这一犹太教当中的巨大矛盾，就像一滴水消失在大海里那样，消失在了一个没有罪债的人为了别人的债而〈自愿承担的〉受苦的那幅图景里：一个同时也是神的人，一个要求所有人跟随他走上十字架道路的人。受苦重新又可以是没有背负罪债的受苦了。是的，借着受苦者的神性，受苦获得了一种奇妙的新崇高性。

可是，"炼净"这个词意味着什么呢？它的意思并不像病理学上的某种错误的受苦癖好通常解释的那样，指的是人们会通过单纯的受苦而得到伦常或宗教上的成长；又或者，在苦修中任意施加痛与受苦会使人脱离身体，更接近上帝。这个词的意思是，生命中的痛与受苦会把我们的精神视线越来越引导向核心的〈精神〉生命财富，引向救恩财富（Heilsgüter）；根据基督徒的信仰，它们〈首先〉是所有那些在基督的恩宠与救赎中供应给我们的财富。它的意思不是要去创造一种伦常或宗教的质性，而是净化并区分真的和不真的，慢慢地让我们灵魂中枢里较低的部分脱离较高的部分。受苦本身让人更接近上帝，这种观点更多是古希腊和新柏拉图式的，而非基督宗教的，只有希腊-东方教会，才在三世纪时将此观点带入了基督宗教，并保持至今。[1] 俄国的受苦癖好以及俄国那种孤独的僧侣苦修的渊源即在于此。假如我们领会了基督宗教受苦学说当中

---

[1]　参见本卷"论东方和西方的基督宗教"一文。

受苦与爱的内在本质关联，那么，这一差别还会更加清晰。对于在与基督的十字架共同体当中并在基督内去受苦的要求，植根于更为核心的对于像基督那样并在基督内去爱的要求。并不是爱的共同体植根于十架共同体之中，而是十字架共同体植根于爱的共同体之中。因此，基督宗教的苦修并不具有规范式的含义，也就是说，犹如一条通往上帝的独立道路；它所具有的是技术上的含义，即为了实现目标而学着去承受并做出财物和幸运层面的牺牲，倘若这样的牺牲是爱所要求的话。以此方式，这种苦修并不脱离共同体——它反而以共同体为目标。它不是孤独的个体为了某种依靠苦修而达到的对上帝的神魂超拔的默观所做的准备工作，而是爱的行动的准备工作。在完成准备工作的过程中，虔诚者深知自己在上帝与基督之中。因此，诸如顺从、忍耐、谦卑地受苦等所谓的消极德性，仍从属于行动之爱这一积极德性。[①]

不过，这种受苦学说最深刻的意义得自某种洞见，就连当今的世俗心理学也都会基于该洞见完全认可上述受苦学说。它洞见到，一切更深的幸福感都具有恩宠的性质，以及在情感的深层次[②]、其作用及其所获的满足式的实现这三者之间，存在着规律性。基督宗教的受苦学说所要求的，要比忍耐式地承受苦更多。它要求——更好的表述是：它指向一种幸福的承受；没错，它最核心的意思是，只有一个幸福的人，即一位受上帝保佑者，才能以正确的方式承受苦与

---

① 〈这让基督宗教的受苦学说和佛教相距十万八千里；根据佛教，作为"心解脱"，爱仅仅因为其否定式的力量才受到重视：即作为自我交付、自我否认。〉

② 在拙著《伦理学中的形式主义》，第五篇第8章中，"深层次"这一概念得到了更确切的发展。

痛、喜爱苦并在必要时寻求苦。保罗在致哥林多人①的书信中曾让灵魂在直观到自己的肉体和自己在尘世间的财富越来越衰败的期间，越来越多地吟唱欢庆的颂歌。他让灵魂把世上的苦难都吸引过来，好让灵魂能在苦难中比从前更加幸福地意识到它那最核心的、在上帝内的安全与得救状态的完整深度。此处保罗所体验、所宣讲的，在殉道者行传中则被描述为活生生的经历。在殉道者内点燃这些奇妙力量的，并不是单纯展望幸福彼岸时的那种热切，而是面对严刑拷打时因拥有一位慈悲上帝而体验到的幸福。

　　小女儿玛德琳去世时，路德曾说："我在精神上喜乐，但在肉体上，我十分悲伤。知道她一定在平安中，知道她很好，却仍如此伤心，这真是一件奇事。"这是对幸福主义奇特的反驳！幸福主义并不了解：我们在自己灵魂的各个深层次中可以同时具有负面和正面的情感，正如路德在这里如此形象地描述的那样；从感性的、延展的、位于身体上的情感（痛、快感等）区域到我们最深层的自我拥有的幸福和绝望，这中间存在着情感的层级，在每一个层级上，快乐和不快乐这两种质性都是可能的；比方说，我们可以高兴地承受一种痛，也可以不高兴地品味一支酒的芬芳。幸福主义不了解，在这些层级当中的某一层之上，情感体验的关联和顺序的内在规律性原则上不受另一层级的秩序和排列的影响——不论注意力是否有可能在这些层级之间来回摆动。它不了解，情感的位置越深、越靠近中枢，它们就越是脱离意愿和故意〈性〉的制约；换句话说，正面情感的位置越深，它们就越具有恩宠性质。但是首先，幸福主义不了解 71

---

　　①　思高本中，"保罗"作"保禄"，"哥林多人"作"格林多人"。——译注

作为意愿和行为之源泉——而非作为其意图所指向的目标（为了实现它们，意愿与行为才愿意采取这些情感）——的情感在这些层级之间起作用的规律样式。幸福主义看不到，只有在某个更为中枢的情感层级上的不满足，从最根本上说也就是人的最核心处的无福，才会导致要在距离最外部的感性区域越来越近的层级上引发用来替代内在不幸的某种快乐感的意志倾向——反过来，人若是在中枢层级上越满足，即，人若越是一个"幸福的"〈并且是受上帝保佑的〉人，那么，他就越能容易和幸福地在边缘层级上承受苦。幸福主义看不到，一切享乐主义都已然是绝望的一种标志了。它看不到，炼净的经验，即通过在更为边缘的层级上的受苦而进入越来越深的"灵心城堡"并在其中让自己对"接受某个由精神力量构成的更高等的世界"这件事持越来越开放态度的那种经验，能够有意义地[1]导向对这些苦难的爱：把它们当作仁慈的锤凿去爱，上帝这个雕塑家便是通过这些锤凿，用起初迷失在感性〈与利己〉的杂乱无章中的材料，雕刻出一个理想自我的形式。

幸福主义者追逐快乐，找到的却是泪水。基督的门徒拥有幸福。他寻求痛，为的是能更深刻且更清晰地意识到这种福佑〈乃是一直都超出那些较为边缘的幸福感的〉。对基本上皆为幸福主义者的古代人而言，外部世界是愉快有趣的。可世界的核心对古代人而言却是非常伤感与幽暗的。在世界的这种被我们称作"愉快的古代"的令人愉悦的名声和表象背后，张开的是"命运"与"偶然"的深渊。对基督徒而言，外部世界是幽暗、如夜并且充满苦难的。但

---

①   即没有嗜痛癖（Algophilie）。

其核心不是别的, 恰恰是全然的福佑与心醉神迷。〈基督徒〉对待苦的态度中独特的循环进程就是: 在放弃了借助自身理性与自我中心的意愿, 享乐主义式地逃离苦、以英雄的态度制伏苦或是以斯多葛派的顽固承受苦之后, 他透过基督, 让自己的灵魂向上帝的力量敞开, 把自己托付并奉献给祂的仁慈, 由此, 关键的福佑恩宠般地降临到他身上, 让他能够有福地承受任何一种苦, 将苦视作十字架的象征。他意识到, 苦乃是来自慈悲之爱的双手的炼净手段, 于是他像迎接朋友那样迎接苦, 由此, 他也越来越清楚地意识到让他得以承受苦的那种福佑〈和安全〉。使他能够忍耐苦的一切力量都来源于一种更为深刻的幸福。一切苦反过来又都将这种幸福在他之中的"位置"放置得比从前更深。让基督徒得以 (在"在上帝之中爱万物"的意义上) 理解上帝和基督并将基督徒引向苦和牺牲的那种爱, 同样也是让他能够欢喜地承受它们的福佑源泉。并且, 比起爱所导向的〈牺牲之〉苦, 这种去爱的福佑总是要更深、也更大。"你觉得悲伤和忧愁都变得甘甜, 并因基督的缘故变得美味——若你抵达了上述境界, 就请珍惜你的美好处境吧。那时, 你便找到了地上乐园。只要你觉得受苦还很困难, 你还试图逃避受苦, 就好像你想要摆脱它那样, 你就依然会感到不舒服和不公平。不管你去往哪里, 悲伤之河都会如影随形。" (托马斯·肯皮斯)

72

论对欢乐的背叛 [1]

　　在下面这件事上，我必须对十九世纪德国思想史的某支主要流派进行指责，在我眼里，这件事要比它初看上去更重要，它对我们整个德国的生活以及我们当下的沉重命运的影响也更深远。我把我所指责的这件事称作"对欢乐的背叛"——不管是为了追求某种错误的英雄主义，还是为了追求某种错误的、非人的义务观念。

　　对欢乐的背叛始于康德。正如那些最广为流传的哲学教科书所述，康德"以其绝对命令中严格而又崇高的反幸福主义的义务理想，驳斥了启蒙时代肤浅的幸福主义。"若就对启蒙哲学的回应而言，这句评判中或许包含着某些正确的元素，毕竟，在启蒙哲学家眼里，任何快乐都是——用莱布尼茨的话说——"朝向完美进步途中的征兆"。真希望康德没把孩子和洗澡水一块儿倒掉！真希望康德没有同时"背叛"那种更深刻的、不经意的——就让我们称之为"涌动的"吧——欢乐！换言之，但愿康德在正确地摧毁自己成长时代的苍白且太过市民化的追求舒适与满足的理想的同时，并没有完全误估欢乐之于人的伦常生活进程的意义。真希望康德在听到"欢乐"这个词的同时，也能联想到深层精神活动产生的欢乐——

---

[1]　这篇短文可视为前一篇文章的增补。

亚里士多德是把这种欢乐包括在其"Eudaimonia"（幸福，即灵魂健康美丽之状态）概念内的，或者，但愿他能联想到古罗马人所谓的"心灵的欢愉和喜悦"（hilaritas et serenitas animi），又或是能联想到基督宗教的得上帝荫庇、任何外部"命运"皆不可摧毁的"福佑"——就连葬身火海的殉道者也能被这种福佑充满。真希望康德在听到"幸福"这个词的同时，还能联想到除了他本人时代的那种尤待商榷的灵魂"幸福"——即感官状态上的愉悦——以外别的什么东西，真希望他没有把个别法国人和英国人的那种彻底错误的感官主义理论当成他自己的了！——按照这种感官主义理论，一切形式的幸福感与痛苦感（除了"对道德律的尊重"感之外）从起源上讲都必然会追溯到感官感受。真希望他没有因为自己反驳了"幸福不应该是我们的行为直接追求的意愿目的"这一理论，就顺理成章地认为已不必再费唇舌来讨论"幸福主义"这个宏大而宽广的问题了！

可是，对于我们这个新德国的伦理形态来说，康德的权威有着无可限量的意义。他把自己的反幸福主义理论应用到了历史领域中，由此，他和卢梭一道宣称，文明并没有让人类变得更加幸福，而是让人类更加不幸。卢梭从中得出了"回归自然"——即他的田园主义——的结论。康德却反对卢梭的历史发展标准，他提出，"尽管如此"，也要向着"此世至高之善"——即"理性国家"——"迈进"。康德的这句口号对费希特和后来的黑格尔产生了决定性的影响，黑格尔同样认为，"世界历史并非幸福生发的土壤"。在另一个方向上，该口号对我们那些接受了康德的消极幸福主义及其在历史哲学方面强烈的悲观主义的著名悲观主义者们，例如叔本华、冯·哈特

74

曼，也产生了决定性的影响。就连大名鼎鼎的价值革命家尼采，也曾用强调的语气解释道："我难道是在追求幸福？我不过是在追求我的作品罢了！"

对于一支像康德所建立的这种英雄主义式的反幸福主义般强大的伦理哲学流派，我们不能单从理性与纯思想史的角度对其加以赞赏——尤其是当它不仅仅是哲学教科书中的美好理论，而是已然成为一整个民族的精英阶层对生命价值进行评估的活生生的形式时，我们更是不能这样做。此时，该哲学流派往往同时也是某种部族传统、某种国家精神、某片土地——其灵魂与风俗、其土地与气候——在精神-灵魂层面的表达，简言之：它同时也是被历史与民族塑造的某种人之类型在理性层面的表达。如此看来，被我们冒昧地称为"对欢乐的背叛"之物，便立刻获得了生动立体的形象：

它首先是部族传统。你们难道没看见，在这些生命观念的背后浮现出的，乃是德国在东方殖民地实行的完全与行动、秩序、发挥作用、极迫切的意志统治并无二致的严苛苦行的修会骑士制度？这些观念有可能在古老、成熟的文化土壤当中生长吗？——比如在莱茵河流域，或者是德国中南部，那里的人们无需靠艰苦的劳动，无需从贫瘠且难以驾驭的自然界中费尽力气挣得自己日常生活之所需，那里的统治者们也不必人为地要求那些乱作一团并且也不怎么美丽可爱的斯拉夫原住民遵守秩序、保持形态——换言之，在文化、文明和基督宗教都要古老得多的地方，在那里，灵魂更加温柔、更富有爱意地拥抱人和土地，尽管人们仍需勤恳劳动，却得以被轻松感、幸福地投身于业已取得的文化成就的感受以及意志那柔和且安然接受生命之丰盈的放松感所充满。绝对不可能！

其次是国家精神。"对欢乐的背叛"不仅来自东方殖民地，它更源于旧普鲁士。在那里，有一种精神类别尤为强大，那便是腓特烈大帝的精神，其伦理及生活方式乃是"绝对命令式"伦理的秘密榜样——这或许是连康德自己都未完全意识到的。[①] 腓特烈的英雄生涯虽然未必缺乏享受，却少见地毫无欢乐可言。就连信件中展现出的那种受古代楷模滋养的崇尚声望的思想——他在执政初期深受此思想影响——也很快消失不见了。作为帝王，腓特烈的尽责履职可谓前无古人，在他的内在世界里，这种尽责履职十分罕见地荡漾在"空气之中"，就像"绝对命令式"理性地荡漾在康德的"宇宙"之中那样。这种尽责履职的基础既不在于向伦常意义上的忠诚者应许福佑的那种更深沉的宗教虔敬，也不在于对腓特烈所处时代而言极其重要的"让个人乃至民族都获得幸福"之类的观念。腓特烈对人的冷酷蔑视，连同他在判断人性时的那种深刻的悲观主义，都已然将后者排除在外了。他是一位伟人，也创下了一番伟业——但他其实并不知道自己这样做的原因和目的何在！对幸福的蔑视：他那在人性方面如此经常而又如此深刻地遭受失望的英雄生涯也把这一点教给了他。

最后是土地、气候、人。"对欢乐的背叛"并不产生于自然丰饶、给人以馈赠的环境，它也不产生于由来自市民阶层、受过良好道德教育、天赋异禀的人群所形成的环境。有一次，在描述过普鲁士核

---

① 参策勒尔（E.Zeller）著《作为哲学家的腓特烈大帝》（Friedrich d. Gr. als Philosoph），柏林，1886 年，另参托马斯·曼（Th.Mann）著《腓特烈和大联盟》（Friedrich und die große Koalition），柏林，1915 年。

心地区的土地和人之后,维尔纳·桑巴特①曾幽默而又贴切地说过:在这样一个贫瘠、荒芜、没有任何东西能激发起爱与欢乐之事物的环境当中,除了履行"职责",人们还能做什么?此外,奥斯卡·王尔德的评论也不无道理:"职责是人们在面对不值得爱的人的时候所必须采取的态度。"

此种伦理当中那几乎是嗜痛式的、充满着英雄气概的对幸福的蔑视——它在如此狭小的范围内产生了如此深重的影响——不仅在历史上根基局促,而且还有着存在于人的先天弱点中的根源。它常常让我想到那只吃不着葡萄说葡萄酸的狐狸。

这里,我无法对其进行纯事实层面的研究——包括今天已取得长足进展的关于人类感受(以及病理学上的病态现象)的心理学和价值论所能教导我们的一切在内。诸位可以参考我的伦理学作品中关于幸福主义问题的探讨。②该作中我所持的观点也是反对目的与目标式幸福主义的。欢乐是一切好的、高尚的存在和生活的源泉及必然的伴随现象——而非其目的与目标。

76　欢乐越是充满恩宠地从我们的核心自我当中喷涌而出,就越是深刻、越是不受外部命运的破坏。"刻意的"感官享受从来都已经是我们更深的灵魂中枢的无福的征兆与后果。但欢乐是并将一直都是一切好的存在和生活的一个本质时刻。玛丽·冯·埃卜内-埃申巴赫曾说,"只有幸福的人才是善的",她说得对。而路德最深的信念则是,只有好人才会行善,但反过来,行善并不能让人变好,

---

　　①　参见桑巴特著《十九世纪德意志国民经济》(Die deutsche Volkswirtschaft im 19. Jahrhundert),第三版,柏林,1913 年。

　　②　参见拙作《伦理学中的形式主义与质料的价值伦理学》,第五篇第 8 章、第 9 章。

只有在上帝那里有福的人才可能是"好人"。

让我们坚持上述思想，用它们来抵御一切错的"对欢乐的背叛"；让我们一遍遍地聆听席勒作词、贝多芬作曲的《欢乐颂》，它是治疗德国精神的这种片面取向的一剂良药。

> "万物生于欢乐，
>
> 亦复归于欢乐。"
>
> ——印度古谚

爱 与 认 识

青年时代的歌德曾写道:"人所认识者,无非其所爱之物。倘若认识应当越来越深入、越来越完善,那么,爱也就必须越来越强烈、有力并且鲜活。是的,爱必须成为激情。"终其一生,在无数语境里,歌德都以林林总总的方式重复着这一思想。除了歌德的这句断语外,我们还想引用达·芬奇的一句名言:"每一份挚爱都是某种深刻认识所诞的女儿。"歌德这位德意志人和达·芬奇这位文艺复兴的天才——布鲁诺也赞同达·芬奇关于英雄之爱的学说——都将爱与认识置入某种最深刻也最内在的相互促进的关系之中。只不过,对歌德而言,爱之运动乃是认识之举的基础,而对达·芬奇来说,认识之举则是爱之举动的基础。两者一起,倒是反驳了坊间——在我目力所及范围内——非常现代的如下市民式判断:与其说爱让人看见,倒不如说爱使人"盲目",乃至对世界的一切真认识都只能建立在对情绪举动的最大克制以及与此同时对对象——其价值与这些举动体验之间存在体验统一体的某种深刻关联——的价值差异的无视基础之上。作为"爱慕者与认识者"之间的古老争论,这一对立也与近代历史如影随形。不过,针对上述自启蒙时期起便占据着主导地位的判断,大名鼎鼎者如帕斯卡尔,则在其著《论爱之激情》中写下了这句听上去简直让人难以置信的话:"爱与理性

其实是同一件事。"而这正是帕斯卡尔更深刻的观点,他认为,只有
在爱的发生和进程中,向感性(Sinne)显现并让理性据此加以判断
的对象才出现。那个向一切"拟人论的"看待世界方式猛烈开火的
斯宾诺莎,一面抨击着"效应"概念、"力"的概念和"时间"概念(对
自在世界使用这些概念在他看来已经是走上"拟人论"的歧途了),
想要"像看待平面、圆圈和线段"那样去看待激情,一面却恰恰在
其关于"至高认识阶段"的理论中认为,对存在的最全面、最恰切
的认识已与"充满爱意地依附着对象"这一点融合成了一个最内在
的体验单元,因为精神"把握并享受着上帝本身",意即在对上帝的
智识之爱中。

若先不去看那些极细微的差异,那么,对这一宏大问题的回答
所表现的乃是世界历史的某种典型性。在此,我们只能对其大致勾
勒一番,无法做细致的历史考察。

古印度与古希腊精神之间存在着一系列深刻的对立(当然也包
括它们关于爱的观念),并且,有关"古希腊式的思辨源自东方"的
种种有争议的假说当中,还没有哪一种能消除这些对立。尽管如
此,从世界历史以及非起源的角度,我们仍然可以宣称,我们的问
题被以一种古印度-古希腊的形式化解了——这不仅是理论意义上
的化解,同时也是体验(Erleben)与行为(Tat)意义上的化解,而真
正的理论会跟随体验与行为之后产生。对古印度和古希腊人而言,
若从本体论角度看,价值乃是存在的诸功能;而若从诺耶斯角度
(noetisch)① 看,爱是认识的某种依赖式功能。站在诺耶斯角度,最

---

① noetisch 一词来源于 noesis,在胡塞尔术语体系中是相对于诺耶玛(noema)而
言的,前者指"意向行为"、"能识",后者指"意向相关项"、"所识"。——译注

高价值乃是对象的那种去实在化，它将对象升华至纯粹的图像性；而站在本体论角度，最高价值则是存在等级，即柏拉图所谓的 ὄντος ὄν（存在者本身）[1]。恰恰因为在这两个角度上，价值是以如此根本不同，乃至截然对立的方式发挥存在功能的，因而，上文提到过的诸理论之间在事实层面的统一也就愈发形象地显露出来。这是因为，古印度精神的方向对本体论的这种依赖性做出了如下设定，即，积极且最核心的价值附着在"非在"上——这里"非在"的意思首先是指，在"得救之道"上前行，世界的纯内容与何物性（Washeiten）的实在性系数（Wirklichkeitskoeffizient）会越来越低。根据古印度的基本体验，正是这一"实在性系数"迷惑着我们，让我们焦灼不已，我们越是炽烈地、欲罢不能地体验这一实在性系数，世界内容的丰盈和宽广就越是被淹没在这种体验中。对古印度思想主流而言，世界内容的"真实存在"只不过是本能式欲求的体验相关项。仅在欲求的进程中，仅仅"作为"对欲求的抗阻，世界才是"实在的"抑或"不实在的"：世界被多么强烈地欲求，它就有多么实在；而它有多么实在，就同时有多么贫乏；只有当它不实在地立于我们面前，它才是丰富的，并且还将自己的丰盈遍及开来，也就是说，存在于"实在性"与"非实在性"间的对立，其灼烧冷却下来的程度与欲求冷却下来的程度相仿，而随着欲求的冷却，附着在事实上的或正或负的"实在性系数"也会消失。并非对于作为纯粹进行着认识的精神

---

① 此处及下文参见拙作《论同情感》（1913 年）扩充版《同情感的本质与诸形式》（Wesen und Formen der Sympathie, 波恩，1923 年），第 A 部分第五章，"历史心思人物中的宇宙合一感"（Die kosmische Einfühlung in den Gemütsgestalten der Geschichte）。[参见第 15 页脚注。——编者注]

体(Geister)的我们，而仅仅对于作为本能地有着或没有着意愿的实体(Wesen)的我们，仅仅对于作为行动着的实体的我们，世界的纯然内容才获得了"实在"与"非实在"间的特殊区别。[①]

类似地，这里的"认识"首先是去不断克服附着在世界内容上的对实在性的强调。认识是这样发生的：不断地把和这些强调相关的欲求及其对自然人而言自动引发的运动后果对象化，并借助修行在意志上降伏此二者。随着欲求越来越远地被推到纯粹认识主体之下和之外，附着在世界内容上的或正或负的对实在性的强调也会消失。在《摩诃婆罗多》[②]中，那种把精神束缚到实在性之上的因素总是一再被描述为欲求和行动。"行动不依赖于人的真正存在而在人之中发生，而智慧在于，将行动视为仅仅发生在自然界中，并将真正的自我看作是同行动截然区分开来的。只有那些被世间所迷惑而盲目的人，才会将自身行动的原因设定在自身之内，谦虚的智者则从不会自视为行动者。"[③]

从内容-对象方面看，古印度人意义上的"爱"是从"实在的"或欲求-抗阻到越来越外在于实在的认识-对象——以及该认识对象随之递增的丰盈度——的过渡、趋向和运动。从举动方面看，爱是从不知到知的仅仅被体验到的过渡。古印度人认为，在从对象角度讲无欲无求的爱情举动完成的过程中发生的，乃是对象的愈渐去实

79

---

① 此处及下文参见本卷中"论受苦的意义"一文。——编者注

② 《摩诃婆罗多》是古印度两部著名梵文史诗之一，成书于公元前三世纪至公元五世纪，另一部为《罗摩衍那》。——译注

③ 参威廉·冯·洪堡(W. v. Humboldt)著《论〈摩诃婆罗多〉中名为"薄伽梵歌"的章节》(Über die unter dem Namen Bhagavad-Gitâ bekannte Episode des Mahâbhârata)，这是冯·洪堡分别于 1825 年 6 月 30 日和 1826 年 6 月 15 日在柏林科学院发表的演说。

在化、自实现的成为-图像（而非主观字面义上的"被想象"）。类似地，这种爱情本身并非某种独立者，亦非精神的某种能引发认识进步的原初积极举动，而只是种种认识增长之进程本身——若我们想表达地更严谨一点的话，可以说，它只是对认识的那种增长本身的体验而已。人之中发生着某种精神进程：人的欲求越来越从自我中枢中掉落，从而越来越脱离自我中枢，换句话说，欲求变得对象化。古印度人认为，人之中的这种精神进程与世界的去实在化这种存在进程之间，有着某种本质关联。而在古印度思想普遍接受的这种本质关联中，即在印度式的这一体验世界的"公理"中，我们得到了要理解古印度不同时代的典籍表达的关于"爱"的一切所需的某种前提。无论在哪里，爱都必须首先作为认识的结果、而非认识的源泉出现。就连爱当中被价值认定为具有伦理性和宗教性的那部分，也不过是该认识的结果而已。在这里，爱从来没有扮演过基督宗教当中的"对上帝之爱与对邻人之爱"那种与认识同样原初甚或更为原初的角色。古印度的公理同基督宗教的截然相反，基督宗教最伟大的思想家奥古斯丁明确地将爱作为上帝和人的精神之中最具原初性的动力，此外，他还在明显与亚里士多德的"至福理性"（seliges Nous）说相对立的意义上讲过，爱"比任何理性都更能让人幸福"。

　　古印度爱的观念同古希腊柏拉图、亚里士多德的爱的观念一样，是极其唯智识论的。就连柏拉图也认为，爱若斯同时也是从较少的知到较大的知的过渡，是仍属于 μὴ ὄν（"物质"）的知觉事物参与到 ὄντος ὄν（存在者本身），也即"观念"、"本质者"中去的（客观）趋向。爱若斯是"非存在者"即恶者朝向"存在者"即善者的本能和渴望。

　　从关于爱与认识的这两种——古印度和古希腊的——基本设想中，立刻能得出如下结论，即，一切得救进程之肇始并不像在基督宗教当中那样，被设定为在于人之外的某种大能——"上帝"——发出的、先于一切人类活动的某种爱与恩宠之举，也就是说，在于某种超越性的解脱举动，其后果才将某种得救所必需的知识（即"启示"）传达出来；相反，一切解脱都是通过认识之举所达到的个体之自我解脱。因此，古印度的思想领域里，并没有自带上帝属性的救赎者，而只有一位智慧导师，其学说指明"得救"之道。只要是在爱被设想为认识的依赖性功能的地方，这种后果就必然会出现。得救所必需的知识的每一次传达，都必然与自行发现的知识相反，它已透过传达者对接受传达者的爱得到了奠基。就算在纯然默观中完全获得认识——在基督宗教中是指获得 ὄντος ὄν（存在者本身），而在古印度思想中是指获得"非在"——同时也意味着个体的寂灭、从而进入某种超个体存在的境界（这一点是与基督宗教思想圈，特别是其有关个体灵魂的无尽价值及确凿实有性的观念截然相反的），通向此终点处的行为与道路仍旧完全仅仅同个体的举动绑定在一起。依据莫勒在其处女作《论教会之统一》里深邃却甚少被理解的论述，初期基督宗教中，某种宗教信念在整个教会统一的爱的共同体中的牢靠性恰恰是检验与该信念相应的学说是否是真理的标准。"异端者"是"必定会"出错的，哪怕他已有了对自己学说内容的明证。基督宗教中，爱与认识之间有一种本质关联，这其中，"真"认识得到证明的可能性必须在教会的整个、包括历史上的和实时的爱的共同体当中都可行才可以。仅基于上述原因，异端者也必定会出错。但在古印度思想中，这些都不适用；在这里，爱是仅存在于认识之中的得救带来的后果，而非其前因。

对古印度（这里又是相对于古希腊而言）特有的版本来说，有了上述公理，古印度爱的观念所特有的伦理特性便也得到了设定。依据佛陀所布之道中反复出现的简洁表达，爱乃是"心解脱"。[①] 这即是说，爱之具有正面的得救价值，并不在于它是"附加到"某种正面价值（不管其究竟存在于"上帝""邻人"中，还是存在于自然界的美与生命中）之上的，而仅仅是"脱离自身"，即作为去实在化这一存在进程，随着在默观中对仅由有欲求之肉身所设定的"个体"的逐步扬弃，在我们之外自行发生着的对存在或实在性的否定。因为，不光邻人有可能成为这种"脱离自身"的诱因，整个有生命和无生命的自然界同样也有可能触发这种"脱离自身"，所以，与基督宗教相反，对这个自然界（尤其是对植物和动物）的爱以与"邻人之爱"相同的方式被囊括进了爱的诫命。不过，在古印度，爱的行动的诱因仅仅只是对某个"他在"、对某个"非我"（Nicht-Ich）本身的体验——并非任意某种实际存在或者此存在中的某种正面价值，而仅仅只是"它是非我"。因此，古印度公理当中描述"对象的价值提升乃是对象被去实在化而导致的后果"的那部分，同样也适用于"爱"这种情感的运动形式的基本特性。这种爱的运动完完全全是"利他主义"，换言之，它仅由自己的起点所决定，其终点则是完全无关紧要的——只要该起点仅是"心解脱"的诱因。只不过，起到了这类导致生命彻底回向（Umkehr）的随机"诱因"作用的，很明显是诸如

---

① 参见皮舍尔（R. Pischel）在其所著小书《佛陀的一生与学说》（Leben und Lehre des Buddha, 1904 年）中对相关概念的翻译。

与病人、乞丐等的相遇，这些也正是使年轻佛陀根本转变的原因。

在古印度对世界的体验结构中，还有第三重特征与此相关联。而无论印度人的宗教玄想如何丰富而多面地发展，这重特征始终都保持了它的恒定性。爱仅仅取决于认识进程和去实在化进程——没错，它仅仅是这一进程自身在最深处的壮大；爱并不是以一个个实在、个体的人为出发点和目的地的体验。相反，爱是从情绪上看透一切个体-人格性实存形式的虚无性。[①] 这是因为，个体化的基础，并非像在基督宗教世界里那样是精神性、人格性的某种自治原则，而只是肉身和欲求，同一个精神认识主体有着众多的肉身和欲求，以独特的方式附着在众人上。在爱中，我们不应靠直觉以认识的方式去把握有别于我们的另一个存在的意蕴及其正面价值，并在对该存在的实存及价值的深刻肯定中将其统摄，恰恰相反，我们应该同时感受到，该存在的实存和自身价值连同我们自己的实存都一道被扬弃了，两者一道沉没着、湮灭着，直至进入"虚空"。完全的、究竟的认识当然连爱——爱是认识在达到爱这个目标之前的纯粹增长——也终将舍弃。因此，站在存在的角度，与这种认识相对应的，乃是对个体性的最终扬弃，若按佛陀改革后的术语，也叫"入涅槃寂静"。相对于这一重大且最终的得救之举（Heilsactus）和真正的"入灭"而言，个体肉身之死只是死亡的模糊假象而已，事实上肉身之死只是个体作为行为与欲求的统一体漫游到一具新躯体的外壳中去，也即是说，它每每也是一再需要在爱与认识当中加以克服的

82

---

① 从事实上看，该思想现在已被笔者深入细致地驳倒了，详见《同情感的本质与诸形式》（Wesen und Formen der Sympathie, 1923 年），A 部分第六章。

新的"生命"的开端。佛陀后来成为一代解脱"大师"①，并不是作为教导如何获得对于古印度世界恰恰不言而喻且越来越受到敬畏——已包含在这个种族的"天然世界观"中——的个体存续的导师，而是作为某种真正的、究竟的"入灭"可能性的宣讲者。

同古印度-佛教模式下对认识与爱、存在与价值间的关系定位截然相反，古希腊模式下，认识和爱这两者都被视为从一开始就与某种肯定式的存在以及某种肯定式的完善性有关。自古希腊人的时代起，这种对存在的终极肯定就仿佛成了一切欧洲宗教与玄想的先天。作为认识的对象，存在本身越是丰富、越是升级（关于存在的"升级度"的观念是古希腊特有的思想），认识也就越是绝对和纯粹。因而，绝对认识就是对 ὄντος ὄν（存在者本身）的认识。在此，存在着的事物的正面价值仅仅是包含于这些价值之中的存在丰盈的功能而已，而"凶恶"、"恶"、"可鄙"等负面价值——与佛教完全相反——则被归因于存在之匮乏、μὴ ὄν（物质）及其被混入存在之中。（此处，价值并不自成一体，构成可感质性的某个原初领域。②）类似地，（主观上讲）爱是朝着某种正面价值的一次初始转向，即朝向某个具有存在丰盈度的存在形态，爱不是对这样一种存在形态的最初逃避。爱是在认识中对存在的占有，而非古印度人所认为的那样是从存在中解脱。客观地看，作为宇宙动因——从恩培多克勒将爱与恨视作世界四大"元素"的两种推动力的理论起，爱就一直被下列思想家一并理解为宇宙动因——爱是某种不断创生和

---

① 另参皮舍尔，前引。

② 参见《形式主义》，1980 年第六版概念索引。——编者注

创造日益丰富的存在形态的原则。正如柏拉图在《会饮篇》中所言，爱是"在美中创生"——这个概念想要搭建一座巨梯，下至动物性 83 的生殖，上至哲学家、艺术家、政治家、军事家的精神构想，林林总总的创生样式和生殖目标都会在这座巨梯上得到细致的划分。从最为古老的阿芙洛狄忒和爱若斯崇拜，到柏拉图和亚里士多德的精神创造，这其中流淌着一种依然可感的连续性，也就是将爱作为积极创造欲的一种动因的那套构想所具有的连续性。与创造样式的存在层级阶梯相对应的，是被爱牵引至世界那越来越升级的形态及形式的精神最终所占有的"观念"的层级阶梯。这些观念当中，包含着关于诸观念之观念以及关于作为 ὄντος ὄν（存在者本身）的美善自身的观念：从骏马良驹到青少年健美的体魄，再到美善的伦常与制度，最后到关于美本身的纯粹观念——迪奥蒂玛还向前来倾听的苏格拉底描绘过这种他自己曾在神魂超拔状态下直观到的观念。

　　而从其它一些并非不那么至关重要的方向上看，古希腊式构想与古印度式构想之间有着某种深刻的共同体。这一共同体首先体现在，两者都以相当唯智识论的方式，仅将爱理解为依赖着认识的进步，即从某种较为贫乏向某种较为丰裕的认识的过渡和"运动"，或者，在爱作为存在动因时，将其理解为 μὴ ὄν（物质）对参与 ὄντος ὄν（存在者本身）——即假象对参与本质者——的渴望。苏格拉底将被爱若斯精神化了的友爱、完全发端于个体的内在革新（而非制度革新）观念的社会改良计划同在问答（对话）中不断取得进步的概念研究联系起来，而借由这种最奇特且意义最为重大的关联，苏格拉底获得了他的以爱若斯作为哲学研究领域的缪斯领袖和以教育作为精神助产术的理论——应当通过教育，把学生们灵魂中的金子挖掘出来，并由此而使他们领悟自己理想的**个体本质**（**自我认识**）。柏拉图的爱若斯理论与对话这种艺术形式密切相关，而就连柏拉图的理论也不否认自身的这一本源，即便它已远远超越了苏格拉底的理论。对柏拉图来说，爱唯与认识相关，爱仅仅只是"从不完善到完善认识的追求"，这体现在他所做的如下规定上，即，无知者和全知者（如神祇）都无法去爱，只有 φιλόσοφοι（哲人），也即"爱智者"有能力去爱。爱，即爱若斯，是财富与贫穷之子，也是有识与无知之子。因此，神祇只是爱的**对象**，自己却不能像在基督宗教世界里那样爱。不管对爱的双重规定（即从动力学上看，爱并不先行于认识而是跟随在认识之后；从目的论上看，爱只是达成不断增长的认识这一目标的道路与方法）在历史上重新出现在何处，其神学后果始终都是异教那僵化的、只独自发光的神祇的幻象，这样一尊神祇并不回应爱，祂只是受造物祷告的对象，却不是一道参与"灵魂与上帝的亲密交谈"的主体——而尼撒的格里高利则早已将基督宗教的祈祷定义为后面这种交谈。斯宾诺莎重新吸收了古希腊的这一原则，按照他的理论，没有人能要求上帝用爱去回应自己"对上帝的智识之爱"——这正是让歌德笔下的菲莉涅对那位错受欣赏者着了迷的话："我若是爱你，又与你何干？"[①]

　　还有一种柏拉图式的对爱的规定——爱是"追求"（站在存在的角度则是从非在到存在的一种趋向）——也已在核心上包含了

---

　　①　语出歌德《威廉·迈斯特的学习时代》（1795/1796）第五章第九节，后在《诗与真》中，歌德又引用这句话，并承认其灵感源自斯宾诺莎《伦理学》（IV, 19）中的一个观点："爱上帝的人，无需要求上帝反过来也爱自己。"（Wer Gott recht liebt, muss nicht verlangen, dass Gott ihn wieder liebe.）——译注

这一整个理论。正如我已在别处① 展示过的那样，在事实层面，爱与恨以及产生兴趣之举并不属于我们精神当中主司追求与意志的领域，无论它们有多么能为一切样式的追求、欲望、想念、渴求、意愿奠基。一切"追求"都在其所求得以达成、得到满足的过程中耗尽自己，同时它又着眼于去实现一个较之现实中的被给予者而言新的、别的目标。相反，爱在其对象的存在和如在（Sosein）中得到完全的安息，而不希望它是别的什么。爱越是深入自己的对象，就越壮大。如果爱被理解为——对认识的——"追求"甚或"需求"，那么，随着认识达于圆满，爱也必须消失。就算是在存在层面，爱也不能将作为完善且无欲无求之存在——该存在已然是它所"愿"是和所"应"是者——的神据为己有。因此，当站在（包含前述柏拉图学说在内的）古希腊-新柏拉图主义的立场上对基督宗教加以批评时，塞尔苏斯以极为严谨的逻辑瓦解了基督宗教关于一位"爱着的上帝"的观念，并试图证明该观念是完全荒谬的。更为奇特的是，这种柏拉图式的将爱作为"追求"的规定竟在全然违背基督宗教最深意图的情况下进入了经院哲学，并和柏拉图的"只要存在，一切皆善"这句话一道，成了诸如托马斯学说的一个组成部分。②

在存在层面将爱若斯当作创生与创造之力的规定似乎想要表达，柏拉图在向基督宗教的具有世界创造性的爱的观念靠拢。不

---

① 参见《同情感的本质与诸形式》和《形式主义》，概念索引。——编者注

② 在更为奥古斯丁的意义上（如下文将展示的那样），库萨的尼古拉（Nicolaus Cusanus）（尤其参见《论对上帝的神视或论肖像》[De visione Dei aut de icone]，第四部分）、阿戈斯巴赫的文岑茨（Vincenz von Aggsbach）以及匿名论文《论智识》（De intelligentiis）（该文由博伊姆科[Cl. Bäumker]编）对此问题都有不同的思考。根据上述作者，无论在人之中还是在上帝之中，爱都先行于认识。

过，在柏拉图的思想体系和古希腊形而上学观念体系中，甚至就连这一规定也仅具有十分有限的意义。此处被称为"创生"（Zeugen）和"创造"（Schaffen）的，其实只不过是"对我们而言"，也就是就"表象"（δóξα）领域而论的"创造"的纯粹图像而已。就严格的认识（επιστήμη）而论，所谓的"创造"并非创造，亦非"生产"，而只是对形态的复制，只是稍纵即逝、不断"生成的"（作为意义表象的存在相关项的）"物质"对参与到"形态"和"观念"的恒常部分中去的永恒追求。而从过去到现在，这一追求本身事实上都先于那个在"我们"看来是"在美中创生"和创造的过程。这一点在存在和主体两个层面都成立。在柏拉图那里，自然状态下作为宇宙动因的爱，例如动物的发情，仅仅是那种通过不断生育个体从而保持物种形态——而非使该物种形态变得完善——的动物性生命原则的欲求。在动物发情这件事上，柏拉图已然看到了这一形态（作为固定而立体的形式）对尘世间的不朽的追求；借助这一形态，由个体构成的世代链条得以延续，就像无生命的材料借助个体有机组织的形态进行循环那样，比如水滴借助瀑布的形态进行循环。包括无生命世界在内的物质，其生成过程中一切对形式的保持都是爱若斯那渴望存在与持存的欲求的胜利。于是，"创造"一词所表达的，事实上只是"保持"而已。并且，静态原则相对于动态原则、立体空间形式相对于引起该空间形式的时间之力所具有的完全优势，也重新出现在柏拉图笔下精神之爱的至高形式当中。哲人、艺术家、政治家的"声望"——按古代的理解这并不是指他们在同时代人和后世那里得到的"荣誉"与"尊重"，而是指创造性的人格本身在其作品中神秘的内在式存在和烙印式存在，是指天才在其作品中熠熠生辉的"图像"——也还是尘世间的不朽，只不过这里并非物种的不朽，而是个体的不朽。就连作品当中看上去像是自身创造和自身改造的部分，在这里也只在可能发生的回溯中，才被看成世代持存过程中对自身的保持。不过最终，一切精神才能，以及最纯粹形式下的爱所能引向的最高目标，即哲人的"观念直观"，乃是距离"造与生"最遥远的。这种直观只是参与到本质之中，只是与本质的联姻。在柏拉图笔下，爱在我们的精神的内在作坊中只发挥着这类保持的功能。在动植物的生命中，作为对物种特征的创生和遗传，爱所达成的恰恰是其在个体灵魂内以对想法的回忆和复制所达成的。早在《会饮篇》里，柏拉图就已提出了"记忆与遗传之间具有本质上的一致性"这一观念（后来首先由生理学家黑林[①]重提）。这里，展现在我们当前的意识中的是过去的体验内容的欲求，这一欲求乘着爱若斯的翅膀，想要以复制来达到在回忆中的重现，从而以此保持自身并获得持存——而这和动植物通过繁衍和遗传在其物种形态中保持自身的做法并无二致。

　　如果我们把关于重新忆起的学说也算上，那么，关于爱的"创造力"的思想会更急剧地消失。正如柏拉图"从根本上缺乏关于自发的、创造性的意识与精神的观念"（诚如威廉·文德尔班所言），他同样也缺乏关于创造性之爱的观念。灵魂对再次直观先存观念世界有着爱之渴求，对此，柏拉图有一种极为浪漫主义的理论，它清楚地展示了：通过对过去曾在"高天处"直观之事的重新忆起，

---

　　① 参见黑林（E. Hering）著《论作为有机质料的一种普遍功能的记忆》（Über das Gedächtnis als eine allgemeine Funktion der organischen Materie），维也纳，1870 年。

灵魂得到满足，而归根到底，一切"认识"都被解释成了这样一种重新忆起。

如果说，在这一关于爱与认识的理论中，柏拉图已经预见到了"浪漫之爱"——反古典主义式的爱，其中，爱本身并不首先作为灵魂财产而仅作为对某种遥远的、过往的稍纵即逝之物的渴望被给予，并且，不管是随着向所爱对象的靠近还是随着与其之间不断的远离，这种渴望似乎都会成比例地增长——所引发的大型历史运动，那么，在他将男人和女人之间的爱神话式地理解为"一个最初性别未分化之人的两个部分对彼此的相互追求"的著名观点①中，柏拉图也以足够可见的方式把目光移向了印度。因为，在柏拉图这里也出现了只有古代印度人才犯过的某种特殊形式的形而上学层面的深层错误，即，爱只是对存在统一性的直觉认识，爱看透了分化、个体性及多样性在事实上的假象性，或者说得更明确一点：爱只是原初"一而全者"的各个部分的彼此相向而行。从斯宾诺莎到黑格尔、叔本华，所有的泛神论都吸收了这一根本错误的论断。显而易见，照此模式（这也是时至今日所有错误的密契学的模式），爱基本上总会被反推至自我中心主义。因为，这里所说的爱，如果它不是某个仅采取了这种假象形式的"爱"——连同其实仅是模式及部分者的这种假象形式的个体性与独立性——的整体在事实上的自我中心主义的话，如果它不是"两个人的自我中心主义"（égoïsme à deux）的话，那它还能是什么呢？纯粹假象式的诸个体之间的爱，同样只是假象式的爱。因此，经由柏拉图对上述神话——或至少是

---

① 在德意志浪漫派中产生如此强效力的雌雄同体理想起源于柏拉图。

其意义内蕴——的接受，男女间两性之爱的观念获得了某种浪漫品
质。性别分化在这里并非某种特殊样式的爱——其后果是，为了繁 87
衍而进行的性别选择可能会产生物种改变与进化的效应①——的基
本条件与根脉，而是朝向某种纯粹"回归"的趋势：为了回归到那
个性别尚未分化的一体人，其各个部分现正在"寻找"彼此。性别
分化只服务于物种保持，而不为物种进化与创造效劳。虽然，柏拉
图的理论要远远超出现代自然主义将爱的现象和性别分化过程本
身绑定在一起、或是将爱的所有样式都视为纯粹对性欲的继续开发
的一切尝试。② 但反过来，性别的分化及其在生育中的协同，以及
在此过程中起驱动作用的本能，对柏拉图而言，似乎都只是自然的
诸项技艺之一，透过这些技艺，不依赖于性别分化的那种宇宙尺度
上的爱之力进行着创造生命的活动。不过，就连柏拉图的关于两性
之爱的观念，也带有"渴望"某个古老阶段（未分化的雌雄同体人的
阶段）、"渴望"去重建某个整体的那种浪漫而又密契的色彩。它不
是以展望的方式，而是以回顾的方式构建起来的。

　　我们不能说，就连基督的显现这一对欧洲人而言最为重大且影
响最为深远的体验，也像古印度和古希腊的体验结构那样，固化为
了对认识与爱间的关系加以定位的牢固观念。尽管对世界、对邻人
以及首先乃是对神性的体验结构恰恰是在这一点上发生了比世界

---

　　① 参笔者对两性之爱的形而上学理解，详见《同情感的本质与诸形式》（Wesen
und Formen der Sympathie, 1923 年），A 部分第七章。［另参《遗作第一卷》中（第 36
页已引用过的）"论羞耻和羞耻感"一文。——编者注］

　　② 这些唯物主义理论的无意义性在拙著《同情感的本质与诸形式》第 B 部分第五、
第六章中得到了更细致地论述。

上任何时候都要更加极端——尤其是比从古印度到古希腊类型的过渡所涵盖的一切变化都还要更加极端——的变化，人的精神的这场独一无二的革命在思想和哲学上的体现却仍以近乎无法理解的方式以失败告终。当然，上述显现只是以下这一更具普世性的事实当中的一环，即，一幅原创且自发地源于基督宗教体验的哲学式的世界及生命图景从来就没有形成过，或者仅在极其微弱的程度上形成过。从这个意义上讲，如果我们不是将"基督宗教哲学"理解为通常的饰有基督宗教纹样的古希腊哲学，而是将其理解为一个从基督宗教根本体验的根脉与本质中、透过对世界所进行的自我思考式的观察与研究而产生的思想体系，那么可以说，过去从未曾有过、现在也不存在一种"基督宗教哲学"。这里有两个层面的原因：最初几百年间的基督徒们，不管是就其出身和职业而言，还是从其心态上看，都没有关于此在的哲学态度。然而，随着外邦人教会[①]的壮大，随着教会与诺斯替派等其它派别间起了斗争，从概念上对某种固定的学说内涵加以确定就成为了一种迫切的需求，于是，这种新的上帝与世界体验不得不在古希腊哲学的概念构造那坚不可摧的大厦当中占据一席之地，而不是从自身出发建造一栋全然适合自己的新楼。不过，一旦教义本身打上了古希腊世界概念的烙印（我们只需联想关于基督论的教义当中逻各斯观念与基督位格的融合就可以了），从哲学和神学角度对教义进行解释并将教义和对世界的认识一同纳入某种世界观的统一中去的其它尝试就都不得不继续

---

① 此处的"外邦人教会"指的是在相对于具有亚伯拉罕一神信仰的犹太民族而言的"外邦人"环境中形成的教会，即非犹太裔的原异教徒组成的教会。——译注

受到教义向古希腊哲学发出的某种仿佛自行运转着的吸引力的束缚。基督宗教体验的延续性富有活力，它深深地保存在教会里面。直到路德出现为止，"这一延续性似乎已经中断了几百年"的想法毫无道理可言。尽管如此，该体验自发受到的哲学影响却在最大程度上被遏制。我们只能在奥古斯丁及其学派那里找到他们为直接将基督宗教的体验内蕴转化为哲学概念而付出的巨大努力——这些努力却一再因为奥古斯丁对新柏拉图主义深刻的依赖以及他那比思辨意志还要更加强烈的希望统一教会体制的权威意志而未能大获成功。

　　在基督宗教的体验本身当中，爱与认识、价值与存在之间的关系曾发生过一次极端转变。我已在其它地方①展示过这一转变的几个走向。我将其称为爱的"运动转向"，它意味着，"爱是从较低者向较高者、从 μὴ ὄν（物质）向 ὄντος ὄν（存在者本身）、从人向自身并不爱着什么的上帝、从不好向更好的运动"这一古希腊公理不再适用，取而代之的是从较高者向较低者、从上帝向人、从圣人向罪人等等的满是爱意的恩赐本身被纳入"较高者"乃至"至高者"即上帝的本质之中。而爱的这种运动转向恰恰又是以爱与认识、价值与存在的某种新的奠基样式为基础的。

　　这一点在宗教上体现为，宗教认识首先不再是个体的一次自发举动，宗教认识的首个运动触发点被转移到了上帝本身之中，也即上帝那被爱所引导的解脱意愿及其为此而在基督内做出的自我启

──────────

① 参见收录于笔者《论价值的颠覆》文集中的"道德建构中的怨恨"（1912 年）一文。

示。这一点还体现为，经由事工实现的个体圣化的过程仅仅发生在先行于个体自身所有活动而被上帝的"恩宠"所触动这样一个起点和收尾的（"使之为圣的"）恩宠这样一个终点之间。人的全部自由和可论功性都只存在于这两点之间。宗教上的所有认识以及得救过程的开端和目标都在上帝那里。取代古印度-希腊那种经由认识而达成的自我解脱的是被上帝之爱救赎的观念。某种新的上帝认识和上帝智慧得以向世界传达（就像过去由诸如伟大的"师者"佛陀、柏拉图等人而发生的那样，抑或是像上帝"透过"摩西和众先知说话、颁布律法，而传达的内容也不仅包括某位仁爱且慈悲的上帝的实存 ①），但这并非经由基督而发生。相反，关于上帝的所有新的认识内蕴皆由上帝在基督内的自显现这一爱的行为所承载，就如同被它的创造性的基底所承载一般。因此，基督只在引申义上并且也仅因其作为上帝派来的救赎者，即上帝本身及其爱的意志的人格化而且已成为肉身的形态，才是值得"步武"的榜样、导师以及立法者。依照早期基督宗教和真正基督教式的观点来说，除了人格化的形态以外，并不存在这一人格化形态要拿来衡量自己或是为了能让自己被识别为"神圣的"而必须与之相"匹配"的"观念"、"律法"、"事实价值"、"理性"。基督并不"拥有"真理，基督"即是"真理，并且以其自身全然之具体而即是真理。表达、言说和行动之

---

① 明谷的贝尔纳（Bernhard von Clairvaux）在对阿伯拉尔（Abaelard）进行广泛而深刻的批评时，一再回到以下这项指责，即，阿伯拉尔将基督的言行归结为是对"上帝是爱"这一点的纯粹启示，而没有在基督之中首先看到爱的灌注与救赎行动。另参尼安德尔（A. Neander）著《圣贝尔纳和他的时代》，哥达（Gotha），1985 年第三版，第 200页及下页。

所以为真、为圣、为善，是因为它们乃源自基督。也正因如此，对基督所传报信息的内容的一切信仰、对他本人即是"救赎者"与"救主"的信仰也是奠基于先行的、对基督的意在每个人的爱的回应之爱之上并与之联系在一起的；而在回应之爱发生的整个过程中，基督那作为信仰对象的神性实存的完整图像才展现在精神之眼前面。当基督复活并对抹大拉说"抹大拉之爱最先看见了他"时，并不是"所有人"都看见他了。有些人看不见他，因为"上帝蒙住了他们的双眼"。只有仁爱之人的眼睛才是睁开的——其开敞程度与他们爱的大小相呼应。正如基督的位格——而非还需被该位格拿来衡量自己的某种"观念"——乃是宗教层面上首个爱的对象，爱的情感的出发点也是某个真实存在着的位格：上帝的位格。位格的实存形式 90 并不会——像在古印度和古希腊那样——在爱的奔流中溶解。在这里，并没有发生所谓位格的"形而上学的虚无性"在爱的情感中被认清之类的事情。相反，在对上帝的爱中，就连人的位格也都越来越纯然地从与感性-本能意识（这种意识将人格的统一分解为时间层面的事件序列）的含混不清的糅合里，从自然束缚及社会束缚所具有的一切想将人格拉入由纯粹事件的法则性构成的进程中去的依赖性里将自己凸显出来，加固并"圣化"自身。恰恰通过在上帝之中失去自己，人格反而赢得了自己。

而现在，与基督宗教意识的这一全新准则相对应的还包括：对邻人的爱是随着正确的对上帝的爱一道被设定的，与此同时，一切在认识上对神性事物所进行的更为深入的探究也都悉数奠基于对上帝与对世人的爱之上。理所当然地，在那些"爱乃属于上帝本质、宗教上一切得救过程的出发点不在于人的自发活动而在于上帝之

爱"的地方,"对上帝"的爱自然也必须总是同时把和爱上帝一道
去爱人乃至一切受造物——透过对上帝的爱去爱这个世界(amare
mundum in Deo)——囊括在内。"上帝[对人]的爱以及反过来
[人]对上帝的爱"(Amor Dei et invicem in Deo)乃是奥古斯丁关
于该举动不可分的统一性的固定表达法。古希腊的对上帝的爱将
人引导至共同体之外,却并不把人导向同其弟兄之间的越来越深广
的共同体关系中去。这样一种对上帝的爱,若贯彻始终,就只能在
一座山上了尽,在那里,孤独的隐士摆脱了人与人的一切联结。古
希腊-古印度的"认识为爱奠基"的原则从一开始就具有这种孤立
化、孤独化的力量;只要是古希腊-诺斯替元素相较于基督宗教的
新体验结构占了上风的地方,比如在东方教会里,上述那种遁世生
活(Anachoretentum)就必然会内在发展壮大,而该地的隐修生活
(Mönchtum)就会像在时至今日的俄罗斯东正教当中那样,越来越
脱离对共同体的服侍。① 一种不随着对邻人之爱的增长而爆发、在
其中活跃并产生成果的对上帝之爱,按照基督宗教意识的表述来
说,并非对上帝的爱——就其本质而言,上帝本身就是爱者并因此
也是充满爱意的与受造物相关者——而是对某个偶像的爱。也正因
如此,任何一种关于神性事物的主张在宗教层面的爱的共同体即教
会内所经受住的考验,以及该主张所具有的有利于统一而非分裂的
力量,能够乃至也必须成为这一主张在事实上为真及其客观可证性
的标准。并非建立于一切真理的本质之上甚至构成了一切真理之 91
本质的某种所谓的"普遍适用性"(该适用性完全可以任意地与普

---

① 参见后文"论东方和西方的基督宗教"。

遍效力的缺乏相一致），而是将真理认识奠基于先行的爱之上的做法才导致了如下看法，即，异端分子并非因其观点的特定内容，而仅因其作为异端分子就已必然会错：所谓异端分子，指的不是通过对邻人的爱以及建立在其基础之上的教会得救共同体这一桥梁，而是经过任意一条孤独道路抵达自己的信念及主张的人物，并且，他没有去走那条会连带引发宗教认识与正确信仰的对邻人之爱的道路。根据我的经验，我们以目前所拥有的现代意识尤其无法理解上面这句话。教会相对于个体而言的认识优先性已经萌芽式地蕴含在爱与认识的本质奠基本身当中了。对于这一点，我们通常视而不见。后来，这种认识优先性以多种方式得到了教义上的表达：比如，"普世大公会议的决议必须被看作是来源于'圣神'"这类表述；又比如，"在一切宗教事物上都必须首先听从教会的训导"这一原则。在与教会"权威"相抵牾时，基督徒是乐意牺牲自己的理性（sacrificio dell'intelletto）的，这便是上述认识优先性在实践层面得到的表达。所以说，这一切教义，其实都只是前面那句关于宗教社会结构的意义与构造的重要话语的推论而已。

不过现在，更加奇妙的则是，尽管如此，"爱相对于认识而言具有优先性"这句话仍属于基督宗教意识的本质，这句话本身奠定了教会观念和一切基督宗教伦理学的基础（与古希腊伦理相反，对于教会观念和基督宗教伦理学而言，高尚的爱的举动总是要比纯粹的认识举动价值更高，仁爱之德也总是要比"理智"之德价值更高），至于在宗教以外关于认识与爱的领域，则极少有人从哲学和心理学角度尝试过检验这句话。除了一般来说坚持这条原则的密契修身文学，特别是奥古斯丁传统之外，所谓的"基督宗教哲学"乃是完全附和古希腊哲学的。由此，宗教意识和与之相关联的世间智慧间出现了内在的不协调。比方说，一方面，在那些表达虔诚信仰的奥义深邃的图像里，在爱中炽烈燃烧的色辣芬①在等级森严的天使队列中位于司职认识的革鲁宾②之上，立于上帝的脚边（即距离神性更近），而位于全体天使顶端的则是全然仅是爱的玛利亚；另一方面，托马斯·阿奎那坚持如下这一古希腊规定，即，对某个对象的爱是以对这个对象的认识为前提的，而在存在层面，价值却仅仅是存在完善性的功能（每一存在都是善），爱并不是精神的不可或缺的基本举动，爱只是灵魂负责追求和意愿的活动能力的某种特殊活动而已。与此相应地，托马斯只承认灵魂的两种基本力量，即嗜欲力（vis appetitiva）和理性力（vis intellectiva），这两种力量又分别可区分为一种"高级的"部分能力和一种"低级的"部分能力：嗜欲力可区分为作为"低级"能力的私欲偏情，即被动发出反应的对某物的感官嗜欲，和主动发出反应的愤情（das Irraszibile），即对威胁身体的伤害做出的反抗，以及作为"高级"能力的由理性引导的意愿，其中，由理性引导的意愿的最初方向乃是善，相当于 ens entis，即每个存在者之中的存在（每种意愿皆从属于善）；理性力则可以区分为感官知觉的认识能力和理性的认识能力，在存在层面，与前者相应的是事物中的感官知觉，与后者相应的则是事物中的智识。根据托马斯的理论，追求能力所进行的每种活动都必然会有某种理智（Verstand）活动先行：感官知觉当中，会有某种感官知觉的现前

---

① 色辣芬（Seraphim）即天使等级中位列第一的炽天使。——译注
② 革鲁宾（Cherubim）即天使等级中位列第二的智天使。——译注

（Gegenwart）先行于欲望的萌发，能对事物的抽象本质加以把握的某种意向认识举动会先行于意愿。在这样一种理解的统摄下，爱与恨，乃至整个感情世界都只不过是"追求"这种灵魂能力的种种变体而已。

在这样一种唯智识论的心理学体系中，爱只能占据某个极为从属性的位置，这一点显而易见。而这一点也会对该体系的神学产生反作用：首先在关于世界创造以及关于通过上帝得救赎与得启示两者间关系的理论上。在原初基督宗教的意义上，"上帝"已"因为爱"而创造了世界。再没有别的什么能比这一理论更加清晰地将爱的创造力——不像在柏拉图那里仅作为"保护趋势"与"复制趋势"出现的那种真正的"创造性的力量"——凸显出来了，就连上帝那创造式的意愿之举都奠基于某种先行的爱之上。受造物在造物主面前所遭受的天然困苦于是仅仅只是对他们自身乃由之而生的那一创造之爱的应答反应。而在人与上帝这两者的精神完全分解为智识和意志力的那种体系（它在祭司阶层与世俗统治层中得到社会学层面的展现）里面，上述理论则必须消失不见。在托马斯那里，上帝创造世界是为了"颂扬其自身"。现在，这一目的之光芒也播洒到上帝的首批侍者，也就是祭司身上。从此，世界大舞台上，他们摇身成为教宗和牧首，他们不再是基督宗教团体中谦卑的侍者和基督的追随者，转而以一副俨然古罗马统治者的形象示人，教会的生命在他们当中达到巅峰。（在生活和行为中效仿基督的意义上）师法基督的人成了"基督的承继者"，他们像诸侯那样，仅从自己与基督相连相续的法统中，就导出了自己的"职位"、"地位"及特权。在另外一个核心点上，上帝透过基督发出的启示已不再是上帝那由爱与恩宠所引导的救赎行为导致的后果——我们必须先在内心将这一救赎行为一点一滴地一并施行给人群中的位低者、穷苦者，并由人类泽及其余的受造物，然后才有可能真正地向上帝靠近。相反，通过基督达成的救赎成了如今完全被设想为智识式的"启示"最核心的那一部分内容，而这一启示，以教义来表达的话，必须同此核心内容一道，作为整体被"义务式地"信仰。与之如出一辙的是，原本应该让作为"上帝子女"的初期基督徒能够超越"律法"本身与一切"义务"的那种对上帝及对邻人的爱（这种爱自发、自觉并自愿地完成律法所要求遵守的一切诫命乃至更多——且此处的"更多"不附带对诫命的服从），如今也被降级成了"律法"的其中一部分内容。耶稣看上去像是新出现的第二个摩西，把摩西曾经的"十诫"总结成了唯一的诫命，但这仍旧是一道诫命，即"爱的律法"、"爱的诫命"。[①] 这些概念的内在不合理没有得到注意。[②] 于是，随着古希腊对认识、爱、意愿这三者之间的奠基定则被重新接受，亚里士多德式的自足的智者上帝（*Weisen*gott）相对于基督教式的带来救赎的上帝（*Erlösungs*gott）、司职训导与统治的祭司相对于以追随为己任的修道人、权力与存在之丰盈相对于良善、律法相对于胜过律法的爱与谦卑而言的至上地位，也就被间接表达和制定出来了。

　　就连托马斯学派和方济各学派在唯智识论与唯意志论之间的

---

　　① 关于上述内容，参冯·哈那克（v. Harnack）关于马西昂（Marcion）的作品（1921年），马西昂很早就看穿了这些深远错误。

　　② 参见拙作《伦理学中的形式主义与质料的价值伦理学》，第四篇第 2 章 b，该章节对"信仰义务"、"爱的义务"等概念的不合理进行了论述。

对立，即双方在如下问题上的争论，究竟是因为善本身为善，所以上帝才规定善的诫命，还是因为上帝先规定了善的诫命，所以善才是善的，作为整体而言也完全没有抓住基督宗教对于上帝与世界的真实体验结构的关键所在。这首先只是教会内部司职统治与司职训导的功能及力量之间的争论，后来，比如到了奥卡姆的威廉那里，却成了世俗势力同宗教教会势力间的争论。因此，就连方济各对基督宗教基本体验的独一无二的复兴也无法在抽象哲学层面带来与之相应的理解。

　　抛开缺乏专门哲学意味的密契修身文学不论，我们仅在奥古斯丁以及延续到马勒伯朗士和帕斯卡尔的奥古斯丁传统那里，发现了 94 最初一些想要在与宗教以外问题的关联中对基督宗教在爱与认识关系上的基本体验进行概念式把握的严肃尝试。有些人认为，奥古斯丁主张（上帝和人之中的）某种“意志地位至上”论，他们甚至从这个角度出发，把奥古斯丁塑造成司各脱学派的先驱；这样的做法是不对的。他们所谓的奥古斯丁那里的“意志地位至上”事实上其实是“爱的地位至上”：爱的举动同时既相对于认识、又相对于追求和意愿而言的至上地位，它同时也是产生兴趣之举（即较为低等的“爱”之萌动）相对于知觉、想象、忆念、思量之举——首先即是指所有那些传递图像与意味内容（“观念”）的举动——而言的至上地位。司各脱学派和笛卡尔的理论都认为，善与恶的观念要将自己的意义和意味归功于神性意志的种种设定及诫命，事物的本质性和事物的观念并非先行而是后续于事物的实存。后期司各脱派的一些学者，例如奥卡姆的威廉，甚至认为，观念只不过是人造的产物，客体领域并没有与之相应者（唯名论）。这些都是在严格进行逻辑推理的情况下必然会从关于"精神中意志地位至上"的论断得出的理论。(在过渡到近代哲学的后期司各脱派的这一论断中,现代市民阶层的那种不受限制的劳动精神面对一个司职默观与智识的祭司等级时,首次为自己赋予了概念化的形式。)而奥古斯丁同上述这类理论之间的距离则不可能更加遥远了。就连奥古斯丁的"我愿故我在"(volo ergo sum)这句话,也不能因为他对"volo"一词的不恰当选择而让人产生误解。实际上,对奥古斯丁而言,爱与产生兴趣——归根到底,这并不是朝向(如同经常被人错误阐释的那样)作为感情的幸福,而是朝向自己与他人灵魂作为完满的人格之良善与至福的不可分的统一的"得救"的那种方向性——是人的精神最起码的基本趋势,相对于这一基本趋势,想象和概念都只不过是不断深入上帝与世界的爱的持续运动当中的一个个站点而已,就仿佛一团熊熊燃烧的烈火里的一个个小火苗。相对于爱而言,一切原本的"追求"和"意愿"都只被奥古斯丁视为爱所达至的种种完满在各个不同阶段的内在与外在的表达和作业器官。

因此,在奥古斯丁这里,意愿与想象都是随着爱,也即所有意识的第三种、同时也是最原初的统一源泉而产生的。至于产生的具体方式,则首先是由爱引起了认识,然后再以认识为中介引起了追求和意愿。认识与意愿两者间的关系在奥古斯丁这里和在托马斯·阿奎那那里一模一样,与司各脱学派关于"意志相对于理智而言的至上地位"的学说则是截然相反的。

95　　　与之相应,在奥古斯丁这里,爱才是神性的本质最终的本质核心:爱甚至先行于并且决定着被奥古斯丁视为"上帝的思想"同时也被他理解为进行创造的意志之典范的"理念"(奥古斯丁将柏拉图意义上的"理念"吸收进了自己的理论）。于是，"出于爱"并且"按照理念"的创造就成了奥古斯丁神学奠基性的创造思想。由此，关于"爱的创造性的天性"这一思想首次得到了纯粹的宣扬，而不是将每次创造当中新的部分都浪漫化且柏拉图式地缩减到已存在者的单纯复归或是对形式与形态的纯然保持上。其次，上帝之爱证实自己是在上帝透过基督的救赎行为中发挥作用的，其后果在这里仅仅是上帝透过基督而进行的智识式的自启示。最后，上帝之爱也证实自己是在对某几个人（被拣选者）自愿且无缘由的恩宠中发挥作用的，而其余的人则仍须服从律法的裁决，即，由于原罪和继承罪性，所有人都被判承受永罚。奥古斯丁的恩宠拣选理论同样也只是他关于爱相对于所有以理性来衡量的正义而言的至上地位理论往下推的诸多后果之一，即在圣经关于原罪、继承罪性的前提以及在"根据律法，所有人都因原罪和继承罪性而应让自己承受永恒死亡"这一论断之下所必然出现的后果。

与从奥古斯丁关于爱在精神中的至上地位的论断出发做出的这些神学推论相比，更为重要的是他从该论断出发做出的重新构建整个心理学和认识论的种种尝试。

当然，这样的尝试只有少数几次，而且，它们也从来没有完成过。不过，仅仅是"曾经存在过这样的尝试"这件事本身就已意义重大，因为，它们是想要从基督宗教新的体验结构出发获得乃至于心理学和形而上学层面新洞见的最初且仅有的尝试。

奥古斯丁——他在这里几乎神奇地预料到了当前心理学最新、最深刻的洞见——主张，一切智识举动以及从属于这些举动的图像与意味内容，从最简单的感官知觉开始，一直到最复杂的想象与思想结构，不仅是同外部客体的此在以及由其发出的感官刺激（或复制刺激，如回忆）关联在一起的，它们还是同产生兴趣之举以及由这类举动所引导的注意力关联在一起的，而它们归根结底是同爱与恨的举动从根本上并且必然地关联在一起的。[1] 在奥古斯丁看来，这些举动并不只是附加到某种先于意识已被给予的感受内蕴、知觉内蕴等之上，好让这些被给予性可被归功于某种纯智识式的活动，而是"对某事"产生兴趣、"对某事"的爱，这些才是最为基础的、为其它一切举动奠基的举动，在这些举动中，我们的精神才会把握住某个"可能的"对象。同时，这些举动也是指向同一个对象的判断、知觉、想象、回忆、意味意向（Bedeutungsintentionen）的基础。此处要区分三点：一、若没有（取决于意愿或本能驱动的）"对某事"产生（零以上任何一个正数级的）兴趣，就根本不会有"感受"、"想象"等；二、对每次从客观可知觉对象域中来到我们的事实知觉——类似地还包括回忆以及我们之"所想"——面前的东西的选择受到兴趣的引导，而这一兴趣本身又受到对这些对象的爱（或者恨）的引导，简言之，我们想象、知觉的方向是跟随着我们产生兴趣之举以及我们的爱与恨的方向的；三、某个对象出现在我们意识面前的直观与意味丰盈度的每次提升都是某种因为对该对象的兴趣以及最终对它的爱的提升而产生的后果。当然，这几句话所要表达的不仅是某件不言而喻的事——我们一般都乐于想象、思量、回忆那些我们所爱的事物。如果这就是它们的全部意义了，那么，产生兴趣和爱就会被规定为扭曲我们的世界图景、让它变得片面、而让我们

----

① 参前揭，第84页。——编者注

自身或多或少变得"盲目"的因素。这几句话（尤其）也应当适用于最简单的感官知觉、感受，也即滋养我们世界意识的最初源泉。不过，抛开这一点不论，这几句话所要表达的其实是，组成我们世界图景的诸元素，其内容、结构与脉络早在每一幅可能的世界图景的形成过程中，就已被爱和产生兴趣之举的构造、方向和组织决定了。反过来，对我们的世界图景的任何一种扩展与深化都是和某种先行的、对我们的兴趣与爱之域的扩展与深化关联在一起的。

现在，就连这一理论也还是可以按某种特定意义进行阐释。据此阐释，它只具有标识出主体-人的并且受到限制的"道路"的意味，在这条道路上，恰恰我们"人类"能够抵达对世界的认识。这种情况下，奥古斯丁的理论还不足以从根本上超越柏拉图将爱若斯标识为向导、方法的做法。奥古斯丁的理论虽有着比心理学即认识论上的意味更丰富的意味，但它并不同时具有形而上学-存在层面的意味。

在奥古斯丁这里，后面这一重意味便蕴藏在上述理论和他的创造及启示理论间难以看清且无比深奥的交织之中。对他来说，图像 97 或意味在智识举动中的显现——比方说，在简单感知里，对象的被给予性当中的丰盈程度随着爱与兴趣的增长而提高——不仅仅是深入到准备就绪的对象中去的认识主体的某种活动，它同时也是对象本身的某种应答反应：对象的某种"给予自身"（Sichgeben）、"显示自身"（Sicherschließen）和"开启"（Aufschließen），意即对象真正地揭示自身（Sichoffenbaren）。这就仿佛"爱"的一句"问询"，而世界"显示自身"，并且由此方才达到自身的全然此在和价值，从而对爱的问询"做出回应"。因此，对奥古斯丁而言，哪怕是对世界的"天然"认识的达成,从其对象条件这一方面看,也获得了某种"启示的性质"。透过基督而发生的实证式宗教启示的概念之外,现在还有了"天然启示"的概念。而归根到底,就连这种"天然启示"也是那位依其本质被确定为永恒之爱的上帝的某种启示。这样,奥古斯丁关于爱与认识的思想体系在奇妙的前后一致性之中得以完成。不但主体对世界内容的所有把握和选择——它们在知觉、想象、忆念以及抽象的形式中抵达认识——是由爱与兴趣的方向所奠基,就连被认识的事物本身也是在对自身的揭示中才抵达自身的全然存在和价值。因此,奥古斯丁还(以一种独特而又神秘的方式)承认植物也具有某种被人观看的趋势,而在这样一种"被观"中,植物仿佛从其个别的、囿于自身的实存当中"被解救了出来",随着由爱所引导的对其存在的认识,它们好像获得了某种类似于透过基督而发生在人身上的来自上帝的救赎的事情。相应地,后来的一些受奥古斯丁影响的思想家,诸如尼古拉·马勒伯朗士、波尔-罗亚尔修道院的逻辑学家们等人,都将兴趣和注意力称为"灵魂的天然的祈祷",并将其与向上帝的祈祷区分开来。这里,"祈祷"一词也同样不仅具有作为主体的人的精神活动之义,它还包含着对蕴含在人带着兴趣和爱所观看的对象的"给予自身"、"显示自身"之中的回答的一并体验,类似于尼撒的格里高利给(宗教)祈祷所下的古老定义,即,祈祷乃是"灵魂与上帝之间的一场亲密交谈"。帕斯卡尔后来又在其《思想录》以及《关于爱之激情的谈话》这部深邃的作品中运用了奥古斯丁的思想线索,并不无深刻地对其加以了继续发展。

随着中世纪的思想进程越来越将奥古斯丁的观点及其学派的理论搁置一旁,希望从基督宗教的基本体验中获得对认识与爱两者

98

间关系的新理解的尝试完全中断了。一直到文艺复兴，在布鲁诺
关于对世界的英雄式的爱的理论中，在特莱西奥、康帕内拉、维夫
斯等人的相似理论中，最后在斯宾诺莎的"对上帝的智识式的爱"
（amor intellectualis Dei）理论中，人们才发展出了一种新的理解类
型：这种类型在被狄尔泰刻画为"动态泛神论"的世界观的范围内
活动。不过，并非借助这种理解类型，而是要带着奥古斯丁学派的
那些崇高的洞见遗痕，对笔者考虑在别处提出的那个宏大问题所进
行的纯事实层面的研究才会显示出某种和谐。①

---

① 此处参见拙文"论哲学的本质"（1917 年），收录于《论人之中的永恒》（1921
年），另参笔者即将发表的文章"灵魂发展阶段"（Entwicklungsstufen der Seele）。［最
后提到的这篇文章并未发表，它所论述的是舍勒于 1922 年在科隆的一节大课上讲过的
问题。这节课的文稿收录于《舍勒全集》第 12 卷。另参作者的后期作品《人在宇宙中
的地位》（1927 年），即《舍勒全集》第 9 卷。——编者注］

论东方和西方的基督宗教

"俄罗斯民族全然安息在正统信仰之中。这是它所拥有的一切。当然，它也并不需要更多，因为它的正统信仰便是一切。不理解正统信仰的人，便不会被我们俄罗斯民族所理解。没错，这样的人根本不可能热爱俄罗斯民族。"陀思妥耶夫斯基如是说。要对俄国发生的事情做出评判，首先需要对俄国的基督宗教及其教会形式有一幅清晰的图像，事实上，这比最近诸场精神"运动"的一切认识都更加重要。除了俄语之外，甚至只有俄罗斯的基督宗教，才是我们称为"俄国"的那个国家最深刻、最重要的统一之所在。[①] 它比沙皇制度还要古老，而且，也没有迹象表明，它会随着独裁政治的消失以及革命的胜利而消亡。就连沙皇制度，也是建立在其基础之上的——而不是反过来。一位出生在俄国的"西方女士"多年后重返故土，与一位农妇聊天。农妇告诉她，她出生的地方已经没有了沙皇。"这么说，这里连上帝也没有了吗？"西方女士问道。"这里的人还是信上帝的"，农妇答道，"可上帝并不是尘世权力啊。""什

---

① 参见拙著《战争天才与德意志战争》(Der Genius des Krieges und der Deutsche Krieg，莱比锡，1915 年)中关于俄国统一的论述，第 268 页及下页。[参前引"欧洲的精神统一及其政治诉求"一章。《战争天才与德意志战争》(1915 年)再版收录于《舍勒全集》第 4 卷。——编者注]

么？上帝不是尘世权力？可如果真是这样，那些对他人发号施令、凌驾于他人之上的人怎么丝毫都不感到难为情呢？"这则真实的小故事不但表现出了俄罗斯民族的那种在感受上的深刻民主，它还体现了，在俄国，关于统治，被统治者和统治者各自都是作何感想的：对他们而言，统治乃是上帝的命令，只有这样才能克服"凌驾于他人之上"带来的那种迫切的羞愧感。灵魂向下坠落，落入谦卑。只有上帝能够接住灵魂，好让它能够实施统治。沙皇制度得以施行的根基便存在于由宗教塑造的那种对死亡与苦难的向往之中，存在于——当有人打了你的左脸——在这里几乎成了本能的那种"把右脸也转过去给他打"之中。不但如此，就连国族性的泛斯拉夫主义思想也只是正统信仰在当代的一种形式，也即一种自然主义的形式——从根本上讲，它们无非是对西欧思想与理论所使用的语言做出的一种适应。作为政治现实，那种著名的"泛斯拉夫同族感"其实什么也不是。国族思想其实是俄罗斯知识分子从西方带回俄国的，这一点有据可查。他们试图把这种思想强加给一个缺乏其内在前提的民族团体。这种思想并不是从俄罗斯人当中自发产生的。"上帝与沙皇同在"——而不是什么"俄罗斯高于一切"——是俄罗斯人在想到自身统一时使用的表达方式。为理解这一点，我们务 100 必在此把那种对具有浓厚欧洲色彩的一切而言都毫无意义的、认为宗教无非是服务于其它事物（如经济、国族、种族推动力等）的"意识形态"的说法划掉，该说法甚至认为，东正教的传播乃是服务于黑海某港口的一种"意识形态"。那一小撮政客该不会真的以为，事情都是像他们那些大多数时候十分荒芜的头脑中所设想的那样吧？要知道，我们可以更加有理由地宣称，对俄罗斯大众而言，"黑

海港口"、国族思想和泛斯拉夫主义，这些才是"意识形态"，它们
是服务于俄罗斯式的那种深刻、有机的基督宗教性质及其传教渴望
的意识形态。

德国知识分子对俄罗斯基督宗教的认识大多来自于陀思妥耶
夫斯基的小说。这些小说也确实将俄罗斯基督宗教的神秘本质的
诸多方面展现了出来。只不过，德国知识分子不应忘记，陀思妥耶
夫斯基对正统信仰的刻画——若仔细品鉴其中的一些相关教导——
已经是旧俄罗斯的宗教虔敬与从西方传入的国族思想的某种妥协
了。当陀思妥耶夫斯基把"俄罗斯人的伟大上帝"或"俄罗斯基督"
塑造成"俄罗斯民族的综合式的人格"时，他首先设定了一个自然
主义意义上的"民族"（Volk），这即是说，他设定了某种倘若缺了
这一在质上具有独特色彩的"基督"则全然不会作为统一体而存在
的东西；他忘了，要是缺了这个基督，俄罗斯就只会有数支"族裔"
（Völker），而不会有单一的民族。梅列日科夫斯基的评论很贴切，
他说，在陀思妥耶夫斯基的作品中，我们可以将"俄罗斯民族全然
安息在正统信仰之中"这句话反转，变成"整套正统信仰都安息在
俄罗斯民族之中"。梅列日科夫斯基还说，这样一来，就不再是"民
族是上帝的身体"，而是"上帝是民族灵魂的身体和道成肉身"；也
就是说，民族才是绝对的，上帝只是相对的。对此，梅列日科夫斯
基说明得很到位，他认为这实际上只是对费尔巴哈理论的一种应
用。根据费氏理论，人按照自己的形象创造了上帝，为的是通过拜
这个偶像来敬拜自己。[1] 我们不能询问巴雷斯，一名好的天主教徒

---

① 参梅列日科夫斯基（D. S. Mereschkowski）对陀思妥耶夫斯基《政治文集》所
撰导论。

应该是怎样的。就算相比于巴雷斯，陀思妥耶夫斯基是个更称职的基督徒。我们也不能劈头盖脸地问陀思妥耶夫斯基，一位俄罗斯基督徒应该是怎样的。陀氏偏离东正教宗教虔敬的所有要点，都可用一句话总结，即：真正的信仰者所具有的无意识的以及当他意识到便会马上将其否定的民族人格化论，在陀氏的作品当中变成了有意识的俄罗斯民族性，同时，这种民族人格化论仍披着基督宗教价值的外衣。用宗教语言表述，这恰恰是陀思妥耶夫斯基之罪。

　　让我们顺着自己的思路，先不要依赖于他。1913 年 2 月 6 日，普鲁士学院的会议记录显示，哈那克给出了东方和西方的基督宗教的这两个教会在精神及礼仪方面的内在矛盾的一幅极好的概括式图景。也许，这幅图景还含有以下方向上的某种统一，即，哈那克 101 所列诸项区别都被归于宗教精神的某项最终原则，而基督信仰的上述两种形式在内在虔敬精神上的差异被更细致地加以了衡量。

　　哈那克仅选择罗马教会而没有选择基督新教的任何一种宗教形式作为东方教会在西欧的比照项，他这么做是没有错的。倘若他把新教也囊括进来，那将会是对此处呈现出来的诸种区别所具有的等级秩序的完全误判。除了圣公会向东正教看齐的某些尝试，东正教与新教间的关联仅仅是科学上的关联而已，也即是说，这些关联都是些"在宗教上根本中立的"关联。尽管新教反抗罗马教会，尽管双方在教义和礼仪方面有着诸多差异，新教的信仰形式仍旧包含在罗马教会宗教生活态度的基本元素之内。若考虑到一开始我们那着眼于单纯教义及教会制度的目光在罗马天主教会与东正教会之间所能发现的区别要远远少于在这两个教会与新教诸种形式之间所能发现的区别，上述事实情况就更显奇特了。陀思妥耶夫斯基十分强调三位一体教义之内关于圣灵从父而来是否需要经由子的中介这一可追溯至佛提乌的区别。该区别虽显示了古希腊（针对西方教会而言的）逻各斯思想相对于救主的人格形态——乃至宗教的诸种位格形态——而言所占的某种优势，这或许跟以下情况有关，即连"俄罗斯基督"也拥有某些更加轻快的东西，某种相较于西方的那种固若金汤的救主人格性而言更具流动性、或许也更适合斯拉夫灵魂的混合状态。然而，这一纯粹教义上的差异并非至关重要的。倘若我们观察弥撒与圣事、教士与信徒、僧侣与在俗者以及教义上的其余基本原则，那么，在此处与彼处的这些非常同形的外壳下，才隐藏着东方和西方之间根本不同的精神。这一精神教导我们，把新教的诸种形式看作是基于中部以及西部欧洲人所具有的相同的基本态度的宗教整体当中的一个亚种，并且，这个宗教整体在任何情况下都与欧洲人相和谐。哈那克完全在理地做出了如下判断："因为以下情况不会变，那就是，若以东方教会的精神来衡量，存在着某种西方宗教与伦理精神，它是独特且自成一体的势力，数以百万计的天主教徒与新教徒同在其中。"

第一点差异存在于对救赎思想的理解当中。在西方教会占绝对主导地位的是从罪中得救赎，而在东方教会占主导地位的则是从死亡和转瞬即逝中得救赎。人们把正统信仰称作"死亡的宗教"是没错的。死亡图景"恐怖而又让人不安地"（哈那克语）矗立在希腊东正教徒的灵魂前。在俄罗斯人沉重的命运思想中，善与恶立于信仰者眼前，它们彼此间的勾连如此深刻，如此难解难分，对信仰者而言，似乎只有从有限性的这一整团乱麻之中得到拯救与救赎，才能获得宗教上的益处：干脆"脱离"肉体和尘世的桎梏，而不是将神性铭刻进尘世间的生命物质里；不要像在西欧那样，混淆宗教灵魂的向上看与向下看，或是让两者间产生某种韵律节奏①，而是只需向上看，向上看才是宗教的基本驱动力。作为理想，一种因为亲身经历过罪得赦免而有福且永恒地"活在时间之中"的生活退居至死亡所期待的超验奇迹之后。而这其实是同认为"罪和有限性之间具有因果关系"的想法紧密联系在一起的。对西方基督徒而言，"死亡乃是罪的尾欠"。对东正教徒而言——至少从希腊化时代开始，该思想的萌芽则还要追溯至柏拉图——罪乃是死亡的尾欠，是有限性和肉体性必须清偿的尾欠。因此，对西方基督徒来说，从罪中得救赎必然也带来从死亡中得救赎，但对东正教徒来说却相反，只有从死亡和尘世桎梏中得救赎的信仰才能给自己赋予力量，让自己拥有罪得赦免的信念。类似地，双方对基督所具有的救赎力量也有着不同的理解。为西方基督徒的灵魂所熟知的耶稣生平的诸多细节——包括他在十字架上的死这一自愿牺牲的行为在内，在其中他让父的目光仁慈地达及世人——在东方乃是与降生成人这一观念交织在一起的：这是对于上帝因爱而降身到尘世间的桎梏之中的无限感动。这并不是说，在东方，对基督受难的感同身受不如在西方那么强烈；相反，它或许比在西方还要更强烈一些。斯拉夫人对受苦的渴望尤其对希腊特色做出了补充，而这种渴望恰恰又引发了对基督受难最强烈的感同身受。但在东方，基督的受难，连同其在十字架上的死亡一道，都早已更深地植根于降生成人之中了。作为对此举的简单

---

① 向上看，是为了"在"上帝内并从上帝之中获得力量；向下看，是为了让这种力量在塑造世界、为世界赋予精神、神化世界方面发挥作用。

诠释，可以说，救赎者的生命犹如一场在降生成人这一宏大举动本身之中已被知晓并被一同接纳的具有超验悲剧性的命运那样——而非犹如一系列自由行为那样——展开，直至其死亡终点。

103　　　不过，除了"救赎"目标与救赎力量中的这些客观区别之外，还有对救赎恩宠的主观获取。西方基督徒首先希望得以免罪——不管是更倾向于仅靠恩宠或者依靠恩宠与自身配合，还是更倾向于依靠对基督的具有代理性质的惩罚式受苦以及对其赎罪宝血的信仰，抑或是依靠这一由恩宠而生的信仰与圣贝尔纳式的对基督爱的行迹的效法之间的协同作用。只有先从罪的绝罚之中得救赎，他才可能期待自己也睁开双眼去看天上世界。与此相反，在东方，上述对恩宠的获取所需的灵魂基本态度则是沉入降生成人的奥秘之中，在充满预感的默观中预先享受超越尘世间一切秩序的天上财富。在教堂中参加礼拜仪式的态度和对弥撒过程的内在心态则对应于这种深刻的区别。在灵魂层面主动地对整个礼拜仪式过程的组成元素与部分进行区分，这是远远退居其次的；居于首要地位的乃是将心绪整体提升至另一个存在领域：在这样一个更高的世界里，灵魂得以摆脱世间一切纷扰，得以休憩并获得安宁。图像、仪式、焚香、吟诵、祭服、圣髑，以祭献的情节为中心，所有这一切都发挥出某种独一无二的整体作用，在其中，信仰者的灵魂仿佛将自己朝上天敞开。祈祷本身退居其次，入迷朝拜的态度占据了首位，或者，前者被作为更深层态度的后者所囊括。与之相反——虽然双方的圣事基本相同——在西方，剔除罪恶的祭献情节乃是抓住人们宗教注意力视线的首要时刻，忏悔圣事超越了其它一切圣事，如此地高高在上，"使一切都隶属于自己，甚至连弥撒的意义和目的都不例外"

（哈那克语）。与提升至天上世界相反，在西方，一切都以敬献剔除罪债并使人成义的救恩财富为中心。这种将一切礼拜仪式都关联到个体灵魂的伦常得救的做法已经表明，只有在此至高观念当中，圣事和礼仪才能获得其统一与秩序。与之相反，俄罗斯教会中居首位的则是通过将信众整体带入天国从而熄灭个体精神，使之漂浮不定，具有严格礼仪秩序的仪式的目的便在于熄灭个体精神。

东西方的基督宗教在圣像敬拜中表现出的内在差异同样格外尖锐。在奥地利，基督画像经常配有如下文字说明："这幅画像并非上帝本身。它只指示出上帝。"这句话抵御了指像为神的不敬做法，同时也准确反映出西方天主教对于作为表象符号而使用的圣像及救难圣人①的基本观念。与此相反，希腊东正教会不仅有着繁复的圣像礼仪，还有一套其所特有的圣像神学，这套神学表达了图像与原型间的一种完全不同的基本关系：从形式上讲，圣像确实与其原型相一致，只有从质料上讲的时候，圣像才是属尘世的。在圣像中，天上与尘世毫无分隔地融合在一起，圣像就仿佛通天之"窗"，裁剪出了天乡全貌的一个小小片段。

可以期待的是，从这两种宗教世界观与上帝观当中，还将产生极为不同的生活理想。首先，值得一提的是基督宗教用内容各异的隐修生活及克己苦行等形式表达的"无瑕"生活的理想。在西方基督宗教的范围内，我们发现，这里的修道理想拥有一个丰富的类型世界；而在东方，该理想则普遍表现出更为同形的特征。圣本笃的

---

①　十四救难圣人是罗马天主教中尊崇的一组圣人，他们被认为对付各种疾病特别有效；这种尊崇始于十四世纪的莱茵兰地区。——译注

生活理想更注重自我圣化，相比之下，践行对教会其他成员的爱则显得没有那么重要，圣本笃的生活理想是在像家庭一样团结的、并不那么集中的固定分支机构中得以实现的。而在圣依纳爵的创制中，践行式的爱的思想则高于默观、苦行、自我圣化，依纳爵的生活理想看不上僧侣、人民与一方水土之间的有机交织，它是极度中央化的，并依据传教需求和教会其它需求的可变"目标"实施军事化领导。在这两种生活理想之间，还存在着以各不相同的混搭来表现上述对立的多重形式。即便如此——不管本笃创立的隐修生活有多接近东方的特性——比起希腊的修道理想，西方的这种修道理想具有多么特征鲜明的统一性啊！首先，这里几乎完全不存在东方的宗教虔敬势必发展出来的那种最高理想，即遁入山林、默观上帝的遁世隐修者理想。在西方，隐修生活发展至今，其趋势是越来越远离本笃理想、越来越靠近依纳爵理想。希腊化时代古老的纯净理想，同某种负面的、号称在此生便能将灵魂引领至天堂之门的脱离肉体的技艺一道，既扼杀了希腊东正教修道理想当中的基督宗教爱的思想，也扼杀了尤其在耶稣会模式中与爱的思想紧密融合在一起的教会统治思想。而从这种隐修生活之中，不仅诞生了俄罗斯牧首，并且，对于基督宗教的民众意识来说，若以显赫及尊贵程度来衡量，俄罗斯牧首与东正教在俗教士两者间的距离远非罗马教会中两者间的距离所能及。相反，西方教会里，教宗在面对民众时则不会有天主教神父所拥有的那种权威感与陌生感，教宗更加融入民间生活，与其说教宗是在移风易俗，倒不如说他更加适应民间生活的风俗。

平信徒的正统信仰伦理同样也取决于此至高点，也就是过无 105

瑕生活的理想。在此，我们首先可以靠近各种差异当中的那个统一点，其余所有差别都源自该统一点。基督宗教的伦常理论当中，并没有哪种基本概念不是在不同的地方有着不同的色彩的：

在东方的基督宗教当中，宽宥、坚忍、谦卑等被动德性是高于主动德性的，受苦的力量与耐心是高于福音伦理中的英雄主义元素和积极主动的对邻人的爱的，而且两者间的关系完全不成比例，甚至连恶（Übel）和凶恶（Böses）都不是灵魂需要斗争的对象，而是需要承受和忍耐的对象。① 托尔斯泰关于"不抵抗恶与凶恶"的理论乃由恐惧当中诞生，该理论认为，与恶作斗争到头来只会陷入斗争手段的规则之中并间接陷入斗争本身；他的这一理论完全符合民间的宗教虔敬。在恶与凶恶这个领域中，也存在着人为了反抗恶与凶恶而发展出来的所有手段和体系，它们服务于内在直观：国家与法律、报偿、惩罚、道德。通过这一内在执态，西欧人对于犯罪、性交易和各式恶行的道德愤怒也就绝无可能存在了，这一执态为让人心软的共同受苦腾出了位置，至于"犯罪者"，他在这里首先是个"不幸的人"。此态度的积极后果之一是道德上某种伟大的慷慨，以及与之联系在一起的、对把灵魂中的善与恶如此深刻而又如此不可分割地交织起来的内在命运的某种肌理的深入且消融了视界的透视。于是，对生命悲剧以及对罪责与凶恶在个体那里的无法定位性的感受在这里就变得非常强烈，而恰恰在悲剧观念② 中，对此在的伦理态度和审美态度很容易就合为了一体。就连在这一伦常理想的寂

---

① 此处参见前文"论受苦的意义"。

② 参见收录于《论价值的颠覆》（1915年）一书中的"论悲剧现象"。即《舍勒全集》第3卷。——编者注

静主义时期，伦理与审美态度也比在西方有着更深的合一，正如相较于西方的基督宗教，东方的这种宗教虔敬更深地吸纳了希腊化时代的审美元素（参考圣像敬拜）。列昂季耶夫既是美学家，又是修道人。[①]

现在，让我们再来看看俄罗斯东正教伦理与西方基督宗教世界所共享的各个伦理范畴具有的精神。

双方教会的修道者们都宣讲谦卑。[②] 但在西方，这种谦卑首先是与人在上帝面前对自己进行的衡量有关的，它并不排除骄傲、在旁人和国家面前的自我感觉等。相反，东正教基督徒的谦卑则是狠狠地拜倒在一切事物面前。以最纯粹的表现形式呈现出来的时候，这种谦卑简直是肉欲满盈的做作自贬的炽烈激情，尤其在俄罗斯人身上，它往往还与某种灵魂受虐狂倾向联系在一起。这样一个人，恰恰最爱在罪人面前叩首，以彰显自己在罪中与其同在，以证明自己是隐秘地与之分担其巨大困苦的人。西方的谦卑总是与"在上帝内"重新获得伦常正能量相关，它之中包含的自贬从来都不会成为它的神圣目的本身。而在东方，自贬则是目的本身，进行自贬的最深动机不光在于圣洁美好之物或者被如此看待之物，它恰恰还在于罪恶低劣之物。

接下来，爱与牺牲的思想，也就是基督宗教道德的核心呢？此

---

① 此处参马萨里克（T.G.Masaryk）著"俄国与欧洲"，载《对历史哲学和宗教哲学的社会学研究》，第二卷（德译本，耶拿，1913 年）。[舍勒针对马萨里克该作所撰短书评收录于《舍勒全集》第 4 卷。——编者注]

② 参见收录于《论价值的颠覆》中的"论对德性的平反"一文对于"谦卑"的分析。——编者注

处，双方间的区别是最大并且最为可见的。在东方，面对上帝，至
关重要的乃是畏惧，在最好的情况下是敬畏的姿态，广义上讲则是
那种亲密的对父亲的爱。这种基本上首先被理解为希腊式——即被
理解为自给自足且安于现状的存在丰盈——的神性具有一种不可接
近性、一种形而上的距离，每次向其靠近都必须经过成千上万次有
着固定规程的仪式的中继，最后，这种神性无法被爱所理解。"畏
惧乃是真宗教的基础"，这是列昂季耶夫在阿索斯（Athos）山上学
到的。对邻人之爱又是被怎么理解的呢？首先，它在原则上是被
苦修、克己和弃绝肉体的思想所统辖的。这或许是二者之间最核心
的区别：在西方，苦修无论如何仍服务于对上帝及对邻人之爱，苦
修为的是让灵魂自由，好让灵魂能施行它自身中的这些本来就包含
着意与价值的伟大而积极的举动。在东方情况却相反，对邻人之
爱在这里只是脱离自身的方式之一：它基本上是自我诅咒，通常它
还是自我憎恨。因此，遁世隐修者的过无瑕生活的理想当中甚至可
以完全不包括对邻人的爱，它甚至可以被弃绝肉体这种更严酷的方
式取代。从爱的思想在此所处的同一种服务关系出发，我们便能
理解，这种爱首先乃是在对兄弟式的苦罪与共漫无边际的感受中
对个体性的消解，它首先是作为一同受苦——即强调受苦而非同情
感——而被设想和体验的。早在公元二世纪，希腊人马西昂就已将
与自己有着相同信仰的人称作"苦难同仁"了。与之类似，正如我
已在别处 ① 提到过的那样，在东方，与基督组成的十字架共同体才
构成了爱的共同体的基础。这一态度更是得到了俄罗斯斯拉夫人

---

　　① 　参见前文"论受苦的意义"。

107 的非人格式的共同体感受及其对苦痛的强烈的爱的极大支持——这些都是俄罗斯小说呈现给读者的现象。而以下这点才是最奇特的，即，尽管人格性以及人格性当中的主动因素所具有的宗教价值都被抹去，尽管灵魂在无边无际的一同受苦中彼此融合在了一起，可是，每个灵魂仍旧觉得自己全然孤独地走在一条黑暗之路上——从群体角度看，这恰恰为宗教上的分治主义与宗派主义大开了方便之门。"每个人都孤独地站在黑暗中，在他眼中，邻人只是从自己身边经过的灰暗阴影"（哈那克语）。但这只不过是爱的媒介性质导致的严峻后果。牺牲观念所展现的也是一样。在东方基本的宗教前提之下，将正面价值、幸福、生命、财富奉献出来便获得了一种自身价值，这种自身价值使得对精神自由或更高价值的仰视变得多余。"奔赴战场的士兵想要什么？"陀思妥耶夫斯基问道。"他想赢得战争，并为此赌上自己的生命"，西欧人的良知会如此回答。陀思妥耶夫斯基本人则会回答："他想奉献自己的生命。"① 因为，在这样一种基督性之中，痛（Schmerz）与苦（Leid）也都获得了一种从本质上看与在西方基督宗教当中完全不同的意义。它既不单是因继承罪性而受的惩罚之苦，也不单是净化的动因。能得到"净化"的仅仅是某种被预先规定了的正的价值内容，比如含渣的金子。受苦在这里的意味更加深远：它让东正教思维方式获得了一种实现得救的性质，它

---

① 就连在反对拿破仑的战争中以及当前又发生的放火焚烧自己的村庄，消灭自己的价值的做法，也不仅仅能从军事上的合宜性理由来解释，哪怕这些理由胜过了某种理性目标设定业已存在的牺牲癖。冯·兰克（L. v. Ranke，参见氏著《1813 年普鲁士起义》[Die Erhebung Preußens im Jahre 1813]）贴切地描述了，莫斯科大火时，拿破仑是如何先发制人地非常清楚认识到，在这里他碰到了一个扰乱自己所有西方概念和标准的"因素"。

好像自动就能把人引入天堂。

　　此精神的外在表现形式就是东正教会。陀思妥耶夫斯基曾对此做过解释。在发表于 1877 年的文章"德国——抗议之国"中，他认为，西方的教会观念同东方的教会观念的主要区别在于，东方的教会观念"首先追求的是人类在基督之内的精神统一，然后，借助于所有人在基督内的这一精神统一，才想要去实现无疑是由前者而来的、国家与社会的正确统一。""按照罗马的观点，理想正好相反：首先要对普世君主制形式下的国家长久统一加以巩固，在这之后，再去实现教宗——也即此世的君王——治下的精神统一。"而在宗教大法官与"祂"（即耶稣）之间的那场神秘而又可怕的对话中（《卡拉马佐夫兄弟》I，5），陀思妥耶夫斯基恐怕写下了他自己所确信的对西方教会的最终认识。一千五百年之后，上主终于再度显现在人间，在塞维利亚，他与华丽的宫廷及教士阶层仪仗队伍相遇，而走在队伍中间的，正是那位宗教大法官。所有人都认出了"祂"。"祂默默地在他们中间走着，脸上挂着平静的、大慈大悲的微笑。"[①]在其后的对话中，宗教大法官把上主送上了法庭，并向其展示了罗马教会的神父，也就是他自己和他的同僚，是如何用奇迹、神秘和权威这三剂麻醉药来解释并渐渐改变了福音书所宣扬的"自由"这一社会与历史的炸药，使人群那岌岌可危的安宁和幸福得以重建。这便是陀思妥耶夫斯基针对西方教会提出的指责的关键所在：他批

108

---

　　①　这句话出自《卡拉马佐夫兄弟》第二部第五卷 "Pro 和 Contra" 中著名篇章 "宗教大法官"。汉译引自陀思妥耶夫斯基：《费·陀思妥耶夫斯基全集》，第十五卷，《卡拉马佐夫兄弟》[上]，陈燊（编）/臧仲伦译，河北教育出版社，2010 年，第 392 页。——译注

评教会将着眼于所有人的幸福的、对一群软弱并且在宗教上尚未被塑造过的人的纯粹的人类之爱①变成了自己秘密的核心教义，他批评教会首脑——教宗——因此接过了恺撒之剑，并把教会建设成了国家、建设成了罗马的延续。耶稣本来是要献出自己、赋予精神的："因为人不只靠面包活着"。但人在需要精神、需要爱之前，还需要面包和安宁。——宗教大法官是这么说的！"我对你"，大法官继续说道，"哪能隐瞒得了我们的秘密呢？你听着：我们不是跟你同在，而是跟'祂'同在，这就是我们的秘密！"②在陀思妥耶夫斯基看来，西方的对人类之爱恰恰是魔鬼的原则（列昂季耶夫也持类似观点），在此范畴下，西方的天主教便和现代的社会主义与民主形成了一个错误且可指责的整体——正如陀思妥耶夫斯基还认为的，社会民主体制将很快同耶稣会主义（Jesuitismus）联合起来。德国在他眼中完全是"抗罗"势力。依陀氏之见，德国虽会抵御罗马教会和社会民主的联合力量，但除了"抗议"之外，它并不会抵达新的宗教立足点。德国还没有说出、或许也永远不会说出"自己的话"。因此，真基督只会隐藏在作为精神基督宗教的东正教之中，只有通过东正教的传播，全世界才会重新回归基督。因为，陀思妥耶夫斯基认为，东方教会发展进程的目标存在于一种同西方背道而驰的趋势之中，那便是，国家将转变为教会。梅列日科夫斯基已尖锐地反驳过自己老师的这一特殊的历史哲学："历史现实与陀思妥耶夫斯基眼中的历史模式截然相反：人类在基督内的普世精神统一的观念仅仅在基

109

---

①　笔者已在拙文"道德建构中的怨恨"（1912 年）中详细指出，在西欧的基督宗教当中，这样的发展存在着巨大危险；参见《论价值的颠覆》。

②　汉译引自同前，第 408 页。此处稍有删改。——译注

督宗教的西方分支，也就是天主教当中存在过，尽管其为实现该观念的种种尝试皆以失败告终；对东方的正教而言，该观念则是连做梦都不曾梦见过的。"

我引用陀思妥耶夫斯基的观点，只是为了说明，希腊-俄罗斯的基督徒从前文已述的基本宗教观出发，必会对西方的宗教发展做出何种理解与评价——倘若他前后逻辑一致的话。圣善者也应在此世施行统治、执掌权柄；在希腊-俄罗斯的基督徒看来，这样一种西方思想只可能是在魔鬼蛊惑下与尘世达成的错误的妥协；而西方基督宗教所推崇的积极的爱与共同体的理想，以他的理解也只能是对人性软弱、对人在"睡眠"和"面包"上的需求的让步，只可能是与动物天性的暗中勾结。如果我们指出陀思妥耶夫斯基的错误，那么，很明显：陀思妥耶夫斯基在事实上原本是以另一种基督宗教精神——那是一种他从未见过、也从未把握住其本来基于福音的根源的思想——为指导的地方，看到的是对基督宗教纯洁性与精神性的背叛。不同的宗教精神下，肯定也会产生不同的教会制度以及截然不同的政教关系。

然而，假如我们把希腊教会真正的精神之父——克莱孟与奥利金——同西方最具影响力的教父奥古斯丁加以比较，我们便能将如前所述的精神差异的可能起源追溯至某个最高点。哈那克正确地指出："从文化、哲学、宗教的角度看，东方教会乃是石化了的公元三世纪。"它是定格在公元三世纪的希腊化主义，福音当中的一切基本观念都被禁锢在了希腊化主义的思想与生活方式中。斯拉夫-俄罗斯世界接受了柏罗丁、基督、君士坦丁等人的伟大作品。虽然要理解这件事，有必要特别就他们这个种族的本质与观念作一番解释，但几百年来，这件事也并没有从根本上改变他们的宗教精神。这种希腊化主义的灵魂何在？首先，按照柏拉图古老的爱若斯理论，上帝或至善并非一切爱与创造力的源泉，而仅仅是向上追求上帝的受造物的目标，是需要在苦修的默观中加以理解、然后再从审美角度加以观察并享受的、立于灵魂面前的纯然存在。[①]（进一步地，还可以有观念认为，这种朝向上帝的运动是有着一个层级国度的——一个既反映整个世界又反映共同体秩序的王国；而一切拜占庭主义以及权威观念在其中所具有的形式，它们的根源皆包含在以上观念中。）[②]

　　这一思想本来也是克莱孟和奥利金的核心思想。而奥古斯丁则率先在其整个思想体系的大框架下，用概念把握住了基督宗教福音里的精神运动：

　　在奥古斯丁这里，关于绝对存在的思想——而不光是对于通往绝对存在的道路以及与之合一的设想——完全被重塑了。在奥古斯丁看来，这一存在本身，直至其核心，都同时既是创造之爱，又是对自我传达、自我揭示的大慈大悲的渴望。[③]倘若这便是绝对存在的本质，也就是说并非事后经推演所得的对其进行的规定，那么，

---

① 此处参见笔者在前引"道德建构中的怨恨"一文中对于古希腊和基督宗教爱的观念的论述。

② 参见拙著《战争天才与德意志战争》（莱比锡，1915 年）中对俄罗斯崇尚权威观念的刻画，第 269 页。[参见第 99 页脚注。——编者注]

③ 最近，特洛尔奇在其《奥古斯丁、古代基督教与中世纪》（Augustin, die christliche Antike und das Mittelalter，慕尼黑，1915 年，第 86 页及以下）中对此深刻差异点给出了一种尤为有力的描述。[参见作者在本卷的"同时期发表的其他短文"部分关于特洛尔奇的纪念文字。——编者注]

人根本不可能对其有除下述认识之外的任何认识，即，人会把自己
灵魂的源泉直接置入一切仅为静态的存在的这一原初源泉中去，并
体会到自己灵魂的源泉从原初源泉处获得了供给，人会理解并共同
完成爱的运动——这一运动本就是上帝。倘若上帝的这一爱的运动
还有一个目标是去怜悯人、去爱人，那么，并非同时也是对邻人之
爱的对上帝之爱根本就不可能存在。根据奥古斯丁的思想，我们在
对上帝之爱中把握上帝、在对人类之爱中把握邻人，这并非两件不
相干的举动，就好像我们只是逐项去完成"上帝的诫命"而已。对
邻人之爱更非如亚历山大的那些伟大的神学家所认为的那样，只是
消极苦行所获的功绩当中的一部分；而在他们这些神学家看来，我
们需要借助这些功绩让自己脱离肉体，摆脱感官，并由此以认识的
姿态与上帝产生关联。相反，灵魂在对上帝之爱中向上帝飞升，在
这同一件举动的连续性里，灵魂同时也俯身靠近人。如果对上帝之
爱并没有转化成对邻人之爱，那么灵魂抓住的，就不是大慈大悲的
上帝，而只是希腊的一尊僵硬的存在神祇。如此，上文所说的西方
的宗教虔敬的那种特殊的双向运动——同时既向上看又向下看、向
上帝飞升以及神性在世界的围绕下发挥其作用——其实是植根于上
帝观念以及人与上帝的基本关系本身之中的。奥古斯丁把对上帝
及对邻人之爱（《马太福音》第 22 章）的双重诫命理解为一次动态
举动，这一理解恰恰以经典的方式表述了西方基督宗教的灵魂——　111
没错，这才是真正的、传福音的基督宗教信仰的灵魂之所在。[1]

---

①　另参前引特洛尔奇，第 88 页："是的，我们可以说，倘若耶稣的伦理从根本上
应以思辨的方式表达并构建出来的话，那么，这便是抓住了最内在意义的唯一正确解
释。"

最为关键是的，和奥古斯丁相反，希腊教会伟大的神学家，也就是克莱孟、奥利金及其后继者们，尽管一直在反对新柏拉图主义和诺斯替主义，却仍保持着对柏拉图主义的精神运动方向的依赖，那便是：灵魂通过挣脱肉体束缚向"上"追求与上帝相似的单向运动。这种"柏拉图主义"总是将善与精神、将恶与感官等同起来，它不认为在精神意志的范围内存在着善与恶的区分；另一方面，它也不认为善的效用的发挥及其塑造力能渗透到尘世的感官领域中去。因此，这种柏拉图主义肯定会让认识优先于爱[①]，也定将止于朝向神性的默观-审美的姿势。

从这个最高点出发，便能推导出前文涉及到的东西方基督宗教之间的所有个别差异。末了，我还想简单展示一下，东西方的教会制度是如何从该最高点开始产生差异的。

一种就其起源和意义而言如此遁世、如此被动-默观、如此具有审美性的宗教虔敬，诞生于希腊化时代的颓废之中，精致而又细腻，仿佛秋天一般；这样一种宗教虔敬，竟能同史上最大的暴力政权之一，即俄罗斯的独裁政权如此密切地融合在一起。这究竟是如何发生的，初看上去，这恐怕就像奇迹中的奇迹。而俄国的"秘密"就隐藏在这之中的某处——这或许是西方人永远都不可能完全揭开的秘密了吧。笼罩着这个秘密的一层面纱被掀了起来——它没准还是我们首先能在俄罗斯人深沉并带着受苦的反讽的面容上看见的——它是在此宗教基础之上任何一种尘世间统治势力的图像都必须在俄罗斯人的灵魂当中赢得的、与存在的宗教意义之间的关系，而大

---

① 参见前文"爱与认识"。

多数时候，这层关系对我们而言是完全被遮蔽的。我在这里要表达的意思对于我们西方人的耳朵是极难听懂的，亲身经验也只偶尔能触碰到这个秘密的面纱一角。非要用语言表达的话，我想说的是：如果俄罗斯基督徒三次，甚至是上百次地作为他的许多位主人中任意一位的"忠犬"而摇尾乞怜，如果他宽广的灵魂所包含的诸多层次——除了最后那一层以外——全都消散在恐惧、敬畏、自我谦卑的感受中，那么，他的最后那一灵魂层次当中仍旧保留着一些我只能将其称为"神圣反讽的优势"的东西："可怜的、亲爱的人啊——上帝是多么地难为你啊，让你不得不对我施行统治，让你在这个世界的极恶当中不得不比我占有更大的一份！"因为，权力本身就是恶的 ①——不同于西方的基督宗教，这才是俄罗斯式的信仰。这才是那种将每一个权威，甚至将每一种暴力统治都永恒化并且必须将其永恒化的内在态度——哪怕它必须完全排除对权威的最后一丝尊重连同对其最后一点合法性的任何认可——因为这种态度从一开始就在内心深处将一切可能导致起义与革命的东西，即权力，或者在主人面前的同等权力都作为"恶"而加以拒绝，并相信自己在神圣反讽中已拥有了宗教形式上的某种更高之物。这种基督信仰在其内心最深处恰恰必是渴望着国家的暴力积极主义的，神圣反讽的优

112

---

① 雅各伯·布克哈特（Jacob Burckhardt）在其《世界史观察》（Weltgeschichtlichen Betrachtungen）中，将施劳瑟（Fr.Schlosser）的这句话作为自己的信念表述出来，他这样做违背了欧洲人的一切伦理和意识。另外，就连在布克哈特这里，这句话也是某种从本质上讲审美-默观式的历史观带来的后果。如果说，权力本身就是恶毒，那么，善者的权力就将会是一种语词矛盾（contradictio in adjecto）。这样一来，人们如何才能用"无所不能"（Allmacht）来形容上帝本身呢？此处参见约珥（K. Joël）十分细腻的作品《作为历史哲学家的布克哈特》，巴塞尔，1910 年。

势为了保全自身，必然会以某种方式肯定这一暴力积极主义。只有依靠此态度，这个俄罗斯人才会在受到种种暴力控制的情况下，依然能在其灵魂之中保持如此极端的自由，能在内心如此不受任何法律法规的约束与管辖——这是我们无法设想的。与整个世界抗争的人又怎么会去反抗区区一个政权、一朝统治！可若是处于同样的宗教基础之上的主人看见了这个俄罗斯人的摇尾乞怜，这个时候，主人的基本态度又会是怎样的呢？在其最深的中枢里，俄罗斯基督徒将始终带着不安的良心施行统治，他始终会在不知什么地方为自己不得不施行统治而"感到羞耻"。统治者的这种"不安的良心"正是奴仆的那种神圣反讽优势的对立面。但是，正如后面这种态度①排除了一切对于权威的真正尊重，前一种态度②同样也排除了统治施行过程中任何严肃的尽责态度和任何法律意识。带着"不安良心"的统治者势必倾向于独断与暴力，因为对他而言，其整个统治领域并不植根于神性之中，而是植根于罪性之中。在俄国，恐怕只有日耳曼裔的统治者曾经知道，该如何问心无愧地施行统治。恰恰透过我们在此处类型化出来的这种灵魂的基本关系——它同时也影响到了政教关系——该基督信仰与独裁政治之间才会互相促进，甚至以十分神秘的方式互相强化。

　　现在，以这种灵魂状态为媒介，东西方根本不同的教会观念就容易理解了。哈那克已将两者间的主要对立点列出来了。在此，我只强调以下几点：东方教会是纯粹的、有着严格礼仪性的彼岸机

---

　　① 即奴仆的神圣反讽。——译注
　　② 即统治者的不安良心。——译注

构，它让信仰者预先品尝天国的滋味。而依据宗教脉搏既向上又向下的双重运动，西方教会则同时既是彼岸机构，又是地上神国。因此，它不仅需要让信仰者发展其被动德性，还要让其发展主动德性。在东方，僧侣的威望远高于已婚且与民众、伦常紧密相依的在俗神父。在西方，僧侣几乎也一直都是神父，其地位倘若事实上不低于在俗神父阶层，也是与之旗鼓相当的。西方教会的在俗神父不婚不娶，从而地位高于民众。东方教会的在俗神父则首先是负责宗教礼仪的祭司，他必须极其严格地遵守固定的礼仪，好将救恩财富分发给信徒。对东方教会的在俗神父来说，民长式地带领灵魂并不是最重要的。而在西方，神父的首要职能正是带领灵魂。东方教会因为只与其成员在彼岸的目的上有关，与福音在此世对精神进行有机的渗透无关，因而，它不可能是按照国家形式建立起来的机构。西方教会则恰恰应是如此建立起来的机构，因为除了彼岸职能以外，它还要负责在此世推行基督的统治。东方教会的最高机关只有神圣的大公会议，该会议依据传统、以无谬误的确定性对信仰及伦常问题进行裁决。与此相对，西方教会必须具有人事上稳定的最高行政权，它虽然出于对传统的尊重进行裁决，但同时也出于自身权威（ex sese）"无谬误地"进行裁决，因而它也就对历史发展及自身处境有着更强的适应能力。东正教的教会观念并不排斥多个东正教会。因为一切以此世为导向的活动，就宗教精神而言，都被归入了国家，因此，教会同国家之间应形成有机的上下级关系，教会从纯神职层面对国家，尤其是国家的首脑加以领导，不过，教会在明确自己的这一领导权的情况下，在其它一切方面则皆服从国家的领导。相反，作为地上神国——在此世"间"，却并不"来自"此世——的西方教会则必须是独一的，并且因为针对这个世界的宗教-伦常行动已被划归纯宗教性的人生任务，因此，教会不能被纳入国家，而必须在国家面前保持自己完全的独立性。没错，西方教会只能承认那些服从于首先由教会来管理的基督宗教伦常法则的国家。罗马教会的神父并非有机地归属于民众，而是按照教会的上级领导来管控民风。对东方教会来说，一切宗教真理都已在"基督宗教的古代"有了定论，因为宗教真理从不直接同对易逝的世间事务的实际塑造和领导相关，而只同学说、敬拜、礼仪相关。一切新生事物皆错误，因为它们是新的。东方教会的祭仪遵循极度僵化的保守主义。西方教会虽然并不认为其信仰及伦常理论的内涵经历过什么变化，却同意对该内涵的精神探究是有着发展变化的，同时也认为对其所做的表述是有"历史"可言的。相较于东方，西方教会承认在敬拜、纪律、风俗领域存在着更多的可变事物。

　　在东西方教会间的这些主要差异当中，没有哪一种是不能从上述存在于希腊化原则和福音-奥古斯丁式原则之间的对立出发而被完全理解的，尽管在这里我们并没有对所有的相关事项做出解释。

国族与世界观

《国族与世界观》前言

《社会学与世界观学说文集》第二分卷收录了可称为"国族世界观学说"的内容的一系列文章。出版整部文集的用意在于，既要为读者经常希望再版的《战争与建设》(1916 年)一书提供替代，又要把笔者迄今已公开发表和尚未发表的关于世界观学说及社会学的诸项研究集合成一个整体。根据这一用意，第二分卷现将《战争与建设》中属于本主题域的那部分内容和一篇论述国族教育的论文集起来，该论文题为"论两种德国病"，首次发表于赫尔曼·凯泽林伯爵主编的文集《烛台》(达姆施塔特，1919 年)。

描述式世界观学说，正如本文集第一分卷《道德文存》的导论文章所定义的那样，同诸国族的现实及本质之间有着双重关系：一方面，我们可以将作为群体形式的单数"国族"、作为具体现实的此国族或彼国族(尤其是各人自己所属的那个)视作世界观的对象和价值形态，而我们所要描述的，是其意义内涵；另一方面，我们也可以将复数的国族视作具有特定样式的某些世界观与伦理形式的精神主体。在第一层意义上，显然，不管是国族这一群体形式本身，还是某些国族，诸如有着不同的宗教世界观(如泛神论、有神论、基督宗教各宗派所持的理论见解)的国族，乃至有着不同的形而上学或社会世界观(如马克思主义式的社会主义)的国族，它们都受到另外一套非常宽泛的看法、重视和评价的决定。本分卷里，这个问题经常被顺带提及，但它并非本分卷的主要研究对象。事实上，主要的研究对象是，什么才是我们可以称为作为精神主体的国族在世界观层面的思维方式的东西——国族的世界观，即它们对世界的看法以及对自身的看法。国族对自身的看法并不需要与它们真正的本质及事实上的精神完全相符，所谓国族在事实上的精神，指的是在其典型的文化作品之中及其领导人物身上客观存在并可被找寻到的精神，而这些作品和人物本身同时又始终是其国族精神的表现形式，并且是基本的表现形式。虽然对国族与世界观之间的上述第二种关系的研究涉及到民族差异心理学（如近来由富耶系统性地提出的那样），但它研究的问题却是与作为具体个体的民族的那种民族心理学研究的问题截然不同的。这是因为，这里的国族不是被当作有着心智和性格上的特质、禀赋和气质的心理有机总体，而是被当作体验着自身的活生生的主体，它们的对象相关项是世界、上帝、其它国族以及它们自身——只不过，所有这些一律都被设想并被限制在其各自的个体世界观形式的主导范畴之中。

这些文章在某些外在呈现上——丝毫不涉及其内容核心——时不时还能体现出它们写作时的时代及世界局势。因此，每篇文章的写作年份也都被附注了出来。①

国族作为西欧某个特定历史时段之内的某种占优势地位、意义超过其它一切形式的群体形式，关于其本质，本分卷并未做出系统性的详细说明。本分卷也没有对可惜尚极少以更深入的方式被论述过的精神社会学及现实社会学层面的"作为群体形式的国族的起

---

① 关于各篇文章的写作时间，参见编者后记。——编者注

源"① 问题进行探讨，即关于无可避免的或积极或消极的存在条件的学说，国族的实现便是以这些条件为前提，譬如，在语言史领域（通过一部具有语言创造力的文学作品，某种民族语言成为"国族的"教育雅语），在宗教及教会领域（教会普世主义及其拉丁通用语的衰退），在政治圈层（国族国家开始形成，公民民主相较于封建的跨国及等级关联而言的进步），在经济领域（中世纪的世界经济的瓦解，由第三等级的市民企业家群体所主导的盈利经济的崛起），在种族谱系学上（数量不断上升的混合，混血的特殊样式），以及最后，在自由的精神-文化领域（国族作为一个有着国族法、文学、艺术、哲学的精神世界的自主文化主体而出现）。我只想指出，这个关于"国族"这一群体形式的起源及其一般条件的问题（单单要对这个问题作答，就已经可能让我们对于作为群体形式的国族将要面临的未来命运做出某些特定的期待了）和当前的"作为具体历史团体的西欧国族是如何产生的"这类历史问题无关或者仅有极少关联。针对这个社会学问题，在我目力所及范围内，除了马克斯·韦伯做过少量深入评论，至今就只有奥地利的社会主义者路德维希·鲍尔曾在其名作中试图解答过，具体而言，他是在卡尔·马克思的经济史观的意义上——片面并且在我看来甚至是错误地——作的。鲍尔的回答是，国族这一群体形式是作为经济上特定的阶级斗争的结果出现的（也必然被设想为可通过未来的阶级斗争加以克服的），因此，国族仇恨或是国族间其它什么情感上的对立，就都可追溯到隐蔽的或

119

①　关于国族的"本质"和"起源"，参本文集"增补"部分第三、第四篇文章。根据科隆大学的课程表，舍勒在1924年夏季学期开设过一门关于国族本质和起源的社会学研讨练习课。——编者注

隐藏的阶级仇恨的后续效应上，国族意识形态只不过是这样一种阶级仇恨各自得到表达的处所而已。

要等到本文集的第四分卷[①]，我们才会尝试以一种更为深入的方式提出针对国族这一群体形式的本质和起源的上述两个问题。我们的回答将沿着大致可用下面这句话勾勒出来的基本方向进行：国族这一群体形式是一个由精神层面的总体人格组成的、只属于现代西欧的群体形式，它形成的基础在于，某些可理解的效应发生了交汇，而这些效应产生自西欧新的领导者类型的精神功能与事业领域发生分化的过程；与此同时，某些被十分确定地描述过的社会学现实因素产生了不可理解的总体效应，西欧文化圈阶级结构的现代变体以及阶级间的斗争、失败和胜利只是这其中单独一项因素而已——尽管它是最根本的因素，却不是首要的或起决定作用的因素。也许，这种关于国族起源的社会学将会给该群体形式的未来发展方向提供一些新的思路。

届时，读者可将第四分卷作为本分卷的补充。最后还需指出的是，本文集第三分卷当中的"社会学新方向"[②]一文，其中也包含一节，题为"国族及其横向分层"，它对关注国族问题的读者来说亦不无裨益。

马克斯·舍勒

1923 年 4 月底于科隆

---

① 该分卷并未出版，参见第 118 页脚注。——编者注

② 参见编者导言，"社会学的新方向与德国天主教徒在战后的任务"一文收录于《舍勒全集》第 4 卷。——编者注

论各大国族的国族观念

　　去年的五月二十九日[1]，法兰西学院现任院长、在德国也声名斐
然的哲学家埃米尔·布特鲁在洛桑发表了一场关于法兰西国族观念
的演讲。这篇演讲在不止一个层面值得我们检视。[2] 单单是它所提
出的问题，就理应受到比它到目前为止已得到的还要更多的关注。

　　某个号称"具有国族志向"的群体或运动，究竟是和真正的、
直接的国族思想有关，还是和国族主义"诸意识形态"的多种形式
当中的一种有关（通过这种形式，某个阶级的以任意方式与国族联
系到一起的个别利益只是为了让整个国族都能服务于自己的利益，
才让此利益表现为"国族的"）？要回答这个在对国族问题的所有
理论探讨中一再出现的问题，有一个最高的评判标准：倘若这个群
体真的具有国族志向，那么，它永远不会诉诸"国族"这个对所有
国族来说都相同的普遍概念，相反，它始终会诉诸本国族的具体化-
个体式的国族观念。与此相对，假如这里涉及的是假的"意识形
态"，其驱动力只不过是在所有国族当中的同类阶级利益，那么，它

---

　　① 第一句话的字句与本文 1916 年在《战争与建设》一书中初版时相符。——编
者注

　　② 参见布特鲁（E.Boutroux）著"法国对'国族归属性'的构想"（La conception
française de la nationalité），载《万有图书馆与瑞士月刊》（Bibliothèque Universelle et
Revue Suisse），第八十卷，第 238 册（1915 年）。

的首要标志便是，个体式的具体化国族观念会被跳过，在论证过程中，本国族仅会表现为普遍国族的一种"特殊情况"。这种国族主义的（当然还有国际主义的）"意识形态"有很多，例如，同各个国族联系在一起的流动资本的意识形态、同该资本联系在一起的工人阶级利益的意识形态、某些特定职业（如军方派系、军需物资供应商）的国族主义意识形态、国族主义式地争夺职位的意识形态。仅仅因为这些，把就起源论始终以阶级为条件的"国族主义"和从国族土壤中自然生发的具体国族观念细致地区分开来，就已变得至关重要了。

各方势力是否以及在多大程度上将自己首先感受并理解为国族抑或是国家或帝国？在这一点上，它们之间巨大的本质差异已经展现了出来。很显然，只有法国和意大利这两个欧洲最为封闭的国族政权体首先将自己理解为"国族"，在涉及到其现有国族意识的政权统一基础的问题上，这两个国家都对历史尤其健忘。英国的民族性、风俗、传统在政权权力以外的任何地方都坚韧地团结一致，它首先并没有把自己当作国家或国族，而是把自己当作"帝国"。俄罗斯根本就没有从自身中产生出国族观念，只有其"知识分子"中的一小撮得到了这个从西方进口来的观念，并且，他们懂得将之与极为不同的其它事物结合起来。战前，俄国那鲜活而广泛的统一表现在"上帝与沙皇"这句口号中，也即是说，统一本质上取决于在如此长的时间里占据统治地位的社会结构中的东正教、主要语言俄语以及以沙皇为榜样的父权主义。[1] 德意志的国族意识——从历史

---

① 参见"论东方和西方的基督宗教"一文。——编者注

的角度看——在整个欧洲仍旧最缺乏政权及政治基础。在德国所经历过的国家处于极度分裂的时代里，它作为国族文化意识保存了下来。但时至今日，我们依旧能强烈地感受到这种国族意识同德意志国家意识间的不同——尽管它先是在摆脱拿破仑的压迫中，而后又通过俾斯麦和帝国被政治化。散落在瑞士、比利时的佛兰德语区、库尔兰公国 ① 和奥地利的诸部族导致的后果之一便是，德国首先把自己理解为国家，其次才把自己理解为国族。正如布特鲁再一次证明的那样，整个法兰西思想都将国族的意义高高置于国家之上，这样做是非常荒谬的。因为，比起德意志国族意识，恰恰法兰西国族意识才在更大程度上以十七、十八世纪君主专制政权的形成作为其先决条件。法兰西国族意识从未经历过无政权情况下对其持久性限度的考验——那可是德意志国族意识在长达数十年的时间里持续经历的一项考验。布特鲁指出，自康德以降，德意志哲学便倾向于仅将国家看作是道德领域里的最高社会单位，而将国族（就像"人民"，实际上"人民"这个概念在大多数情况下和"国族"是不分的）归入纯粹"自然"形成的共同体的行列。他这么说完全正确。早在康德那里，国家——而非国族——就已经是最高的社会之善了。对黑格尔而言，国家——而非国族——是"客观的伦常理性"，甚至是"尘世间活着的上帝"。我也认为，在上述以及类似的一些对国家概念的规定当中，政权观念被极度夸张。这只能理解为对某个具体的国家独特的自我意识的过度引申与普遍化，而这个具体的国家正是

----

　　①　十六世纪到十八世纪期间，库尔兰（Kurland）地区曾经存在过一个由波罗的海日耳曼人创建的小国库尔兰公国。十八世纪后，库尔兰先成为瑞典的一部分，后又成为俄罗斯帝国的一部分（库尔兰省）。现在的库尔兰是拉脱维亚的一部分。——译注

普鲁士,即仿佛就纯粹是现代理性"国家",仿佛就纯粹是不可见的、自我铸造的意志物的某个东西。正如在自然的语言表达中,作为形容词的"普鲁士"(preußisch)一词只会在"普鲁士国家"这样的词组中出现,而不会以"普鲁士人民"(如"巴伐利亚人民"等)这样的组合出现。这些哲学上的夸张表达根本不能算作是"德意志的",不过,在我们这里,就连当我们以日常语言(而非以科学语言)说起"德意志国族"的时候,相对于国族观念,国家观念仍享有情感上的偏爱——只不过没人打算把瑞士德语区也包括在内。可就算是对国家思想的这种"偏爱"也必须得到正确的理解。对我们德国人来说,国家并不是布特鲁所描绘的那种尘世至高之善,它只不过是历史中的最高意志与行动主体。当然,依我们的看法,国族实际上服务于国家,而不是反过来凌驾于国家之上;并且,我们也不会像法国人那样,把国家仅仅理解为"国族的组织形式",或者甚至要求把权力归还给某个"国民代表大会",让其随顺多数派的意愿去改造国家①;因为,这样做即意味着把国族也变成一支在政治上有所为的力量。法兰克福议会的命运非常能体现这一点。因此,对我们而言,国家本身的最高意义只能在于,它必须去发展臣服于自己的那种群体和个人的道德自治与自由力量;其次,它必须让蕴藏在国族之内的、依部族和个体的不同而极为不同的文化塑造禀赋发挥最大限度

---

① 本文写完之后,在魏玛发生了上文称之为与德意志历史不相符的事情——事情必会如此发生——从而深刻改变了德意志意识中国家思想和国族思想这两者间的关系,同时也在帝国思想和联邦制(巴伐利亚)之间埋下了深深的矛盾,这些矛盾的效力还没有完全发挥出来,因而也还没解决。[这条脚注是本文1923年重新收录于《文集》时添加的。——编者注]

的作用。①

　　法国则截然不同。一方面，自从旧制度被推翻，法国的政府和宪法便时常经历更迭。另一方面，尽管宪法经历了种种变动，法国人却依然会忘记，他们国族意识的统一所受到的来自国家的锻造要远多于德国的国族意识，而这种健忘只能理解成是因为一切中低级管理形式独有的那种传统惯性。这两个方面的因素共同导致了一种后果，即，法国人认为国家的统一是短暂的、易变的，而国族的统一则是具有历史稳定性和确定性的。并且，这两方面因素还导致了，法国人倾向于将政治意志置入国族范畴，也恰恰因此，法国人让国族力量在道德和文化塑造方面的多样性听命于某种人为且整齐划一的调控，而这与德国在一切精神事物（例如语言、艺术等）上的自由观念是完全矛盾的。被布特鲁称为"法兰西国族"的，事实上恰好只是隐藏在政府与宪法的快速更迭背后、在内心无法被克服的旧制度残存下来的精神，该"国族"在极为特殊的意义上正是国家的杰作：它是法兰西国家生命中的某个阶段的传统。布特鲁对我们在上述自由力量——我们将这自由力量的存在视作我们一切著名的"组织形式"不言而喻的前提条件，我们组成各种"组织形式"也只是为了在最大程度上实现这些力量——面前油然而生的那种敬意避而不谈，他在我们的"组织形式"当中不过是看到了国家对良知与精神的某种规范式的领导；他这么做，是在唤醒荒芜的国家机制那恐怖的图景，而我们的个体和国族的一切创造性生命都将窒息在其罗网之中。他完全没有察觉到，他这么做的时候先是将法国关于

124

---

　　①　关于国族和国家，参见《形式主义》第六篇，B部分，第4章，第4点；参见1980年第六版的概念索引，即《舍勒全集》第2卷。——编者注

某种中央集权式的国家的道德和文化的观念作为理想塞给了我们；他没有发现，对于日耳曼国家概念而言，没有什么比为国家赋予某种领导良知并创造文化，或者哪怕只是对文化加以调控的作用更加从一开始就不伦不类的了。

布特鲁对法兰西国族观念的发展虽然是地道法兰西式的，但可惜的是，它也充满了剧烈的矛盾。首先，国族被定义为一个"道德上的总体人格"，在与其它诸国族的关系当中，它遵守着同样的"自由和平等原则"，这些原则乃是 1789 年《人权宣言》赋予给个体的。"法国关于国族的理论在于，将此准则内保留给个体的那些内容扩展至诸国族。"但是，在国族被宣布为独立的道德人格的同时，国族的人格性的标志被宣布为个体公民们所共有的"希望共同生活并构建一个'政治共同体'"这一有意识的自由意志。可曾有人听说过，某个人格的统一能够建基于其诸部分的有意识的自由意志吗？很明显，要么国族并非"人格"——这样的话，国族便尽可以建立在"自愿同意"一类的东西之上，或者，它的统一是以这种"同意"为标准来测量与判断的；要么，国族是某种人格现实——这样的话，将其黏合为统一体的，就必须是与让个体发出"自由的意志声明"的力量完全不同的力量。甚至在"构建一个政治共同体"的意志里，国家已经（地道法兰西式地）被秘密纳入国族之中，这样一来，事后再慷慨激昂地让国家服从于国族，自然也不会太过困难。在这些点上，我们德国的国族观念其实就已然是完全另外一种了。对我们来说，国族是精神上的一个总体人格 ①，它起源式地一同活在它的所

---

① 关于"总体人格"和"休戚与共性"这两个概念，参《形式主义》，第六篇，B 部分，第 4 章，第 4 点；参概念索引。——编者注

有组成部分（即家庭、部族、民族——因为个体从来都不是国族的"组成部分"）当中；构成"国族"的伦常本质的，并不是"想要归属于国族"的那种个别意志的个体式的自我担责，而是每一个组成部分都从一开始就为了整体的存在、意义和价值而休戚与共地共同担责。[①]但对我们来说，这种休戚与共首先只存在于道德和精神领域，并且，它与一切"政治"共同体及实证法都是截然区分开来的。

　　然而，布特鲁原来认为仅仅是国族人格实存的标志的，即"自愿同意"这一点，随着他后来转向了对阿尔萨斯-洛林问题的探讨，立刻摇身一变，成了国族的本质。以至于到了最后，国族的"人格性"消解在了前国家的"公民们"根据纯粹少数服从多数原则而做出的暂时性的全体决议之中。

　　虽然布特鲁确立了一项我们会完全赞同——与他所宣称甚至有所期待的情况正相反——的原则。这条原则是，纯粹客观且仅基于"史料"即可被科学验证的历史既成事实——例如"一块领土曾经属于过谁"、一国居民客观的种族构成等这类事实——绝不可被当作判断某个群体的国族归属的标准来使用，能够当作这一判断标准去使用的，唯有当下在此群体中被体验到的事实以及可被此群体以及互相争夺此群体的那些国族体验到的事实。不过，在布特鲁眼中，在这种对历史事实纯粹客观、合乎史料的确定（这类事实最终可追溯至亚当）和有国族争议的群体中那些个体在对"希望归属哪个国族"的问题进行表决时给出的有意识的意志表达之间，完全不存在

───────────

①　参前揭，普利布兰（K.Pribram）著"德意志国族主义与德意志社会主义"（Deutscher Nationalismus und deutscher Sozialismus），载《社会科学档案》，第49年度卷2，第2册。

中间地带。他的这种态度倒是地地道道法兰西式的。一块地理边界明确的领土，它过去曾经归属于哪个政治整体，肯定不能用来论证这个整体后来对于这块领土的归属要求。不过——倘若我们和布特鲁一样认为，在对这个问题的决定上，领土只排第二位，排在第一位的是领土上的居民的话——只要领土仍是国族工作以及某种特定的国族精神造成的任意后果所具有的可见、可感，即"当下可体验"的形式（比如斯特拉斯堡大教堂这样的建筑物、建筑样式以及展现在风俗、习俗、服饰、语言、经济生活形式和工作方式当中的鲜活、客观、可见的传统等等）的表现舞台，领土问题的情况就将截然不同。所有这些，都完全是可体验并被当下的人们体验着的事物，它们都是活生生的、被体验到的，而不是死的、只能在史料中被科学地理解的历史的可见可感现实。但同时，它们也是全然不由自主的事物，因而，它们与有意识的意志决定没有什么关系，正如它们与某个时间点上希望归属德国或是法国的个体的总合没有什么关系一样。它们是当下的体验内容，它们同时也是以生命共同体为单位的居民群体（堂区、行政区等）的总体体验内容——它们不是个体的诸种个别体验。它们是荡漾在人之中的鲜活趋势意义上的体验，实际上它们——从原则上讲也会在违背全部个体居民的有意识的意志表达的情况下——能够感动并驱使这些个体居民。

　　布特鲁只在语言这个方面更为细致地考察了国族归属的这些活生生的、同时也是不由自主的标志。他指出，就算是在自然语言当中，法兰西的国族观念也无法认可任何一种这样的标志，正如它同样无法在种族或客观历史当中找到国族归属的评判标准。因为，依布特鲁之见，只有在人们自愿达成的一致和常新的语言创造当中表现出来的已有的国族精神，才会持续地把宿命式地落在每个人身上的自然语言重新塑造成一门教育语言。同样是这种国族精神，它常常也会超越自然的语言界限，成为存在于诸种精神间的某种"国族"连结。借此机会，布特鲁还顺便评论了费希特的学说，他表示，日耳曼民族在对某种起源性的根基语言的偏好方面胜于罗曼各族人民，他们也因而在对某种更加活生生的语言的偏好方面胜于罗曼各族人民。这也算是他这场演讲中最为有趣也最富教益的部分了。但这样一句离题之言在此并不能得到赞赏。在此我们只能说，关于国族的某种纯"语言学"理论完全不在我们德意志思维方式的考虑范围之内。因此，我们不仅严格区分国族（Nation）和（一个人在国族归属意义上的）"国族归属性"（Nationalität），我们还严格区分诸国族（Nationen）和"诸种国族归属"（Nationalitäten），后者也就是那些没有表现出有能力通过原创观念进行生动的继续教育、没有表现出独特的教育精神的自然语言单位。不过——以下才是区别所在——就连这种教育精神，对我们来说，也不是由个体意愿的存在与生成所决定的。教育精神有其固定的客观结构，它植根于某个独特的国族财富世界那跨越时代、部族和领土的大厦热火朝天的建造过程中，根植于国族的各个部分在文化上具有的休戚与共之中，而不是植根于个体所具有的主观且以政治为导向的现时意志之中。

　　到目前为止，我们提及的国族观念间的区别已经很大了，但我们还没谈到它们之间最深刻的差别。这一差别在于诸国族对其自身的自我理解，在于诸国族认为自己对人类持何种态度，也就是说，它们对自己国族所具有的"世界使命"是如何理解的。这里我们只能大致勾勒一下这些差异的轮廓。它们分别都有哪些呢？

布特鲁说的很对，他说，现代法国将国族的价值和存在排在人类之后。法国在诸国族面前同样宣扬平等和自由的原则，这样一来，它便否认了诸国族彼此间的某种价值差异性以及它们各自可能具有的贵族主义。但最终，没有哪个法庭能对这样的差异性进行裁决，在国家之间发生激烈争执的情况下，只有战争这一考验才能对其做出裁决，而在其它一切情况下，只有鲜活的历史运动本身才能进行裁决。诸国族的平等和等价值性既是法国的国族民主主义，又是法国在世界观层面的维稳思想，同时，它也支配着法国的整个哲学与科学。而现在，法国认为它自拿破仑战争以来独特的至高国族使命恰恰在于，它不但要在自己的国界范围内实现"人权"和历史稳定主义这两种极具法兰西特色的观念内容，它还要把它们带给全世界，让它们充满整个世界和其它各个国族。可是，对法国而言，上述使命还披上了国族荣耀之光这件高卢人所特有的价值特征的外衣。它要获得人类"领导者"、"教育者"、"培养者"这项光荣（gloire），这正是法国的国族使命观。而恰恰这一要求与想法会让其承载者变得极具攻击性而且好战——面对所有那些对法国的使命有着不同的、被法国所蔑视的自我理解或是借助于自身国族精神而不屈服于法国领导层的民族时的攻击性——这一点从来都是被法国以能设想到的最为幼稚的方式忽视掉的。

英国对其国族使命的理解则是截然不同，甚至是完全相反的。英国的使命思想在私底下完完全全是由"被拣选"这一具有鲜明贵族主义色彩的观念所承载的。从历史的角度看，这一观念是把加尔文派-清教的恩宠拣选思想由个体人格推及国族的扩展以及英国作为世界帝国的自我中心主义的混合产物。当法国完全只把自己当作人类的"领导者"、"教育者"的时候，英国觉得自己是人类天生的"主人"。它一点也不觉得自己是人类的"领导者"、"教育者"和培育者，所以也就彻底放弃了一切直接的文化宣传——也许正因如此，它才间接地进行了最大力度的文化宣传。这种放弃也是贯彻始终的：假如全世界都变得像英国那样思考，正如法国希望全世界都像法国那样思考，那么，此刻英国就不再是被拣选的民族了！英国在其对自己的理解之中所关心的，是全人类都要服务于英国的利益——而不是服务于某种"精神帝国主义"之类的东西。面对陌生的（哪怕是它的从属民族的）观念、习俗、国家机构时，英国完完全全展现出了那种对崇高的敬意与珍惜，而这是法国在面对所有民族时最为忽略的。伴随着英国的这种态度的，则是它对自己神授的因而也被认为是绝对不言而喻的优越地位的感受。所以，在英国，外交与内政之间存在着极大的二元对立——这同法国的情况相反，法国的外交政策基本上完全由内政决定，每当政府改组，法国的外交政策都有可能发生剧烈变化。除了因被拣选而施行统治的英国自身以外，各个国族对英国而言都和它们对法国而言一样，是平等和等价值的。目前，看着英国和法国喊着要保护弱小国族的口号相互斗争，这真是一件奇怪的事情。[①] 出于同样的原因，英国的战争攻击性根本不是建基于某种透彻的国族教义学，而几乎仅仅建基于其蜿蜒曲折的贸易网络之上。

　　与上述这两种对自身国族使命的自我理解形式全然不同的，当

---

① 参前揭，布特鲁。

数俄罗斯的国族自我理解。它有着自己独特的表达形式。这既不是法国的那种国族平等与自由的观念，更不是贵族主义的拣选观。它是存在于某个宗教和教会在其中占据突出地位的"世界国家"的统一当中的那种博爱之情，而在这一世间国家形成的过程中，作为特别的国族和特别的国家，俄国自身则应悄然消逝、踪迹全无。它把自己的国族存在当作全燔，祭献给了人类，它在这样做的同时，也是在完成自己最高的国族行为。[①] 相对于英国的自我理解，俄国的这种自我理解也是一种具有鲜明民主主义色彩的使命观，但它并不是以理性的平等观念为导向，而是以基督宗教-东正教和斯拉夫民族的博爱观及牺牲观为导向的。这种国族观念当然也具有跟法国和英国的国族观念一样强的攻击性，它甚至也许是现存所有国族使命观当中最具攻击性的。其意义按字面意思表达就是："如果你不愿意再当我的弟兄了，我就会敲碎你的脑袋。"当然，俄罗斯民族是各民族中最讲究感受和平的了。只不过没有哪个民族像它这样，恰恰试图用武力去传布感受层面的这种和平主义。俄罗斯自然不愿像法国那样去"领导"，也不愿像英国那样去"统治"，它只愿服务于人类，甚至愿意把自己祭献给全人类。但它是一位纠缠的、狂野而凶狠的仆人，它无法忍受自己渴望牺牲的服务意志有丝毫的偏离。

　　于是现在，我们面前有了一位"人类的领导者和教育者"，一位"天生的、由神拣选的统治者"，还有一位"人类的仆人、甚至自愿为祭品的羔羊"。

[①]　参前揭，第122页。——编者注

德国也有某种类似的使命观、某种对自己与人类间关系的独特感受吗？肯定不是以上面这些国族这样线条清晰、立体逼真的形式。对德国来说，被拣选的观念，也就是英国那种仿佛自然界中的大气层一般运行着因而从未被特别提到过的统治观念是完全陌生的。究竟有多陌生呢？或许没有什么能比德国人对权力的那种反复而诚恳的谈论（特赖奇克、尼采等）——这一点被布特鲁精明地用来反对我们——更能证明这一点了。对我们而言，高卢人的领导者观念同样也是完全陌生的。这是因为，德国不相信国族与国族的平等以及国族可被理智化，而更情愿让各个国族按其各自特有的方式过得幸福。俄罗斯的那种牺牲羔羊的观念和东正教的那种想要消散在他人之中的渴望，离我们德国人就更远了。相较于这些高高在上的国族自我理解，德国人太简单、太诚实、太朴素了。德国人把"权力"叫作"权力"，把"用途"叫作"用途"，他也没有其它民族那样突出的国族形而上学。不过，布特鲁说的完全没错，他说我们不相信国族间在形式上的等价值性——我们既不像英国那样，从一开始就把自己当作天生的统治者而排除在这一平等之外，也不像法国那样，虽然将自己包括在内，却在同时追求着"首先且仍继续教导此平等"的独一无二的国族荣耀，这么做其实已经是在否认平等原则了。我们德国人非常严肃地相信，国族也和个体一样，既有着不同的个体本质，又有着不同的价值。据此，我们也相信，国族只能依照其在组织建设和文化塑造方面的精神力量的价值来要求并挣得自己在这个世界上的自由和统治权。我们只相信，同等的属于同等的、等价值的属于等价值的（各得其分）——而不是所有人都一样。这是德国的正义概念，它不同于高卢一刀切式的民主

129

主义，也不同于英国的拣选观念，这种拣选观念下，正义总是始于
"他者"。对国族间的这种差异性以及对我们自己国族的价值的评
判，我们就留待鲜活的历史本身，留待历史中的行动与工作去做出
了——或者说，就留待见证这种行动、这种工作的上帝去做出了。

　　文末，布特鲁尝试对德意志宗教伦理做出表述。他认为，我们
伟大的诗人、哲人、史学家从一开始就表现出了一种将善良、法权、
智慧的观念置于权力、力量、行动的价值之下的倾向。就连我们德
国的"上帝观念"也因而表现为希腊人设想的"智者上帝"以及基
督宗教设想的"爱的上帝"的对立面。最后，他认为，我们在自身
发展过程中也背离了康德所谓的"正义的世界秩序维护者"。但布
特鲁错了。正如德国人缺乏上述民族皆有的、如此立体的关于国族
使命的形而上学，德国人因其教派混合的局面——我简直想说：多
亏了教派混合这一局面——同样缺乏一切能让人联想到某个"国族
宗教"的东西。不过，相比起其它国族意识，德国人的国族意识在
价值体系当中为行动、权力、工作赋予了一个有所不同的地位——
不是今天或是从俾斯麦起才这样，而是一直以来都是这样。这并不
错。就连莱布尼茨这样一位对我们而言十分陌生的德国思想家，也
不得不以行为和力量的观念去同法国的那种实质观念相抗衡，以动
态去同静态相抗衡。包括歌德笔下的浮士德，也说过一句现在被法
国人深深误解的话："太初有行动。"但是，可曾有哪一位严肃的德
国思想家、文学家、史学家因此便做出判断，认为是国族的行动及
其对权力的发展塑造了它们的价值域及法权域？绝没有！我们只
相信：一个国族所拥有的权力域，归根到底乃是建基于其总体价值
之上的。但各个国族在总体价值这一点上是不同的，同样，要公平

衡量这些总体价值，并没有一种放之四海而皆准的标准，也想不到有哪家机构可以执行这一标准。只有诸国族在其自身历史以及全人类历史上鲜活的行动本身，才能衡量那客观存在于上帝眼前的、诸国族在价值上的差异，最终也才能将其置于日光之下。在此意义上，行动才发现并找到了——而非塑造了——价值与法权。

　　至于智慧，我们认为，在人之中，智慧应在不受意志与政治的影响的情况下静静地成长。而善良，我们觉得，善良必须能被自由地体验，并应被自由地给予和获得。对德国人来说，智慧与爱的地位太过崇高，崇高到了无法将其视为可能的政治"目标"的地步。如果我们非要这样看待它们，那么，它们就无法再隐秘地、仿佛从背后辅佐那样参与治理我们所有的愿望和所有——也包含对政治目标的设定在内——的目标设定了。可是，智慧与爱理应这样参与治理，哪怕现在是战时，哪怕是在这个判断敌方国族观念的时候。

法国思想中的"国族"元素

一

对认识的追求以非常不同的程度和等级参与到国族本质中来，并依赖于所谓的"国族精神"。这种依赖以何种程度发生，其原因有一部分在于对象本身的性质。首先是数学，这里的依赖程度相比之下是最浅的，然后是研究非生物的自然科学，接下来是生物学、精神科学，依赖程度最高的是哲学。此外，这种依赖的程度也随着客体复杂性的增加而加深，随着对终极确凿地认识事情本身的要求（而不管内容上涉及到哪个客体）的提高而加深，最后，当价值对于对象本身的本质变得富有意义，正如在生物学当中已经开始的那样，这种依赖的程度也会随之加深，为的是让自己在历史中变得更加重要。

但在所有的领域里，包括在数学领域，比起对结果的认识，首先是对于观念的和现实的对象世界的某些特定区域的精神态度，其次是寻获认识的形式和取得认识进步的方式，即所谓的"方法"，这两者要更强烈地受到国族的决定。因此，希腊人对立体空间形式的敏感也表现在对数学问题的几何化的偏好上，表现在柏拉图对立体几何学的发现当中，表现在同抽象得多的印度数学之间的尖锐矛盾里。按照康德片面偏向数学和自然科学的判断，在“依照某种给定方法继续前进，而不是寻获新事物”这一点上，德意志精神要更胜一筹。按照其国族态度，德意志精神在共同体和历史的世界里要比在自然界中感觉更加自如，而在有生命的自然界里要比在无生命的世界中感觉更加自如。因此，精神科学的方法和“历史意识”也都是德意志精神最为独特的产物。在这里，它是非常有创造力的。新的自然科学的诸项原则，大体是由德意志精神从十六、十七和十八世纪意法英三国的工作中借鉴而来的——当然是为了以后比那些成功地进行过发明创造的民族更大幅度地增加其产出。对待无生命的自然，罗曼语民族始终保持了一种比德意志民族更高的客观性，在这里，德国人更加难以摆脱人格化论（Anthropomorphismus）的束缚。而在做到客观上要付出最大代价的地方，即在对人文-历史事物的理解和判断上，德意志精神则能碾压其它所有国族。比起德意志精神在理智上的能干，或许是它的伦常天赋，才能如此这般地成为它对人类认识文化所做的独特贡献的根基。道德品质直接在认识世界方面具有创造性，这种特别的情况是独具德意志特色的。

　　不是为了在各不相同的认识域有规律地继续工作——因为在此适用的是国际性原则——而是为了创造新的方法，为了首次突破到新的世界领域，这种情况下，似乎也存在着对认识的某种国族规定。因此，一幅恰切的世界全景图不可能由单独一个民族提供，而只能由全体民族——也就是全人类——一同来提供。歌德也是这样认为的；他曾说过，真理不可能只被某一个民族找到，真理只可能被划分为诸民族的全人类整体找到。这个想法距离我们通常称之为科学的"国际性"十分遥远。它甚至意味着国际性这一观念的对立面：它否定了在认识的事情上，一个民族可以被另一个民族完全取代、完全代表；它表明，恰恰是每个民族独特的天才人物所发挥的最大作用，才为以最佳方式解决人类的认识问题提供了能获得最高成果的保证。按照此观点——它与国际主义的观点截然不同——只有那个让诸国族的世界图景互相补充的整体，才能给出一幅合宜的万物之图来。①

　　然而，不管认识工作的不同部分在何种程度上具有国族依赖性，倘若要实现歌德提出的那个崇高目标，那么，在任何地方都得避免那种像毒药和火焰一般的依赖性，这种依赖性存在于有意识地以国族思想对研究者进行的动员之中。一位研究者表达了某种思想，写了某句话，若他是因为认为这种思想或这句话"符合"其国族精神或是有益于自己的国族，那么，这位研究者便触犯了一切科研的最高准则：服务且仅服务于真理。只有当研究者在纯粹的意义上只听从事实和结论、自愿且开放地顾及到其它民族的研究者们在其研究的问题上已取得的成绩时仍旧（为后来的观察者）保留下来的那种对国族精神的依赖性，才是歌德眼中深刻而又充满价值的那种对国族精神的依赖性。研究者精神样式当中的国族元素必须像在背后鼓舞着他——而不能作为目的或是目标牵引着他的精神。在另一种情况下，起作用的并非国族精神本身，而恰恰是某种非常国际化的东西，即对那种或者某种国族精神的反思。有些人相信，只

---

　　①　关于诸国族的个体性和互补问题，参见《形式主义》，第六篇，B 部分，第 4 章，第 4 点（详见 1980 年第六版概念索引）；另参前引"知识社会学的诸问题"。——编者注

有当他们让对国族元素的这类反思来规定自己的时候，他们才最深刻地在自己的国族"精神的感召下"发挥作用。这才是最大的自我欺骗。其实正好相反，这时，他们正处在让国族元素抛弃其不可重复的独特性、变成国际化的陈词滥调的道路上——正如今天事实上存在着的一些国族主义者，他们让所有国族都说着差不多的话，世界也因此平添了不少同型性。另一方面，只有最为严密地对那些反思性的国族母题加以防范，才能确保真正的国族精神得到不加掩饰且完全独特的表达。对国族而言也是如此，愿意失去自己的国族，即不考虑自己、只考虑事实的国族，才能获得自我的深度。一种有意强调其国族性的哲学会是不合情理的。不过，一种有意强调其国际性的哲学也会是不合情理的。正如马克斯·德索瓦最近强调过的那样①，在建立所谓的"交流教席"的过程中把科学目标和政治目标混在一起，既对哲学不利，又对科学不利，更对政治不利。国族间的内部矛盾更多只是被"具有代表性的"空话掩盖了而非照亮了。科学应当跟诸国族的领导圈子"交朋友"或者为他们"启蒙"，但这样一来，科学中就掺杂进了一个政治方面的母题，这是科学所不能承受的，因为，研究者清楚自己只受制于事实本身。研究者的意图既不该受国族式思想的引导，也不该受国际式思想的引导，它只应受事实的引导。

　　然而，倘若我们在认识到这类做法的虚无之后便得出结论，认定哲学在内容上不该具有国族特色，或是认定，具有国族特色的哲学一定都是毫无价值和错误的，那么，跟那种有意强调国族性的哲

---

　　① 参见德索瓦（M. Dessoir）著《战争心理学观察》（Kriegspsychologische Betrachtungen），莱比锡，1916 年。——编者注

学相比，这样下结论也将会造成不小的谬误。

哲学以外的学问包含着远多于一般人惯于接受的国族元素。但凡对法、英、德三国物理学有所耳闻的人，比方说，他们知道法国人萨蒂·卡诺、德国人莱布尼茨、罗伯特·迈耶、赫尔姆霍茨和英国人焦耳为了在其热力学说研究的基础上发现著名的能量法则是如何起作用的，这样的人会发现，在此——撇开研究者不同的个体性不论——诸种国族精神得到了显著的体现。皮埃尔·迪昂[1]和恩斯特·马赫在其所著的物理理论史著作中，非常清晰地向我们展示了这一点。莱布尼茨和牛顿主义者克拉克之间的书信往来同时也是一场国族对话。只有业已完成的、脱离了鲜活的研究之河也脱离了其方向与方法的结果，才会成为在国际上流通的硬币。比起研究无生命世界的诸门科学，生物学——在其中这种"为自然界规定其法则"的理智的领域正逐渐缩小——更加受到国族的约束，正如它（根据拉德尔讲述生物学史的那本好书）从一开始在时间维度上的发展更为跳跃。而在哲学内部，在与其它认识样式的关系上，有以下三点发展到了极致：发展的跳跃性、人的局限性以及国族化特征。因此，哲学比诸门实证科学[2]在更高的程度上体现出了各个国族的自我意识。随着所谓"进步"的持续，最伟大的哲学作品和哲学头脑也开始怀念起进步所带来的去价值化。[3]在诸门科学的领域内，

134

---

[1] 参见迪昂著《德国的科学》(La science allemande)，巴黎，1915年。[参见舍勒就迪昂作品所撰书评，收录于本卷"增补"部分。——编者注]

[2] 另参冯特(W. Wundt)著《诸国族及其哲学——关于世界大战》(Die Nationen und ihre Philosophie. Ein Kapitel zum Weltkrieg)，莱比锡，1915年。[参舍勒就冯特作品所撰书评，收录于本卷"增补"部分。——编者注]

[3] 关于此处和下文的论述，参见前引"知识社会学的诸问题"；另参存于作者遗

没有类似在哲学里一再重复出现的那种呼声："回到……去!"——
譬如，回到柏拉图、亚里士多德、康德那里去。在化学家、物理学
家的历史行列中，后继者之所以看到的更多，只是因为他站在先行
者的肩膀上。而每一位伟大的哲学家最终都只是在向万有、上帝和
自己投去一道孤独而特别的目光。

　　现在，当然有一种关于真理和事实适用性的观念，按照这种观
念，哲学认识正是因此而显得比更加去人格化、更有连续性地进步
着并更加国际化的科学的成果"更主观"、更随心所欲、也更虚幻。
只不过，这种关于真理和事实适用性的观念仅仅是关于认识标准的
诸多哲学观念当中的一种，并且是十分具有争议性的一种。其代表
者——今天仍旧无意识地追随着十八世纪启蒙哲学的人——没有注
意到，当一种知识变得或者哪怕只是能够变得"普遍适用于全人类"
时，这种知识就更是必须在同样的程度上满足于仅仅按照单一的意
义去整理事实，而不应妄图认识其本质丰盈。他们没有注意到，这
种知识在同样的程度上既变得合乎常规地"具有社会性"，又变得
具有符号性。他们从来没有问过自己，是否世界本身(das *Ansich
der Welt*)正好就是可以被安排成这样，好让世界只向某个人格的
整全性(根据其个体性而以各不相同的外观)展现自己。[①] 这种情况
下，最具有事实适用性、最配得上真理之名的对事物的认识并不是
尽可能地排除掉人格元素和国族元素。相反，能提供这样一种真理

稿中的早期作品《关于三件事实的学说》，收录于《遗作卷一》，1957 年第二版。即《舍
勒全集》第 10 卷。——编者注

　　① 　关于"人格与世界"及下文有关"对我而言本身为善者"的论述，参见《形式主
义》第六篇，A 部分第 3 章 c 和 B 部分第 2 章。——编者注

的，只有人格和国族各自所特有的、互补为一幅全图的诸幅世界图景——在其中，每一个人格、每一个国族都在"世界"中寻找并找到了只有它自己（基于其特有的与宇宙间的终极形而上学的存在相关性从而）可能认识的那一部分。自从施莱尔马赫开始产生影响，我们便常能在伦理学中碰见这样的思想，即，最为客观的善、善"本身"乃是每一个单独的人格个体或民族个体都不得不对自己说的那句话：这是我的善，不是别人的，这是我的使命，是上帝应允给我的天职。而在认识的领域里，事情并没有根本上的不同。如果说人格和个体在万有当中扮演的形而上学角色是一个存在于万物根基处的角色——而不是单单笼罩在表面的一层光泽——那么，就只有让它最完全、最生动地发挥作用，而根本不应该是将其排除，才能得出对世界最大限度客观的认识。这种情况下，我们不得不说：恰恰是所谓的诸门精确科学——而非哲学——给出了一幅事实适用性更低，即相对而言"更加主观"的世界图景，尽管它们所得结果的准确性和精确程度越来越高。因为，为得到这种准确性，它们付出了代价，这代价便是，它们从一开始就放弃了对世界的整全性那径自存在着的丰盈的把握，而万物只有在世界的整全性当中才"真实地"存在着。它们付出的代价在于，满足于只把世界表面的那一层当成研究对象，那一层只与人的此在当中的那些类型化的事物相关。它们付出的代价其次还在于，把认识事实的任务换成了完全不同的其它任务，即，运用常规符号，按照单一意义，对尚存在于世界表面那一层的事实进行整理，以便实现"在技术上最大限度地支配世界"这一目的。为了使事实符号获得更佳的秩序而放弃事实适用性和现实适用性，以及某一存在为了向人类的普遍主观性展示自身而进一步放弃它对其自身的认识，正是有了这两重放弃，上述科学门类才有了国际化、持续进步以及非人格化的基本特质。

精神的国族元素并不像启蒙时代所教导的那样，是对某种所谓的普遍人类理性的"限制"、"损害"或遮蔽。相反，它是对普遍人类理性的一种独特的提升与升华——它是一种别样的、朝向我们在面对诸人格的无限人格理性也即是面对上帝时根据观念所设想的那个"世界"的攀登。并且，只有在与某幅上帝视角下的世界图景的关系中，国族元素才有可能且必须被理解为限制和遮蔽。①

中世纪的哲学在社会层面由僧侣等级所决定，在内容上由亚里士多德主义被教会教义的同化所决定，在方法层面由有着护教倾向的所谓"经院哲学的方法"所决定，在语言上则由统一的拉丁文所决定。比起在中世纪的教会普世主义范围内发挥的影响，诸种国族精神更为突出地参与到现代世界观的形成过程中来。各个国族构思其哲学观念的时间顺序，严格地对应于它们在文化上普遍兴盛起来的先后顺序，总体上也对应于它们在政治上的权力地位。意大利以其文艺复兴时期的伟大思想家连同其对新的自然原则的奠基（达·芬奇、伽利略）走在前面。法国以笛卡尔及其继承者后来居上，笛卡尔的影响如此之大，他的学说甚至可以直接被称为"新哲学"。稍晚近一点的后起之秀是英国，它依赖于法国，又处在法国的对立面上。直到十八世纪，英国哲学才通过伏尔泰在法国对牛顿和洛克的传播，通过孟德斯鸠、卢梭以及休谟对巴黎的访问，反过来对法国哲学产生了影响。

136

---

　① 此处请参第四分卷《历史哲学》。［参见第 51 页脚注。——编者注］

以莱布尼茨这个外表看上去不受国族影响、内在却反而尤为深刻地被国族所决定的人物为代表，德国的天才人物到了最后才富于创造性地迈入新欧洲的思想世界。[1] 莱布尼茨抱怨说，在其它国家，"一门独立的新哲学的日子早就到来了，而德国还仍旧处在经院哲学教师爷的治下"。事实上，直到十八世纪中叶，都仍有亚里士多德主义者占据着德国大学的哲学教席。不过，尽管德国在以更为丰富的方式塑造一门自己特有的哲学这件事上来晚了一步，统率近代总体思想发展的，却依然是三个源自德意志的观念：其一是关于"无限"的观念——在其完整的意义上是由曾经的牧童、后来的枢机主教库萨的尼古拉构思出来的；其二是由瓦尔米亚[2]主教座堂司铎团成员哥白尼在借鉴了毕达哥拉斯派学者、萨摩斯岛的阿里斯塔克斯的基础上首先提出的日心说；其三是提奥弗拉斯特·帕拉塞尔苏斯融合了以艾克哈特大师为代表的古代德意志密契学、自然研究以及治疗学之后提出的如下原则——在人的灵魂（即微观世界）当中以其最完善、最纯粹的形态在小尺度上存在着的东西，也必须存在于大尺度的宇宙整体（即宏观世界）之中。[3]

对无限性的感受力与希腊及拉丁式的对世界图景的尺度、形式、边界、完整性的感受力截然相反。因此，以古代世界观来看，

---

[1] 莱布尼茨哲学除了植根于经院哲学以及新的自然理论当中的亚里士多德主义之上以外，就其独立的思想特征而论，它其实奠基于德意志密契家，关于这一点，最近海姆赛特（H. Heimsoeth）已恰切展示过；参《西方形而上学的六大课题》（Die sechs großen Themen der abendländischen Metaphysik），柏林，1922 年。

[2] 瓦尔米亚（Warmia），旧称 Ermalnd，位于今波兰境内。——译注

[3] 另参冯特著《诸国族及其哲学》（1915 年）。[参见第 134 页脚注。——编者注]

无限之物只是一些含混、杂乱之物，是坏的、恶的，是腐化的罪孽。日耳曼人特有的态度则是，不管是在一切存在区间之中，还是在意愿与行动之中，都只将有限物体验为首先被赋予给了精神的某种无限物所受到的限制，体验为人因为狭隘而遭遇的困境和付出的代价。日耳曼天才人物最崇高的美德乃至最深重的错误，皆可追溯至这种态度。在理论层面，狄尔泰曾用下面的话描述过实际的生活方式当中同样的特性："他们的（即日耳曼人的）行为不是由对目标的理智设定所规定与限定的。他们的所作所为里面，有一种超出目标之外的能量过剩，有一些非理智的东西。"以及："他们对于此在的最高享受和价值既不在于希腊人的那种对世界的愉快的直观，也不在于罗马人的那种思想上受约束的对目标的规定，而在于对力量本身不设限的表达，在于人格性由此而产生的震动、提升。"令人惊异的是，对日耳曼伦理的经典表述也都固守了这一特性。在莱辛、莱布尼茨、歌德笔下的浮士德、康德、费希特、叔本华、尼采等人关于无限追求——它产生的运动要比它的达成更胜一筹——的多彩观念中，这一德意志本质特性渐渐被澄清为一种哲学基本观念；尽管对这种"追求"的理解、它被赋予的方向、伴随着它的心绪内容经历了千万种变化，该基本观念却仍保持不变。历史上，德意志的使命始终都在于，证明力量观念之法权高于法制及实质观念之法权，运动观念之法权高于稳定秩序（莱布尼茨）观念之法权，在行动中获得幸福之法权高于在欢愉状态中获得幸福之法权。

在微观世界思想这个方面具有日耳曼特色的，一方面是统率后来一切德意志哲学的、将自然回溯至生命力及精神原则的那种趋势，相对于外部世界和社会，该趋势还为内在世界以及个体赋予了现实层面的某种优势。另一方面（该趋势也在差不多的程度上体现了英国精神），在灵魂的内在性当中，并不是要寻找世界的某个部分，而是要去寻找整个世界或者至少要去寻找世界的"核心"。在人之中起统领作用的最高尚之物，必须也是在世界万有之中起统领作用的最高尚之物；凡不能在作为整体的世界这个大而无限的尺度上存在的，也无法在人之中作为世界的一个部分而存在——这一思想乃是大多数德意志思想体系言明或不言明的最高准则。该思想方向同主要存在于英国和法国、我想要称之为"对人格化论的恐惧"的思想方向完全相反。因为，如果人本身就被塑造成了世界的形状，那么，人格化论就不可能是认识世界过程中的终极谬误源泉。

德意志精神还有一种不太显著的表达是日心说。其实日心说古已有之。而这其中具有德意志特色的，并不是人们首先更有可能想到的、将尘世间和人类历史上发生的事情相对化为太阳的一颗不起眼的行星上发生的事情，反而是关于哥白尼对中世纪-亚里士多德式世界图景所做改造的哲学阐释——它恰恰是思考着的自我意识的登峰造极，借助于对感官假象的这种克服，自我意识终于体验到自己成了万物的中心，而在康德那里，自我意识甚至登上了"自然立法者"的位置。

二

正如我已在别处 [①] 以岛屿民族的哲学为例，描述过英式思维方

---

① 参《战争天才与德意志战争》，莱比锡，1915 年。

式的特点，在此，我想以法国哲学为例简述一下法国思想的特色。

　　观察一下这一哲学整体的形态和韵律，我们就能发现，它比德国哲学更为统一，发展得更具连续性。为了研究者们之间能有更大的同质性和更强的合作，诸如我国的莱布尼茨、康德、费希特、谢林、黑格尔、赫尔巴特、叔本华、费希纳这一类极为显著的代表人物反而退居其次。就连在术语使用上，传统也展现出了更大的影响力；不过在学派形成这个方面，则没有那么大的排他性。法国哲学缺少诸如从黑格尔-谢林时期浪漫派的超唯心主义（Hyperidealismus）跌落至最平庸的唯物主义（在此思想方向上德国人始终都很平庸）所展现出来的那种生硬的转向。这里，思想上过分追求前后一致、贯彻到底的情况也不如在德国严重。哲学与诸门科学之间的关系从总体上说是一种有益的给予与收获的关系。我们既不能说，法国哲学像黑格尔时代的德国哲学那样，自以为能够充当法官和领袖了，我们也不能说，法国哲学像德国哲学时而做的那样，无力而又不知疲倦地陷入了专门科学的汪洋大海之中。在法国学术界，"各专业"之间不像在我国这样泾渭分明。这在很大程度上助长了半瓶醋的风气，但它也有优点，那便是在专业研究者身上，某种哲学意识不会轻易消失。从而，由某个专业的任意一个角落出发去制造某种所谓"世界观"的趋势受到的控制要更强一些。在法国，恩斯特·海克尔或威廉·奥斯特瓦尔德这样的人物不太可能会像在我们国家一般地涌现。

　　另外，在法国，哲学和"大千世界"之间的接触要多得多；同时，把某种哲学变成社会与国家的思维方式甚至精神基础的倾向在这里也要强烈得多。除了黑格尔，我们德国人在这个方向上缺乏自卢梭的"社会契约论"以降诸如孔德、圣西门、布朗、傅立叶直至索雷尔等人一再进行的尝试。与大千世界之间的那种接触的主要原因可能是,法国哲学的主要成就是由跟我们这里不一样的另外一个社会等级做出的:在我们这里,主要成就是由市民阶层和神学家做出的,在法国则是由贵族、社交名流以及(职业的)数学家、自然科学家做出的。德国的新教有助于对宗教观念进行自由-思辨的塑造,而这样的做法是天主教所禁止的,因此,德国新教更加强烈地把神学家吸引到哲学中去。在法国,"教士阶层的"法国和"现代的"法国之间的分裂因而变得更加严重。另一方面,法国的哲学与文学间的关系(不像在我国只在十九世纪头三十年的浪漫主义时期那样)始终都是一种更为开放的关系。这也说明了,为什么在我们国家缺少哲学化的文学类型,这类作家在法国通常被称为"伟大作家"或"伟大的道德作家",他们中的代表人物包括蒙田、帕斯卡尔、沃夫纳格、拉罗什富科、丹纳等。严格、纯粹的哲学与社交生活以及艺术之间的内在关联首先便是由这类作家建立起来的。例如,拉布吕耶尔的"人物"将莫里哀和提奥弗拉斯特以及亚里士多德联系起来。巴尔扎克以布丰的《自然史》作为自己《人间喜剧》的榜样。莫里哀的作品里面充满了对笛卡尔哲学的影射。柏格森对诗歌及造型艺术产生了巨大的影响。[①]

　　一个国族的每一种哲学都有着一项暗中浮现在眼前、难以用概念转述的使命,那是一种所有问题——不以国族意志为转移——都遵循的模式。对法国哲学而言,这一模式乃是作为一个普全、处处

---

① 最后这句话是作者于 1924 年增添到 1916 年文稿中去的。——编者注

界限分明、静止的整体的世界，它有着清晰、成型的秩序，可以从其组成部分得到理解，并且首先与作为社会生物的人的独立自主的理智和意志相关。与英格兰精神的不同之处在于，德意志精神和法兰西精神共同追求着这一整体。不过，对德意志精神来说，这一整体更是关于某种无限使命的观念，而不是某种现成之物；并且，这一整体优先于其组成部分。最伟大的德国思想家历来都是进行综合的集大成者（如莱布尼茨、康德、费希纳、黑格尔），而最伟大的高卢思想家历来都是强于分析的高手。这一整体既不可按照研究时代、也不可根据其内容的丰富性被纳入人类概念的网络——德意志精神即被这种意识所征服。因此，德意志精神的基本态度乃是面对整体时的敬畏与踟蹰。也正因如此，其作品保留了某种未竟之姿、残篇之态——也就是法国人在我们这里发现并根据其主导观念称之为"缺乏形式"、"含混不清"、"晦暗不明"和"陷在素材里"的那类东西。像温柔虔诚的费奈隆所著的拥有广大读者的《上帝证明》这样一本水晶般澄明、彻底地解决了一切疑虑、同时又毫不引人注意地回避了难点、并在面对不可见者时毫无敬畏可言的书，德国人是断然写不出来的。即便是伟大的法兰西密契家，如贝尔纳、140 圣维克多的于格和亚当、费奈隆、博絮埃、萨勒的方济各等人，在宗教感受的热情洋溢之中，仍旧保留了一丝高卢人的这种理智光辉。不过，此"世界"始终与作为社会一员的人相关。人乃是受造界之冠，是其行使主权的统治者及大师，每个问题都从人这里开始，也会在人这里结束——这是全部法国哲学的一条不成文的先决条件。法兰西精神主要在尤其是（kat'exochen）作为形式科学的数学——在其中，法兰西精神最独立、最自主的自由成为了运用纯粹理智所需付出的代价——和社会学说这两极之间摆动。在对于概念清晰性的需求面前，英格兰精神满怀爱意去研究的万物的那种无声、粗糙、丰富的真实性于是远远地退到后面。德国的那种对于人生以及民族生命的最重要转折的昏暗、受超意识与下意识引领的命运形式的生命感受，德国的那种对于把人安排到一个世界的充满奥秘的整体秩序中去的做法的崇拜，都是法国灵魂所缺乏的，法国灵魂会很轻易地将其看作"对本能的奴隶般的偏袒"[①]。"下意识"这个概念是由德国人莱布尼茨引入的。哲学的思维和表现形式对应于对数学式清晰的偏好以及对某个已被构思为社会讨论对象的世界的偏好。在观念化的抽象艺术中，在从少数"原则"出发进行演绎的清晰中（只有在法国才有可能说出丹纳的那句名言——"像三段论一样美好"），在从研究里找到简单、澄净的问题的技艺中，或是在将事情往判决性试验的方向上推进的技艺中，法兰西精神就像它在表达时所使用的优雅并能博得好感的修辞当中以及在专业范围以外让人对某个问题及其解答产生兴趣的技艺当中那般无可比拟。

面对世界的丰盈，这种思维方式首先在自然和人类当中提取出一个由井然有序的、透明的形式组成的层级王国，这个王国同时满足理智和品位的要求。从笛卡尔一直到数学家庞加莱，法兰西精神样式始终极难区分逻辑-事实上的兴趣和审美方面的兴趣。[②]在法国，一本缺乏清晰的谋篇布局和表达艺术的书仅仅因此就很容易引

---

① "法国人不相信命运，命运只是弱者的托词。"罗曼·罗兰（Romain Rolland）在战争开始时致豪普特曼（Gerhart Hauptmann）的一封信中这样写道。

② 参见庞加莱（H. Poincaré）著《科学的价值》（La valeur de la science），德译本，莱比锡，1906 年。

起人们对于该书所著内容的真实性的怀疑。反之，一种尺度合适的
"良好逻辑"（bonne logique）同样属于高卢人的审美理想。这种态
度易忽视这个世界在直观上所具有的丰沛、力量和个体性，有机生
命的那种复杂的晦暗性及其无法被独立自主的理智使用的性质因
而也明显无法在这个世界获得其应有的一席之地。莱布尼茨曾经
不仅要使个体性这一范畴以及反笛卡尔的力的范畴重新获得其应
有地位，他还曾要让生物学的基本概念也都重新获得其应有地位。
在从非常少的原则中导出世间万物之间的相互依赖性及可演绎性
的观念面前，世界各部分间的相对独立性消失了。不管是在国家
中，还是在语言和世界观中，一种中央集权式的专制主义正在四处
扼杀构成世界的元素及其各自发展的自由与独立性。

　　与此同时，在历史和力学当中，面对某种静态秩序的图景，面
对万物的某种"层级结构"，世界运动和发展的那一面退居次席，巧
妙的分级常常得用来取代解释。笛卡尔力学将时间概念以及力的
观念从这门学科的基本概念当中排除了出去（"持续创造"学说只
是其后果之一），让动态变成了静态的一种特殊情况。直到莱布尼
茨才从哲学上指出了这一错误，他还反其道而行之，想要将静止空
间的这幅图景回溯到受时间条件所限的力的产物上去。在让高卢
精神获得独一无二经典性的笛卡尔那里，上述特征中的其余特征也
都显著地呈现了出来。他对真理的定义，"真理是能被清晰且明确
理解者"，几乎就像是一条不屈的公理，悬挂于法国哲学乃至法国
精神发展的上方。不过，是否具有"清晰性"与事实本身以及关于
事实的真理毫不相干，而纯粹只是人的主观上的一种需求，这个问
题笛卡尔从来都没有提出过。而笛卡尔的"我思故我在"这句话包

141

含的新态度却一点也不缺乏法国味，并且，这句话对未来有着深远的影响。这种态度对生活在旧制度下的人的技艺与精神进行了概括（in nuce），它赋予了拉辛和高乃依笔下踩着古代厚底靴走来走去的人物以灵魂。对莫里哀这位天才的民族之子（《女学究》和《愤世者》）来说，这种态度是他讽刺的对象。同时，这种态度也已然表达出了伏尔泰、狄德罗和巴尔扎克后来在观察和类型化描写人类事物时的那种冷漠并且几近残酷的距离感。这句话中，人的独立自主的理性主体一跃而起，进入存在意识的高空，从遥不可测的远方，望着整个世界；连同整个有机界王国以及活着的人的生命，都位于自己的下方，正在和自己作对。笛卡尔所说的这个“我”不再处于世界之中，“我”在世界中不再有丝毫的故乡情感，生成之河也不再承载着“我”缓缓地流动。它那钢铁般凛冽的目光疏离地投向自然、传统和历史，分析着、区别着、审判着。只有从对这样一个“我”的构思出发，才能设想那种可以设想到的最为人造也最为远离直观的

142 思想，那便是：动植物以及包括人在内的一切生物，只要它们不“思考”，便都只不过是复杂、无灵魂、无本能的机制而已——这真是一种法兰西式的思想，真是一种尤为高卢式的过分！

笛卡尔对整个物理学的理解，包括他把哲学看作泛几何学这门他用自己清晰而令人愉悦的分析几何学充实过的学问，同样也是一种真正高卢式的观念。按照这种理解，力、时间、物质、强度、质和客观形式不过是一堆“杂乱、晦暗的观念”，因此，必须将它们从世界的原始事实当中排除出去，它们被当作人格化论遭到了抵制。在笛卡尔看来，只有这样，才能使距离数学最遥远的领域也都纳入数学思想那不受约束的结构性的存取范围之内。他让静止之物，也就

是那片任由精神划定其边界的空间，也成了时间的主宰，正如他让动态从属于静态，他还让一切发展理论都从属于分级。帕斯卡尔甚至还要去寻求一种"心灵几何学"。

不过，更为引人注目的是法兰西精神当中演绎和集中的趋势在笛卡尔那里描绘自己的方式。多种形态的自然界被回溯至极少的几条"原则"。对笛卡尔而言，上帝和个体的人之间，不存在中世纪所教导的任何居间斡旋的王国和潜能：诸次要因被第一因吞噬，恰如在法兰西国家的发展过程中，诸等级及其自由被专制君主的权力吞噬那样；而最终，正如在"朕即国家"这句话面前（它是"我思故我在"这句话在国家哲学中的对应）全部社会都变成了民主的、同型的大众那样，在上帝面前，思考着的诸自我也都变得"平等地"享有天赋观念的理性馈赠。就连灵魂也都不再"完全地存在于肉体的每一个器官之中"（亚里士多德），而是集中到大脑的某一个点上；灵魂仅仅是"思想"，从前本应作为"生魂"（anima vegetativa）和"觉魂"（anima sensitiva）、作为"生命力"而在广延的世界和纯粹事件的世界之间进行中介的一切，都被交付给了机械论。一直到脑生理学，法国研究者都倾向于将心理功能定位得"过高"。在"思考着的自我"面前，人性的全部本能、全部热情、全部心绪力与感受力，都和在上帝面前思考着的自我有同等价值，就像大众在专制君主面前具有同等价值那样。不过，法国历史以更为奇特的方式证实了这种奇特的类比。要把专制君主制变成先前早已变得"平等"了的公民当中的每个成员的自由，只需要一颗国王的脑袋，类似地，要得到拉梅特里的"机器人"，只需把松果体上的那个灵魂小点抹去即可，要得到霍尔巴赫的唯物主义，只需把对于世界的进程和运动而言已

143

变得多余的上帝抹去即可。

笛卡尔激烈的二元主义中还凸显出了法兰西精神的那种对反题的毫无节制的倾向。诚如帕斯卡尔所言，法兰西精神热衷于借助这种倾向打开"盲目的窗户"——这也正是高卢人讲笑话时最常用的那种反题。并且，在笛卡尔这里，展现出"实体间的某种联合作用及合作到底如何成为可能"这一点的综合式的力量，丝毫不与那种将世界分解成清晰、易于把握的反题原则的力量相对应。当我们把目光从世界解剖学转向世界生理学，一切仍旧晦暗不明。

即便如此，法兰西文化所独具的宣传力仅在少数几个例子上，就比以笛卡尔主义的历史为例更加强烈地体现了出来。笛卡尔主义可不光在整个十八世纪是"新哲学"的代名词。直到今天，它都是受过科学教育的欧洲人一般而言理解这个世界的基础之所在——这一点无论怎样强调都不为过。只有这门哲学才懂得该如何让人根本就不会意识到它是一门特殊的哲学——相反，它让人以为它本来就是健康的人类理智本身结出的果实。

法兰西精神的上述基本特征在同样的程度上渗透到了哲学以外的文化内容中。我们看到，不管是法国园艺，还是将国家领土划分成人为的"大区"，不论是尽管自旧制度起宪法不断变化却仍坚韧地保持下来的基层行政的中央集权化，还是以巴黎为中心对语言、时尚进行规范的过程中的中央集权化，抑或是大革命时代历法改制的实验以及引入新的度量衡系统，我们一而再再而三地遭遇到存在和生活方式上的"笛卡尔主义"。能将历史也囊括在内的唯一的世界方程式所代表的拉普拉斯式理想；怀疑论者孔德尝试将诸门科学纳入某个固定的"层级体系"并将历史回溯至某一发展路径——其中的自变量应是人类靠理智取得的成就[①]——的少数几条基本法则(所谓的"三阶段"法则)的做法；孔德非常典型地将拉马克的发展观称为"黑暗观念"而予以驳回的做法；德·迈斯特在其专论《论教宗》里展现出的教会超中央集权主义；傅立叶仿照古希腊步兵方阵所设计的精密的社会化国家：所有这些，都是在形成过程中反映出了国族精神的那些与首先被笛卡尔如此形象地记录下来的特性一模一样的特性的观念。在反对个体的良知自由[②]这个方面，孔德说出了比任何一位狂热的神父曾经说过的话都要更加尖锐的话。在他追求的理想社会里，居于顶端的是一位饱学的"精神权威"，并且，这个社会通过对一位女性的崇拜而对"宏大存在"、对"人类"顶礼膜拜。孔德的这一社会理想只不过是对旧式的理智中央主义以及对人进行人为分级这种思想的改头换面而已。高卢人的自由概念——它和英国人的自由概念是如此根本地不同——既不知道精神个体的自由，也不知道自然地、历史地形成的共同体的一员的自由；按照这种自由，国家既非某种最大限度地保障各种自私自利的契约，亦非某种由上至下人为强加的意志，而只是民族的个别意志单元的最高组织形式——这些意志单元的终点便是国家。如果说，在英国，是传统模式、常规、习俗导致了对精神个体的抑制或者——用密尔那抱怨的话来说[③]——扼杀，那么，在这里则是国家统治阶层有意识的规范化意志导致了这种后果。法兰西民族对

144

---

① 参见本卷"论知识的实证主义历史哲学(三阶段法则)"一文。

② 关于孔德对个体良知自由的拒绝，参见《形式主义》，第五篇，第 7 章。——编者注

③ 参见密尔(J. St. Mill)著《论自由》(Über die Freiheit)。

自由的暴风骤雨般的渴求总是仿佛自动地把某种会重新引发奴役的最高统一权力推上巅峰，此乃该民族所特有的一种悲剧。

每一个时代，法兰西精神在怀疑与密契、放纵与痛悔、轻浮与最温良的纯真（就连最优秀的法兰西女性也是如此）之间的奇特摇摆都被加以强调；一点也没错，这或许只是法兰西政权的宪法鲜明的反题式发展所展现出的心理学的内在层面。怀疑是让灵魂顺从于权威和教会的最佳手段，对蒙田来说如此，对沙朗和于埃来说则更是如此。两种元素互相促进，栖居在帕斯卡尔那伟大而病态的灵魂里。而在特拉普会 ① 创始人朗瑟那里，最炽烈的世间欢愉变成了缄默和极度的归隐。腓特烈大帝的精神导师培尔，重复着德尔图良的那句话："因为荒谬，所以我信。"心绪运动在怀疑论传统主义和最不受约束的随心所欲之间来回摆动，同样的节奏又出现在德·迈斯特和德·伯纳德那里，一直到如今（在布吕内蒂埃和"法兰西行动"那里）。不过，我们也必须指出，在哲学领域内与诸如圣维克多的于格、博絮埃、费奈隆、帕斯卡尔、马勒伯朗士、司铎咏祷会其他伟大的修士、新近的曼恩·德·比朗、柏格森的老师拉韦松这些名字关联在一起的那个最为寂静的法国，有着令人惊奇的连续性和拒人千里的灵性纯净。

在这里，带有奥古斯丁色彩的虔敬与精神的热情，以及思想的数学式清晰和冷静之间的融合，塑造出了一批最为高贵、最有思想的头脑——他们是带着距离感十足的尊贵和温柔的谦恭、带着最为

---

① 特拉普会（Trappistenorden）是天主教隐修会之一，即严规熙笃会，脱胎于十七世纪熙笃会改革运动，尤其强调修道生活中的缄默。——译注

鲜活的信仰和内在的宽厚与自由的一个个身影和一张张脸庞。在 145
其它国族那里,我们几乎不会再找到类似上面这样的一种混搭了。
最近在法国青年那里,这种更为寂静但也充满力量的精神方向得到
了明显的强化,随着战争的进行,它还将继续被青年们经历;但也
正是这种精神方向,曾一再成为法兰西思想冒险的一个高光的定位
点,将来——我们希望——它仍会充当这个定位点。

　　法兰西的民族伦理又是如何反映在法国哲学中的呢? 从笛卡
尔到柏格森,法国人对待道德问题就像是对待不是自己亲生的子
女一般。他们既没有英国伦理学所特有的那种将伦理学和国民经
济学联系起来、对道德冲突丰富而准确的观察以及提出问题时的细
致 ①,也没有德国人的那种从良知及义务的内在体验出发构建一种
形而上学的倾向。被我们称为"法兰西的伟大道德作家"的人,更
多地是"作家"和社会学家,而非真正的哲学家(拉罗什富科、沃夫
纳格、圣西门、傅立叶、孔德等)。这表明,比起其它民族,法国人
在这里向部分来自教会部分来自社会的传统、"常理"以及蕴含其
中的固化了的"理想图景"(比如"圣徒"、"贵族"和后来的"正人
君子")提供了更大的活动空间,而且,相较于对内在道德体验的分
析,如何建立一套合适的社会秩序这个问题更加重要。

　　除了笛卡尔学派的那种具有强烈的斯多葛派色彩 ②、基于教会
传统的道德教条,以下思想在拉罗什富科的伦理尝试中占据了最重

---

　　①　居伊约(J. M. Guyau)的著作《当代英国道德》(La morale anglaise contemporaine)非常典型地表现了法国人与英国伦理之间的关系。

　　②　就连那种一开始具有宗教性、但早在旧制度下法国耶稣会那里便已越来越转向政治的平等思想,其根源亦存在于斯多葛派的自然法产生的强大效应之中。

要的地位，即，得到正确理解的自身利益乃是道德行为的根基。在其作《箴言集》中，拉罗什富科向一个私底下仍旧按基督宗教理想来衡量自己的社会发起的，不止是信心十足的批评和反讽式的控诉；到了十八世纪的拉梅特里、爱尔维修、霍尔巴赫等道德作家那里，这种批评和控诉就成了关于"道德敬重如何产生"的严肃理论了。通过个体对于被视为"最高"的某些特定生命财富的竞争而产生的原动力或许是法兰西人的一切原动力当中最为强烈的，只在这个程度上，该学说才是法兰西伦理的一种表达。"竞争"、在所有领域里都要"向上爬"、猎职、争夺是此处所有行动的主要驱动力之一，不管是要在一座修道院里比别人更加神圣，还是要在股市里比别人更加富有，抑或是要在国王和有权势的女性面前比别人地位更高。我们不应该把它设想成个体间那种普通的、只愿悄悄享受自己得到的好处的自私自利。就连在哲学作家那里，得到最高奖励的也恰恰是冷静和果敢。[①] 因为，现在还要加上另一点（它就像是过渡，通过它，才能从得到正确理解的自身利益中产生某种道德），即，快乐的主要源泉和每个人都在同他人竞争着的生命财富的特殊样式，它们并不是真实的存在和行为，而是某种存在和行为在社会中的图像，它们并不是"自我"的真实状态，而是每个人认为自己在社会中所扮演的"角色"。法兰西生命的基本进程并不发生在真实性的领域里，而是发生在其中一个真实的世界里，它就像一张覆盖在具有社会效力的表象世界之上的网，在这个世界里面，每个人都拥有一幅特定的理想化的影子图像，作为自己的"角色"。这是一个如

---

① 在沃夫纳格（Vauvenargues）那里就已是这样。参最近尤其是居伊约所著《不包含义务的伦常性》（Sittlichkeit ohne Pflicht）。

社会数学般的世界，其中的人物就像几何学里的图形那样，被抛到了真实性的上方，好用来测量真实性。这个"世界"也是法国小说偏爱描绘的对象。不过，视与上述图像相关的生命财富究竟是精神性的还是物质性的居多——即视其究竟是道德可见的人的图像还是更深层的人格性的图像——这种法兰西式的倾向，要么会发展成俗称"法式虚荣"的错误，要么则会成为更高的上进心或是那种对"光荣"（gloire）的奇妙感受力之类的德性。根据克劳泽维茨的一句名言，德国人极少能驾驭那样的荣誉感，正如德国人同样也极少能驾驭——用席勒的话说就是——法式的"优雅举止"和高卢式的雄辩那样；只不过，席勒乐于将后两者错误地评价为毫无信念的卖弄辞藻、收买和欺骗。并且，视宪法状态和文化大局究竟将个人的上升更多地同某位国王的宠幸联系到一起，还是更多地同占支配地位的财阀统治，抑或是同无产阶级的追随联系到一起，视构成社会上最受欢迎的财富究竟是勇敢、得体和优雅，是财产，还是在这里受到如此独一无二的重视的大众演讲与雄辩方面的才能，这种普遍竞争的目标内容会随时间而变化，但是，从旧制度到当今的共和国社会，这一基本道德态度上的稳定性却没有发生变化。

　　对国族整体而言，这种威望叫作颜面。在法国，颜面思想极为不成比例地凌驾于真实权力的观念以及在事实层面将全部领土和民族力量都利用起来的观念之上。近几十年来，法国并非由扩张必要性而导致的殖民政策更多地将殖民地看作帮那支为孚日山脉着魔的军队征兵的机构，将其看成纳税人，而不是在工作上能结出硕果的土壤，这一殖民政策也应从此处出发去理解。现在，伴随着这种追求国族荣耀的贪欲的，假如还有一种在种族生命没落（人口减少）面前的压抑感，那么，任何异族的繁荣，以及那些不直接促进本国族利益的繁荣，在心理学上都会显得像是一种实际的进攻，并且，单单这样就足以引起仇恨了。如此，才能对以下这件奇特的事实做出解释，即，为什么几十年来，就连最谨慎、最冷静、最有修养的法国人都确信，德国为了吞并行省，很快就会进攻法国。颜面——而非国族的真实权力与财富（这些都是会互相促进的）——是一个关系与差异的范畴：列强当中的某一个，不可能在其它国家没有按比例丧失颜面的情况下赢得颜面。倘若颜面成了政治的精神导师——而不是成了从属于国家权力、仅仅偶尔才被当作权力源泉的因素——那么，在民族灵魂看来，异国权力纯粹增长这样一幅图像就已经是对本国族的进攻了，与此同时，民族灵魂还会把事实上由恐惧引发的攻击性的感情冲动当作是对自己在幻觉中所恐惧的进攻采取的防御姿态。战前那些年，法国在很大程度上陷入了这种国族性的自我欺骗之中。大体上说，这正是被法国的精神病理学家们称为"有迫害狂的被迫害妄想症患者"的情况。对臆想攻击的恐惧成了把一切表达出来的东西都往这个方向上排列、解释的某种心理状态的核心，并最终成为攻击的动机——作为信以为真的防卫之举。然而，更高的对于可能遭受的面子损失的敏感度必然与国族的报复欲同进同退。1871 年以来，复仇观念不断加深、加剧，其影响力左右着整个法国政坛，这（正如我已在别处 ① 指出过的那样）只能在上述灵魂背景的基础上理解。战争之初，柏格森在一次演讲中

---

① 参见《战争天才》，1915 年，第 107–111 页。即《舍勒全集》第 4 卷，第 73–76 页。［参见前引《战争与伦理学》(Krieg und Ethik)结尾那一章，另参前揭，第 99 页。——编者注］

完全正确地谈到了"法兰西民族灵魂之重疾",他说这是1870年普法战争造成的后果。不过,他又补充道,该疾病在于阿尔萨斯被夺走,法兰西的灵魂因此被逼入了对"法治和公义是否还能在世界上通行"这一点感到绝望的处境,于是,它只能通过一场战争的胜利来重建这一业已丧失的信念。柏格森这么说,实在是在幼稚地为己方找补。导致"民族灵魂之重疾"的,并不是对"法治和公义"的绝望,而是对限制得很紧的民族伦理几乎是自动地给法国的政治行为所设定的目标的可实现性产生的令人痛苦的不确定性——不确定在丢掉阿尔萨斯后,未来是否还能保住自己作为"伟大国族"的这一旧时形象和自己那支头顶着光荣桂冠的军队的名声。

三

法兰西民族的政治伦理及其战前的精神状态便以一种虽独特、却并不太难以看透的方式,位于法兰西伦理的一般性框架之内,无论其历史命途如何变化,这个框架依旧展现出一种少有的稳定性。

首先,在使用任何政治范畴时,我们都保有一抹独特的色彩,我们立刻就能体会到,这抹色彩是属于法兰西国族的。我已有一篇专文对"国族"和"国家"这两个范畴进行了说明。[1]在此,我并不希望将读者的注意力过多地引向"自由"、"平等"[2]之类的单个范畴,更不愿将其引向法兰西国家具体的政治步伐,我希望让读者注

---

① 参本文集的前一篇文章。

② 此处请参本文集收录的下一篇文章。——编者注

意到法国的政治方法论在形式上的结构。

外交与内政间相互作用的特殊关系对欧洲各个大国而言皆不相同。我在我们民族中的社会主义者和保守主义群体那里经常见到的那样——哪怕是在截然相反的方向上——对这种关系有模式化的理解，乃是因为对上述事实不够重视。像许多社会主义者那样，把现在所有参战国过去几十年的外交政策都归咎于害怕内政不稳、害怕革命、逃避内政问题（在法国，有渐进式所得税的问题，还有害怕继续实行三年制兵役的问题；在英国，有阿尔斯特省的问题、爱尔兰问题，还有煤矿罢工问题）等因素的做法是错误的。同样错误的是像许多保守主义者那样，根据军备必要性和世界范围内的经济竞争对内政产生的影响去理解内政上可能发生的一切情况。暂且完全抛开特殊的政党和阶级不论，各大国族国家在采取内政外交政策并让其相互发生作用时，皆展现出了其各自特有的方式：

英国的政治方法论最有特色之处，莫过于它的内政外交几乎独一无二的独立性。这种独立性是英国的国家道德与私人道德间深刻的二元对立造成的后果，康德早已发现了这一点，并用自己的名言将单个英格兰人的高贵与这个民族作为整体的贪婪、残酷和野蛮对立起来。自改革法案起，直到劳合·乔治领导下激烈的家国社会主义 ① 改革，在英国宪法经历的深刻的变革过程中，在保守、自由两派政府的交替中，英国外交政策的基本教义（势力均衡、海上霸权

149

---

① 舍勒此处使用的 staatssozialistisch 一词，直译应作"国家社会主义"。然现代汉语中，"国家社会主义"一词通常用来指称纳粹党徒或纳粹政权拥护者。为避免混淆，且考虑到此处该词意在强调国家具有的集体和组织的维度，故另择译名"家国社会主义"。下同。——译注

主义、在一切全球事务上皆要求拥有裁判权）几乎完全未被触及。外交问题有可能反过来影响对岛国政权内部生活结构的塑造——单是这样一种观念，就已经让英国人觉得是难为情的暴力以及对自己在人格与国族上的自我意识的损害了。从这个角度看，关乎普遍兵役制的斗争业已具有英国政治伦理演进过程中的一个剧烈转折点的意义了。而反过来，让内政上的变化对外交产生影响，这也是违背英国人的本性的。在私生活中，有一种力量表现为对丑闻的害怕，它尽可能让所有的争吵和对立都在家庭和家族内部发生，无论如何也不能放任其进入公共领域，同样的力量也从一开始就让内政斗争对外交政策所能产生的最强烈影响带有瑕疵。整个民族都被挑选去承担某种普世的政治天命，这一背景当中无处不在的拣选思想仿佛自动地决定了内政斗争同外交政策走向之间最严格的分离。在这里，某种截然的二元主义成了具有决定性的理想。

　　在德国，情况则完全不同。在这里，外交获得了对宪法、阶级位移、社会与人口政策以及政党间交替影响的必经发展进行塑造的首要力量。其原因并不像在英国那样在于民族的本质和伦理，而在于德国通过战争和普鲁士政权的所作所为进而实现统一、建立帝国的历史进程。没有哪里像在这里一样，每一个政治群体对陆海军的军备要求做出的反应，都在某种程度上决定了该群体的总体政治命运，同时也决定了该群体提出的其它要求的命运。

　　在其《思考与回忆》一书中，俾斯麦对法国有过如下贴切的评价："法国政治中的一个惯用手法便是通过战争解决内部困难。"①

---

①　俾斯麦：《思考与回忆》，斯图加特和柏林，1915年，第二卷，第83页。［参见

这正是赋予法国在外交事务方面经常被人强调的那种——在任何其它地方都找不到具有如此规模的——不可捉摸特性的因素。比如，对领导层来一次彻底的换血，或是一场影响深远的新选举的结果，突然间，一切都不一样了：公共意见、新闻、政治以外的措施乃至其精神。无疑，过去几十年间，法国的整个政坛都被政治以外的某种观念——复仇观——扼住了咽喉，并且，它也在很大程度上一同受到了该观念的塑造。然而，这种影响的规模和方向却几乎毫无例外地取决于在这个国家的内政斗争中掌舵的那些人。如果卡约领导外交的话，那么，在通往世界大战的过程中，法国恐怕会做出截然不同的行为。在对政治以外的措施发挥影响这个方面，政权及国族利益问题可能会远远落后于一般政治及世界观层面的好恶，比方说，在"权威与自由"、"秩序与民主"之类的问题上，与其它民族中在政治上志同道合的群体一道。在我看来，这也是法国这套政治伦理的一种恒定特征。它是同法兰西理性主义的独特性联系在一起的，它还是同僵化的普遍概念以及下面这些尖锐表述所占据的主导地位联系在一起的，即，在法国人的意识中，如何合理塑造人类社会事务规范的问题要优先于对法国特殊的政权与国族利益的判断。只有从这一点出发，才能理解像森巴"要国王还是要和平"这句号召当中的"还是"（ou）这类词语。我们对法国在战前的思想潮流的认识越是准确，就越是有可能陷入对于"是什么在更大程度上激起了与德国的战争"这个问题严肃的怀疑：究竟是当时法国共和的、实证主义式的民主主义，还是其年轻的国族主义、心态式黩武

150

第三版编者后记，第414页。——编者注〕

主义（而非目的式黩武主义①）、时不时仍与保皇主义及正统主义观念联系在一起（"法兰西行动"）并且常以各不相同的形式寻求与教会结合的精神运动？是的，我们会怀疑，如果森巴的那句话变成"要国王还是要战争"，是不是也一样能成立？

所有这些法国青年群体从原则上对国族主义、对所谓的古典主义（反索邦运动）、对战争和黩武主义伦理、对宗教以及在不同程度上同样对教会的信奉并不排除——依照上述法兰西理性主义的特色甚至还在某种特定程度上要求——下面这种情况，即，人们不仅公然或者半公然地追随着德国的榜样（例如，恰恰在这些圈子里，德皇赢得了最多好感，俾斯麦作为政治人物也一样），更因为人们不相信现政府连同其体制能够在对德战争中获胜，因而人们对待德国的态度其实是友好的而非好战的。战争期间，对法国政府最尖锐的批评之声同样来自这些从一开始就不太相信法国会取胜的圈子。柏格森在一次演讲中批评德国，他把我们的"组织"描绘成一个没有灵魂、没有精神的机制，他的这一批评恰恰遭到了保皇派最激烈的反驳。并且，法国青年运动的参与者们从来都没有给予过代表当今法国的那些人称呼德国人为"野蛮人"的权利；因为多年来他们都认为，他们已指出了现代"野蛮"的根源在于后革命时代的个体主义和卢梭式的情感浪漫主义，也因为他们确信，时至今日，从文学一直到管理建设，法国所有的正面精神价值仍然植根于旧制度之中。

就连这些圈子的国族思想和"黩武主义"，也完全不像我们的

---

① 参见本卷"论心态式黩武主义与目的式黩武主义"一文。——编者注

自由派报章所报道的那样，对德国充满了攻击性；自由派报章只是
在尽量让法兰西共和国与民主制不要被冠以"好战"的恶名而已。
相反，法国民主体制憎恨我国的这种非议会制、半威权政府的政治
体制，再加上法国害怕自己此前所担心的、作为德国新式军备（国
防税）的自动后果的三年兵役制（现已获批准）会演变成一种长期制
度；比起新国族主义和新黩武主义的那些宣传鼓动，在最后一刻导
致战争爆发的，更是这种仇恨与担忧。从保皇派的"法兰西行动"
圈子到法兰西民主体制（我们只需想想已在战场阵亡的那位高贵的
夏尔·佩吉及其圈子即可），这种席卷了法国青年的国族主义更多
地将复仇观念和阿尔萨斯问题改造成了教育法国青年的观念，而不
是将其变成了请战的原因之一。这种国族主义首先是对作为人类
精神一朵奇葩的法兰西文化的伟大精神根源的回想，而不是对法兰
西政治体制观念（自革命战争始，这些观念从未完全停止过其极具
攻击性的表现）进行鼓动性宣传的欲念。究其本性，法兰西青年在
精神上的黩武主义首先并不是攻击性的"心态式黩武主义"——即
一种灵魂上更具骑士风范的对待本能生命的新态度，而非对"为达
成一个就本质而言乃非黩武主义的、财阀统治的政府之目的能够如
何运用现有军队"这个问题的某种实用主义的考虑。在这些法国青
年的圈子里，战争的爆发未曾被当作某种秘密的希望得到了实现；
相反，它被当成某项有着长期规划的国族教育工作提前中断了，法
兰西灵魂和精神复兴的生命萌芽毁灭了。

152 　　我在别处[①]曾说过，与"目的式黩武主义"相反，"心态式黩武

---

① 参见下一篇文章"论心态式黩武主义与目的式黩武主义"。

主义"可能会强大到某种程度，从而使实际的战争几乎不可能发生。这一事实可能会以最高贵的方式出现，但有时，它同样也可能以可笑的方式出现。把自己的生命奉献"给"新的销售区域，把血放到天平的一端，把商品、经济利益甚至领土扩张放到天平的另一端，这样的做法是对拥有士兵精神的人的良知和本质的极大违背。管理着阶级利益并且——虽然自己缺乏黩武精神——仅为达成自身目的而使用士兵的非黩武主义政府就是这么想的。可是，在武力本身作为生活方式——以某种生活方式生活指的是，在其中，某类特定的德性和生活风格能得到最大限度的实现——受到崇尚的那些地方，导向实际战争的那种好斗动机反而恰恰在我们这个时代尤为缺乏。在我们这个时代，这类动机一般都极为强烈地受到经济的影响。在腓特烈大帝的父亲那里，这一律则简直达到了诙谐可笑的程度，他曾仅因喜爱自己的步兵，为了能让他们保持纪律严明而放弃过战争。战争结束后，有位普鲁士军长对士兵们说："听着，伙计们，现在都站直了，从现在开始又该正经八百了。"这位军长只不过代表了心态式黩武主义的那种低级的、技术性的因而荒诞可笑的形式。受到诸多斥责的对所谓的"战争本身"的爱常常会抑制实际的战争。而恰恰在现今这场战争的起源上，当对手那边的人忽视了隐藏在德意志黩武主义之中的那一大块普鲁士的心态式黩武主义，总是到德国对陆军和海军的新式军备当中去寻找德国政府其实根本就不具备的特定政治目的与战争意图，那么，对"战争本身"的仇恨非常轻易就导向了实际战争的爆发。正是由于德国这边——尽管德国的国家在军事上的权力得到了极大的扩张——某些世界性的政治计划的不可见性，这才让新德国在那些只可能将黩武主义排他式地理解为目的式黩武主义的国家看来是如此地令人害怕与不解；这些国家非黩武的市民阶层政府并不把军队理解成政权和民族的有机组成部分，而是将其理解为用来实现那些完全位于黩武心态以外的目的的机械工具。人们看见了巨大的力量和堆积的权力，人们根据自身政治心态结构的特殊样式为这些力量寻找"可衡量的"目标。每时每刻，人们都看到一个背负辎重的士兵咯吱作响地走来，人们满心恐惧地自问，他这是要去往何方。没人愿意相信，通常情况下，这个士兵只是去散个步而已。在人们未曾见到的目的和目标的空白处，正是那个实行着现代民主体制的实证主义的法国的源自恐惧的幻想，带来了"皇家重骑兵"计划好了的袭击的最可怖的图像；而这些幻想图像所具有的巨大恐怖效应，又恰好在法国制造出了一种将对手的清醒心智以及心理理解力完全排除在外的紧张性。法国自己的那种真正高卢式的对阴谋的热爱于是也就把一系列阴谋计划和目的放进了对手的心里，用以填充在那里实际存在着的空白。

正是在另外一个法国身上，那个心态不同的、反实证主义的、心态式黩武主义的、对财阀统治下有着超民主做派的共和国持强烈怀疑态度的法国身上，也就是战前让德国最优秀的青年感到很亲切的那个法国身上，人们有理由期待能对德国的黩武主义乃至对德国的整个本质有更深一层的理解。这种理解以最佳的方式塑造着自身，而那些了解情况的人，已经可以体察到人性、人格、科学、宗教、文学方面的千丝万缕了。导致战争的重要原因之一并不在于新近的这场运动，而在于旧势力，即1789年的观念在法国过于强大。①

---

① 1789年是法国大革命爆发的年份。——译注

当然，我们既不能把战前法国青年运动的那些可以总结为"年轻化意愿"的非常各异的特性理解成同质的，也不能高估其意义。比方说"法兰西行动"，它虽然经常表现出浮夸的教会性，而且有着不少杰出的成员（儒勒·勒迈特、保罗·布尔热），但从总体上说，它没有深层的宗教内涵。教会是权威和秩序强权，而不是宗教上的生命之源——这才是它的座右铭。不过，也有一些极为真正的宗教运动与之比肩并立，它们当中，有的更多地以前文已述的旧式法兰西思想（如拉布吕耶尔）中的奥古斯丁传统为出发点，有的则以博絮埃和费奈隆，即法国在此方向上所拥有的最为高贵的传统为起点。近年来，法国文学已远离了在理论上亲德国的勒南、丹纳、左拉，在纪德、克洛代尔、罗曼·罗兰、弗朗士·雅姆等人那里，有一种与法国现任政府所施行政策极为相反的精神在起作用。所谓的"反索邦运动"和新古典主义方向亦是如此，受柏格森影响的圈子同样如此。就连目标内容与上述运动根本不同的工会运动——其理论家索雷尔以柏格森的自由理论为起点——也和其它青年群体一样，受到同一种精神气质的涤荡，其有意而为的非议会制、反资本主义与革命工会的精神以工人阶级自下而上的自我组织为目标，它同法国政治领导层的"主导观念"间的决裂程度并不亚于其它那些群体运动。[①] 在法国，对这些"主导观念"的抛弃以如此根本不同的形式、如此根本不同的目标内容发生着；尽管如此，我们仍能注意到，所有这些形式当中，都有着同一种年轻化的意愿和同一种反资

154

---

①　此处参见梅内克（Fr. Meinecke）在"德国史观变迁中的日耳曼和罗马精神"（Germanischer und romanischer Geist im Wandel der deutschen Geschichtsauffassung），载《普鲁士学院报告》，1916 年，第六册，第 14 页中做出的确切判断。

本主义的节奏。恰恰这一事实，以及遍及各处的类似的行动朝气，使我们在此似乎不可能只看到某个政党或是偶然的少数派的权力。不管这一切未来会怎样，它们都有一个共同的基础，即作为整体的民族的那种强烈的年轻化意愿。因此，对待诸如"日渐消亡"或"日渐衰落"的法国之类不知所云的说法，我们得比从前更加谨慎一些。

最后，我还想指出一件不无矛盾的既成事实。战争状态导致在敌对国的一般新闻的巨大喧嚣中，战前在这些国家雄赳赳气昂昂地位于顶端的精神少数派在任何地方都遭到了完全的压制，只有同时也是这些国家中稳固的群众的声音以及作为旧的、固化了的关系之表达的那些声音，才作为所谓"公共意见"的总体效果得以表达。因此，在各处我们都更加能够听到作为今日之声表达出来的昨日乃至前日之声。因此，当前连在法国新闻中也几乎完全听不到法国青年的声音。以民主反对威权、以国族思想反对政权思想、以自由反对秩序、以和平主义反对普鲁士的黩武主义，上述这些被当作协约国针对同盟国的战争的灵魂展示给了我们。然而，当我们仔细观察战前在我们自己这里以及在敌国的那些新兴的青年运动，这幅图像却几乎颠倒了过来。这可真够奇怪的。我们发现，恰好在我们德国，尽管——或者说正因为？——黩武主义作为一项持续了上百年的工作成果已成了生命理所当然所必需的空气，并且它已渗透进了国家精神之中，青年一代的诸种精神运动却有着某种醒目的和平主义与民主主义的特性。但在法国、意大利，甚至在英国，这些"青年"运动的目标却朝着完全相反的方向。一边是鲁德亚德·吉卜林和邓南遮，另一边则是豪普特曼、格奥尔格、里尔克、韦尔弗。这边是柏格森、布特鲁、佩吉、巴雷斯、巴赞、雷伊以及前面提到过的那些人，那边则是一群就算精神上并非根本反对黩武主义与国族思想，但至少对其大多持反对态度的青年——这种态度顶多出于权宜的原因才会替军队和战争辩护。意大利（帕皮尼在佛罗伦萨的达·芬奇圈子、拉丁文艺复兴在意大利的那部分、未来主义）也是一样的情况。当然，这些现象完全是不等值的。只不过在这里，它们并非因自己的文学、哲学和其它价值得以被考察，相反，它们仅作为人民的精神运动的社会学症状而被考察。

这一特殊现象可能与以下情况有关，即，总的来说，在我们德国人这里，民主主义、反黩武主义和自由奔放是属于反对派的，而在西方协约国那里，这些事物的对立面才属于反对派。与此同时，当今欧洲精神生活最受诟病的法则之一恰恰在于，它本质上只能发展成反对派与批评派，它从一开始就无法以建设性的、甘愿担责的方式发展。如果我们把库尔特·西勒编纂的德语文集与发生在意、法、美三国的运动——它们全都共享新的所谓"行动哲学"的（按照我们的看法这其实是根本错误的）哲学前提——进行比较，就会得出一个特别的结果，即，哪怕它们有着同样的前提，它们的伦理和政治目标仍是根本不同的。在协约国的范围内，行动精神、实用主义、改良主义、"直接行动"这一立足点——总之，不管除此之外那种极为不明确的东西还能叫作什么——导致了极端国族主义和黩武主义的后果。我们在上述文集中找到的则截然相反。若非我们已出于事实上的原因（在此恕不详述的）认为这一整场发生在佛罗伦萨、巴黎、牛津、北美的新"行动哲学"运动从哲学上看是错误的[①]，

---

① 参见前引文章"认识与劳动"。——编者注

那么，仅如下事实便会强化我们的不信任感，即，孕育这场运动的，并不是事实和内容上的目标，而是纯粹反对恰好"适用于"相关国家的一切的那种精神：比方说，假如该"主导者"是黩武主义，那么就搞反黩武主义；假如"主导者"是反黩武主义，那么就搞黩武主义。不过，尽管这一因素起到了很重要的共同作用，但我们无法只用它来解释我们这里以及西方国家中那些精神受到触动的青年在举止上的特殊矛盾。另外还有可能，在我们这里，黩武主义是一个已经变得稀松平常的巨型组织，只有极少数人会倾向于在军队大规模进行改革的同时，沉浸到黩武主义那精神迸发的形成过程中去，然后再以同样的精神去继续建设这种黩武主义；起码在我们的敌对国中，作为心态的黩武主义仿佛仍处于青春期阶段，因而，他们的黩武主义要比在我们这里更有活力，并在更大程度上恰好由那些精神受到鼓动的青年所承载。

最后，这一现象也属于过去几十年间涌现出的某种普遍现象，它常常可能会像国族精神之间的某种短暂交流那样令人惊讶——倘若严格来说此种交流并非不可能的话。假如我们把"像德国人那样思考"理解为在我们的伟大哲学传统的精神下思考，把"像英国人和法国人那样思考"分别理解为在这两国各自的伟大传统的精神下思考，那么，就不止有一个，而是有很多现象都会显示出，战争爆发前，恰恰英、法这两个协约国的精神青年，比起像英国人和法国人那样思考，更多地像德国人那样思考，在德国，青年们反而更多地像英国人和法国人那样思考，而不像德国人那样思考。于是，在英国和美国哲学中，洛克、休谟、密尔、斯宾塞的思想并未得到继续发展，在这里反倒是康德、黑格尔和古典主义唯心论的观念得到了极大的弘扬。英国的动物学、植物学、解剖学和生理学教席上，几乎已经见不到达尔文主义者的影子了，心理学的教席上也见不到联想心理学家——在我们这里，反而直到战争开始都到处充斥着达尔文主义者和联想心理学家。[①]尽管我们德国人传统的思维方式是反实证主义、反功利主义的，但在战前，我们的科学研究却有着比这两种思维方式的起源国的科学研究更加实证主义与功利主义得多的性质。另一方面，在法国，所谓的柏格森主义以及与之为伍的那些学说，却已因其非理性主义与神秘-浪漫主义的气质，而成为某种完全非法国式的现象了。让我们暂且先不论柏格森在多大程度上直接受到谢林和叔本华的影响，无论如何，从客观上讲，柏格森的精神距离德国的这些思想体系要比距离任何一个法国经典哲学家的思想体系都要近得多。布特鲁也面临着类似的情况。就算过去的法国作家和思想家，比如勒南、丹纳、德·古尔蒙、左拉，他们对德国的评价要比当今法国青年的精神领袖对德国的评价更加友好，但比起后者，前者才更像法国人那样思考。如果说，一位像海因里希·曼这样的重量级作家向德国人推荐左拉——恰恰是那个已经被尼采全然充分地描绘过的左拉——作为某种精神榜样，那么，站在战前法国青年的立足点看，这就像是某种完全无法理解的无政府主义一样！恐怕没有哪个法国作家会像左拉那样，在今天的法国青年当中一文不值。若我们给各国宗教运动和从起源上说来自德国的社会政治运动（在我们这里减少，在英法两国增加）列一张清单，它

---

① 如今，这一点变得非常不一样；参见拙文"当代德国哲学"，载书友民众联盟编《当代德国文化》（1921年）一书。[（1923年的增添。）脚注中提到的作品重新收录于《舍勒全集》第7卷。——编者注]

将会显示出类似结果。在我们德国这个政教有机统一的国家里，可能一大部分严肃的青年都沉湎于海克尔和奥斯特瓦尔德的那种完全非德国式的一元主义①；没错，这种一元主义曾经有可能被夸大成了某种"宗教运动"。相反，在政教严格分离的国家，比如法国和意大利，也就是在那些有着本质上反教会的政府的国家，战前我们看到了一种比在我们国家强烈得多的积极的宗教精神。有鉴于从原则上反对如今鼓舞着几乎所有青年精神运动的全部精神，在此，我们难道不是也必须既说一句"尽管"又说一句"因为"吗？

　　战后法德两国间的关系将会如何发展，我们尚不得而知。但眼下，我们所能做的最无意义的尝试便是发表预言了。②

---

① 以某种极为俗套的怀疑论和源自浪漫主义的实证主义的思想方式。

② 参见收录于本卷"增补"部分的文章"战争与建设"初版时的结尾部分。——编者注

各大国族民主体制的精神与观念基础

我们的敌人曾经尝试把一系列在国际上互相交叉的既定利益
动员起来反对德国，这些利益当中就包括宗教-教会利益（参见法国
天主教徒的战斗檄文）、文化利益（对德国科学的攻击）等。所有这
些尝试中，最有效的无疑是如下斗争论题的提出，即，应把战争视
为一场全世界范围内的以"民主"对抗"反动"，也就是（对内）反
抗国家-威权式等级与阶级专制、（对外）反抗"强权高于法律"这
句话的战争。而这一论题并不总是受到来自同盟国参战方及其持
中立态度的友方的那些在历史和政治上持右派立场的作者的质疑。
相反，它还以一切可能的形式得到了颇受欢迎的接纳：一会儿，人
们谈起"1789 年观念与 1914 年观念的对立"（契伦）；一会儿，人
们构想出俄国革命和法国大革命的后续运动是两者在向彼此伸出
双手，以反对"普鲁士"的威权秩序观念；一会儿，人们又论及"老
态龙钟的君主制"（德国、奥地利）与共和国、议会制这些国家形式
间的矛盾。有时，当我们听到这种争来辩去的讨论，我们甚至会觉
得自己回到了正统主义的年代。一个不具备足够的批判性、无法抵
制这类提问的正派的德国民主党人，就有可能会陷入自己的政治信
念与爱国情怀之间的不止一个良心顾虑中去。接下来，我想和被这
种顾虑搅得心神不宁的人分享几点思考。

在完全形式上的字面义之外，究竟是否存在着一种这样互相交叉的统一的"民主体制"呢？——这里所说的字面义，指的是只有国族精神、文化圈和实存宗教势力的特有属性才能以成为一种政治-社会现实所必须的内容加以填充的那种意义。

请允许我先对各种概念做一个普遍的（非历史的）本质区分：

首先，作为社会学世界观形式的民主主义及贵族主义，与作为历史上真实存在的（乃至可能的）政治派系名称的民主体制及贵族体制是截然不同的。我将以下政治信念称为"民主主义"：在对一切可能的群体形式（也包括所有政治、社会等"党派"）的塑造中，群众、多数派、"大多数人"才是既起着推动和塑造作用、又起着设定观念与规范之类作用的力量；把群体凝聚起来的价值是由这些大多数人决定的，"领袖"和"榜样"只是产生自大多数人的代表人物和"代言人"。在政治所特有的观念世界里，该理论以严格的少数服从多数原则的形式以及严格的、不可被代表的人民主权理论（如卢梭的"社会契约"）展现出来，具有规范性。在历史世界观中，该理论则展现为集体主义史观。相对应地，我把"贵族主义"理解为下面这种基本观念，即，对社会学的一切形式（以及所有"党派"，也包括所有"民主"党）的塑造都是由榜样、领袖与追随者、被领导者之间的首要区分所支配的；另外，在事实以及在法律上，少数派、"一小群人"决定了结晶析出的群体价值以及群体的形式和组织；任何历史可考的群众观念、目标、需求，曾几何时都曾是某个发挥榜样和领袖作用的少数派的观念、目标、需求；就其起源而论，共同体既重新塑造着正值财富（即"进步的"）同时又重新塑造着负值财富（即"退步的"）的总体趋势和总体意愿的起因都在于少数派的趋势和意愿（因此，少数派的权利即便在原则上也不可受到损害），在这个意义上，"历史"，也就是人类发生的全体事件的运动应当成为可能。①

接下来，我想再补充第二种重要区分。这一区分不再是社会学世界观层面的区分，而只涉及在某一种世界观的范围内、在某个时间点上、在作为事实而存在的共同体当中的一员做出过支持民主体制（作为党派观点）、反对贵族体制抑或是相反的决定的人。（因为决定着各自的党派归属的，是意愿决断，而非洞见。）作为最一般的党派名称，"民主体制"要求以任何一种方式对任何一个财富领域中越来越高的平等施加影响——而这有别于单从名称就已把自由置于平等之上的"自由主义"②；它同样有别于将爱、博爱、孝爱置于首位的一切党派看法：这种基本看法若与贵族主义这种社会学世界观相结合，将会导致任何一种形式上的保守主义；而它若与民主主义世界观相结合，则将会导致任何一种形式上的共产主义。其次，作为党派信念的民主也可以具有更自由或是更保守的"精神"。（我们只需把当前社会民主而又思想自由的民主拿来同基督教民主进行比较即可。）

为了在不借助这些可能的混合的情况下区分民主体制的诸种样式，最重要的形式视点尚不是那个大多数时候被太早提起的问题，即，那种必须取得的越来越高的平等应存在于何处？（财产、教

---

① 关于历史上的领袖问题，详情请参本文集第四分卷《历史哲学》。［第四分卷并未出版。参见作者遗作"榜样和领袖"，载《遗作卷一》。——编者注］

② 关于民主制和自由主义之间的区别，也可参哈斯巴赫（W. Hasbach）著《现代民主制》（Die moderne Demokratie），耶拿，1912 年。

育、政治权利与义务等的平等，也就是"社会民主"、"教育民主"、
"政治民主"。）相反，更为根本的乃是下面这种更形式化的视点，
即，任何一种实际可能的共同体所代表的平等与不平等的混合，更
应在哪个方向上取得？应该去决定被要求变得"越来越高的平等"
的财富内涵的，究竟是根据共同体，比如国族的（不断变化的）伦
理道德，被定位为"更高"的价值，还是被定位为"更低"的价值？
被拿来进行比较时涉及到的（正）价值越低，人与人之间就会变得
越平等，价值越高，人与人之间就会变得越不平等。[①] 我个人认为
这是一条有可能得到严格论证的伦理原则。因此，依我之见，并且
在我认为是明见的价值等级秩序的前提下，个体和群体在对一切有
用及舒适事物的财富占有方面，应比在政治上的自由、法律及权力
地位方面相对更加平等；而在后面这些地位上，他们又应比在道德
价值和精神教育方面相对更加平等。然而，"在上帝面前"（我认
为）人与人之间是无限不平等、不等价的，因而也是绝然"不可替代
的"。上升的贵族体制指向"上天"，增强的民主体制指向大地——
这才是在我看来事情应有的样子。但无论如何，出于描述的目的，
仍应保持以下区别，即，我们究竟会在被界定为价值更高的事物中
要求更多的平等，还是会在被界定为价值更低的事物中要求更多的
平等。而被界定为价值更高或价值更低的都是些什么事物？（以描
述的方式）决定这一点的，又是共同体所特有的伦理和精神，尤其
是国族的伦理和精神本身。在某种事实存在的民主体制属于第一

---

① 对这句话的论证，参见《伦理学中的形式主义》，第二版，第530页及以下（即
《舍勒全集》第2卷，第499页），哈勒，1922年。［参见第四版，即《舍勒全集》第2卷，
1954年，第513页及下页。（第五、第六版，第509页及以下。）——编者注］

种宗教–伦理类型（"天上的"贵族体制）或者属于第二种类型（"天上的"民主体制）的情况下，我们会发现，相关民主体制的真正本质究竟主要是与诸如物质财富和文明享受（"精神的民主化"）方面愈增的不平等相伴的精神–伦常层面的整齐划一，还是主要在于与文化和道德事务方面愈增的不平等相伴的物质财富问题中的平等趋势？这个问题首先取决于国族的伦理（及其历史发展水平），即取决于精神及物质方面的财富与特质获得国族在价值上的侧重的形式，其次取决于现有的、一同构成了党派组成基础的阶级需求，即取决于阶级在其所属的国族伦理活动空间范围内首先不具备故而才"需要"的东西，而在他们所需的东西里，自然还有某种可将他们和属于其它国族的阶级联系起来的共同"利益"。

倘若我们在这一概念框架的帮助下，尝试对英、法、俄、德这几国现行的"民主体制"进行规定，那么，我们第一眼就会看到，这些民主体制是多么不依赖于纯粹的在国际上被分化的阶级利益，并且，它们是多么强烈地完全受到其它因素，也就是世界观、宗教伦理和具体的国族精神等因素的决定——不管在内政问题还是在外交问题上，这两者皆然。

根据社会学的世界观形式，英国民主体制和英国精神本身主要是贵族主义的（与英国国家和议会的整个历史相类似），法国和俄国民主体制主要是民主主义的，德国民主体制则是两者的混合——但更加偏重于贵族主义。英国民主党的贵族主义体现在：一、将社会单体（*Einzel*wesen）（并非在英国尤为不自由的作为独特本质体的"个体"〈Individuum〉，而是单体）的自由之善置于其它一切样式的平等之前，即是说，自由首先总是某个"阶级"相对于其它"阶级"

161

的自由主义；二、党派形式的多样化；三、一方面，经济领域的职业工会凌驾于纯粹的财产和"阶级"整体之上的压倒一切的统治，另一方面，这些职业工会的经济利益对国家凌驾于政治治理追求之上的压倒一切的统治；四、对于让其基本原则在大英帝国范围外的国家和国族也得到应用以及由此产生的内政与外交之间泾渭分明的二元主义的那种十分漫不经心的态度；五、教条和理论在英国的教育史当中扮演的微不足道的角色。

相反，法国民主体制则完全充满了民主主义的精神——既在理论上（集体主义的历史阐释始自法国的孔多塞），也在政治论题与实践上。大多数人对国家——确切说是对国家的最顶端，而非对自旧制度起就非常稳定的中下层行政区划——的统治，这才是法国民主体制的关键所在。（年轻的辛迪加主义是在理论与实践上打破法国民主体制的民主主义精神的初次但却不怎么有效的尝试。[①]）就连对法国的民主体制而言，（总体上讲）自由也比平等更重要。能够直接向国家提出每一个人在国家思想中被事实化的"自由"，以及为了实现这一目的而把政府这个按钮尽可能直接地握在手中，这样的要求作为主观的自由要求，是与被事实化的自由相对应的。对于法国民主体制的精神而言，精神和文化的平等和统一要比财产的平等和统一重要得多。能够尽可能地不经过中介，按照自己的意愿而让政府核心屈服（根据少数服从多数的原则），这种多数人的自由是法国民主体制彻头彻尾的民主主义理想。因此，相比起在其它国族

---

① 他的原则是，一切历史都仅仅是"精英的流动"（circulation des élites）。这一原则与实证主义诸学派的民主主义截然相反。

的任何一个民主体制下，在法国民主体制下，那种在概念上被清晰
表达出来的教条以及依据该教条形成的政党纲领，在更大程度上取
代了懂得要向现实靠拢的由个人组成的领导者群体；多数派正是通
过这一纲领，为其领袖和议会代表牢牢规定了一条有着极大约束力
的义务行军路线。这仅仅只是民主主义基本潮流导向的后果之一。
尽管法国民主体制主要的目标设定是政治的而非经济的，但是，民
主主义的阶级思想仍比贵族主义的职业思想更强有力地控制着工
人们的社会及经济组织——要比在英格兰强有力得多，也要比在德
国强一些。因此，和英国民主体制不同的是，法国民主体制并不会
导向尽可能不依赖国家的工厂式议会主义理想抑或行会式社会主
义理想，而会首先尝试用选票和国家去实现自己的经济目标。但在
某种已掌控整个国家的财阀统治面前，这些尝试无能为力。而只有
这种无力感，才在次要的意义上导致了反议会的辛迪加主义，并导
致了与这类辛迪加组织之无力及财力匮乏状况相应的著名的暴力
方式（直接行动）。法国民主体制的国族民主主义精神在它口号里
喊的（与英国在内政外交上的二元主义完全相反的）归化全世界的
精神中得到了最尖锐的表达。历史上，这种精神最有力的例子便是
拿破仑战役中为他那支伟大军队——而不是他本人——赋予灵魂的
思想，即，要让自由、平等、博爱的旗帜插遍全世界。不过直到今
天，比起其它国家，法国民主体制在内政上的命运仍然在更加直接
得多的程度上决定着法国的外交政策。这样一个体系已经被同样
是民主党人的英国人排除在外了。因为，认为自己的国族代表了全
人类并且是全人类获得救恩（获得著名的双重意义上的人性）的“领
袖”——“仅是”领袖而已——这种思想对英国人来说是全然陌生

的。因为，英国人，哪怕是英国民主党人，在他那种以宗教为基石的贵族主义里，都觉得自己并不是"人类"的"领袖"，而是人类的那位天生就被上帝拣选的主人，觉得自己并不是"为了"人类而存在，反倒是人类为了自己的缘故才存在。因此事实上，法国的民主体制——正如布特鲁近来深入讨论过的那样①——在外交方向上至今仍处于以下观念的统治之下：一、作为"道德人格"，国族和国家这两者是平等的；二、在同一片领土上居住的人要根据少数服从多数的原则，决定其国族归属性。要是我们认为，这种意见表达仅仅是政治上的一句空话（为了给出索求阿尔萨斯-洛林的原因），而不是法国民主体制的基本心态的话，那我们就错了。在这里，法国民主体制虚荣且狭隘-法国式的国族自负才刚刚开始，这种自负为它自己，并且通过它自己，为法国规定了一个独一无二的角色和任务，即在全世界以武力去实现上述这些观念。法国民主体制的国族思想当中尤为特别的矛盾之处在于，这一思想首先解除了本国族作为特定国族的独特性，而后，在为了人和国族本身而设计的某种特殊的社会制宪模式中，仍旧以普遍概念让本国族的精神抵达顶点。也恰恰通过这种方式，法国民主体制的国族思想悄然否认了各个独特的国族作为精神整体的权利。在布特鲁的文章里，这种矛盾几乎成了一件可笑的事情。首先，布特鲁很好地把国族定义为一个独立的道德人格；接着，他却想要——民主主义式地——让某个群体与这样一个道德人格之间的从属关系取决于少数服从多数原则下声音的多元化，而只有在国族本身建基于从属于它的成员的意志中的多

---

① 参见前文"法国思想中的'国族'元素"。——编者注

数之上的情况下，也就是说，在国族本身不是一个只有靠自己才能对"谁才是从属于自己的'成员'"这个问题做出决定的独立道德人格的情况下，这种做法才会有意义。

前面我已经暗示过，事实存在的国族民主体制所具有的民主主义和贵族主义，不管在哪里，都在极为本质的意义上建基于宗教之上。这同样适用于法国民主体制和英国民主体制这两种形式。此处，仍然占统治地位的民主政党并不是必须要明确地意识到自己的精神的这一宗教起源。情况越不是这样，或者越不再是这样，并且，来自宗教和教会观念的价值态度越是偕同某种理所当然且悄无声息的自然秩序的势力一道发生作用，对这些价值态度的内在依赖就会越强。从天主教会甚为丰富且柔韧性强的伦理出发，法国天主教自从在针对杨森派和加尔文领导下的日内瓦运动的斗争（这两者都是彻头彻尾的贵族主义式的恩宠信仰的不同形式）中取得胜利开始，就比天主教-教会伦理的其它诸种国族色彩强烈得多地吸收了"上帝面前众灵魂皆平等"以及正好在人类那些具有至高价值的力量与要求中存在着的平等这两种理论。另外，在法国耶稣会士的学说中，现代人文主义、斯多葛派的自然法学说、得到升华的对极端选择自由（即便在上帝面前）的真正法兰西式的信仰，这些都在少见的强度上同基督宗教的观念及教义互相渗透。[①]就算是从旧制度到大革命之后的秩序过渡，在这一点上造成的割裂也比人们设想的要小。在最后几代国王的统治下，专制主义已经瓦解了有机的国家及等级秩序和那些临时握有领土强权者的势力。就连十分明确包含

164

---

① 参见高特海因（E.Gothein）著《依纳爵·罗耀拉》（Ignatius von Loyola），哈勒，1885 年（第二版，柏林-斯图加特，1922 年）。

社会民主意义的基督教民主主义，比如德·拉梅内和圣西门伯爵所教导的，在这里也能比在其它地方更易于与宗教上的既有局面相结合。教会内的民主化尝试，以及与此同时教宗制度最强有力的专制化尝试，首先皆起源于法国。相反，自克伦威尔起（连同在那之前），英国的民主体制在宗教层面是由带有鲜明贵族主义色彩的清教派-加尔文宗的恩宠宗教承载的，这即是说，它是由一种不仅教导上帝面前所有的个体都极为不平等（发生在世界创造之前的对人格的拣选与非拣选）、还把这种在宗教上受到认可的不平等加诸于以不同方式而有限存在着的人群之上的观念承载的。这种观念首先就加诸给了国族！带有强烈旧约色彩的加尔文宗教类型或多或少有意识地将犹太教旧时的拣选观念传递给了英格兰民族。种族傲慢与岛国位置的天然优势又强化了这种信念。不过，在英格兰民族范围内，拣选观念重又被传递给了那些尤以统治术以及在工作与挣钱这两件事中"证明自己"见长的社会群体。对后来英国的自由派启蒙的承载者来说，国族间（在自由贸易）及个体间（在帝国内）的"自由竞争"的全部结果都可能具有天然的但却不再是宗教上的意义，也就是说，在这些承载者中，得胜的阶层所拥有的最好的自然馈赠甚或其更胜一筹的"适应性"得到了表达。尽管如此，对英国大众而言，自由竞争统治下的经济进程及其在阶级分化上带来的结果仍旧只是某种自肇始之初就已经存在的、被吸纳到上帝救恩计划中的贵族统治的去除了遮蔽的形式。而被选者和被弃者始终也都只是上帝天然的"道路"，在他们之内，上帝历史地显明了祂在创造万有之前的选择意志，并对其做出了解释。

尽管在法国民主体制和英国民主体制分别获得的民主主义或

是贵族主义的宗教灵感之间，存在着如此巨大的矛盾，但在其它方面，这两种民主体制却是十分相似的。例如，他们没有在原则上将平等这一诉求扩展至财产，他们（在英国一直到劳合·乔治都还）反对侵入式的、有体系的家国社会主义措施，他们还把配给政治自由和主体政治权利方面的平等置于其它一切平等之上（英国民主体制用自由"反对"国家，法国民主体制将自由置于国家"之上"）。不过首先，这两种民主体制都热衷于在文化层面追求教育上整齐划一的理想。当然，在英国，传统、习惯和社会习俗中那些进行无意识活动的力量，它们的目标理应是培养出人的某种僵化的形式类型（由"上等人"而来并被普遍化为"绅士"类型）并借此实现某种广泛的教育平等；而在法国，同样是教育上最大化的整齐划一这个结果，则理应由被重点理解为"文化国家"的国家来完成，其代表是位于巴黎的统治阶层及其文化管理官员（国民教育部、艺术部、对语言进行规范的学院、首都的文艺批评界）；简言之，同样的目标，在英国是由平等和习俗来达成，在法国则是由对文化加以规范的某种统一意志来达成。

在有着基于宗教的贵族主义和民主主义这两种精神间的巨大差异的同时，上述两种民主体制又是如何可能具有这些相似特征的呢？（从英国的角度看）这些相似特征之所以可能，是因为：一、在英格兰民族的发展过程中，政治权利的分配越来越具排他性地变成了一种财产分配的功能；二、按照英国清教对加尔文贵族主义所做的改造，能算作宗教层面的被拣选的"标志"的，既不（像在加尔文那里）首先是等级归属，也根本不是某一个群体在文化上的教育价值，而是在争夺财产规模和分配的经济斗争中取得好结果；三、根据英国民族伦理的内在法则，政治自由（政治自由并不像在法国那样首先被当作形式上的公民权，而是被当作社会权力的泉源；国族的外交自由也不像在法国那样被当作"大国"颜面，而是被当作对整个地球事实上所施行的统治的源泉）原则上优先于文化层面的精神教育价值。依据其伦理，法国的民主主义式的民主体制希望即便在财产十分不平等的情况下，依然能够有教育上的平等，这恰恰是因为，法国的这种民主体制十分重视教育，并（在原则上）将其置于比财产更高的地位，甚至比政治权利还要更高。英国的贵族主义式的民主体制希望有教育上的平等（也是在财产十分不平等的情况下）则是出于两方面的原因：一方面，英国的民主体制不重视精神教育；另一方面，英国的民主体制虽然并不高估财产分配本身，却仍将其视为灵魂和群体在上帝面前的那种真正的宗教贵族体制的符号系统。法国的总体民主体制永远围绕着国家这个托儿所打转并永远对其有所要求，它完全取决于更为狭隘的政治民主体制；这种民主体制更加偏好财产平等这种政治平等权利，将其作为理想；它这么做的原因在于，法国的伦理将政治荣誉和政治影响力置于比事实上的经济权势更高的位置，也就是说，相较于财产，它从原则上更加重视政治权利。英国对政治影响力的重视程度低于对经济权势的重视，并且正因如此，英国——依据其贵族主义伦理——要求在政治影响力方面有相对的平等。毫无疑问，在战争前的几十年间，这两种民主体制度彼此越来越靠拢了，而且基本上是在以下这个方向上，即，英国越来越向法国靠拢（劳合·乔治的土地立法以及社会政策、反帝国主义的自由党的统治、在海洋权问题上追求同别国达成协议的政策、黩武主义的倾向、辛迪加主义和革命式罢工形式的出现）。不过，在英国，恰恰是即便在自由党统治期间仍继续存在着的从原则上对内政和外交（这是一项极度贵族主义的原则！）进行的区分导致了战争；而在法国，政府对内政（新的进步主义收入法规以及呼唤着用一场战争来迅速结出果实的对负担沉重的三年服役时长等的决议）的依赖性让人们为战争这件事做了更多的心理准备。

相对于上述两种国族民主体制，俄国的民主体制则展现出了一种截然不同的精神。从世界观角度讲，俄国民主体制有着鲜明的民主主义色彩，在这一点上，它是英国民主体制的截然对立面。在俄国，领导者群体几乎仅被当作群众代表，并且他们也觉得自己几乎仅是群众代表而已。不过，从社会成分看，其代表人物大多数都来自工业化贵族和犹太人阶层。可想而知，西方采取的学说（譬如马克思主义）与驱动着这些学说的活生生的观念与力量之间存在着差异。尽管如此，俄国民主体制的民主主义与法国民主体制的民主主义仍旧是完全不同的。因为，在法国大革命那著名的三大教义①当中基本只是——仅点燃了几个没什么影响力的基督教社会梦想家的热情而已的——一句空话的那一条，即博爱的观念，到了俄国，却成了关键所在。俄国民主体制首先是鲜明的情感民主，是与（包括德国在内的）西方的一切理性民主截然不同的。这种博爱具有一种特色，即，与西方所有的伦理学观念相反，兄弟情谊在俄国看上去并不是积极的、塑造着形式的原则，而主要是下层命运所引发的消极感伤和心灵共情——这些情感是一切崇尚个体的贵族体制都倾向于去消解并使之消失在"群众"、"人民"、"阶级"等所拥有的普遍

167

---

① 这里指的是"自由"、"平等"、"博爱"。——译注

情感之中的情感。几十年来，爱的原则在西方政治上几乎只起到了保守的作用。而在它起作用的地方，这项原则几乎无不身披着父权主义的外衣示人。[1] 俄国肯定也有这种样式的政治，但伴随其左右的则是革命式的爱与博爱的观念。

这种革命式的爱的观念有两大基础：一、斯拉夫人的灵魂本身，二、希腊-东正教的精神。[2] 休戚与共之感要远远高于个体式的自我担责性的情感，这是斯拉夫的特色。（在德意志人和斯拉夫人在德俄两国交界地区的国族斗争中，我们可以最强烈地感受到这一点：各派系的德国人无一和睦，而斯拉夫人却总能齐心。）个体融合在某个生命共同体中，从正面对这一体验的情感强调同样也是斯拉夫的特色。具有希腊东正教特色的，则是俄国民主体制特有的那种从原则上对尘世权力、统治、威权、国家等一切的不信任，以及支配着这一整个宗教的那句话，"在上帝之中事奉要比在上帝之中统治更好，一切统治和一切不平等都建基于肉体性本身之上，而非建基于自由意志举动所带有的普遍罪性之上。"比起欧洲的各种民主体制相互间的一切区别，俄国的斯拉夫的民主体制同欧洲的其余民主体制之间的这种双重区别要更为根本。因为，不管欧洲各种民主体制之间的区别具体为何，归根到底，它们是许多人争夺任意一种形式的（经济的、国家的等等）统治的一场斗争。至少在情感意向上，俄国民主体制则是许多人争夺服务职能的一场斗争。那种对权力本身的深切的"不信任"让并不服膺的民主党人越来越向无政府主义靠拢。而这种本能的、宗教上合理的乐意服务的精神则导致了，就

---

[1] 此处请参诸如施塔尔（Stahl）的法哲学。

[2] 参见本卷"论东方和西方的基督宗教"一文。——编者注

连俄国这种民主体制在实践上新近取得的成功（在丝毫没有无政府特征的那些下属单位里，比如地方自治局、杜马和农业立部门），首先也并不代表着政治上人民权的获得，而是代表着全然不同之物：庞大的帝国为了更好地查明帝国的各个组成部分极为多样的利益从而不得不去中心化，这些利益是俄国年轻的资本主义的市场需求及其同农业达到利益均势所引发的需求，直到有了现代通信技术，这些需求才有可能得到实现。因此，整个俄国的民主体制总是朝着两个部分离散：一部分是无力的无政府主义及其发起的诸次政变和它的那些绝妙的意识形态，另一部分是俄罗斯国家的行政实践范围内的那种纯粹服务式的、毫无自身在政治上的统治意志的成员身份。民主体制的情感基础所具有的那种就连在法国也因为"上帝面前人人平等"这一观念而更为突出的宗教色彩，在这里得到了极大地增强——只不过是朝向截然相反的目标。这种平等并不像在法国那样，意味着同等的对国家的统治要求；相反，一开始它其实意味着同等的与国家保持距离并完全按照个体想法生活的要求。恰恰并不是被上帝和历史推选到（就其自身而言仅因罪恶而变得必要的）"必须施行治理"的这个职务上——不仅东正教将此解释为特殊的恩宠，就连当深入到政治民主体制的深处，这一思想也依然活跃。因此，在个性方面以及在自己的幻想域之中，个体尽可能地独立于国家并且不受国家的约束——不是像在英国那样的个人独立于国家的自由，不是像在法国那样的个人凌驾于国家和政府这个按钮之上的自由，也不是像在德国那样的个人和个体在国家之中的自由。

　　尽管如此，却恰恰是从斯拉夫宗教的这种提倡普遍的服务与牺牲、提倡作为政治原则的"爱"和作为个体伦理原则的"任意"的民

168

主主义式民主体制当中，产生出了一种极为特别的国族观念，这种
观念有着十分特殊的、针对全球的帝国主义式的权力要求。在法国
的民主体制下，这一要求是从理想中的法国对全人类的"领导"观
当中产生的；在英国的民主体制下，这一要求是从完全不同的另一
种观念，即民族被拣选出来施行"统治"的观念当中产生的。[①] 在俄
国的民主体制下，特殊的国族天职思想是从其民主党（而不是从诸
保守党派和政府）当中产生的，这几乎就和下面这句话所说的一模
一样："若你不愿当我的兄弟，那么我就要打破你的脑袋。"[②] 意即那
种野蛮-幼稚、充满暴力却又总是默默受到结义嗜好鼓舞的思想：作
为国族和国家的俄国必须消融在全人类里，它必须为全人类而"牺
牲"；但只有首先产生于作为国族的俄国的博爱理想——连同关于
"一切统治都只具有负面价值"的学说——通过武装暴力而得到普
遍传播，以及除此之外俄罗斯种族尽可能成功的宣传攻势，这么做
的可能性才能得到保障。人们说，俄罗斯人民有一种深切的"情感
和平主义"，这是有道理的。只不过，我们还需要补充，作为观念系
统的这种情感和平主义，它本身是极具攻击性的，并且它也丝毫不
会因受到武力威胁而回避传播。它与西方的理性和平主义没有关
系：它既与法国的有着更为人道主义起源的和平主义没有关系，也
与德国的起源于法制观念的和平主义（康德）没有关系，它与首先
建基于各民族间日益增长的利益共同体的和平主义（英国的自由贸
易理论）更是没有关系。

169

---

① ［参见本卷"论各大国族的国族观念"一文。——编者注］
② ［语出二十世纪初德国政治家冯·比洛（Bernhard von Bülow,1849-1929）于
1903 年 12 月 10 日发表的帝国议会讲话。——译注］

这至少是俄国的民主体制具有的意识形态——不管事实上在背后起驱动作用的事态究竟是怎样的。不过在内政上，相比起高度政治化的西方民主体制，俄国的这种基本上不具有政治性的民主体制要更加迫切得多地希望建立越来越大程度上的财产平等；并且，它——在此它同德国民主体制更为相似——将政治自由也置于此理想之下，以至于，与其从西方那些更为自由的民主体制手中接受这一理想的实现，它更愿意从某个专制国家的手中去接受。最后，关于精神教育方面的平等和同质性：对法国民主体制来说，这件事本身就是一件大事；对德国民主体制而言，其重要性仅仅在于，教育差异同样也会对财产及阶级差异产生重大影响，除此之外，教育上的平等和同质性恰好是与德国民主体制的精神相违背的；而对俄国民主体制来说，这件事则完全无关紧要。之所以如此，是因为，在某种艺术、科学、哲学就起源而论既是俄罗斯国族的同时又是"纯粹的"这层更为狭窄的意义上，压根就不存在一种作为独特的国族财富世界的俄罗斯国族文化。相反，要么，我们会找到一种在某些部分上极高等的"文化"，但它仍完全被神话和民间宗教（既在民间，又在其最杰出的代表者那里，比如在托尔斯泰和陀思妥耶夫斯基那里）所左右，并受到民间艺术、教会艺术以及宗教猜想的影响；要么，我们会找到嫁接在这薄薄一层智能之上的、有着一切可能的国族渊源的西方文化——这是一种因而恰恰在此处格外被人体会到其世界主义特性的教育。

现在，最为奇妙的事实却是俄罗斯国族的天职思想在俄国最晚近的历史上表现出来的弹性和柔韧性，这是一项重大证据，它证明了宗教与国族精神对民主与反民主之间的对立所产生的巨大威力。

这段历史展现了，俄罗斯的弥赛亚主义既能披上一件专制威权的外衣，又能披上一件民主主义革命的外衣，而与此同时，它仍是同一种思想。这一思想大致可被表述为："俄罗斯精神和俄罗斯本质占领了这个世界，但俄国作为特别的国族实质和特别的国家，却在这一过程中牺牲了自己。没错，就俄国扩张活动的最深层意义而言，俄国是作为一个整体去效法基督的，基督同样是为了全人类牺牲了自己，并将自己的补赎之血献给了上帝。"在尼古拉一世这位正统主义的保护人的统治下，上述思想露出了自己严格保守、反对革命的外衣。彼处是被革命的精神撕扯着、失去权威、失去信仰的欧洲；此处则是固若金汤、信仰坚定的俄国，并且，依据弥赛亚主义的牺牲观念，这样一个俄国还有着保卫这个世界上一切正统统治的天职，哪怕履行这一天职有可能会违反其在国族和国家层面的福祉。这些便是尼古拉一世以及他的时代在文学和哲学领域的头面人物，诸如基列耶夫斯基、霍米亚科夫、阿克萨科夫，用来感知政治宇宙的主要范畴。这些也是尼古拉一世将其信念转化为行动，帮助匈牙利的正统国王和奥地利皇帝镇压匈牙利革命时的主导观念。

然而，随着俄国的发展，同样的观念又与日益针锋相对的力量越来越强地联系在了一起：也即革命的力量。我们所称的"持续暗中埋伏着的俄国革命"——众所周知，1905 年革命成为强有力的现实并促成了表面上的杜马立宪制——有着四种不同的根源：一、农民等级的土地需求，他们面临的饥饿以及常常几乎无法忍受的赋税压力；二、外族（乌克兰及小俄罗斯运动、波兰运动、芬兰及德意志运动、立陶宛及犹太运动等）的民族主义倾向；三、从相对于欧洲而言发展得十分不足的新兴工业中涌现的、意义远不及这些力量的产业工人运动；四、大多数情况下以大学生、贵族后裔（如巴枯宁、克鲁泡特金等人）为代表的西方观念。就连泛斯拉夫主义、斯拉夫诸民族的总体情感，也能够时不时采取革命的形式，尤其是在其与国家必然性发生矛盾时。西方观念（马克思、孔德、黑格尔左派、斯宾塞）从一开始就局限在产业工人群体及其领导者之中。当革命精神波及到人口的其它部分，尤其是农村人口、教师、军队时，其影响力便会急剧减弱。

另一方面，弥赛亚主义越来越脱离其最初披挂在身上的狭隘的教会与威权的形式。我们越来越觉察到历史的巨大真相，即，人的精神之中最具革命性的因素是或者能够是宗教。除此之外，当我们想让一位极虔诚的俄国农夫闹革命，或者说，当他自己由于经济上的压力而变得具有革命性的时候，我们本该让他同马克思主义或诸如此类的思想走到一起吗？农民越是被卷入革命，革命就越是需要寻找与他们的深层本质相适宜的、也就是宗教上的基础。通过与俄罗斯深刻的博爱情感建立关联，同时，通过与始终同样有着宗教根源的泛斯拉夫主义建立联系（沙皇作为将东正教人民从西方和伊斯兰的奴役下拯救出来的解放者），奠基于宗教之上的弥赛亚主义也变得有了革命性（比如梅列日科夫斯基）。反之，作为革命局部力量的外族民族主义越来越受到俄国革命主要力量的排斥。俄罗斯群众也变得越来越敌对外族，反犹主义和对德国人的仇恨成了革命民主体制的强有力因素。① 于是，弥赛亚牺牲观念失去了它以往的内容：为欧洲的权威和秩序操心、为王朝统治的正统操心；并且，在

---

① 请注意梅列日科夫斯基在其长篇小说《彼得和阿列克谢》（Peter und Alexej）中，将彼得大帝刻画成德国人成功的助益者时所带有的那种强烈的憎恨。

与法国长期结盟以及由此而重新苏醒的对法国大革命的记忆的加持下，这一观念更是获得了新的内容：俄国的神圣使命，那便是，将基督教俄国的博爱、它那心胸宽广的人性、它那俯仰天地吐纳万象的情感以及它那奠基于宗教的民主理想传播到全世界。

　　某种意义上，陀思妥耶夫斯基是两种形式之间的过渡。[①]他以无与伦比的方式让人心掀起了革命——但他仍是东正教和专制制度的爱好者，是反犹主义者，作为《卡拉马佐夫兄弟》（俄国的浮士德）中阿廖沙这个角色的创造者，他还是俄国灵魂势力和俄国使命的大先知：在征服全人类的过程中服务，在征服中牺牲自己。其面貌的这种两面性以无可仿效的方式，形象地将梅列日科夫斯基的话复述了出来："他是他主人的可怕的仆人。"就连"伟大的农夫"托尔斯泰，虽然他反对权力政治、反对战争[②]，却仍把宗教上的基本内涵从教会那里夺走，并用一个巨大的范例展示出，东正教精神能够接受与国家教会的反动联系截然不同的联系。

　　在亚历山大三世及其密友波别多诺采夫那里，宗教上的国族精神的这种民主化有时又重新和专制君主制更紧密地联系了起来。不过，亚历山大三世已能以俄罗斯的国族利益（在民主体制下人们也对其产生了某种情感）为由，向社会证明他在国族层面针对外族的几乎所有压制手段。在他的治下，泛斯拉夫主义以及俄国在巴尔干半岛上的扩张政策急剧收缩——为了在日后，即战前不久，偕同已变得民主主义的弥赛亚主义一道，以更大的幅度突进。

　　那么现在，德国民主体制的精神与上述诸种民主体制的精神之

---

① 尤其请参陀思妥耶夫斯基的政治类作品。

② 参陀思妥耶夫斯基著《战争一二事》（Etwas über den Krieg）。

间的关系如何？正如德国的一切，德国民主体制也早就不再像其它国族的民主体制那样，表现为一种纯粹的类型。在贵族主义和民主主义精神的对立这一点上，德国民主体制展现出某种独特的混合；此外，它自身之中也表现出巨大的差异性来，这种差异性一方面与种族差异有关，另一方面也与西南和东北之间的地区差异有关，但最为关键的是，它与天主教-新教之间在宗教-教会层面的对立息息相关。

首先是混合本身。领导层、议员和党代会上的少数派、工会干部等肯定比在法国发挥着更大的作用；在法国，初选选民和固定纲领是比在德国更为决定性的因素；但这两者所起的作用肯定要比在英国小得多。不同于英国的民主体制，德国和法国的民主体制始终都有某套固定的教义作为基础。农民战争期间的民主体制就已有这套教义了；法英"启蒙"（在十八世纪被引入我国）时期的那种自由的、最不德国的民主体制在这方面也不遑多让；最为强烈的则是现代德国的社会民主和它那以马克思主义——再早一些时候则是以拉萨尔的学说——进行的"科学的"，也即历史哲学层面的奠基。不过，德国的这种教义并不像法国的那样，首先是着眼于应然与伦理学乃至着眼于"乌托邦"的教义。这是一种——与真正德国式的对一切"恣意妄为"的恐惧以及德国式的历史思维方式相符的——关于历史生成的学说，是一种关于"必然发展"的理论。因此，我们已经可以在下述意义上谈论存在于德国政党本身当中的一种强烈的，甚至是非常片面的智识贵族主义了，即，政党科学和政党学者享有来自群众的某种超越世界上其它一切民主体制的尊重，甚至被群众奉为圭臬。在德国，就连初选选民和实际-政治的领袖都不会享有如此高的尊重。几十年来，只需要一位安静的德国学者——

卡尔·马克思——就能为某个政党持续注入精神，这始终都会是一种独特的德国现象。但在另一个方向上，德国民主体制，特别是社会民主，又表现出强烈的民主主义特色。比起英国的民主体制，德国民主体制在对待单个成员的不同意见以及党内的少数派时，更加缺乏耐心。德国民主体制的这种强烈的民主主义式心态及理论不仅同它在事实上由少数几个知识分子构成的领导班子间的关系异常紧张，更同它的内部政党组织处于极为尖锐的张力之中。因为，它的内部"纪律"和"组织"实际上是照抄自它在实际-政治层面所反对的那些机构的，特别是普鲁士国家及其万恶的黩武主义。德国的民主体制几乎意识不到，自己要么必须将一种新的、生发自民主土壤的国家精神引入这个国家，但这样一来，它就不得不先亲自在自己的政党群体当中唤醒这种精神，即是说，恰恰在这里，它不可以模仿自己对手的精神，也就是普鲁士式的军事及公务员国家的精神；要么，哪怕是在自己迄今为止反对这种精神的地方，它也必须承认，这种精神是具有积极价值的。这一点也适用于天主教中央党的左翼民主派，以及它严厉的党派纪律和它成千上万的组织机构。现在，到了战争中，德国民主体制和普鲁士黩武主义之间的国族风格一致性，哪怕是在眼神最差的人眼里，也变得一目了然了。军事的、国家的和社会民主的党派工会组织若合符节，就像一只苹果被切成两半，分给两个孩子——他们并不知道自己拿到的是同一只苹果的两半——而现在，两个孩子突然发现这其实是同一只苹果。政府和工人阶层，他们双方都意识到了存在于内部党派和工会组织，特别是社会民主体制的内部党派和工会组织，以及由国家设置的组织之间的这种风格一致性，这便是这场战争造成的最重要的精神后

173

果现象之一。因为，比起这一点，没有什么能更好地操纵"某种形式一致的国际'民主体制'在政治上的实现"这则寓言了。

德国民主体制不仅在自身的政党范围内格外强烈地被个别杰出人物和理论（并且通常还和被纳入民主体制中的各个阶级的经济政治利益相违背）所规定，就连由德国民主体制运行的"世界观"，在它赋予精神文化财富的关于其它种类的财富的等级秩序中，都完全遵循着德意志国族的伦理。主张"个体在塑造文化财富的精神禀赋方面是平等的"，或者哪怕直接要求个体能够平等参与到文化财富的塑造和享受中去——也即是说，这里的文化财富不纯粹是造成阶级在经济上的上升运动的间接源泉，而是文化财富本身——这样的做法都完全偏离德国民主体制的本质。在涉及这类要求时，德国民主体制基本上依旧被经济所决定，只不过，德国民主体制和德国的一整套伦理一样，都把精神文化财富的价值设定得远远高于经济财富的价值。因此，德国民主体制不像法国民主体制那样，要求由国家来创造一种具有自身价值的统一文化，并为所有人创造尽可能平等的通往这种统一文化的通道——这是贯彻在法国的整个学校、艺术、教会政策中的一种追求；它也不像英国民主体制那样，认为精神文化只能依据其对公益以及阶级利益所可能具有的劳动价值来评价。相反，德国民主体制将其政治意志能量的绝大部分都用在了财产的日益平等之上（这里的"平等"，不是按照"需求"的某个中间值进行衡量的平等，而是财产积累条件方面的平等）。与此同时，德国的民主体制又能意识到，这种平等本身并不具有终极价值，它只有一种意义，那就是让根本不同的禀赋当中最高和最好的那些，在社会层面为文化财富的塑造所用。而这才是德国民主体制的与众不同之处。德国民主体制根本不是什么"文化民主体制",就其意志和目标而言,它更是一种财产民主体制,但同时,它的灵魂又是由一种将文化价值置于财产价值之上的伦理所赋予的。

恰恰在最后这一点上,恩格斯以下这句话也严格适用于马克思主义:"马克思主义是德意志唯心主义哲学的后裔和继承者。"这句话很少能被人正确地理解。人们通常这样理解唯物主义史观,就好像这种史观是在被它当成是历史演进的第一因和独立变量的事物当中,是在所谓的"经济关系"中窥见人之存在的最高价值和至高目标的。可是,这种史观是对该学说(不管该学说在其它场合究竟是对还是错)意义的一种根本错误的解释。无论如何,马克思的学说坚持了德国古典唯心主义(康德、费希特、黑格尔)的价值设定,即,理性自由发挥作用以及纯粹的文化财富本身就是一种价值,甚至是最高价值。只不过,根据《共产党宣言》,"迄今为止的历史"应该是一部经济领域的阶级斗争和仅仅反映这些斗争的种种不自由的"意识形态"的历史。而社会主义新社会则恰恰应该带来"朝向自由的一跃"。该学说认为,这个社会将会系统性地取消迄今为止仅作为他治的精神文化的原本驱动轮的那些纯粹的阶级斗争,并将由此让一种"自由"且自治的精神文化成为可能:一种恰恰不再纯粹作为伴生现象、纯粹作为经济上的阶级斗争的反映的文化。然而,既符合个体精神禀赋又符合国族以及其它文化群体的精神禀赋的那些极为丰富的精神和文化差异也应包含在在这一"发展目标"当中。当然,在从唯物主义史观盛行的世界向唯物主义史观不再盛行、唯心主义史观不仅被设想而且还得到实现的世界过渡的这个阶段,某个特定"阶级"的特殊使命应在于,引起这种本身就应存在并且具有自身价值的新状态：这便是国际无产阶级的使命所在。这种思想虽然要求该无产阶级实际上只能受其阶级利益的决定，而不能受任何其它事物的决定（尤其是按照马克思，与其它阶级的政党间的任何实际-政治连结都必须避免）——可这种思想却完全没有说明，无产阶级由此所实现的价值以及由此而助力其实现的客观目标，同样仅仅是对阶级利益甚或是对任意的纯粹个别利益的实现。相反，根据马克思理论的意图，工人阶级的使命恰恰应在于：直到社会主义国家来临，工人阶级在实践上都将仅遵循其阶级利益，由此，工人阶级同时也将会把人类从一切阶级统治当中解放出来，也就是说，它也将克服作为纯粹阶级的自己。只有从马克思对工人运动意义的这种历史哲学解读出发，才能理解早期德国工人运动的全部冲击力以及该运动在其青年阶段的追随者们那几乎宗教式的热情。但是，谁会看不到，这一理论只可能对德国工人——也就是奉行这种独特的、从一开始就将精神自由与自治以及精神文化的自身价值置于财产的全部价值之上的国族唯心主义伦理的工人——产生它在事实上产生的效果呢？！

　　如果说，针对精神文化形塑的问题，以及总体而言针对宗教与教会问题，德国的社会民主体制表现出了相比诸如法国民主体制要小得多的政治上-主动的兴趣（后者习惯于赋予学校问题或涉及政教关系的问题以某种完全不同的重要性），由此也不能得出如下这种根本错误的结论，即，德国民主体制不重视精神财富。这句话的反面才是正确的。即使在这一点上，德国的社会民主体制也只显示出，它的心态和追求并没有超出德意志国族伦理这一范围，而是仍在其转圜空间以内。下述基本看法恰恰是德国式的：一、有关的需

求越是相对价值低下、而它对于保障健康生活来说——这是一切更
高等的精神和道德活动的前提——又越是迫切，在满足人的需求这
件事上的平等就越是值得追求；二、更高等的精神生活的财富无法
得到直接的增进，而只能得到间接的真正增进，因此，要取得这种
增进，不能通过始终在集体层面进行思考的政策的手段，而只能通
过对自发的、创造性的并且从根本上乃是个体性的力量的释放，即
通过克服其因经济或其它方面的生计而受到的阻碍；三、多彩的文
化丰富性的理想，与文化上的整齐划一相反。恰恰因为符合上述几
点的心态同样是在内在精神层面贯彻于德国的社会民主体制当中
的，因此，这种心态实际上也必须大体局限在工人组织和他们首要
关注经济目标的政治代表之上。实际-政治层面的目标内容以及涉
及生活意义与价值的价值侧重的质料，在这里并不是相同的，而是
截然相反的。德国人以及德国社会民主体制没有发展出某种精神
文化上的行动纲领去取代经济组织上的纲领，不是因为偏轻，而是
因为对精神层面的生命财富的敬畏，因为在实践方面对直接增进这
些财富的克制，以及因为估计到"用政治上的集体行动所能对其增
进的程度只会极为有限"这一点时的明智与适度。而这种明智的估
计又仅仅建立在对于开发一切真正的精神财富和人格教育价值的
真实源泉与正确形式的深刻洞见之上。因为，这些真实源泉存在于
人格性的最具个体性的那些中枢自由自发地流向并非因"需求"而
不得不完成的工作与成就之中；也即是说，这些源泉存在于以下力
量之中：当它们自己越真、越有价值，它们也就在越高的程度上不
受意志、更不受政治-集体的影响和领导。对其进行开发的正确形
式是人格性之中一种温柔的、不以意志为转移的生长，而不是一种

可能的被制作。践行政治上可践行之事；敬礼精神财富；相信德国人民自然而然地向上追求更高等的精神世界之光的内在自发力量会足够强大、足够丰盛，在经济生活条件越来越均衡的情况下，这些力量也能在人物和作品中体现出来。而不管过去还是现在，这些都是德国的社会民主体制的最内在的心态。

"宗教是私事"，这句话也可以有很多种解释；但无论如何，这句话将法国和意大利两国的民主体制想让无神论、实证主义或不可知论理论成为国家教条的这一追求排除在外。倘若这句话无非是要表达，相对而言，即相对于政治民主体制的特殊目标而言，任何一位党派成员所奉的宗教都是个人事务，单从党派成员的这一身份出发，并不会造成对其宗教的赞同或反对，那么，在我看来，这句话根本不会真的被驳倒。但倘若这句话除此之外还要表达的是，某一领域内，宗教的位置位于一切公共场合的彼岸，位于个体无法被表述的心灵深处，那么，这句话就包含着对如下事实的完全罔顾历史的误判，即：共同体以及教会、学说与敬拜的形成乃是一切真宗教的本质组成部分，也正因如此，群众当中对教会共同体问题日益增长的无所谓态度一定不会带来解放，反而恰恰在一方面必会导致无意识且在未经检验的情况下就将精神绑定在教会性的那些最为僵化的传统形式上的做法，而在另一方面则必会让教会和统治阶级的利益相互结合起来。

但倘若德国民主制的广度拒绝将它的要求和目标直接正面地植根于宗教元素之中（无论如何，这么做既十分不同于旧时的英国民主体制以及当前的俄国民主体制，也与法国民主体制的某些旧形式间有着巨大差异），那么，这一事实的内在基础就不仅建立在德国人民的教派混合特征之上——即建立在某种负面因素上——而且还恰恰建立在宗教意识本身带有的正面的德国色彩之上。这种带有德国色彩的宗教意识只有永不试图在更大规模、取得成功的转型政治能量中释放自己（与诸如英国革命相反），才能保全自己特有的那种深思熟虑，也保全自己温良的羞耻心与得体的谦逊。路德在把宗教-教会问题引入世俗的政治经济事务时的克制——这仅仅是他那温柔的、完全是在个体-亲密层面感受到的恩宠密契学的另一面——已范式性地展现出宗教虔敬的这种德国特征。在英国和法国，思想上的一些中间环节让人便于理解宗教能量向政治能量的直接转化，但长久以来，宗教虔敬的德国形式都缺乏这些中间环节当中的一环。至少就其广度而言，宗教虔敬的德国形式既缺乏恩宠等级的任何一种集体界限——不管是在国族意义上（天选之民的观念）还是在等级或阶级意义上——又缺乏这种观点的宗教民主对立面，即在政治上也很重要并且与世间事物秩序休戚相关的"上帝面前人人平等"的理论。如果说，在德国的宗教虔敬中有着某种贯穿始终的基本特征，那么这种基本特征最应被表述为，宗教意识乃至基督宗教意识上的德国色彩倾向于接受个体与上帝间的初始距离以及一生中原则上讲始终可变的距离上帝的远近所表现出来的无限丰富的个体差异性——这是在原则上无法用社会和政治集体概念来表达的差异性。因此，比起其它国族的民主体制，德国的民主体制在历史上的大规模呈现远远不会，并且自始就不会从宗教文献，尤其从福音书中诱导出什么政治-社会转型的纲领来。这样一来，德国民主体制也完全没有进行过那种带有革命色彩的俄国弥赛亚主义的尝试：试图把基督宗教的爱与博爱的观念提升为一项政治-社会原则，甚至提升为一项国族使命原则。不仅社会民主党，就连天主教中央党，也都在德国进行社会立法之初，就明确驳回了任何一种将新的要求奠基于一项爱的原则——不管是从父权主义-保守派角度理解的爱的原则，还是从革命-民主派角度理解的爱的原则——之上的做法。直到今天，一直都有三种清醒的世俗观念足以去为社会政治层面的要求奠基，它们分别是：一、经济上最佳的节省劳动力的观念；二、德意志国族所特有的那种休戚与共的原则——被运用于去分担在消除因现代劳动方法而对整个国民经济造成的那类不可避免损害过程中产生的负担之上；三、社会正义的观念。不过，所有这些都并不表示，德国的宗教虔敬以及德国的基督宗教伦理更加不严肃地对待宗教-伦常心态所具有的那种助力行动并且被行动证明的力量。这些只表明，这种以政治-党派的形式对行动施以助力的做法在德国比在其它地方更多地被避免；也正由此，宗教——尤其包括爱的原则——具有的那种超越阶级和政党的凝聚人心的权力才会更强有力地保持下来。

　　谁若是由于赞同东方和西方在国家教会和国族教会制度之间进行二选一（以及像现代法国那样在无神论和实证主义的国家形而上学之间二选一）并实行严格的政教（在美国是联合会〈Union〉，在英国则是自由教会）分离的那种体系，而指责或批评德国将国家和教会有机连结起来的体系，那么，就请他在这样做之前，先去弄清楚使得这一体系在德国看起来受到支持、在别的国族却被排斥的民族心理学层面的原因。这类原因其实在于，在德国这里，宗教因素要通过人格的总体世界观与心态——而非首先作为客观思想体系和机构——从而间接得多地对人们的政治行为产生影响。因而，在这里，宗教因素从一开始就更不容易变成国家和国族的事情，同样地，它也从一开始就更不容易变成某个政治与经济上的行动党派的事情。因为在别的国族那里情况不一样，所以，别的国族也会无法承受德国的体系。在它们那里，倘若不在国家教会和国族教会制度与政教分离这两者之间选择其一，那么，公领域一切行为的统一就会立刻崩溃。比如，法国就一直得在某种带有高卢色彩的国族天主教制度和某种敌视教会并以一种实证主义形而上学作为其秘密基础的国家精神之间摇摆。

如果说，在对待文化财富和宗教的态度上，德国民主体制基本上是被德国人民的国族伦理环绕着的，那么，在以下事项上，德国民主体制同样也是如此，即，在有疑虑和有选择的情况下，德国民主体制会习惯于偏好增进*经济*平等——不管这种增进以何种手段和力量发生——而不会偏好自发地去赢得共同决定政治上的总体历史这项政治权利。正如对德国民主体制历史的每一次概览教导我们的那样，德国民主体制很明显*不具有政治性*。仅如下事实就完全足以证明前面那句话：德国民主体制在历史上从来都没有像它在西方的那些姐妹民主体制那样，引发过一场长期改变国家制度的革命，也没有仅从其自身出发就知道该如何按照自己的意思并借助自身的自发力量去操纵和塑造德国人民历史的重大命运转折。

最近，在一部极富教益的佳作当中，胡戈·普鲁斯立足于这一视点全面检讨了德国历史[1]。这位敏感、渊博并有着敏锐政治感受的研究者在对德国历史进行检讨时，无疑参考了西方的以政治考量至

179

---

[1]　参见普鲁斯（H.Preuß）著《德国人民与政治》（Das deutsche Volk und die Politik），耶拿，1915 年。

上的民主体制的理想和标准；于是，他的论述不得不变成了一首通篇都在哀叹"德国人民"不具备政治意识的哀歌，而这也就不足为奇了。在 188 页的篇幅内，这位研究者以如此令人目眩的清晰度，将十三世纪以来德国所有民主运动皆具有的这一特征娓娓道来；此外，与他的多位党内友人不同的是，他还持守公平客观，并没有将德国较大规模的民主党人民起义——不论它们发生在何处——最终在政治上无所作为这一点归结到反革命分子、保守党和"保国"党派的暴力与阴谋，而是将其归结为人民在进行政治"自组织"这件事上的根本无能。让人感到奇怪的仅是，同一位研究者，却在其著作接下来的 10 页篇幅里，沉浸在一种真切的希望之中，即，希望在德国民主体制即将出现的政治化的方向上能发生一场强烈的内在骤变，如此一来，德国和西方列强在这一点上的对立虽然并未消失，却仍将在很大程度上得到调和。普鲁斯说的对，这样一种并非通过新设宪法机构和变更选举权等途径去取得、而只能以人的精神的内在转型去期待的骤变，根据普鲁斯本人先前的论述，和让德国人民的性格来一次彻底的转变，难道不是同一个意思？一个民族可以设想的最具震撼力的外部命运——譬如这场战争——也会让人期待着其国族性格发生这样一场转变，或者更应表述为：对其国族性格产生这样一次放弃吗？我认为，极少有政治作家像普鲁斯那样，在其作品当中如此简明、如此清晰地亲自证明了，他本人最后得出的结论是不可能实现的。普鲁斯认为，这场战争里，帝国统一的意识完全摆脱了其王朝支柱尤其是普鲁士"威权国家"的霸权地位。但不管是被普鲁斯置于其希望之巅的这种极具争议性的观点，还是另一方面在由普遍兵役义务形成的人民军队里、在工会及相关组织的高

180

度发展中或是在社区自治中出现的自组织精神的萌芽，都无法从海量的素材当中，作为此类转型的标志涌现。而普鲁斯将这些素材收集起来，讲述了一个跨越数百年的故事；并且，这个故事并不支持他本人的期待成真。

如果说，关于德国的政治前途，不应让一种将精神和行为绑定在一起的悲观主义拥有最后决定权，那么，有鉴于此书，恰恰应该提出一个问题，那便是：究竟是否应该期待德国民主体制放弃它的相对而言不具政治性的本质特征，还是说，应该期待德国民主体制在更深刻地认识到自己受国族决定的本质之后——就连普鲁斯也用他的著作增进了这一认识（当然，仅着眼于不在该认识能力范围内的事情）——会给自己设定一个比迄今为止的更不具政治性（但也因此反而更积极、更多产）的目标，从而不至于将自己的力量浪费在肥力明显快要开始不够的土壤上吗？

关于前一个问题，在我看来，有一个基本思想正变得越来越清晰，即要从大量的讨论中形成一条主导原则，若这条原则得到充分全面的展开，则将会有能力促进德国的社会民主体制和统治圈内的明眼人之间取得更深刻的一致。这其实和在解放战争①时代领导了政府和人民间的团结一致并首先以冯·施泰因男爵作为其政治家化身的原则是同一条原则，尽管是在完全不同、不可同日而语的历史处境当中。对加入民主主义政党的德国人而言，这条原则即是，他们不应首先追求作为政治权利的新政治权利，而应在所有以任意

---

① 此处"解放战争"是指 1813 至 1815 年间由第六次反法同盟主导的战争当中在德意志战斗的部分，故又称"德意志解放战争"；1813 年，反法同盟在莱比锡战役中大败拿破仑，成为"拿破仑战争"的转折点。——译注

方式在公共生活中占据一席之地的领域中，都去在给主管和领导岗位挑选合适人选时追求更广阔的基础，甚至还应试图通过选举权变更和获取新的政治权利等手段（这些也仅仅服务于"藏在人民中的领导潜力应展现其能量"这一目的）去达成这一目标。但对统治圈而言，这同一条原则却是，在不放弃普鲁斯谓之"威权国家"的前提下，他们应在所有领域内系统性地开辟录用公职岗位和职能的新的更广阔的形式，就连在有所扩展的议会权限以及专门为了这一技术层面的教育目的而发生改变的选举权体系得到保障之前，也不应在下列情况下退缩，即，这些手段是让德国人民的力量得以展现，让他们潜在的天赋和气质能够更为合理地得到强调，并让这些天赋得到更强的锻炼、变得公开可见的唯一手段。在自由的合作社制度中进行政治上的人民教育和人民自我教育，这构成了此纲领的一个核心点。这条服务于取得一致性的原则有两项大小相同的优势：一、从该原则当中会涌现出大量的实际措施，而迄今我们却都一直将其视作是保留给西方民主体制的精神并且是违背德意志国家观念的逻辑的；二、但事实上，该原则并不包含对德意志国家观念和德意志政治伦理的放弃，相反，该原则只不过是要让此二者结出最丰硕的果实。议会权限的扩展是以要求有一部向西方宪法靠拢的宪法为基础的，还是以要由此创造出一个更有利于拣选政治才能的空间这一必要性为基础的，这是其中的一个基本区别。德国民主体制若越是能洞察到，它本身也体现出了德意志本质在精神和教育上的那种普遍的贵族主义——这恰恰是其长处而非其弱点，那么，它就越是没有必要放弃自己提出的最核心的那些要求，或许，它只需要放弃去论证自己所提要求以及为其设定某种目标，因为这样做只不过

181

是对西方民主体制的一种模仿。统治圈子和群体越是纯粹清晰地想要把握并保持德意志国家观念的核心，那么，他们就越是需要学会清晰区分，什么仍旧是该国家观念本身引起的后果，以及什么仅仅是在技术-组织层面对该国家观念的表达，而这种表达是与我们国家战后任务的丰富多样性不相配的。

另外，还需要提出一个问题：造成德国民主体制、而非"德国人民"（正如普鲁斯对具有双重含义的"人民"一词的使用，它既指当权者的对立面，又指有机整体）的这种不具政治性的特征，究竟是德国精神及其典型伦理的缺陷呢？还是它们最高尚的优点呢？

现在我觉得，关于后面这个问题，相对而言将单一人格性的政治自由以及直接共同塑造国家命运的价值置于独特个体（此处的独特个体不仅指单一个体，也指作为部族个体性与政治上的党派个体性的个体性）的精神自由这一崇高财富之后，同时将其置于实现愈增的经济平等这一目标之后的做法，完全符合德意志精神与伦理的最深层意向。若是所涉及的生命财富越是相对低下，对这些财富的占有越是成为获取更高尚生命财富不可或缺的条件，就越是寻求增进平等；而若是所涉及的生命财富越是高尚，则越是寻求增进个体性的自由以及随之而来的相对不平等——两者皆根据德意志伦理的特殊素材——这才是那个为德国的一切以及为德国的民主体制赋予最内在灵魂的公式。因为政治自由和自我担责性是比经济财产更高的一种财富，因此，生长于德意志土地上并且不对其它国族的民主体制趋之若鹜的民主体制，作为民主体制，即作为平权运动，就必须在实践中更多地将经济目标置于政治目标之上。这是因为，该运动的成员以德国人的身份而非以民主党成员的身份，并不会把自由和自我担责性看得比财产的价值更低，而是会看得更高。如今，由于关于人性及其本质狭隘性的悲剧式法律（若想这么表达的话），个体性对精神自由的要求一下子就只能同个人对政治自由的要求处于一种此消彼长的关系之中；但比起对政治自由的要求，德国人会始终并永远优先选择对精神自由的要求。

　　各民族应当学习了解，如此经常出现的关于缺乏真正的自由意识的相互指责是毫无意义的。原因在于，每个民族都拥有一种完全独特的关于自由的具体观念——这是一种每个民族，不管有意无意，都会单方面以之来衡量另一个民族的状态与行为的观念。作为个人的英国人的强烈的政治自由意识、英国人在传统上对于国家权力介入的不信任以及那种极为少见的通过自由自发立约从而促进总体目标的实现的能力——在我们德国，这类目标若不由国家接手便根本不可能实现——单独看来，无疑都是高尚的德性。但这是一些在相对的目光短浅、思想狭隘、对独特精神个体的自由缺乏意识之中，在对德国人而言不可理解的受习惯与风俗的束缚之中有着自己并非偶然而是必然的恶习相关项的德性。反过来，不能否认的是，德国人的经常甚至会导致无政府主义倾向的、个体主义的崇尚自由之精神和对一切公共机构都十分个人化的批判癖，以及作为其相关项，德国人的对于精神自由、精神辽阔以及在最为私密的个人领域里脱离国家束缚的高尚意识，这两者一道，产生出了一种常常太轻易就从属于国家权威的推动力、一种常常太轻易就变得无限的对国家权威的信任，乃至对于政治的奴仆性倾向。[①]不过，也请大

183

---

　　① 参见接下来"论两种德国病"一文。——编者注

家务必清楚认识到，若一种国家式的存在，其持存和其福祉在此处和彼处都应该有某种保证的话，那么，英国的思想狭隘和德国的奴仆性，这两种负面相关项都是必要的。倘若我们想要做到公正，那么我们就不该把一个民族所犯错误的德性和另一个民族在德性上的错误两相比较，而是必须将此处和彼处的那些独特且价值中立的、以同一种可感的必要性让德性和错误这两者都从自身之中产生的总体气质相互进行权衡——倘若它们是为了不同的目的而被置入相互关系之中的。我甚至想要推测，所有民族大体上都有着相同量级的自由意识，受到相同规模的束缚，各民族间的差别更多乃在于：他们本身就想自由拥有的是什么，他们想在何处及从何处得到自由，以及，造成了那些对于一切社交式存在而言的必要的束缚（比如国家或风俗）的，又都分别是哪些力量。因此，设立并传布一种本身仅代表了诸国族的各种自由观念当中那些具有正面价值的后果的自由理想，也将会是荒谬的。对人而言，一种以这种方式拼凑起来的理想不具备真正的实力，也不会有得到实现的任何内在可能。

因此，只要我们称之为"德意志民族"的事物仍有着精神层面的某种统一标志，那么，那批以德国人的估量方式而论的"最优秀者们"首先在政治这片土地上寻找发挥作用的舞台并获得桂冠的时刻也就绝不会到来。对我们来说，一首"政治歌谣"也许不会总是一首"令人作呕的歌"，但根据我们在价值上的侧重的最终标准，它却始终会是一首低卑之歌。"政治"态度本身要求对人的个体深度进行自我否认。此外，作为思想方式，它还要求有一种要么是本能的、要么是有意为之的防护罩系统，以便阻隔那过于广阔的地平线；

而恰恰作为政治的艺术，它又要求有某种不必实事求是的业余爱好者的做派和"可以驾驭任何马鞍"的能力，要求放弃严格实事求是的有秩序的思想和行动，放弃对这种思想和行动的"正确性"做出严格判断的可能——也就是说，它要求那些被我们称为我们中的"最优秀者们"完全不喜欢的事情，而这是因为这些事情不受德意志精神本身的喜欢。职业政客——对我们来说，政治其实也是一门"专业"；官僚主义的统治，以及德国党派内部的官僚化体系的不容小觑的基础便是这种观念——尽可以对此表示深切悲叹，并且，站在他的立场上，这样做也是对的。然而，他于其上发出这一悲叹的整个"立场"本身价值几何，这一立场又意味着什么，这些都是他无法再站在自己的"立场"上进行评判的；他必须将对这件事的评判交由他自己所属国族的具体伦理去做。无论他本人及其整个"立场"在国族中的地位被估计得有多高或者有多低，他都必须把这件事交给国族去做。

　　也正因如此，被普鲁斯当作"威权国家"加以对抗的事情，才没有仅因某些个别历史命运就被强加给德国人民。倘若果真如此，那么，像霍尔丹伯爵这样的人就做对了，他们可是想要将我们从中"救赎"出去的啊！原则上，这个"威权国家"更是德国愿意在其中被治理的体系：德国的"愿意"是以更深的意志去"愿意"，而该意志超越了所有党派意志的总和；因为它只体现着转化成了公共实践和国家的德意志伦理本身，因此，在党派范围内一直到整个社会民主体制里，它都一直表现为官僚化、崇尚纪律的精神，以及领导者和被领导者都从属于不可见的党派统一体的状态。德国对于国家的基本观念认为，国家——和早期教会首先由保罗以"基督教的身

184

体"这个概念来表述的机构概念的构成法类似——是一个独立的不可见的意志体，所有人，不管是诸侯还是民众，为了完成客观有益于整体的不同任务，都觉得自己作为价值不一的"器官"既是整体的一部分，又从属于整体。德国的这一基本观念，连同与此同时个体性对"精神和内在层面的心绪自由应拥有一个独立于国家的区间"的固执要求，两者一道才构成了人的独特存在的一个相互补充且互为条件的体系。此外，它们仿佛成了一种模式，我们这里的一切社会学组织——不管是党派、工会、工厂、店铺，还是任何一个协会——都是按照这种模式构成的，从而，它们也模仿了我们的国家观念。用一句尽可能清晰的话来表达就是，作为人的一种类型的德国人感受到，自己同时作为本能主体和经济主体的人格臣服于自己作为国民和国家整体之一员的人格——而在自己人格的这两种表现形式当中，他从来都看不见自己存在的核心和基本意义。[1]对他而言，这一意义是并将一直都是他的精神个体性以及在他那塑造着文化的观看、思考和感受的自由中活动着并且在他对自己的个人生活和家庭生活的自力形塑中表现出来的那种内在自由。

就广度而言，德国民主体制并没有落在上述类型之外，尤其是社会民主体制。社会民主体制从本质上讲要比市民阶层的自由思想更深地植根于德意志国族精神之中，而在历史上，市民阶层自由思想的学说则更多地是由西方民主体制及其在理论与实践上的领袖发挥的影响所决定的。我们了解，黑格尔派的拉萨尔在与自由主

---

[1] 参见《形式主义》，第六篇，B 部分，第 4 章，第 5 点：私密人格与社群人格。——编者注

义的契约及警察国家对抗时身上的那种炽烈；我们也知道，拉萨尔
明白他在这一点上与自己最针锋相对的对手，普鲁士保守党之间的
一致性有多深。就连马克思——哪怕他的理论比拉萨尔受西方观念
的影响更深——在他的国家思想中，也是黑格尔的徒弟。即便在这
里，德国民主体制也没有落在伟大的德国精神传统之外，因为，就
其理论和实践而论，自法国大革命起横行世界并让国家荒芜、自匈
牙利革命起又被传播给了更小更缺乏教育的民族的那种国族主义
的毒素，德国民主体制吸收的最少。和整个德国哲学一样——德国
民主体制也是德国哲学的精神之子——德国民主体制认为，国家是
唯一位于国族之上的、实践层面的历史行动主体；比起法俄两国的
民主体制，部分地也包括意大利的民主体制在内，德国民主体制更
少受纯粹国族国家乌托邦的愚弄。这一点不但适用于"奥匈帝国奥
地利社会民主体制"，它也同样适用于德国。而且，德国的社会民
主体制恰恰在以最幸运的方式同将国族文化观念和进行国族运作
的资本的利益等同起来的做法作斗争。没错，在德意志国族观念令
人疑虑地将自己片面展现成纯粹是"国族的经济劳动统一体"的那
个时期里，社会民主体制尤为有力地保卫了传统。

　　现在，根据上述一切，我们有理由期待在未来，诸民主体制都
将从各个国族的精神和伦理为其设定的幅度当中得到发展吗？我
们还有理由期待，它们甚至会联合成一个精神上统一的欧洲或世界
民主主义吗？——在本文论述的开头，我们是从我们当前敌人怎样
的幻象中出发的啊！过去几十年间，可以察觉到在各个民主体制彼
此互相适应的方向上发生的诸多变迁。其中，最为清晰的是英国民
主体制缓慢适应法国民主体制的现象——这是英国民主体制的贵族

主义精神发源于其中的那些传统发生萎缩之后酝酿已久的一个后果，它包括：中层贵族的那些维系在英国民主体制当中的越来越扩展的等级制传统，与这些传统越来越紧密地联系在一起的自由自发的商人精神，另外，还有清教的那种从宗教出发、攫取越加广阔的生命领域的强硬做派。然而在英国，原本针对王室贵族精神的越来越向外扩张的运动却遭遇到了自下而上的民主主义精神的形成；无论如何，这种民主主义精神与法国民主体制有一个共同点，那就是它们都来自于原则上对某种既定的国家与生活秩序以及对民主主义的抗议。英法两国的辛迪加主义即是这种适应的标志。为了应对这种适应，德国的家国社会主义（staatssozialistisch）举措又成为了榜样。受常年结盟的影响，俄法两国的民主体制在"适应"这层意义上发生相互影响的程度要小得多。但不管怎样，总体上讲，上述各民主体制仍将会保持其国族色彩。"欧洲统一民主体制"甚或世界统一民主体制仍将会是痴人说梦。

论心态式黩武主义与
目的式黩武主义

——黩武主义心理学研究

"黩武主义"一词有多重含义，我们甚至应首先把该词理解为
某种特定的伦理以及人的某种特定的内在与外在态度，也就是把
生命、选择、行动中的某些价值置于其它价值之上并以可见的方式
将其表达出来的一种已固化在心绪之中的样式，比如，把情操高尚
（θυμοειδές）这一价值（柏拉图）置于舒适且有用这一价值之上，把
尊严和名誉置于生命之上，把权力置于好处之上，把国家之事置于
个体的满足之上。其次，整个民族都愿奉行的一种伦理道德也表现
在它的部队和军事体制等现象当中：它在其中得到直接的表达，就
好像欢乐在笑容之中、愤怒在眉头紧锁和拳头握紧之中得到表达那
样。一支部队在和平与战争里被投入其中的特殊目的与上面这种
样式的黩武主义没有关系。因为，这种"黩武主义"是一个民族表
达其伦理的姿态，一个民族的伦理最先决定了对它的目的（也包括
政治目的）的理解；这种黩武主义不是某个为了实现某些特定目的
的机构或"工具"的名字。"黩武主义"一词也可以想要表达存在着
一支具有尽可能强大打击力的部队，存在着对这支部队进行维护和

改良的热心关切。如果该词是这个意思，那么，这样的黩武主义同样也可以服务于从某种可能的民族伦理的各不相同的形式当中产生的目的区域，或是为其实现充当工具。黩武主义伦理的形式只是这些林林总总的形式当中的一个。比方说，军队可以作为意志工具，服务于由修道人、祭司、商人或公务员组成的某个占统治地位并已成为这个民族当中人之类型的典范的阶层，或是某个本质上并不黩武的王朝的伦理（以及从中产生的政策），就像迦太基人的海军和陆军、威尼斯人的雇佣兵部队、新英格兰陆军以及土耳其近卫步兵、克伦威尔的"被选者"那样。一个民族可以在第一重意义上完全不黩武，而同时又在第二重意义上极端黩武。在一个民族当中，把军队和军事组织塑造成毫无目的的表达的，与决定或共同决定着军队被投入其中的政治目标与目的集合的，并不需要是同一种精神。

普鲁士陆军的"心态式黩武主义"精神自诞生起，经过腓特烈大帝，再经过解放战争期间和威廉一世时代两次大规模的军队改革，直到今天，其所展现出来的那种内在历史连续性，已由德尔布吕克① 在其关于德意志军事体制史的著作中做过详尽的介绍。具有决定意义的是：尽管引入了普遍兵役制，一直到这次战争开始，隶属王室的职业陆军及等级陆军的古老精神——经过上述第二次改革重新得到巩固，从来没有像在英国和法国陆军体制中那样被颠覆国家的革命大潮切断过其可上溯至封建时代的特性——仍在整个部队中占据着决定性优势。英国、法国或俄国，就算有朝一日它们相较

① 此处原文 B. Delbrück 疑为 H. Delbrück（即 Hans Delbrück）之误。汉斯·德尔布吕克（1848—1929）是十九世纪末、二十世纪初德国著名军事史专家，著有《政治史框架之下的军事史》（四卷本）。——译注

于人口数量和国家财富的陆军规模可能会跟德国的陆军规模一样大甚至还要大得多，它们也不会被其它国家称为军事民族、军事国家。在这层意义上，别国把这样的称号保留给德国的做法也完全是有道理的。即便在陆军规模不如人的时候，这种黩武主义伦理也是普鲁士德国所独有的。别国的"启蒙者"不断指出，"黩武主义的谴责"是没有道理的，因为，德国的敌对国也建立了具有一样高的打击实力的军队，甚至，是它们那边率先发起军备竞赛的；当这群"启蒙者"这么做时，他们其实在不知情的情况下内心背叛了德意志伦理——在此我就不讨论上面那句话在事实与历史层面的合理性了。那些国家所建立的陆军和所付出的牺牲，既没有让他们得享拥有德意志黩武主义的这一荣誉（前提是这是一种荣誉），也没有让他们承受和他们对我们所做出的一样的指责（前提是第一种意义上的德意志黩武主义是一种道德上的恶）。就连启蒙者给出的其它一些看上去有利于德意志黩武主义的理由，事实上恰恰是放弃了黩武主义的特性以及就德意志伦理而言的黩武主义的"高尚之处"。

　　我们可先作如下总结：并非首先从我们的生存意志的特性这个角度出发、其次才从我们军队的目的以及我们的地理位置和经济的角度出发去推导"德意志黩武主义"的全部理由，而是反过来，首先想要从目的等因素出发对"德意志黩武主义"加以解释、同时又想要把我们的黩武主义伦理仅仅理解为一支强大的军队对于保卫我们的开放边界或者出于权力政治的某些特定目的的需求产生的后果及适应现象的全部理由，都未达到目标。我国许多热衷于启蒙的学者不断要求别国应先完全站在我们地处中欧的这个位置上，去换位思考和感受，以便能够理解德意志的黩武主义。他们说，我们缺少像英格兰四面环海或者像法兰西、意大利拥有广大滨海地区的那种天然边界。他们说，我们被困在欧洲中央，在东西两线皆无天然掩护，在南部没有入海通道，只在北部有一个早就与德意志部族的分布情况不相符的入海口，被诸如瑞士德语区、荷兰、弗莱芒诸省、波罗的海诸省这类早就从德意志帝国分离出去并开始了自己的生活的德意志、半德意志的文化国度所环绕；在这样的环境中，我们不得已才需要常备一个可资防御与自由活动的强有力工具——我们的这种不得已，就好像在各个德意志文化国度因为天然的向心力而向核心德国靠拢的情况下，我们始终都受到重新夺回我们曾经失去的那部分德意志国土、重新建立我们旧时领土范围的那种诱惑那样。我丝毫也没有误解这些用来解释我们的，特别是新德意志的陆军组织的规模与特殊形态以及为此付出的巨大努力的理由所具有的力量。不过，被别国谓之以"德意志黩武主义"者，其实是完全独立于这种困境以及我们所处的地缘政治环境的威胁的。"德意志黩武主义"首先是一种自由的表达，是我们民族传承下来的领导层中的一大部分所秉持的自发伦理与基本意志具有的天然生活方式——而不是环境和特殊历史命运能迫使我们具有的。就算德国人坐在英伦三岛上，普鲁士德国最后的这种意志方向也不会有丝毫改变——不管这会给陆军及海军组织带来多么根本的不同。就算到了那个时候，德国人也不会想到用有益于卫生的"体育"去取代战争精神的；就算到了那个时候，德国人也绝不会把民族和军队的基本关系看成是工匠师傅和工具之间为了实现任意"目的"——由战争以外的统治意志从外部强加给军队的目的——的那种纯外在的关系的。就算到了那个时候，他们为了要尽可能节省自己那被视为太过"高贵"、为了战争而牺牲太过可惜的鲜血，也不会在超出必要的情况下太过长久地将金钱、雇佣军、大陆勇士以及其它民族送入战斗的。就算到了那个时候，对他们来说，军事化的生活方式也仍旧还会如合身的华服一般，简直是为他们的本质而量身定制的，陆军和海军也不会是"工具"——而是以陆海军作为表达的同一种伦理，才是引导他们设定一切政治目的的因素。工具不同于将一个民族的精神"表达出来"的艺术品，工具只是为了实现它身为工具的目的而存在。普鲁士的黩武主义更像是一件艺术品，而不像一个工具。它并不是从外部覆盖在民族的总体生命之上的，而像某些海洋动物的钙质硬壳那样，是一个本质上内在的器官的生理过程的产物。因此，它的表达，即军队，只在次要的程度上服务于政治以及其它目的。军队首先只是某种特定的价值评估和生命意志的变得可见的形式——它是一种让整个道德世界变得可见、可感、可把握的形式：这里生活着一个民族，它把尊严置于效用之上，把整体的实力置于群体和阶层的所有纯粹的利益和好处之上，把斗争和劳动置于舒适之上，把纪律置于盈利和享受贪欲之上，把义务的紧张感置于完成义务后的舒坦结果之上，把牺牲力的价值置于我们为之牺牲的一切事物价值之上，把生命力、健康和身体的健美置于好的、无生命的实用物品的全部丰盈之上，把斗争紧张感里的幸福置于安息和业已达成的目标中的幸福之上。在腓特烈大帝写给朋友或亲属的那些描述他时常一再重遇的困境的信中，让他和他的部队坚持下去的最后一个决定性的价值动机一直就只有同一个：尊严——他作为国王的尊严，他的国家和军队的尊严；他从来没有提到利欲、贪欲、征服欲之类的事情。

对目的式黩武主义而言,军队首先不是国族的王冠和花朵,在陆军服役的时间对最底层的人民阶层来说首先不——像人们正确所说的那样——是"上部队大学的时间",军队只是非黩武主义的政府的工具。在同这种目的式黩武主义的关系当中,心态式黩武主义简直可以说是十分不实用的了。德意志帝国的建立,固然首先是以普鲁士为中心向各个方向蔓延的黩武主义结出的果实。统一后的德国虽然不是特赖奇克所谓的"加长版的普鲁士",不过,它仍是由被普鲁士重新唤起的全德意志的"战争精神"塑造和维持的。这里,来自普鲁士的,倒不是"战争"精神(所谓"黩武主义",当然是以该精神为前提的),而更多地是秩序、履行义务、有组织、准时、纪律和实事求是的精神。所有的德意志部族都具有差不多的战争精神,普鲁士在这一点上的位置并不靠前。但是,直到把全德意志的战争意识同普鲁士的完全超越了普鲁士军队(在职业、经济生活等领域中)而在同样强烈、同样原初的程度上产生着效应的秩序、事实、义务思想的精神结合起来,黩武主义伦理才有可能成为促成德国统一的一股力量。这种战争意识,就其自身而言,在德国历史的各个时期,恰好正是德国纷争不合、日耳曼人同日耳曼人无休止斗争的最深根源,也是德国一切的不相容、爱批评、好争吵、派系林立、自组织无能的原因。德意志黩武主义的核心并不在于困境的逼迫,不在于拥有一支作为"抗击德国敌人"工具的强大军队的权宜性和必要性,而是很可惜地在于,德国人最后总是在和外部敌人没什么可斗的时候才互相争斗的[1]。

191

---

[1] 关于社会学层面上"斗争本能"的意义及其可能具有的形态,参见本文集的第

现在，这种心态式黩武主义又有了一些或多或少外部的伴生现象与之相应：首先，在德国，军官也成了部队以外的职业等级的社会榜样，其它阶级、职业、群体的尊严概念都以军官的尊严概念为最高标准（就算只是在私底下，并且还有着外部矛盾）；其次，军官的社会地位和其它所有国家里军官的社会地位有着本质差异；再次，社会的所有等级都是根据军阶差异来衡量的；然后，通过部队候选人体系和预备役军官制度，整个社会的风俗和基调都同军事体制交织在一起；另外，在对未来类型的人的形成极其重要的爱情选择上，"彩布"①和与之相关联的军事才能对所有社会等级和各个阶层的女性都散发出最为强烈的吸引力；并且，皇帝（"最高军事将领"）和最高级的公务员在出席庆典场合时都更喜欢穿军装而非其它服饰。如此等等，不一而足。

敌对国（中立国也广泛赞同）将一种特别样式的黩武主义归于德国人，这种黩武主义是其它国家所没有的，尽管他们为自己的陆军组织付出的努力不亚于德国。敌对国这么做完全是有道理的。假如让我们用一句话来概括此彼两处的差异，那么，我们可以说，在德国，心态式黩武主义是工具式黩武主义内在的也是历史的基础，但在我们的敌对国那里，占上风的则是工具式黩武主义的体系，军队同政府及统治阶级的政治意志之间首先具有一种工具关系，而后者的伦理从一开始就是根本非黩武的，时而重实用、重商（英美两国），时而重宗教-浪漫主义（俄国），时而又受到金融利益、光荣思想以及

四分卷《历史哲学》。［该分卷并未出版。——编者注］

①　此处"彩布"指军官制服。——译注

非军事性的复仇想法和对感受到的弱点的怨恨等因素的决定。

假设说别国这么做是对的，那么，与此同时，倘若别国还认为这样的心态式黩武主义是"对周边民族乃至对全世界的［持续］威胁"，认为克服这种黩武主义对欧洲乃至对全世界的安全和福利来说都是必要的，那他们就错了。对一支首先并不是为了某些目的并作为某个非军事阶级的占有欲的工具被组织起来、而仅仅是对某种具有特定导向的价值评判和生命意志的简单表达的部队来说，这种认为"它是对邻国产生持续威胁的势力"的思想反而正是它从一开始就不会具有的。恰恰心态式黩武主义才有可能与政治上最大限度的温和联合起来。只有这一心理学语境才会对以下情况做出全面的解释，即，德国过去四十年的政策既是极力扩充军备的政策，同时又是所有大国中最温和的政策，而且，即便在眼下这场战争中，只要在"战争目标"问题上还有可能存在最为深刻的差异，那么，德国就没有战争应服务于其达成的任何个别"目的"。心态式黩武主义是征服欲黩武主义的截然对立面。这种征服欲才是同工具式黩武主义最紧密联系在一起的。就其内在天性而言，在资本主义时代，商人统治阶层的占有欲以及金融和工业贵族政治所具有的力量乃是无限的。如果他们掌握了一支军队，那么，在为了实现他们自己的目的而对军队的使用上，就没有什么存在于统治阶层自身伦理之中的内在标准了，而仅仅只有对这样一件工具会遭到的抵抗所拥有的外部力量的算计。但假如——像克劳泽维茨在他对军事统帅和政治家之间关系的探讨中描述为"理想"的关系——最高军事统帅和最高政治领袖是同一个人，比如国王，假如一个民族在战争中以及在和谈时形成政治意志的法则基本上是由同一种、具体表达为军队和军队体制的军人伦理所一同决定的，情况就完全不一样了。在此，军队不是某个服务于最具经济实力的个体和圈子的国家手里的"工具"，相反，国家本身在军队和军队的最高领导当中达到顶峰。还不止如此：战争中，国家仿佛摇身一变，成了军队，就好像军队只是国家不变本质的另一种物态而已。这里，国家本身被军人的伦理充满了。因为，此处，这样一种伦理并不是某种额外的职业道德，而是构成国家精神和国家意志这个整体的元素之一——在和平时期亦是如此。

把战争中人的牺牲（战场上的人员伤亡、战场外的伤心绝望等）换算成要靠战争去实现的对领土、有利贸易条件、销售市场、战争军税的占领，这是一切工具式黩武主义在本质上所特有的。而现在，比起这样一种换算，没有什么更违背军人伦理了。所有这类换算都遵照下面的模板：多少鲜血等值于多少新的领土和销售市场？或者：要达成位于军人伦理之外的经济利益联盟的目的和目标，战争还应该打多久，还有多少头颅可抛、多少热血可洒？一个具有真正军人心态的人，哪怕在最微小的程度上觉得自己作为其中因素之一被卷入了这样一种算计，也会在最强烈的程度上——比工具式军队的典型士兵还要强烈得多——立刻准备好逃跑，他的军人良知甚至会迫使他这么做。这种算计的内心前提就已表现得与他的伦理相悖了。按照"心态式黩武主义"，"高贵"这一生命价值序列本身要比"用处"这一价值序列更高一级，而这恰恰是被我们称作"心态式黩武主义"的伦理的本质之所在；同理，比如能够去战斗、在某些情况下甚至有可能会死的那种荣誉要比死亡所能带给祖国的纯粹好处更高一级，让国族权力和自由发挥效应、得以达成比国族中全体阶级的所有可能经济利益都要更高一级。心态式黩武主义者不仅对战争中的人员牺牲及此类"补偿"的任何一种可化约性这一观念感到不寒而栗，就像是自己遇到了前所未有的心情低落；而且，出于为了朋友和国族的存在与尊严而牺牲自己的生命这个原因，对心态式黩武主义者来说，他本人或是他的朋友、后代还可以额外得到些什么——特别是这额外的"什么"，因为他和他们恰恰已在牺牲本身和对牺牲的颂扬式的直观中得到了至高至深的幸福——这件事甚至直接显得十分荒谬可笑，哪怕他自认为保住了自己和自己的生命。因此，《尼各马可伦理学》中，亚里士多德对"爱自己是否有价值"这个问题是这么回答的：如果在此我们对肯定作答有异议，认为一个人为朋友献出自己的生命的价值要高于他不这么做的价值，那么，我们也必须考虑到，做出牺牲的一方虽然为朋友留下了生命这一颇高的善，但他仍为自己选择了更高的善，即高尚行为带来的光荣。极为类似地，倘若战后某个群体"因"其成员在战争中并肩作战而要求得到国家当中更多的权利，心态式黩武主义也会觉得完全无法理解这种要求；它会认为，能在战争中并肩作战已经是自己最美好的权利了。如果说，对并肩作战者自己的体验而言，情况并非如此，如果说，他们只是出于某种违背本人意志的"必须"才这样做的，那么，对心态式黩武主义者而言，这些并肩作战者虽在政治上是可用的，但同时他们在道德上却是可鄙的，因为，他们确实这样做了，而且他们在实践上没有把自认为（尽管是错认为）乃是更高的自己生命的价值摆在前面并尽可能地摆脱束缚。

其它事物则是可化约的。比如，按照一般的说法，"为战争中做出的巨大牺牲要求相应的补偿"，这样做可以是很有意义的；所以很自然地，可以为战争费用、为战争在经济和实物上造成的损失要求"相应的补偿"。告诉人们战争里，民族当中的许多成员不得 194 不付出死亡的代价，这样，才能让同一个民族中有多少人能够在未来继续活着，就连说这样的话也仍具有积极意义。一个民族把自己（不是以用单个的个体或个体的总数去替代总数的方式换算）理解成一个会为了未来更兴盛的成长而自愿抛弃自己的某些"成员"的有机整体，这样一种在生物社会层面的目的式看待方式即便是对心态式黩武主义来说，也没有什么好指责的，只不过后者本身不太会使用这样一种看待方式。这种看待只需满足一个条件：它必须将自己完全限制在客体域，而不能是战斗者的某种主观动机，或是要求成为这样一种动机。因为，真有可能作为将自己的生命献给某项高尚事业的人的动机的，不是有多少人能把生命延续到未来，而只可能是，把生命延续到未来的都是些什么样的人。

　　如果说，站在心态式黩武主义精神的角度，应无条件地反对任何一种对牺牲与好处的权衡，那么，由此出发，不管是反对还是赞同战胜国吞并他国，也都还完全不能得出任何结论。由此，顶多只能要求，胜利者在判断吞并问题以及其它涉及到任何"战争目标"的价值的问题时所依据的原则必须是与上面那种权衡所依据的原则完全不一样的。无论这些原则具体而言有可能是怎样的，对它们的使用总是需要遵循三个最高的着眼点：一、得胜民族只能从历史角度去挖掘的使命观；二、对战胜国伦常行动力与权力饱和度的规模和方向而言，要获取的领土是否是适合其活动的区域以及这些领土是落后于自己还是超过了自己的问题；三、民族的总体福祉以及为了未来而对其做出的最大保障。依据这些视点对吞并和非吞并问题进行考虑所得的结果，在已做出巨大牺牲的情况下，可能还会要求战争继续进行，而在只做出少量牺牲的情况下，则可能会要求停止战争。无论如何，这一考量都必须在最严格地不依赖于对一切所失和所得的"算计"的情况下进行。在此，使用类似于"战争目标"这样的概念是完全有悖于心态式黩武主义精神的——仿佛人们可以在战争结束之前为战争设定不管哪些固定"目标"一般，在做出任意一些牺牲后，这些目标就必须要"达成"。有和平目标——但没有战争目标；只有参战方从根本上打破了战争意愿，和平意愿有了一席之地，才有可能对和平目标做出某种决定。只有首先有了和平的意愿，然后，要把缔结和平的条件表述出来的那些道路与目标的特定设想才会得以产生。和平不可能因为参战方的某些所谓"战争目标"的达成而产生。如果没有某种业已存在的和平意愿作前提，参战方始终还是会不断地分道扬镳。历史上没有哪场规模较大的人民战争，其所谓的"战争目标"不是从军事行动的冲击和方向之中才产生的。在某些特殊的情况下，诸民族才会同纯粹的目的式行为这种形式决裂，当它们只能依靠自己的剑和自己的力量时，它们才会希望看见自己有着怎样的力量，以及这样的力量会把自己带往何方：而这才是任何一场真正战争的意义所在。在这里，力量决定目标，而不是某种既定目标决定力量消耗的尺度、样式和方向。一个民族只有在战争中才能全然经历到的自身之所能与充沛实力，也会为这个民族的意愿指明方向。

更为深入的探究处处都显示出，从目的观念出发去理解人类活动的形式、制度、风俗的渊源，这既是心理谬误又是历史谬误。其实，一切"目的"都只是事后才被加诸于这些活动形式之上的，即，是在这些形式基本上已经出现之后。让一种活动形式为其效劳的诸种目的可能会发生变化，就像活动形式、制度、风俗的所谓"目的变迁"现象向我们展示的那样。比如，宗教、教义、教会可以成为控制、操纵和领导人的工具——然而在这里，想要以启蒙哲学的风格，从这类目的之中将宗教、教义、教会作为"工具"推导出来，却是毫无意义可言的。再如，惩罚可以服务于保护社会、预防和改造罪犯等目的，但其本质——报复——却完全不受这些目的的影响。①家养的动物倘若已经被驯化，那么，它们可被用作宠物、家禽家畜、驮畜、观赏动物、实验动物，也可被用作给人留下深刻印象的工具、战争攻击的工具（例如战象），总之可被用作人类纯粹默不作声的友伴；可一开始，它们并不是出于这些目的式的应用中的一种才被驯化的。②对上述这些事情以及类似的一些事情来说，设定使用目的的意愿之举是次要的，将其导入此在的，不是某种"牵引"式的动因，而是某种"推动"式的启动脉冲，因而也是某种指向任意方向的生命能量的满溢。因此，某种就情况、环境、欢乐、永福之间的寻常经验脉络来说因为太丰富了所以不可理解的内心富足感和幸福感，可以让我们张开双臂，向某个强大的不可见之物表达我们的感谢。在这种表达感谢的功能之中，或者从这种功能出发，常常可以有善神的观念和图像形成，并获得人们的信仰。③我们或者是其

196

---

①　关于惩罚的本质，参见《形式主义》，第五篇，第 10 章。——编者注

②　在那些原始的"发明"和工具（播种、犁、钻木取火等）当中，没有任何一个是源自目的思想的。关于这一点，请参本文集第四分卷《历史哲学》。

③　此处亦可参菲尔坎特著《社会理论》（Gesellschaftslehre，斯图加特，1923 年），尤其是其中关于"从属本能"的论述。

他人（我们将信仰带给他们、为信仰赢得他们），现在便可以在困境或危险状态下感念"善神"，祈求"善神"能够帮助我们。这样——也只有这样——"困境"才能"使人学会祈祷（beten）"。可是，关于善神的观念（和信仰）却从来都不是由单纯的困境创造的。卢克莱修·卡鲁斯的那句"恐惧造出众神"从来都是不正确的。有可能困境会使人学会祈祷——却无法使人学会敬拜（*anbeten*）。不存在哪种不基于以下敬拜之举的祈祷，在这一举动中，灵魂将自己升格为可能的祷告对象。不过，特殊的需求方向和借助于理性考量而从这些方向中得出的对于目的的设想，它们所能达成的，要多于单纯"使用"某种现存的、已完成的活动形式或制度。它们能共同决定这一形式与制度的特殊的现实安排，它们能在这些安排的所有那些在其实现过程中已几经沉浮的特别项目中做筛选，而这些项目本身又有可能是从初始的推动脉冲当中，以同样好并且同样可能的方式产生的。然而，需求方向和对目的的设想却从来都不具有原初创造性①。

　　这一切也都适用于战争活动形式的起源以及武士等级或职业的起源。如果人性当中从一开始就没有某种独立的本能基础和某种倾向于武士生活及职业的心态与伦理方向（自然是以能够想象的最变化多端的当代史形式），那么，就没有哪一种样式的部族和民族"需求"——不管是经济需求还是其它任何一种需求（比如对过剩人口增长的应用）——会导致战争以及某个武士等级的形成。有

---

　　①　此处亦可参第四分卷《历史哲学》中关于历史因果因素的论述。[参前揭，第7页。——编者注]

了对于武士生活的这种倾向，还并不意味着会有如下问题被提出：该等级在不同地方会有怎样的面貌？该等级及其所特有的伦理会得到何种程度的重视？该等级在共同体当中究竟是起领导和榜样作用还是起效劳和服从作用？尤以武士精神为标志的人群会被用以实现何种民族目标？只有在存在上述倾向以及事实上存在格外明显地具有上述倾向的人群的前提下，这些问题才有意义。这样一 197 个人群倘若不存在，那么，哪怕有可能有上千种让军队看起来值得期望的目的，也不会有军队存在。因此，任何目的式黩武主义，其最终的历史及心理根源都在于心态式黩武主义。

那么，一整个民族或是其它某个社会群体可否被称为主要是心态式好战的？现在，这个问题首先丝毫不取决于，这个民族或社会群体是否拥有一支军队，这支军队规模有多大；其次，这个问题完全不取决于这个民族或社会群体位于敌对邻国之间的地理政治局势在多大程度上让拥有军队这件事变得必要；最后，这个问题亦不取决于这个民族或社会群体所辖范围内属于好战这一本质类型的人口数量有多大。相反，这个问题首先取决于，存在于该民族中的好战者类型是否扮演着某种榜样及领导角色，究竟是好战者类型及其对价值侧重与偏好的方式决定着整个共同体的"主流"伦理，还是说，这种伦理主要是由另一种类型决定的。仅仅取决于对这个问题的回答的事情也包括，就其实际生活方式和道德水平而言，武士等级究竟是符合其自身伦理，也就是符合其价值侧重形式的，还是说——若以这种形式来评价——武士等级其实是"不够格的"。在所有的人类共同体中，只有那些占支配地位的榜样者类型才在实践–道德层面也完全符合其自身伦理。在我看来，这是一条非常特别的法则。比如，祭司只有在充当领导并承担社会整体最重要责任的地方，才同样能在实践-道德层面差不多符合他自身的伦理。而在他必须效劳或者仅被忍受的地方，若以他自己的准则来衡量，他会慢慢堕落。类似地，商人——以商人的伦理道德来衡量——在且仅在他要为整个民族伦理的塑造做出表率的地方，才会在其商业行为中做到可靠、真实、坚定、严谨而又认真负责。在此意义上，中国商人要比日本商人完美得多，因为在中国这个从心态上看并不黩武的民族里，商人拥有一种主人翁式的德性，那便是有良心地在实践层面也按照自身伦理去生活。不过，占支配地位的榜样类型无需总是在以下意义上做到良善且完美，即，他自身的伦理应是良善且完美的。这种伦理在客观上可以是完全不够格的——若以一种普适伦理学来衡量的话。① 但占支配地位的类型——只在其占支配地位这一形式特征上——拥有一种无可替代的主观上的道德完善性：以严格且更强的责任意识，带着实践上的责任心与精确性，依照自身伦理——不管这种伦理本身是好还是坏——去生活。在这个意义上，权力也创造责任；责任感又会增强实践上的责任心。在奉行心态式和平主义的国家，即那些塑造整个民族的伦理的榜样类型的心态是和平主义的（在印度是修道者，在中国是士大夫、官僚、商人）国家，好战者类型若以其自身的伦理来衡量，总是或多或少不够格的，例如，他们没有骑士风度、对敌人暴虐、易于收买。

　　适用于诸民族的也适用于历史上的诸时期。战争越是被当作

① 关于伦理、伦理学、实践道德性，参见《形式主义》，第五篇，第 6 章，关于"商人"，参见《舍勒全集》第 4 卷，第 359 页及以下。——编者注

陌生的例外状态，诸民族越是在内心与本能上渴望和平，与此同时，心态上渴望和平的民众阶层对战争的参与度越高，那么，战争中以及战争进程期间作为交战的内在伦常的调节因素的伦理和法律思想就会跌落得越深。战争越是有悖于占支配地位的伦理，作战形态就必然会变得越来越无秩序、非理性，站在武士的伦理立场上看也会变得越来越反伦常。战争越是被佐以犯罪、罪恶、"大屠杀"之类的污点，人们就越不会对交战的外部和内部形态做伦常上的本质区分。一场和平主义者之间的战争——从理念上看，它是人们所可以设想的最缺乏骑士精神、最可怕、最充满仇恨也是最残酷的战争。战前对《海牙公约》的期望越高，《日内瓦公约》就越是会被忽视。这场战争因此是历史已知最为可怕、最不人道的战争；因为从总体上看，它是一场欧洲的那些强烈渴望和平、不好战且有着高度发达资本主义的民族之间的战争——它是一场诸民族自身间的战争，而非王朝或政府间的战争，也非主要在等级军队之间进行的战争，而是主要在内心民主化的人民军队之间进行的战争。在人作为单个的人或是某个等级中的小群体按照规则互殴的地方，民族就开始了扭打！在上巴伐利亚山区小伙子们相当频繁的斗殴中，依然保存着几条骑士风度的规则。和平主义把战争宣布为大屠杀：确实如此——在和平主义心态占主流的地方，战争就会变成大屠杀。

人越是觉得自己的存在核心位于自己的身体领域和自己作为可见社会个体的领域之中，个体的尘世间生命越是被当作至高价值和人的唯一存在形式，那么，战争杀戮就越是必须接受个体人格毁灭的意愿，即谋杀意愿这一特性。没有什么比这一点更加清楚了。事实上，在某种同时既是一元主义又是唯物主义的生命感的前提下 199

（与个体如何判断无关），战争中的杀戮和谋杀在概念上几乎完全无法区分。如果说，不存在彼此交战的真实总体人格[1]（国家即被理解为此类现实），那么，战争就同样也是一场个体间的相互屠戮，而不再是借助于作为国家"成员"与器官的个体那每一次都指向别的国家的活动而对各个国家的实力做出的测定。另外，如果说，敌方个体当中并没有不可见的精神人格，其存在与尊严在杀戮举动及其反击当中仍可被肯定、被尊重，那么，杀戮和蓄意剥夺存在就必须在概念与意愿态度上合二为一。两者一道，体现出了"谋杀"的本质。[2]当然，在和平主义—个体主义心态得到越来越广泛传播的条件下，志愿军战争和常规军战争之间、前线杀戮和杀害战俘、暗杀和明屠之间的区别也必然会越来越少被感受到。

不过，心态式黩武主义变得越来越弱，这将必然会对战争期间的道德状况以及非作战部分群众的道德表现产生比外部交战还要强烈许多的影响。为什么偏偏这场战争是近代史上最充满仇恨的，这个问题也可以由此得到一些澄清：

任何群体，随着其伦理变得越来越好战，就越不需要仇恨作为他们在战争中骁勇奋战的驱动力。典型的布尔乔亚因此几乎可被定义为一个为了斗志满满参战而必须仇恨的人。这场战争所负载的深仇大恨是如下两个方面的标志：一方面，欧洲的各个部分已结合得非常紧密了；另一方面，不断进步的资本主义和生活方式的物质主义已让典型的普通欧洲人变得非常不好战了。与此相反，历

---

① 参前揭，第124页。——编者注
② 关于谋杀概念，可参笔者在《形式主义》第五篇，第6章，第3点。

时一年零七个月的日俄战争中的仇恨是多么少，持续时间多么短啊！日俄战争中，可以导致仇恨的文化接触面太小了。英国人和布尔人（Bure）①之间的仇恨，它的持续时间多短啊！综观眼下这场战争，在描述资本主义精神在按照极为不同的视点划分的群体单元中的统治地位与仇恨间此消彼长的关系的曲线上，以上想法也得到了确认。让我们先来看看这些民族单元吧！有着最为片面的战争伦理的民族，日本，其仇恨最少；不仅在这场战争中，就连在对其生存产生了深刻得多的影响的日俄战争期间，它都仍让敌国的所有成员各司其职；战俘受到了良好的待遇。俄国对德国的仇恨（我们只需比较一下俄国学者和法、比、意、英、美等国绝大多数学者的行为即可，俄国学者拒绝将向文明世界发出呼吁的请愿者从俄罗斯各个学会的成员名单上划去）要比西方对德国的仇恨小得多。②俄罗斯的情绪里包含的，更多地是一种无声的愤怒的特性而非仇恨的特性。（"仇恨"与野蛮、毁灭欲甚至残酷都无关。）只要这种情绪存在，它（在农夫那里）受到来自"同盟国支持奥斯曼帝国这个十字架之敌"这一观念和"德国元素才是在俄国内部具有统治实力和欲望的元素"这一思想的滋养就要强于来自对德国的直接仇恨的滋养。其次，在仇恨越来越多的情况下，该曲线还可以继续向着塞尔维亚、意大利、法兰西、英格兰（它太骄傲，太自我克制了，不会像法国那样毫不克制地表达自己的仇恨）、比利时的方向上升。但总体来说，该曲线和资本主义工业化的增长曲线是一致的。这些民族中的

①　布尔人是荷兰或德国人在南非移民的后代。——译注

②　作者引用的《德国学者告文明世界书》（Aufruf deutscher Gelehrter an die Kulturwelt）发于1914年（巴黎1915年）。——编者注

群体心态越是不好战，越是和平主义，战争与谋杀在感情和思想里就越少被加以区分。人们经常能有机会体验到：如果战争是"大屠杀"，那么，反过来，依此类推，谋杀志愿军看上去就必定和完成士兵义务等价。

在每个民族之内，仇恨都以几乎不可思议的规律性随着同前线及前线精神在地点与灵魂上距离的增加而增加。怒发冲冠这种对攻击和近身战斗而言无疑必要的情绪，与那种有毒的仇恨之间没有丝毫关系。在所有交战国族的内部，仇恨的总部都位于留守者之中；这里，人们越少有可以让自己参与到战争的宏大总体行动中去的特定工作和义务，仇恨就越是强烈。这并不奇怪：行为与行动的精神仿佛自动就将灵魂从仇恨中洗刷干净了，只有无力才会导致纯粹从感情和幻想层面，即以放弃行动的方式去否定敌人——我们将这种否定称作"仇恨"——这一后果。同样地，望着英伦三岛，德国常规军鞭长莫及，这才让德国对英国的仇恨尖锐了起来。在军队内部，一般而言，现役军官团体中的仇恨要小于预备役团体，军官团体中的仇恨总体上要比全体士兵中小的多，前线的仇恨总的来说则要比后方小。倘若诸民族的那个在战争中无所作为的所谓"智识群体"认为，只需将诸民族彼此间的仇恨表达出来就够了，那么，这会是个严重错误。相反，"智识群体"恰好正是因为战争才爆发——而不仅仅是从战争中导出——的那种仇恨的总部与起源地之所在；他们才是把这种伦常可鄙并且妨碍思考和行为的情绪传染给民众中的其余部分的人。而倘若该"智识群体"陷入那种认为能够通过自己满腔仇恨的布道、歌唱等为战争和胜利做出什么贡献的观点——因为由此他们便能在人民和军队中产生并激发起"坚持"所必需的情感了——那么，这才是最幼稚的自我欺骗。热爱祖国并尊重对手，攻击时的愤怒（愤怒和尊重完全可以在灵魂之中并行不悖）和高风亮节的忍耐，这些才能助长灵魂中导向胜利的无声火焰。憎恨敌人则会让火焰噼啪熄灭。因为，从心理学角度讲，与一切仇恨密不可分的，首先是仇恨在事实现状——此处即战局——上造成的欺骗，其次是对怀恨意愿的预期式的幻想满足，这种满足天然就会导致指向该意愿的实践目标的意志能量和坚定性发生减退。正如仇恨总是源自无力感，仇恨同样也会助长无力感、阻碍行为，而不会激发行为，就好比好战的记者，总是会去反驳那些反对仇恨的人那样。"智识群体"把自己的仇恨传染给人民和部队，这样一来，他们也会把自己的无力和对自身意愿单纯幻想式的满足传染给人民和部队。他们这么做，会妨碍并削弱取胜的意志。

　　大力打击民族仇恨，这无疑是许多（尤其是在《和平瞭望台》发声的）和平主义者的功劳。不过，从非和平主义、心态式好战的立场看，将这项工作交给和平主义者偏偏是令人惋惜的。这非但令人惋惜，还完全不符合和平主义与黩武主义的心态及道德在仇恨问题上所具有的内在联系。因为，尽管听上去非常矛盾：战前在欧洲诸民族当中占主流的和平主义态度以及该态度所代表的意识形态——正如前面介绍过的规律性已展现出来的那样——恰恰才是这场战争中的民族仇恨比历史上其它战争中的民族仇恨强烈太多的主要原因。将国家间的实力较量和人民间的仇恨严格区分开来（直至深入情感之中），这是任何一种战争道德最基本的前提。但在那种只把国家视为保障其成员福利的最高保险公司的个体主义精神占主导的情况下，这种区分就必然会消解。一旦这种思维方式成为典型-

202 普遍的思维方式，战争中合乎义务的杀戮——在伦常上克服甚至痛苦地牺牲掉人类面对作为人的对手时天然的同情感，并用积极的态度尊重敌人的人格和勇敢——就不再能在事实上同卑鄙的谋杀区分开来。几十年以来都把战争斥为"大屠杀"的人哪，可千万别惊讶于后来发生的战争真的在某处具有了这样的特性。德国对战争中的英国体育观念和旧式高卢骑马比武立场的合理拒绝（看看路易十四对英国发动的那一场场战争吧！）不应让使战争成为战争的骑士原则完全失效。诚然，现代的人民战争必须发展出某种严肃态度和某种攫住整个民族灵魂的冲击力，它们完全排除了那些与职业军队、等级军队以及内阁战争形式绑定在一起的"活泼–快乐战争"的观念。但是，这种严肃态度和这种冲击力并不会将尊重敌人的骑士原则排除在外。这是因为，每个公民身体里都住着一个武士，其精神与职业军人只有程度上的差异，而反过来，则不是每个武士身体里都住着一个公民。根据艾弗尔特①发表的、值得引起注意的对军人灵魂的观察，在德国前线，严肃态度与骑士精神的结合占据主流。这符合德国军队的历史，它其实就是一部职业军队及其精神逐渐扩张的历史。因此，前线拒绝了留守者的仇恨，并且，前线还常常格外痛苦地感到，对敌人出于仇恨的轻视其实只是在将他们做出的牺牲、他们的工作和行为贬值而已，这一点已经得到了成百上千战地邮件的证明。

　　许多和平主义者都犯下了一个严重的心理学错误。他们认为，

---

　　① 参见艾弗尔特（E.Everth）著《论士兵的灵魂》（Von der Seele des Soldaten），耶拿，1915 年。

这场战争当中恐怖的仇恨现象是由战争本身造成的；他们还认为，一个从前无比团结并且充满了爱的欧洲被引发了战争的那帮坏人变成了一个满是仇恨的地狱，战争对这件事负有责任。抛开个别引发新仇恨的事件不论，事实情况其实恰恰相反。现在呈爆发态势的大量仇恨是在维持了 45 年的欧洲和平期间产生并堆积起来的。总的来说，这一欧洲和平只是某种非战状态，它的灵魂乃是所有交战国当中占统治地位并发号施令的群体在经济方面无边无际的占有欲，以及与之相关联的、交战各国对彼此越来越深的恐惧，生怕对手会使用战争这一最后手段。而将这些有毒的仇恨转化为慈善并由此使之平息的，则是这场已经爆发的战争本身；不然，能阻止这些仇恨得到表达和公然爆发的，就只有和气生财的态度、国际骑士风度和算计了——但它们在阻止的同时也加深并激化了仇恨。因为，根据众所周知的灵魂法则，没有什么能像甘必大那句著名的“沉默并继续寻思”，没有什么能像内在情感状态与外在行为形式之间的深刻矛盾一样，会对仇恨产生如此强烈和深入的影响。因此，这场战争只不过是将欧洲的道德状况显示了出来——而根本没有创造或改变欧洲的道德状况，除非，它正是透过将其显示出来从而改善了这种状况。内心隐蔽的仇恨比用咒骂和侮辱式言论表达出来的仇恨更加剥夺灵魂的尊严。尤其是，内心隐蔽的仇恨恰恰既没有尺度，也得不到修正；因为幻想可以自由行走，渐行渐远。而表达出来的仇恨——可举的例子何其之多啊！——则会立刻遭到表达仇恨者自己的同胞的反对，当然了，所谓“反对”，首先是用事实给出批评和改正。

论两种德国病

当一个人在同对立力量的斗争中灭亡，眼看着自己的生命就要灭亡，这时，就只剩一件事，哪怕是在最坏的情况下他都还能指望可以救得了：拯救自己的道德和精神存在。这是对创造性精神泉源的拯救，只有以此为出发点，不管哪一种恢复，才有可能发生。如果一个人在这一点上就扛不住了，那么从长远看，哪怕他再精明地进行清算，一切仍都会化为乌有。他只有在这里坚持住了，才有权心生希望。

如今，德意志民族正处在这种境况。没有什么危险比冯·贝特曼曾经勾勒过的危险更大了：德意志民族丧失了自己的个性。早在世界大战[①]期间，人们便能观察到，德意志民族遭受的道德胁迫是多么迅速地以月为单位而递增的，全世界的仇恨狂潮是如何开始日益掏空这个民族的基本道德存在的。德国尚未在经济和军事层面了无希望时，就已从道德层面被打败了。当时，德意志民族分裂成了两个部分：一部分靠着自动复述官方话语以及文人学者为其做出的辩护支持，（在巨大的审查机器的帮助下）系统式地自欺欺人，对自己的处境心存幻想；另一部分因为在半清醒状态下感染了世界仇

---

① 此处舍勒所说"世界大战"是指第一次世界大战。——译注

恨而变得自我仇恨，把德国的一切都揉皱撕碎，弄得人们只能谈论自我放弃。现在，既然道德层面自我毁灭的两种普遍形式中的前一种，即心存幻想这一形式已随战败而消失，所以就只剩下了第二种：把几乎是受虐狂式的自我谴责当作基本道德态度。

因为如下两种态度及其相互交替，德意志民族完全且毫无保留地陷入了漂浮在它的整个灵魂和思想史之上的危险中：要么无节制地倾心于他者，要么，只依靠对他者的抗议，在自身之内发展出仍暗中被他者规定的思想和道德态度，换言之，只依靠德意志民族所抗议的那个它自己被攻击的方向。倾心和抗议：这两者——而非其中之一——皆是软弱。两者都缺乏某个孑然独立、由本根生长出来的精神有机体所具有的那种天然平衡。路德发展出了一种新的教义，它源自针对当时教会造成的严重危害的抗议，而非源自某种积极的、新的、完全不依赖于对抗圣统制的斗争而成长起来的宗教意识。而这也是由路德引起的德意志的根本谬误——透过路德引发它时的那种精妙、真挚和力量，这一谬误只是变得更加清晰而已。就这样，批评皇帝的教授们和抗议皇帝的诸侯们——按照多林格尔所说的"诸侯们和教授们"——成了德意志新教的祖先。他们给德意志新教打上的烙印依旧深刻。十八世纪，德国人在精神上对法国文化、文学和风俗的倾心是无底线的，这种倾心后来只能通过莱辛之类的批判性头脑的无节制的抗议以及一种新式的、对莎士比亚的模仿才得到了克服。直到古典主义作家——特别是完全没有罹患这种德国病的歌德——开始在精神层面建设国族，这种存在于在外部强加的二选一式的精神抉择之间的摇摆不定才终于被克服。放眼世界历史，日耳曼的国家精神在如下权力秩序中变得和法国脱不了干系,这一权力秩序所涵盖的,远远超出了德法两个民族间变动不居的权力关系,例如,德国人通过对拿破仑治下的法兰西帝国主义式的国族主义做出的斗争和反抗,又从外部为自己注入了本来完全是非德意志式的、来源于高卢的国族国家思想和中央集权体制。放眼世界历史,德国的这种国家精神同样变得和英国脱不了干系,例如,战前几十年间,德国人没能抵抗住英国的以制海权建立世界帝国这一思想的暗示——天生的陆地动物竟然想当鱼,只因为他们看见一条鱼在世界上获得了成功!战争期间,我收集了一系列我们这里的"敌英国者"所写的文章,所有这些文章都具有下面这种逻辑结构:一、作者先是对"英格兰是以何种方式'建立'了其帝国"进行描述(当然,描述得很片面、不准确,把一部有着几百年成长过程的史诗压缩成了一部由急促的"行为"构成的戏剧);二、接着,作者指责使用这些方法的英国人是罪犯、无赖和伪君子;三、文章结尾处,作者强烈要求我们终于应该"学习"英国人了(即是说去当无赖、伪君子等)!这就是抗议式思维——一种由对其它东西的抗议中获得自身目标和任务的思维——方式的样板。

德国什么时候才能学会下面这件事啊?——对每个人来说也好,对每个民族而言也罢,最可悲、最让人无法忍受、最唤起仇恨的事情都是面貌极相似者的图像!奴隶般的模仿和奴隶般的抗议只是精神的同一个应被谴责的运动的两个相对的极点!这难道不就是德国时不时针对自己的过去所进行的那种运动吗?路德曾把人的灵魂通往上帝的道路比作喝醉了的农夫,左右摇晃,跌跌撞撞,只有走对角线才能找到路。不过,路德以这幅生动的图景所描述的,仅仅只是人的灵魂吗?他所描述的,难道不更是德意志民族之魂所陷入的危险吗？十九世纪的德国不是几乎就像这个醉酒的农夫一样，在世界历史中跌跌撞撞？——直到三十年代，它都依旧如此极端地沉醉在自己那反宇宙主义的"观念"泛神论之中；后来，它又在对自己的古典主义时期的无节制的批评和抗议下，更加极端地投身于为了军事、工业、提高出口商品产量而像兔子似地增加人口这件事以及经济的世界与"现实政治"中去了，比起我们的费希特、谢林、黑格尔（他们持着辩证法的武器肆意横行，反对上帝），这样一种世界与现实政治更是带着堂吉诃德式的对于自身实力的高估的烙印，有着某种无定形的模糊不清。倘若我们相信，从黑格尔的时代到1914年，德国人的浪漫主义-唐吉诃德式的思维形式有任何改变的话，我们就错了。有所改变的只是德国人采用这种思维形式的媒介：从"观念"变成了"现实政治"。黑格尔认为，人的利益和热情——包括经济利益以及政治野心和权力意志这类热情——之所以存在，只是为了被内在于"上帝观念"的发展力所用，从而实现存在于上帝观念本身作为观念而展开的纯粹逻辑必要性之中的东西；让利益为自己所用，用黑格尔的话说，是"观念的诡计"。当黑格尔阐发上述理论时，他不仅表达了他本人的思想，他还让自己时代的整个思想都得到了表达。在一切利益——事实上它们仍是现实势力——的背后，那个时代的德国人觉察到，"观念"才是历史"本来的"驱动力。德国人看透了这种思维方式的悖谬性，这一点肯定是有价值的。然而现在，德国人却抗议式地毅然将方法颠倒了过来：他们发展出了一种思想，即，不管在哪里，哪怕有独立起作用的观念驱动力的一丝痕迹，他们都会将其只看作某些隐蔽的利益戴着的面具。这非但毫无价值，而且还招致了更大的灾难。

比如，战争期间，德国新闻界的主流就是按照这种方法工作的，直到达成了只有德国的"方法论"才能达到的最极致的夸张，其中最无意义的便是针对美国的报道。自从宣布了无限制潜艇战开始，每个了解事实的人都能知道，鼓舞着美利坚民族的是针对德国的那种真正的十字军情绪，比如在如下意义上："向德国人开战是每个正派人——而不光是每个合格的美国政治家——的义务，不这么做是件不光彩的事，就像伪造汇票那样。"德国新闻界不动声色，继续——以和黑格尔在每一种群体利益背后都看见"上帝的手指"的做法同样的孩子气——把美国增加军备的做法解释成"其实"是针对日本的，把美国同战争的关系解释成仅仅是财务上的、完全是由个别的资本势力所决定的利益要求。协约国运用了一些观念来反对德国，并用它们赢得了全世界——它们常常且可以被证明是违背全世界的真实利益的——但这些观念产生的巨大冲击力却被一个依循其新的经济领导者的榜样从而进行思考的民族完全忽视掉了。因为，在一切观念背后寻找作为驱动力的利益，这条规则对于范围狭窄的一些职业类型而言可能是恰当的。但若认为所有人都属于此类型，就如同认为所有人都是天使，都是上帝身上的器官一样，纯属幻想！

　　德国现在难道不是又一次地要采用醉酒农夫的方法？它以世界迄今所见最有节制，但也最缺乏观念和激情的革命赶走了旧的体系。可惜还不止这些：它现在干脆把它的"威权国家"这一套搅得底朝天，并且似乎还把这样的做法当作"民主"和"自由"！它——正确地——放弃了对自身实力和自己肩负的世界使命的过分高估，放弃了自己所持的"君主制和黩武主义都是为了其自身的缘故而存在"① 这种秘密想法。可惜还不止这些：它又开始相信，只要否定了自己的旧立场，就能找到真的和对的。它陷入了不是自我-批评，而是自我-谴责的自我批评之中，这种自我批评远超出了对造成过这一灾难之弊端的批评和消除，指向了曾经是这个国家的光荣和骄傲的一切。协约国在言谈举止上越来越远离那些虚伪的基本原则，诸如人类历史上正义相对于权力的优先地位，建立一个民主的国际联盟，以及在世界范围内裁军；协约国对待威尔逊的《十四条》几乎就像是对待"废纸一张"；而威尔逊本人在自己国家的地位则大不如从前，他在和平委员会内部的地位仅仅因此——另外也因为英格兰自由派的败选——就已受到了不小的削弱。与此同时，跟这些愚蠢的思想斗争了四年之久的德国，并没有将这一纲领当成自身政治行为的指导原则，而是把对该纲领以及对这些基本原则的嘲讽和夸张当成了自己政治行为的指导原则！

我不愿再继续罗列这种德国病的种种证据了：它是将抗议和过分倾心弄混淆的病，它是具有攻击性的自我高估和自我放弃的病，它是成功时错误地目空一切、失败时斯文扫地——而不是成功时不忘谦逊、失败时丝毫不失尊严——的病。

第二种我们必须从我们当前的经验-历史个性和思想中祛除的病，则是被在我们耳边一再响起的声音过于不加批判地赞美为德意 208
志"内在性"的那种大善。

---

① 参见拙著《对德国人的仇恨的缘由》(Die Ursachen des Deutschenhasses)，第二版，莱比锡，1919 年。[参见《舍勒全集》第 4 卷。——编者注]

这个词——新的德语语言习惯让人最无法忍受的构词之一——有时是基于德国本质样式那真正高贵的特征和一些伟大的德国思想家与灵魂那真正高深的思想的。使用这个词时，有的人指向了艾克哈特大师所说的"灵魂根基"，有的人指向了同一位密契家所造的"心绪"（Gemüte）这个词，还有的人指向了德意志表现艺术和罗曼式造型艺术这两者之间的对立，以及诸如此类的许多东西。当然，这大多发生在通常对"灵魂根基"、"心绪"（"心绪"是一个跟新德意志的内在性毫无关联的概念，它的意思并不是说，它既是不温不火的"内心"情感状态，又是人那不可分割的中枢的那种先行于精神在智识和意志当中的分化而又为其赋予最后统一的、火一般向外冲击着的、魔鬼式的运动）的含义没什么概念的人身上，以及那些大多只是用德意志"表现艺术"来指称德国人的某种陋习的人身上，而这里所说的"陋习"，是指在面对一件艺术品时不把精神引向艺术品中蕴藏着的客观价值，反而把精神引向对艺术品——对其价值和意义——来说完全无所谓的事实，即，站在艺术品前的某某先生感受、感觉到了什么，或者这件艺术品让他"想到了"什么！新"内向者"不仅仅是旧时的"德意志梦想家"，其低等形式是通过过量饮酒让自己可以不去面对这个被安排得很差的世界，其高等形式则是成为醉心于中世纪——或用另一种历史真实性来"甩"开自身时代的现实——的浪漫主义者。今天如此经常地应被隐藏在"德意志内在性之大善"之下、或者应在这种说法之下得到捍卫与维护的，完全不是艾克哈特大师所说的"心绪"和"灵魂根基"，或是德意志表现艺术与德意志梦想家，而是一系列人的缺点、弱点乃至恶习。但即便是这些缺点、弱点和恶习，它们的存在本身，也仍旧为新普鲁士国家体制的自我维持以及该体制向着阶级国家、向着容克地主与重工业家结成联盟这一方向的持续发展揭示出了某种实际上不可小觑的社会权宜性。要让无所顾忌的权力与暴力规则在——内政外交领域的——公共生活当中保持适用度，并将一切精神力量和观念从公共存在中剥离出去，有一种十分简单的方法，那便是，宣布这些力量和观念唯一庄严的住所位于"纯粹内在性"的领域中。就连社民党也把自己反对宗教的态度隐藏在宣布宗教是"私事"和纯粹"内心"事务的做法之中。在"纯粹内在性"不可言说的深渊中，精神、观念、行为与心态、美感与宗教——甚至连基督也——都在事实上变得毫无危害、毫无责任感、毫无含义；而它们越是变成这样，统治欲、阶级的自我中心主义、公务员成天那种想法空洞的按部就班、军事训练，以及那种盲目的劳动和干活的渴望、毫无品位和精神可言的享乐癖就越是毫无障碍地在那些无义务谨守内在性——侍奉者和服从者拥有的这件唯一的奢侈品——的人身上发生影响。

　　在一个国家，当其官方领导层几乎丧失了对精神及道德价值的严肃追求时，对"内在性"的这种赞美只可能是一则巨大的生活谎言。这一点清楚地摆在每个想要看见的人眼前。据我所知，在我们古典主义时期的哲学和文学——除了费希特外——中是找不到"内在性"这个词的，这个词要等到外部生活实践的唯物主义成为人民的普遍生活方式之后，才在德国得到了普及，这也非常好理解。这是一个未把任何的观念内容、积极价值、对理性力量的说明、灵魂或精神的有目的行为吸收进自己的含义中去的词，而只是用空间比喻去描述一个存在域，在那里，好与坏、对与错、无意义的和有意义的、被压抑的胃痛和极神圣的情感与心态都可以并行不悖地出现。这样的一个词，只可能从以下这种虚无缥缈的兴趣中诞生，即，仍要为那些从前鲜活、如今却只在传统上被认可的价值（人们看见了它们是怎么从可见可感的世界中消失的）提供一个表面上的存在空间，哪怕这个空间下藏着对前述价值的明确的抛弃。

　　对于此"纯粹内在性"的承担者——不仅仅是那些有兴趣让观念和精神不要去打扰其圈子的人——当中的主导类型而言，新近对纯内在性的重视也常常适逢其需。"内向者"被彪悍的权力承载者视作无害的愚人，而据旧时传统，他们"也"必须属于民族的整体。正是这样的一群人，他们在因为系统化地放弃了于笨重的"外在"之中实现和展示自己的"内在"的做法、而从自己的供养人与主公那里得到了各式各样特许给愚人的言行自由的时候，在自身内形成了一种更加极端的自我感受乃至于类似上帝的感受。兴许他们还能自己赋予自己这样的自由，因为他们从来不需要承受批评、检验、淘汰和修正；而世界和万物本身则是需要承受批评、检验、淘汰和修正的，倘若我们想要按照观念去塑造和组织这个世界和其中的万物的话。于是，在"内在性"这个国度里——在这一大片柔软且可塑的云雾中——愚人们得以自在游荡。在这里，他们可以把最不匹210 配的东西揉合在一起，把必然相联的东西拆分开来；他们可以把人类曾经爱过、尊过、活过的一切精神和文化价值集合起来，而没有意识到，这种对贯穿整个人、也包括外在的人身上的统一生活风格的放弃，越来越把人的内在性变成一间杂乱不堪的旧货店，基督宗教的、印度的、中国的和新到手的"家当"横七竖八地堆放在一起。人有义务将任何一种被认识到的真或者善表现出来，有义务成为这种真或者善，有义务活出这种真或者善；而恰恰那些"内向者们"却已完全丧失了这样一种作为人类教育形式的义务。〈"内在性"缺乏世界对应项。〉人不被允许去爱、去赞美、去赞颂甚或去钦崇、去祈祷那些他从没想过要去实现或是为其创造适用性的东西——"内向者们"完全缺乏这种意识。启蒙时代的精神领袖肯定会（事实上也确实）把圣方济各这样的人物说成是该受诅咒的反文明的愚人。可是，比起昔日那些一面享受着锦衣玉食、一面又把圣方济各当成自己面无愧色的崇拜对象的"内向者们"，启蒙时代的精神领袖们——尽管狭隘且视线受阻——以这样一句评价，难道不是在更高的程度上表彰亚西西的这位穷人吗？透过自己的思想和价值评价，系统化并且仿佛理所当然地不受义务所辖制，这才是此"内在性"最可怕的后果。

　　密不透风地把一切精神价值都锁在内在性的匣子里，把全部现实生活和公共生活都委托给相应的非精神性并且反精神性的权力，这种做法引起了我们国家里代表精神的一派和代表权力的一派对待彼此的奇特的情感态度：两派都极其瞧不起对方。文学、诗歌、艺术、哲学和科学——只要科学不是直接服务于工业——但首先，几乎所有的精神科学都既不被当作事实而得到严肃对待，又不因承载它们的人而得到权力和资本圈子的严肃对待。它们顶多被当成给新贵的孙辈或是别的怪胎准备的好玩的体育项目——倘若它们压根不是被当成什么蠢事的话。作为防御武器，为了抵抗这种私底下不难理解的瞧不起的感觉，"内在性"的精神发展出了一种在其它国家都找不到的、内在性所特有的那种傲慢；由此出发，内向者们以一种更加不可言说的瞧不起的态度看待商人、工业家、政客、官

方公务员（就像是在看待另一个忙于处理现实污垢的劣等种族），这
些人基本上都被视作只是为了有一群被拣选的少数派能把自己的
211　内在性装扮和保养得尽可能光鲜这一目的而存在的佣人而已。两
派都把对方看成自己的佣人。但两派谁都不是主人。尽管彼此否
定、互相瞧不起，却仍有一套隐秘的保险系统、一份相互间的深刻
共识、一种彼此侍奉的关系，或多或少地存在于双方之间——用专
业语言表达就是："为了我的内在性的不可侵犯，我允许你在德意
志现实这片领域里随心所欲地施行统治"，以及，"因为你放弃了想
要实现自己'观念'的严肃愿望，所以我将愚人拥有的各种言行自
由与随意无视我的权力，以及在你心中产生并说出各种欢欣鼓舞的
感觉和类似上帝的感觉的权力赋予给你。"

　　一点也不奇怪，难怪德国文学——总体上看——已变得越来越
混乱、越来越解构、越来越极端、也越来越脱离现实了，肆意地使
用赋予给自己的愚人自由；难怪德国文学的承载者和围绕在其周围
的所谓"圈子"攀爬着自我感觉、上帝感觉的高峰，可自从尼采宣
称他已将"最深刻的书"给予了这个世界起，这些高峰就再也不知
道自己还有什么有意义的边界了。尼采的"超人"成了——这肯定
是违背他的意愿的——这些纯粹内在的劣人们（Untermenschen）所
拥有的存在感的形式。在内在性的封闭空间里，自我感觉和傲慢的
每一条边界又怎么才不会被跨越呢？在这样一个空间里，一切价值
又怎么才能不被随意"重新评估"呢？生命的内容一直要到行动的
门槛上才会形成自己的结构，才会获得被观念和灵魂浸润的人格的
统一。如果它们被担保只能待在内在性之内，那么，就不会形成这
样的结构和统一。德国人"外在虽然有限，内在却是无限的"，威廉

二世（可追溯到张伯伦）这句危险的话基本上是给那套保险系统又授予了一项新的"民族"圣职。

若是对错误内在性的历史的各个阶段作一番回顾，这套地下保险系统的完整意义便会清晰地展现出来。

德国新教的布道者、神学家、哲学家是"内在性"别具一格的世袭佃户。这固然在极大程度上奠基于路德本人，以及有意无意间由新教路德宗赋予灵魂的那套哲学。新教改革以前的德国是用宏大可见的符号来表达自己的内在生命的。南德与莱茵河流域的文化及其在人种学上的承载者从根本上决定了德国的面貌。诗歌、大教堂、主教座堂、日耳曼法和古老的德意志城市，所有这些，全都展现出了这样一种和谐，显示着灵魂与世界、内在与外在、形式与内容之间的这种相互渗透。当德国中部、以及到后来德国东北部越来越多地决定了德国人应具有的形式的典范后，这一相互渗透的关系就变得越来越有利于内在性①。在宗教上，德国人被拆分成了一个同基督一起站在上帝那阳光普照的高山上的灵魂——唯独靠信心、不靠事工而在上帝内得到庇护——和一个按路德的说法在仅为"有限的"法律下一边叹息一边忍饥挨饿、在尘世这个"猪圈"（路德原话）里打滚的肉身。这种拆分首先在宗教的土壤上发展出了这一悠哉游哉的内在性。路德的那种温柔的密契恩宠意识、他对于罪性的极高的甚至过度的敏感性（这种敏感让路德把罪的根源放到人本身的贪婪而非意志层面的同意之中），还有他那偏重家庭的内在朝向，所有这些都在他的人格和作品当中找到了必要的对应项：在他那抵

212

———————

① 此处可参纳德勒著《柏林浪漫派：1800–1814 年》，柏林，1921 年。

抗公共道德水准、抵抗历史赋予的权力与依附关系的被动主义与
寂静主义之中；在他那道德和法律上的历史实证主义之中；在他的
那些在所有政治问题上都带有强烈的马基雅维利色彩的提议之中。
路德首先以教会的可见性及其圣统制结构、它在制度上相对于国家
的独立自主性来否认旧德意志的存在于外在和内在、灵魂和身体、
心态和行为、信仰和事工、宗教体验和仪式表达间的和谐。路德的
追随者当中，也有人表现出了对内在性的艺术，即音乐的偏好。如
果说路德建立的教会在其魂归天乡之后很快就成了国家教会，教会
的服侍者一开始充当的是封建领主的下属，后来在专制君主国家中
又臣服于国家权力的顶端，如果说教会的这些服侍者就其社会出身
而言——跟在英格兰和在加尔文占主流的世界完全不同——大多也
来自专事侍奉和倾向于臣服的社会阶层，那么，这一切首先是路德
本人的基本宗教体验带来的后果乃至后果的后果，即，一位深刻而
又伟大的宗教天才拖着他肢体里的日耳曼式的沉重，毫无结果地竭
力争取着用那些为僧侣规定的事工去满足上帝。着眼于这一自动
普适于全人类的苦涩经验，他完成了仅靠信仰而朝向基督的慈悲与
恩宠的拯救一跃。在路德身上，德意志精神首先在至高价值（即依
据自身去塑造其它一切价值的那些价值）的土壤里，放弃了将内在
因素安装到外部现实世界——放弃了外在与内在的和谐。纯粹朝向
"内心"的那种精神性的扎根点首先在这里形成了，这一精神性还
没有经过世间生活的检验和修正，它有着无限的生长能力；说是无
213 限生长，其实是以上帝之国的每一种实现，甚至是以系统化地放弃
这种实现为代价的。把基督放在心中，乃至在对位格（persona）的
信仰中把基督吸纳到灵魂中，让祂成为"另一个我"，这其实一直都

是基督宗教的同一个古老学说。但是，让基督消失在心中，消失在内在的无限性之中，或是把基督变成透过心灵的窗户充满痛苦而又无能为力地只是一起观看着自己在世界上——或是在这个把基督放在自己心中的人所拥有的那些臣服于国家与法律的肢体和欲望之中——一再遭受的十字架之死的纯粹旁观者，这才是纯然"内在性"在宗教土壤中危险的萌芽点。

这里所涉及的，并不像在路德的其它许多思想和教导中那样，是关于教义史及学说史形势的一幅草图，而是某种德国病的开端。可以为这一点提供佐证的是，在完全不同的思想史前提下，并且，在出身完全不同的精神群体中，也出现了错误的内在性的同一种特征：

康德哲学和路德的思想及本质几乎是截然相反的。路德所说的"理性这个妓女"，到了康德那里，摇身一变，成了客观经验世界的构建者和全部伦常、宗教及法律秩序的源泉。"因为你应该，所以你能够。"康德如是说。路德则说，绝不要幻想你已经能够做到道德律规定的某种应然了（"或然"并非"应然"的必然后果）。不过，康德的本体之人与现象之人——前者是自由的，而后者已被规定死了——之间、善的"心态"和行动之间、道德和法律之间的二元对立恰好对应于路德的爱与律法之间、信仰与事工之间、在基督之中当"自由者"和"主人"的人与作为法律面前的肉身的"奴隶"和"无自由身者"之间的二元对立。康德要求，我们应当意愿我们的邻人幸福，"并不是因为邻人的存在对我们而言好像意味着什么似的"。也就是说，康德要求我们意愿人们通常并不愿意的事情——或者顶多只在"内心"期盼的事情——发生。我们应该让自己满足于"意愿"在形式上的良善心态[①]，"意愿"的内容是什么则完全无所谓；这自然就导致了，"意愿"的内容会随着历史的变化而变，也就是说，在柯尼斯堡地区，"意愿"的内容大多数情况下会取决于士官和公务员！因为士官和公务员只关心内容，于是，他们会乐意将根据定义可同任意一种内容相结合的"良善心态"交由他们所处理的和听他们发号施令的"人员"去负责。这样一来，每个人就能各取所需：未知且不可知的物自体领域中的可被智识理解的自我有着良善的心态，并能够在自己的内在性之中随意享用这种良善心态，不过与此同时，事情仍旧按照士官的意愿进行！有人曾说，康德的那句"人绝不可被当作工具来使用"的话自然会排除过去的黩武主义。但康德的话其实是：人绝不可仅仅被当作工具来使用。然而，为什么作为现象存在的人（homo=ens phaenomenon）不可被当作纯粹工具来使用呢？反正作为本体存在的人（homo=ens noumenon）根本不会丧失其尊严。这是因为，康德把这种尊严"深深地"埋入了内在性之中，以至于没有哪一只世俗之手可以够得着。虽然路德宗容克地主那里的保险系统不同于信奉康德主义的普鲁士市民那里的，但它们达成的是同一个目标。在其《关于宗教的讲话》中，施莱尔马赫把宗教从道德中抽取出来的方式和康德的道德神学正好相反。但就算是在将路德宗传入浪漫主义的思想与感受形式中的施莱尔马赫那里，宗教层面的"只存乎一心"（Nurinnerlichkeit）也不过是换了一种新形式而已。费希特的"内在性"——这种说法我也是最

---

① 参见《形式主义》一书中对形式上的心态伦理学的批判；参见 1980 年第六版概念索引。——编者注

先在费希特这里发现的——已在歌德笔下的那位只追寻"内心"之光的学者浮士德身上遭到了冷嘲热讽，黑格尔更是在其放射着思想光芒的处女作《精神现象学》中就已恰如其分地讽刺过费希特的这一用语了。如果说，善——根据定义——永恒只是"应然者"，那么，我们就根本不该用现实来玷污它。因为——黑格尔说的有道理——如果它不再只是"应然者"，那它也就会停止存在。

德国市民阶层很了解该如何用常新的方法来"先验地"证明自己的政治被动性和自己那危险的奴仆意识，并将它们变成一种德性。这里面有某种悲剧的、感人的但同时又深可鄙夷的东西。这个阶层知道如何去不断发现新的天空和先验的场所，好把它在生命现实中看不到、离不开却又不敢去实现的东西移植过去："内在性"、并不存在的"适用性"、先天就没有可能性的"价值"、"可被智识理解的自我"以及可被智识理解的或纯然"内在的"自由，纯然内在、不包含事工的信仰以及纯然内在的心态等。

错误的"内在性"在思想史上的另一个起源点毫无疑问是德意志浪漫派。尽管它创造出了如此众多深刻、美好、伟大的作品，然而，它也为此付出了巨大代价：寂静主义的历史信念，单纯对推动过其它所有时代的事物进行再次感受时的无选择的历史主义——透过这些精神层面的行动方式，浪漫主义更是让"内在性"变得逃避当下、醉心过往，特别是利用人们假托去赞叹的那些事物，制造了那种前面已提到过的系统化的不受义务所辖制的状态[1]。我们的

---

[1] 参见施米特-多罗蒂奇（K.Schmitt-Dorotic）在其《政治浪漫派》（慕尼黑，1919年）中对施莱格尔（Friedrich Schlegel）和亚当·穆勒（Adam Müller）提出的恰当批评。

215 精神科学最近才刚刚挣脱出历史主义式的相对主义的怀抱,慢慢摆脱(法学、哲学、国民经济学、艺术学、语言学等之中)——统统植根于浪漫主义的——"历史学派",它们在德国的教育事业里制造了一种害怕接触现实的恐惧感、一种适应历史强权关系的温顺、一种对由历史和上帝给定的依附关系的信任、一种对人有控制和主导自己事情的自由与力量的怀疑,这是在世界上任何其它国家都没有的。经过浪漫主义时期,"内在性"得到了极大的充实,不断获得新的愿景(Gesichte)① 和事实(Tatsachen);而与此同时,它也变得越来越无责任感并且不受义务的辖制。新近在其大作中教导我们去认识"德意志自由"的那些人 ②——其中不乏优秀学者——尽管说了许多好听的,却依然没有看到这种浪漫主义内在性的病症所在。这场战争中,我们不得不一再意识到,在我们这里,一位学者多么迅速地就已准备好把一次事件、一次重要的国家行动描述成"历史必然的",甚至将其描述成在过去的深处早已预备好了的,而每个实际参与政治的人都能告诉我们,这件事发生与否,恰恰还要看某个人的决定。"法国人不相信命运",罗曼·罗兰在致信豪普特曼时这样写道,"命运是弱者的庇护所"。就算罗曼·罗兰误会了高卢人的那种随意感和创新癖中所包含的不同于德意志传统信念的危险,他对我们给予所谓的"有机形成物"的那种错误重视的评价仍是有道理的。

---

① Gesichte 此处作 Vision 讲。——译注

② 作者所引《德意志自由》(戈塔,1917 年)一书,由德国学者联盟主编,辑录了冯·哈那克、梅内克、瑟灵(M. Sering)、特洛尔奇和辛策(O. Hinze)于 5 月 18、22、25 日在戈塔所做演讲。——编者注

　　错误的内在性的另一个出发点是东部和西部普鲁士的大农庄及其附属。内在性的人种学基础就在这里：以斯拉夫人为主的底层和日耳曼上层的结合。德国的人种学地图显示出，政治和道德层面的屈从意识基本上是和斯拉夫因子出现的区域相重叠的，斯拉夫因子的"屈服欲"要强于日耳曼血统。倘若再加上这个阶层与某个乐于承担责任、同时却又残暴的地主种姓——他们喜欢打人，也喜欢像一家之主那样给予爱与操心，就像斯拉夫阶层喜欢服从、忍受，也喜欢有人为自己操心那样——之间的张力，那么，"内在性"的灵魂土壤就在双重意义上耕耘好了。跟自己的直接环境保持着距离的普鲁士绅士完全依赖着自己的小家庭——他们越是不够富有，不能像英格兰或是奥地利贵族那样以在旅途中、在城市里等等方式过阔绰的生活，他们就越是依赖自己的家庭。贫瘠的、只能用艰辛劳动去开垦的自然，与其说是被灵魂理解成了一大片恬静怡然的独立生命或是攫住心灵和视线的那种存在之丰盈，倒不如说是被理解成了纯粹的"抵抗"和必须打败的敌人。[①]底层民众——因为自身的斯拉夫血统而尤为成功地专注于自我并具有沉思冥想的倾向——接受统治关系和权力关系，把它们当作上帝所喜爱的依附性，而且底层民众命运悲苦，于是他们代偿式地抓住内在性不放。路德宗信仰对这两者——政治上的被动性和朝内的转向——都给予了教义上更高的认可。路德宗在社会、国家、家庭观念当中的族长制将两种元素——绅士与仆人——汇聚到了此在当中的一片共同土地之上。该制度在宗教敬拜的至高对象与尘世间随机的、历史给定的权威之

216

---

　　① 参见本卷"论对欢乐的背叛"一文。——编者注

间建立了独一无二的延续与混合，以至于卡尔·严驰曾形象地表达过，在这些人的精神中，上帝、主耶稣基督、威廉国王、默尔特克、俾斯麦、县长先生或是地主都太轻易地"混在一起了"！俾斯麦的精神视野远远超出了他从父系一脉继承而来的水准，即便如此，该类型当中这位唯一的政治天才也从未超越出以下这种关联：他一边在路德宗虔敬形式的基础上维护宗教层面以及家庭式的内在性，一边又蔑视"公领域"之人，并运用与这种蔑视相呼应的权力政治方法。他写给自己的新娘、即后来的夫人的信件便清晰地表达了这一点。他的形象——完全不考虑其伟大作为——作为榜样对其同代及后代的人的总体精神形式的塑造产生了可以想见的最大影响，也正是这一形象，最早真实地传达了俾斯麦所属种姓的生命类型对其余整个德国所发挥的效应。市民阶层的意志，作为政治上的形式及形塑意志，作为承担民族命运责任的意志，被俾斯麦雄奇的权威和他所取得的政治成就打破了，直到今天都无法恢复。俾斯麦对历史生命的精神势力——一旦它们想要越过内在性与家庭的界限，施展自己的影响力——并没有真实、真正的尊重，他先是把自己的兴趣和追求的片面方向给予了德国市民阶层：一边是依靠无限制且不被任何有意义的人生目标所规定的劳动做生意、追求经济发展 ①，另一边则是一切精神活动自我满足式的内在性。

　　因此，在我看来，首先——篇幅所限，无法层层展开——有如
217　下五种因素为错误的内在性做了铺垫：一、路德宗或者带有路德宗

---

　　① 参见拙著《对德国人的仇恨的缘由》，第二版，莱比锡，1919 年。［参见《对德国人的仇恨的缘由》(1917 年)，第 207 页脚注。——编者注］

色彩的新教派别（比如，"新路德式"的利奇尔派在没有发展出教义的情况下革新了路德宗的虔敬类型）；二、康德哲学；三、浪漫主义化的历史主义；四、普鲁士初兴之地的民族构成；五、好榜样俾斯麦。

德意志民族之所以陷入当前这场可怕的灾难，除了许多其它因素，错误的内在性这一点也在很大程度上起了推波助澜的作用。它首先让作为整体的德意志民族的注意力太过集中于"内心"，集中在自己的事务上，从而导致了德意志民族对自身力量极大的高估和对敌对势力的低估，以至于要等到他者现实触及到了自己切身利益的时候，德意志民族才能接受这一现实的样貌。错误的内在性还给德意志民族的精神之眼蒙上了一层纱，透过这层纱，它只看到自己想看的东西。而当德意志民族——被其人口规模闻所未闻的增长所迫——想要成为世界民族、开始涉足国际政治、想从俾斯麦领导下的殖民霸权变成世界霸权时，被我们整个哲学学界的主流所滋养的这种深沉的主观主义与"唯心主义"才必然变得真正具有灾难性。倘若一个完全以自身"内在性"为导向、在极大程度上放弃了表达与实现自己精神的个体——在缺乏新的精神教育、没有适应新环境及新的人生任务的情况下——把赌注全都压在世界这个大市场上，那么，它必定会踏上歧路。

此外，"内在性"还和德国新式教育危害最大的如下基本弊端之一密切相关：对个体和群体的精神视域的每一种片面的本位化、片面的职业人阶层、某种系统化地放弃在目标问题——与技术层面所有的"如何"问题相反——上达成任何一致的专业特长主义。因为，只有在内在性的领域里，才有那种从周遭现实中孤立出来的抽象，科学和实践中的每一个"专业"都必须进行这样的抽象，比如，国家某部下辖的各职能部门也要这样。现实总是具体的，只以现在的样子一次性地展现。在一个精神势力只在内在性当中打转的国家，可以找到出色的忠于义务的（军事、民事等领域的）专业及部门公务员，却找不到自我担责的政治家；可以找到科学与事务领域出色的专家，却找不到可以作为榜样与领袖对国族生命整体发挥影响的精神人物。就连艺术也成了专业，要让自己的艺术目标从不断变化着的技术或"规划"中产生。艺术与科学之间，再也不可能出现

218　巴尔扎克那里让我们为之啧啧称奇的奇妙综合了；艺术与先知职分之间，再也不可能出现托尔斯泰和陀思妥耶夫斯基那里让我们为之惊叹的奇妙综合了。我们这里不可能产生像法兰西学院那样的"德意志学院"——整个国族的精神生活都应在那里集中起来，诗人、研究者和军人应该坐在同一张桌边！我们在科学上做出的综合[1]基本上是把专业论文装订成册的那种综合，而不是人格与人格的精神综合。大学变得越来越像专科学校（Fachschule）。[2]部委里的职能部门彼此间缺乏理解，还常常对着干，每个部门都在搞自己的专业政治。如今我们看见，就连在市民公务员队伍的高层，大部分人也都以和他们曾经服务于旧体制时相同的那种品行端正的专业人士心态，服务于新的社民党绅士和他们的目标；甚至，我们不得不眼看着德意志民族分裂为市民阶层——他们无疑是我们国家的一切高级文化的所在地，但同时他们又在道德上受到了撼动，从而无法真正行使政治领导权——和一群社会主义领袖；这群人尽管错误百

---

[1]　例如辛纳贝格（Hinneberg）所著之《当今文化》（Kultur der Gegenwart）。

[2]　参见拙文"大学与成教学院"，载冯·威泽编《成教事业社会学》，慕尼黑，1921年。[参前揭，第26页脚注。——编者注]

出、缺乏修养，却仍旧依靠他们的工会组织成了唯一（在旧体制的妥协者范围外）不缺乏政治领导力的一群人，与此同时（别无其它可能），他们又大多可以舍弃与德国乃至整个世界的高等以及至高精神价值之间的一切深刻关系。于是，德意志精神方向的片面专业化成了导致这一现象的一个主要原因。因为，专业化总是也必然是对目标问题的漠不关心，是对在目标问题上达成一致的无能为力。战争目标的问题仅仅是其中的一个、对我们来说却尤为危险的例子。

　　最终，德国的市民阶层慢慢被推上了片面的专业技术——不管是在商界还是在政界或学界——的方向。我认为这一进程的首要原因在于，系统性地放弃对在宗教层面达成一致的心理准备以及对宗教问题的严肃讨论。这种放弃本身又是教派分裂给德国人带来的如此大的苦难的后果。我们太过经常打得头破血流——从三十年战争一直到文化斗争——而没有去追求在精神层面上严肃地在这些对立面之间决出个胜负来 ①。在所有价值域里面位阶最高的这一个价值域中，"放弃对达成一致做出心理准备"这件事越来越消耗德意志灵魂，也越来越侵犯价值国度当中次要一些的省份。只有"勿打破安宁"——让一切保持原样不动——的原则，以及只在"如何"一类的问题、首先是做生意的问题上达成一致，似乎刚凑合着保证了德意志民族的统一。现在我们看到了，这种虚幻主义的原则并没有起作用。所有那些没能以此种方式克服而只是被排斥的德意志对立面——部族间、教派间、联邦州之间、世界观派系基础之间、大德意志与小德意志倾向之间的对立面——当以俾斯麦为首、由企业

219

---

　　① 参见后续"论教派间的和平"一文。

界的纯粹经济利益所共同承担的普鲁士权力政治的铁夹子不再能束缚住这些对立面时，它们就立刻以一种前所未料的强力，从它们被驱赶进的内在性的幽冥之中浮现出来。

这一现象的巨大教训便是：借助纯粹权力保障之下的国家和经济利益的统一——就算这种统一能维持半个世纪之久——而去人为地压制这些对立面（按照"勿打破安宁"原则），这样做是无法创造真正的民族统一的。与该权力系统的组成部分紧密交织在一起、必然属于该系统的对人的精神力量的错误内向化、技术化和事物化，再加上把设定目标的精神内容托付给纯粹凭出身或凭随心所欲的力量，是无法而且永远也不足以赋予一个民族就其长久持存而言不可或缺的心态及意愿统一的。只有在生命的共同目标问题上也诚恳地做好了达成共识的心理准备，透过学校及教育工作的各个阶段将这种心理准备深深地植入人们的灵魂，并在精神层面勇敢地战胜上述对立面，让它们达到真正的均衡，只有这样做，有朝一日我们才能成为一个统一的德意志民族。

而为了实现这一目标，首要的条件是要废除由错误的内在性以及无修养、无精神的权力构成的保险系统。

基督宗教与社会

《基督宗教与社会》前言

《社会学与世界观文集》第三分卷囊括了笔者源自对基督宗教 诸派在欧洲——尤其也是对在战争和革命之后的新德国——的处境和立场所感受到的深刻惊讶进而产生的思想系列，题为"基督宗教与社会"。因为出版社希望本分卷不会有第一分卷和第二分卷加起来那么长的篇幅，故而，应出版社之请，特将本分卷拆分为上下两册，分别题为《教派》、《劳动与人口问题》，每册篇幅分别约与第一分卷、第二分卷相当。①

第三分卷上册《教派》包括两篇论文。其中第一篇，"论教派间的和平"（1920 年首次刊载于《高地》杂志），试图发展出评价和解决"教派间和平"这一对我们德国人民来说十分重大且困难——对其统一的国家存续来说更是至关重要——的理论与实践问题的基本原则。第二篇论文，"社会学的新方向与德国天主教徒在战后的任务"②（同样也是在《高地》首发，后于 1916 年收录于《战争与建设》一书），尝试给出能让那些潜藏在天主教会中的信仰、精神与情感力量释放出来的指导方针，以重建欧洲秩序并治愈我们病入膏肓

---

① 参见第二版编者后记。——编者注
② 参前揭。——编者注

的祖国。因其所阐发的基本原则，这两篇文章同笔者的哲学紧密联系在一起；不过，它们试图让这些原则尽可能有益地为民众教育这一目标所用。因为这两篇文章彼此在内容上也紧密关联，并在首次发表时收获了笔者几未意料的来自国内外广大读者的兴趣，故笔者擅自推测，许多读者希望看到这两篇文章集结于同一卷文集，希望笔者在此没有误判。

　　第三分卷下册的焦点是世界观学说的两个问题：一个是对人之劳动的意义与本质之问，另一个是对人之繁衍在宗教和世界观上的不同意义赋予之问，以及对伦理与政治层面所有整理并管辖此事的规范和措施的追问。在"劳动与伦理学"①、"劳动与世界观"、"劳动与认识"②这几篇文章中，基督宗教不同教派以及最重要的哲学与伦理学体系各自提出的劳动观及他们对劳动的评估都得到了描述以及基于笔者本人伦理学的批评。至于新德意志劳动观及劳动评估，笔者建议读者将拙著《对德国人的仇恨的缘由》（莱比锡，1917年）从历史哲学角度尝试进行的论述与此处所论两相比较。"劳动与认识"③是一篇全新文章，它力求将"实用主义"哲学之中的对与错区分开来。"作为世界观问题的人口问题"一文，是由笔者应主办方之邀、以科隆社会科学研究所（社会学室）所长身份在科隆1921年召开的人口政策大会上发表的开幕演讲扩充而成。该文侧重的也是世界观-描述式视点。针对此处所论，拙著《同情的本质与诸形式》（笔者论"同情"一文经大幅扩充后的第二版，波恩，1923年，

①　参前揭。——编者注
②　参前揭。——编者注
③　参前揭。——编者注

第 128 页及下页）A 部分第七章，可就关于人类繁衍之心理推动与
抑制因素的学说进行理论补充。

让第三分卷上下两册的全部文章浑然一体的，是笔者对如下问
题的兴趣，即，为了塑造社会存在而对宗教观念及宗教能量进行分
析，都有哪些可能性。笔者之所以分析这些问题，是因为自觉受到
两种动机的催迫。其一，我们民族艰难的历史经验，一时竟让笔者
停下了手头对哲学的纯理论问题的研究，并且在内心之中催生出了
一种愿望，想要在自己的伦理学理论教学和对当下现实的实践塑造
之间，开创出沟通彼此的意识形态来。其二，笔者自主的、从一开
始就不以基督宗教诸传统为转移的哲学思想发展，在许多根本性的
事物上，抵达了与基督宗教的天主教形式当中的、特别是罗马教会
当中的既有信念几乎完全一致的观点和信念。尽管笔者始终清醒
地意识到，按照罗马教会神学的严格要求，自己一生一世也无法自
称为一个"笃信的天主教徒"（在《伦理学中的形式主义》一书中，
笔者已毫无保留地反驳并否认了上帝的惩罚正义的存在）①，但笔者
也知道，相较于今日，自己在写作这些文章期间与教会思想体系的
距离更近。至于笔者是在多大程度上、以何种方式远离了该体系
（这一远离已一并触及到上帝观念的内容和证明形式），届时还将会
有一系列形而上学论文，尤其是正在准备中的《论人之中的永恒》
第二分卷，向公众提供详细解说。② 不过，倘若笔者被问及，宗教和
精神领域的各支集体势力当中，还有哪一支能对社会及其发展产生

225

---

① 参见前引《形式主义》第五篇第 10 章中关于回报观念和上帝观念的内容。——
编者注

② 《论人之中的永恒》第二分卷并未问世。——编者注

具有规定其方向与形态之力的影响，哪一支最为具备实践和教育方面有价值的力量与治愈性，那么，即使在今天，笔者也仍会毫不犹豫地回答：基督教会——以其在罗马天主教中采取的那种形式。

　　谁若是在笔者的这两点立场当中窥得了一种简单的所谓"矛盾"，那么，依笔者浅见，谁就低估了这个世界的复杂性。

　　因此，即使在今天，笔者也不会对这些文章做根本性的改动。并且，笔者盼望，这些文章除了能在教派作为世界观主体这方面为读者提供描述式世界观的教导（正如本义集第二分卷在国族作为世界观主体那方面提供的那样），也能在以下方面为读者指出道路，即让读者就文中所论事项形成自己的信念。

马克斯·舍勒

1923 年 12 月于科隆

教派间的和平 ①

今天正值我们国家的基督徒民众不得不对政治事态心怀不满
之时。为了让他们各自的教会团体获得在战败国掀起了革命的那
些新群体的哪怕差强人意的认可，他们投入到了一场水深火热的战
役当中。在这个节骨眼上，谈论"教派间的和平"，究竟是否合乎
时宜？

直到最近，"教派归属"（Bekenntnis）都还只是一个让我们联
想到隶属于现有教会机构与组织的人们以教义和信仰宣誓的形式
记录下来的宗教信念。这层最狭隘意义上的"不同教派归属之间的
和平"乃是当务之急——哪怕只是为了保护基督徒生活所需的最低
限度条件不受那些连此最后条件都想要革除的强大的民众势力的
侵扰。这一点，人尽皆知。在此，我们并不想仅仅探讨一个如此简
单的问题的解决之道。不管各方对和平的要求具体会是如何逐层
细分的，是否按照要在民主体制基础上的新德国和我们共同生活的
诸群体在精神或实践层面同我们之间的远近亲疏关系，单单以下这
件事实便能让我们不得不将这些群体全都囊括进"教派间的和平"
这一概念中来：成千上万获得了极大政治权力的德国人反对任何形

---

① 本文为发表于 1920 年的一则演讲。

式的"教派",他们从根本上是反对教派主义的;或者,他们要么热衷于基督宗教以外的信念,要么热衷于敌基督的信念,例如社会民主体制下的大部分民众。恰恰是广为传布的对教义化的基督宗教以及对教会思想的否认,导致了历史上在世俗事务的领域——比如政治、经济乃至诸门自然科学——之内,形成了类似教义般严格的精神观念,并且,这些观念在各大群体当中得到传播,正如人们常常不无道理地用类比的方式谈及的"马克思主义教义"、一元主义教义或是"自然科学教会"(马赫语)教义。在关乎绝对存在的事情上拒绝有约束力之信仰的人,几乎无一例外地要付出危险的代价。而此代价便是,在相对的、尘世的、相对可存疑的领域里,沦为更受束缚的狂热偏激者和教条主义者。这样一个人,恰恰在不应持有教义的地方持有教义,例如在政治、经济等领域,而在应当持有教义之处,他却一无所有。

228 　　我们之所以希望将我们所要探讨的问题拓展至上述普遍的"教派"概念,也是基于如下这件确凿的事实:我们那可怜的、严重分裂成不同党派、部族、新旧体制归属、教派、年龄段的对立的民族,在其所有的主要组成部分及群体当中,都需要心态上的统一与和平;而倘若这一和平仅仅局限在忠于天主教和新教教派的部分民众当中,那么,我们整个民族将得到的和平仍旧会太少。这是因为,我们无法再怀疑:只有当我们知道该如何在全新的道路上、从超越一切对立的伦常视角出发,借助于栖息在我们灵魂中的尚未被使用的少量完好无损之处,去克服诸党派、诸教派间从我们过去历史的黑暗深渊当中重新复苏的一切对立,只有这样,才有可能避免一场最为残酷的内战,才有可能在帝国风雨飘摇之时扶大厦之将倾,并且间接地在布尔什维克主义席卷欧洲之时挽狂澜于既倒——政治，尤其是法国政治，连同我们已遭侵蚀的金融与经济现状，都让风雨飘摇的帝国成为了当今这个时代所有幽灵当中最具威胁的那一个。既如此，为了避免上述情况，广义上的教派间和平意味着什么，就是我们需要考虑清楚的问题。

不过，在我们考察这个特定问题之前，我们须先将目光聚焦于几个基本问题：教派间的和平究竟是什么？与"错误的"或"假的和平"区别开来的正确的教派间和平是什么？有哪些一再出现的典型原因在瓦解这一和平？我们是否知道，教派和平都有哪些主要的历史形式？今日之现状是如何同过去的历史形式联系起来的？

（一）维持教派间和平是对有信仰的人提出的诸项要求当中最艰巨——坦白地讲——也最矛盾的要求之一。只有这样，才好理解，为何各种层次的高尚和低劣皆得以隐藏在"教派间的和平"这一概念之下。教派间的和平是一项要求，它要求一个人，哪怕是面对着那些拒斥着他最为珍视之事——他的信仰和他的世界观、他最深重的信任和他最深切的希冀——的人，也都保持伦常上的忠诚，去爱他们，尊重他们；它要求一个人并非出于漠不关心、出于自身信仰的软弱和不坚定而去保持这种忠诚，相反，它要求一个人恰恰仰赖于自己的信仰以及蕴含其中的伦常法则而去保持这种忠诚。一个人若能做到这一点，那么，恰于此处，其信仰之坚定便得到了最强有力的佐证——同时也经受住了最严峻的考验。

这一高难度的要求，无论怎么去论证其合理性都不为过。因此，它无需只建立在单一基础上；相反，它可以建立于多重基础之上。首先，实质原因不能是出于权宜考虑——例如，在政治领域内，229

出于解决人民不可拖延的共同任务的考虑或是为了合作而搁置分歧这类轻易就能获得青睐的原因。实质原因必须到肇始于信仰在哲学上的基础及其实际内容的宗教、伦常或是自然法要求当中去寻找。谁如果只是为了得到自身或者诸如社会、国家之类的整体的安宁而对自己的认信之勇以及想要为信仰做出种种见证的意愿加以阻拦，那么，他将会得到基督生硬的答复："我来不是为带平安，而是带刀剑。"并且，基督还会对他说，那些不能为事奉基督之故而决意离开妻儿故乡的，是无法成为其门徒的。[①]

不过，教派归属间的积极和平与市侩气的"安宁乃是公民的首要义务"又有所不同。它与不同教派群体因封闭在各自自成一体、密不透风的社会组织当中故而彼此间在思想上毫无接触也不相同。因为，无法相互接触的事物之间是不存在"和平"的。它也与信仰中的冷淡、漠不关心、欠成熟不一样。因为，这种冷淡、漠不关心、欠成熟会在自由主义的"宽容"这一概念的意义上说：我们基本上对任何事情的了解都不确切，没准我的邻居也有道理。它不同于"不愿在信仰之事上争论"、"不愿为信仰之事而斗争"——不管是表现为把信仰之事尽可能地移出公众注意力与公众参与的视野，还是表现为希望仅在所谓的"内心深处"[②]怀有信仰并将其降格为一己私事（无论在社会民主的消极意义上，还是在自由主义的积极意义上）。认信者，应是信仰者，也就是一个在可见的行动与表达方面——在私底下以及在社会领域——也勇于为其信仰做出见证的

---

① 《马太福音》10：34。——译注
② 参本卷中"论两种德国病"一文。

人。因为，"教会"既是可见的，又是不可见的。"基督徒相互争论，仿佛他们从前并未争论过"，洛特的这句话可谓一针见血。教派间的和平也并非是在——就像人们常说的——与信仰"无关"的事上互相迁就。因为，宗教是能对生命整体的方方面面发挥影响的。同时，宗教也应当在生命整体的方方面面起发酵作用，尤其是在它作为伦常法则的时候，这里，在所有超越技术层面的事物当中，其实并不存在一道明确的界限。最后，诸如闭嘴和逆来顺受这类事情，是绝不能归入教派间的和平的。

真正的教派间的和平首先是从基督信仰真正的本质与内容中产生的，它与那些只不过源自人心软弱并以真正和平为代价的假和平及替代品截然相反。这些实打实的根基存在于基督宗教的伦理学和教义本身。

诚然，对每个人而言，这个世界及其起源都是一个巨大的奥秘。任何一种信仰的追随者都不应忘记需对此奥秘存有的敬畏之心。如帕斯卡尔所言，基督徒的上帝恰恰是一位"自我隐匿之神"（deus absconditus）。① 名叫"人类"的我们所有人，都被这个世界不可言说的奥秘氛围那奇异而又让人害怕的薄雾所迷住。教派之间的真和平倘若确有可能，那么，我们的整个生命就都势必会被这种氛围所持续萦绕。对我们人类命运（各种信仰学说以各不相同的方式将其阐明为确定的思想，例如基督宗教关于教会的奥秘身体的学说）之休戚与共的模糊感受，把我们所有人都编织、锻造成了一

───────────

① 此说法来自帕斯卡尔（Blaise Pascal, 1623-1662）的《思想录》。另参《以赛亚书》45:15，和合本作："救主——以色列的上帝啊，你诚然是隐藏自己的上帝。"思高本作："以色列的天主，救主！你真是隐密的天主。"——译注

个巨大的尘世间命运共同体,在其中,每个人都应与所有跟自己信仰不同的人相携相拥。这个命运共同体以及对此共同体的感受,甚至还要先于信仰。基督宗教将信仰和知识区分开来,它认为,信仰乃是整个人格的一次自由举动)。如此,基督宗教承认了上述事实。这一举动始终是一次巨大的冒险,是人格为了其信仰对象和信仰之宝而做出的自身投入。信仰乃是精神人格的自由举动,任何人都不能被强制要求拥有信仰——既不能以任何形式的物理暴力手段,也不能以逻辑和科学的三段论式证明方式。这是实现教派间和平的一项首要基础。谁若想要用一套设想出来的哲学体系去替代宗教信仰——比如像所有的诺斯替主义者所做的那样,或如近代哲学家黑格尔、冯·哈特曼、孔德、马克思等所追求的那样——谁就不仅破坏了这个世界的敬畏心和奥秘印记,他同时也侵犯了信仰之举的自由,从而瓦解了诸教派之间实现真正和平的可能性。从这个角度讲,瓦尔德克-卢梭领导下的法国政府的实证主义的国家教条、俄国奉行的布尔什维克主义、曾在普鲁士风行一时的黑格尔主义,都从原则上损害了教派间的和平。因为,在这些地方,人们以为能给那些只是自由信仰举动的事情提供理性论证。所以,这种思维方式必定会导致信念狂热主义,进而,教派间和平也注定会按计划被破坏。

在我看来,教派间的和平包括以下四个方面的伦常根源。

首先是爱的诚命:"你要爱主胜过一切,又要爱邻如己";应当无条件地去爱自己的邻人,而不是只爱与自己有着相同信仰的人。[1]当然,我们所应当爱的,并不是邻人那脱离了上帝的纯粹人性和弱

---

[1]　此处可详参圣经新约《马太福音》22:37-39、《马可福音》12:30-31、《路加福音》10:27。——译注

点，而是在上帝之内同时望向上帝的每一个人。但这仍不必然意味 231
着，我们应当去爱的那个人，他自己也须知晓基本的信仰真理——
例如上帝的存在——并信上帝。就让我们在上帝之中愉悦地去爱那
个人吧，不要有迟疑，哪怕他尚且不确知、未信仰上帝。说不定我
们的爱，连同这份爱在被爱的那个人之中所创造和所激发的，会让
他向上，让他离上帝近一些。泽及普天的爱的共同体这一观念以及
"同一位牧人、同一群羊、独一上帝的同一个教会终将实现"这一
信仰希冀是一体的，它们互为条件、相辅相成。以实际行动参与到
这一伟大希冀的实现中来的，不仅有为教会的扩张而奋斗的教会子
民。就连真诚地参与到某个实际存在着的爱的共同体——它不同于
单纯的免战、无争、非攻之类的外部和平状态——的建设中来〈但
无统一信仰之意图〉的人，也为在宗教的意义上实现"同一位牧人、
同一群羊"这句话做出了贡献，只不过他自己不知道而已。人的灵
魂之中的道德与宗教认识能力是互为促进与支撑的，全然未有任何
力劝他人改信之意。谁若去爱与己殊信者或无信仰者，谁自然就参
与了真教会的独一信仰大厦的建造。实现教派间和平这项要求、这
一基础，是基督教式的尤其是"大公的"（katholisch）：这是不言而
喻的。一些宗教不了解这项要求，例如伊斯兰教，它用威胁和武力
将违背基督信仰的"圣战"与强制改宗的思想囊括到自身之内。此
外，还有一种关于爱的诫命的理解，比如新教路德宗（唯独信心[sola
fides]），认为〈个体〉应当先有正确的信仰，然后，从中才会产生
正确的爱，或者说，在上帝之内的邻人之爱当中，这样一种理解看
不见通往上帝的原初道路，也看不见在上帝之内的成长，却只看到
现有〈个体的〉"正确信仰"产生的某种确凿结果。按照这种观念，

我们必须首先在全世界范围内，通过布道及授课来传播"正确的信仰"，并由此去创造爱的共同体。这难道不是一项本身就蕴含着下述危险的原则吗？——要么，倘若信仰是纯粹的恩宠，仅能由上帝使然，那么，信仰会堕落为宗教上的清静无为主义以及对一切传教行为的舍弃（例如新教路德宗基本上已放弃传教）；要么，倘若信仰被理解为人的工作和功劳，那么，信仰就会变成一种破坏教派间和平的狂热主义。相比起新教路德宗，以往的基督宗教道德对于在十八世纪被错误且片面鼓吹的人性的种种真相的忽视要较少一些。

232　　教派间和平的第二项伦常根基乃是一句老话："铲除错误，同时爱人。"恰恰是天主教伦理学，在格外坚定不移地践行着这句对教派间的真和平而言至关重要的话：既要勇敢且毫不留情地同谬误、坏人坏事、恶做斗争，忠于信仰；与此同时，对待犯错者和罪人，又要良善、友爱、慈悲为怀。假如根本就没有什么客观的绝对真理，没有什么客观上善的和正确的，假如对所有这一切的判断都只存在于人之中，存在于人的精神洞见乃至其专断的规章或惯习之中，那么，这一极为古老的区分就毫无意义可言。我们要么根本不能同谬误、恶、坏人坏事作斗争，不能在灵魂最深处憎恶它们，只能对这一切听之任之；要么，我们必须憎恨人类，也就是说，我们必须违背对人类之爱这条众人概莫能外的诫命——敌人和罪人也都包含在这条诫命之中。

　　教派间和平的第三项伦常根基，尤其在法律及政治实践的领域，乃是对自然法的承认。自然法向理性提出的要求，同样适用于一个国家当中有着不同信仰以及无信仰的公民，并且适用于所有人，亦即适用于所有无信仰者。托马斯·阿奎那就严格遵守这些要求，他曾说："在某些行为上，人完全是自己的主人，为此，他甚至可以不顾某位教宗的命令而做出这些行为。"一国之中，一切专门意义上的政治公共生活首先必须遵守自然法的要求与诫命。只有当某个政治行为的道德面向违反了基督宗教既有的伦常法则，教会权威才可以用禁止或更正的方式加以干涉。但教会权威不应对此行为做实证式的规定。谁若是从根本上否认这种自然法，例如实证法学派或是浪漫派的旧式传统主义〈哈勒、亚当·穆勒、施塔尔等人〉，谁就动摇了教派间真正和平的根基之一。因为，面对信仰不同的所有公民，我们都必须对自然法所赋予他们的一切权利怀有真正的认可与尊重，此乃教派间和平的题中应有之意。

最后，还有第四点要求：在关乎信仰的事情上切勿只靠反应行事！哪怕你正因自己的信仰受到不义的迫害——你应当根据你的信仰行事！〈反应与抗议从来都不通向真理。〉这个世界上，教派间的诸多不和，都是因为思考行事纯粹靠反应以及因为过激的抗议与反抗议造成的。[①]

除了以上这些实证式的伦常基础，教义观念也有条件地同教派间的和平联系在一起。根据基督宗教的学说，真正的信仰是恩宠和人的自由两者共同作用的产物。只有在这些要素无一被忽视并且它们之间的关系也恰到好处的地方，教派间才会迎来真正的和平。倘若隐含在一切信仰当中的由恩宠所做的工作没有得到尊重或者没有得到足够的尊重，那么，在基督信仰的追随者当中，便会立刻产生一种错误的古道热肠——迫人改信——即让别人接受自己的信

233

---

① 参阅本卷中的"论两种德国病"一文。——编者注

仰，这是一种专横的强取强求。这样做必会破坏教派间的和平。而且，这样做同时也是在以完全错误的方式让人停止在完善其基督徒生活的方向上建设自己、建造自身的信仰环境。单方面的纯护教学就让神学去完成吧。能让人远离上述那种错误热忱的，乃是以下这一点，即，信仰始终并且首先是恩宠的工作。当然，我们亦不可夸大恩宠时刻；否则，我们又将会错误地疏于去完成那面向所有人的使命——为信仰之事而工作，就如经上预言的那样："你们要去，使万民作我的门徒。"①

（二）接下来，让我们先弄清楚威胁着教派间真正和平的几个普遍原因。然后，让我们再谈谈通往教派间和平的歧途与正道。

纵观整个世界，尽管教派间、宗教间的冲突战争不断，有一句话却是放诸四海而皆准的，那便是：世界上没有比宗教更能团结人心的力量了。仅在精神朝向永恒和神圣者的单纯之善的提升中，这个"世界"因其财货的可分性及其利益的分割之态而〈从本质上〉无法给予的和平才会进驻我们的灵魂。这个世界上的每种积极"和平"〈相对于不斗争的消极和平而言〉——包括教派间的和平在内——归根到底都是灵魂的这种和平所发射出来的、遥远而间接的光。即便如此，古往今来，教派间的斗争、争论、战争仍旧俯仰即是。究其原委，威胁着教派间和平的，远非纯粹的宗教及教会层面的对立，更多地是人与人之间的尘世利益冲突，这些利益冲突与宗教及教会层面的矛盾勾连在一起，再加上历史的沉淀与交织，往往格外纠缠不清。针对这一点，几乎无需列举历史证据，只需想想

---

① 参见《马太福音》28:19-20。——译注

三十年战争的历史即可。一个时代，其经济、政治、种族等方面的利益冲突越多、越激化，有信仰者就越需要学会分辨，他自身的信仰提出了哪些要求，而他本人、他的等级、政党、阶级的利益又何在。如果他不学会做此分辨，那么，教派间的和平，并且到最后，宗教以及基督宗教的普遍事业就都将持续受到极大的威胁。尤其是在过渡时代——我们的时代就在几乎不可估量的程度上是一个这样的时代——，当国家、经济和社会方面的新秩序势不可挡地迸发，信仰者就必须学习在精神上开展一次全新的努力，好把自身信仰的永恒内容和原则，同该信仰或其信奉者与（就其性质而言易逝的）尘世间政权和社会的组织及机构，尤其是与一切党派及阶级利益在当代的融合严格区分开来。信仰者必须学习用强有力的双手在自己心中高举起自身信仰，使其超越这些纵横交错的斗争之上。在这样一个时代，宗教及教会的独立性成了严肃且不容忽视的要求。把种种利益考量以及当代的尘世间国家机构与基督宗教及教会混为一谈，实在是令人难为情之至。然而，诸如此类的混为一谈不是早就作为所谓的"天主教原则"的典范摆到我们面前了吗？！此种行径，实在是与通往教派间和平的道路背道而驰。只有把世间牵连与宗教信仰之间的连结重新松动开来，才能在类似于我们当前时代的时代里，保护宗教免于卷入这成千上万的斗争的漩涡中。只有这样的松动才能创造出一种新的精神高度，在此高度上，信仰分歧才不会——如迄今为止常发生的那样——被压制、被掩盖在权宜原因之下，反而会被实实在在地表现出来；它们会在造福于全体人民与全人类的事业当中，采用精神上的方式以及崇高竞争的手段表现出来。因为，此二者皆是必要的，并且，此二者也必须互为促进：

234

信仰分歧得以更加尖锐、更加精神化地表现出来，在不同教派的信众之间会有更多鲜活的精神交集；与此同时，完全不源于宗教精神、通常也不源于教会政治、而仅产生于牵涉不同信仰-教会立场的历史偶然利益的那些"教派之争"，则会显著降低。

若从这些核心原则出发来观察我们自己的国家，那么，在所有明眼人看来，当涉及到不同教派的信奉者之间的利益冲突，以及当涉及到更多鲜活的交集、核心宗教问题上的更多"争论"与"斗争"（精神斗争）时，恰恰前述最后这项对更多安宁和统一的双重要求便格外强烈地显露出来。一方面，信仰分歧应以实实在在精神上的方式表现出来；另一方面，一切由宗教与政治体系、政党对立、阶级矛盾以及职业冲突的牵扯产生的次要矛盾则都应被撇开不论。基于德国现状的特性，这样一项基本的双重要求，对德国来说，就具有了极为特殊的合理性和适用性。

战前，德国有一种十分突出的特征，即，宗教和教会层面的那些世界观群体之所以团结在一起，首先并不是因为宗教或教会的某项原则具有的原初力量，大多数情况下，他们之所以团结在一起，仅仅是因为宗教和教会要以任何一种形式服务于宗教以外的事物。新教范围内，除去极少数例外，这一点得到了最为清晰的体现；如今，最杰出的新教领袖们也都明确了这一点。[①] 战前，新教的那种在牧师领导下的教会基本上是藉着对普鲁士国家旧体制的意识形态的依赖与适应而存活的。新教内的派别（比如正统派、自由派），

---

① 参见鲍姆加登（O.Baumgarten）著《民众教会的建设》（Der Aufbau der Volkskirche），图宾根，1920 年。

并不是产生自最初的宗教及教会视点，而是在更大程度上产生自对皇室、对于或保守或自由的国家观念以及对于各种职业与等级群体的内在态度。不过，就连在德国天主教的范围内，所谓的"柏林派"和"科隆派"之间的矛盾，一开始也并不在于两者关于宗教和教会的不同见解，或是他们在神学训导上的分歧——就像罗曼语国家和英国在所谓"现代主义"和"反现代主义"的矛盾中展现出来的那样——而是在于，双方中的一方与旧普鲁士政权的保守体制及其政党代表有着更深的依存关系（如天主教贵族中的大多数），另一方则在观念上更多地带有社会主义以及民主主义工人运动思维的色彩。战前在德国，纯粹的宗教及教会立场的不同本身根本不足以引发大规模的拉帮结派；派系的形成一定依托于别的什么后台。

这一现象只印证了我经常强调的一件事实，即，与英、美、意、俄等其它国家相比，在我们国家，以往宗教在自由社会的土壤里以及在文化创造的领域中（戏剧、诗歌、哲学、文学、艺术）只发挥出了极少一部分能量。只因其代表者在与国家、政治党派、社会政策任务的关系当中所处的位置，宗教才在我们的人民之中获得了某种总体现实性。宗教精神及教会观念的这种深刻的不自主呈现出来的一个后果便是：如今，旧制度已然瓦解，我们看到，教派群体吵嚷不休地以形形色色肆意解释历史的招数相互指责，推说战火的点燃、战争的失败或是革命的爆发都是别人的错。埃尔茨贝格遭受到的地狱般的仇恨，很大程度上也一并取决于这位政治家的教派位置。而天主教作家则希望能在外交政策上的那些在俾斯麦发起文化斗争的过程中起到了共同决定作用的目标设定中，看到战时对我们采取敌对态度的那股势力的苗头。最为离谱的是，还有人说，我们是因为犹太人才输掉了战争，说是犹太人和共济会挑起了战争，革命的爆发都是他们的错。法国的天主教徒也同样试图在教派矛盾和战争根源之间建立起联系。那些头脑清醒一些的人则非常清楚，鉴于事实，上述这些模糊的、置历史于不顾的空谈都是站不住脚的。在整个欧洲，相对于政治、经济领域的势力以及由它们导致的矛盾而言，宗教和教会层面的立场还是太过弱势，不足以在这些重大历史事件的产生过程中发挥决定性作用。当然，我们完全无法想象，比起这些肆意妄言、相互指责，还有什么更能在如此程度上瓦解教派间的和平了。

此前我提出过如下要求，谓在我国，教派与教派之间需要更广泛地了解，彼此间需要有鲜活的交集以及思想上的交锋——也可以说，在此背景下，我们需要的不是更少的而是更多的"争论"与"斗争"。促使我提出这一要求的，则首先是我们德国人所特有的一种教育现象。它存在于以下这件普遍的事实：长久以来，在我们德国人身上，相对于那些仅仅决定着"该分别使用哪些手段去实现既定目标以及去实现那些仅仅是继承而来的目标"的理智力量，人的精神当中的那些设定目标的理性力量显著地衰退了；此外，相较于接受来自上级的组织，我们的民族很明显地缺乏达成一致的心理准备、取得共识的意愿以及进行自我组织的力量。① 德国人的这一弱点导致的后果，既包括帝国行政机关和各部委的职责本位主义——自俾斯麦卸任时起，这一职责本位主义以愈加闻所未闻的形式表现了出来（直到荒谬地出台南辕北辙的政策，比如战前及战时海军军

---

① 参见收录于本卷的"论两种德国病"一文。

部和外交部的所作所为）——又包括"综合性的人文大学"持续分
化成了一系列"专科学校"，这些学校彼此之间却不相往来。①诸
如此类的后果还包括，哲学堕落成了彼此并列但互不接触的诸"学
派"，操着外行人听不懂的秘密语言，主导经济的市民阶层几乎完
全被生意和最为狭隘的职业利益所挟持，政治领导层直到今天都依
然无法超越眼前近在咫尺的目标从而去着眼于更长远未来——至于
其眼前目标，与其说它们是由政党的诸项计划所决定的，倒不如说，
它们是由这一整套党派政治机制所决定的。最后，这类后果还包括
德国人的外表，根据对这一点进行比较的外国人的判断，德国人从
外表一看便知他属于哪种职业、哪个等级，他是军官还是教授，是
老师、商人还是别的什么人。一个人的形式仅仅由他在德国人分工
精细、奔忙不休的生活当中所需取得的成绩的分类所规定。这一成
绩并非目的本身，也不是按照某个特定国族的榜样类型被归于某种
特定的文化。战争期间，所有涉及技术问题——也就是"若我想要
做某事我该怎么做？"这类问题——的任务大体上都像战争动员那
样，被万无一失、整齐划一并且轻而易举地解决了。然而，但凡在
关乎最高目标问题之处，无政府主义却愈演愈烈。战争目标问题只
不过是其中格外显眼的一个例子而已。不管是领导人物的缺点，还
是帝国总理又或是军人内阁或司令部里的将领们所犯下的这个或
那个失误，都无法解释，为何在战争目标问题上我们完全无法达成
任何一致。内在必然地催生了这种无能为力的，乃是德国的整个精

———————

① 参见拙文"大学与成教学院"，载冯·威泽编：《成教事业社会学》，慕尼黑，
1921年。

237

神教育中的那种片面专业技术化的结构。[①] 就连现在仍是如此：当我们高声谈论成人教育、成教学院的时候，早就有一些强大的势力又在把成教学院变成一系列专业技校或者——更有甚者——党校；在这些学校里，每位党员从党校老师那里学到的，无非是他自己一直以来就已经所思所想的。

德意志灵魂史最深层的问题之一便是，一整个民族的这种独特的技术化教育结构是如何形成的，一个民族的精神又是怎么走到如此沉醉于只关系到手段和个别利益、却与目标及总体任务无涉的种种问题的地步的。通常我们会认为，旧的专制政权，尤其是俾斯麦起到的突出作用及其政治方法产生的后续影响要为此现象负责。在政治领域，这也许是部分正确的——但这种正确性仅仅是就政治领域而言的，并且即便是在政治领域，这也只是时间上最直接而非最深层的原因。我认为，真正的原因另有所在：每个民族的精神生活都会发展出一个由目标和目标思想组成的等级井然的体系；就性质而言，人在宗教上的终极存在目标乃是其中的最高目标，其它一切目标的设定都取决于这一最高目标。假如不同的世界观群体持续且从根本上放弃在这些目标问题上达成一致的心理准备、互相理解的意愿以及生动鲜活的交锋，并且他们彼此之间没有交集，只不过遵守着"勿打破安宁"这条原则，好营造出一幅教派间和平的假象——要是有火星人，我和火星人定然也处于这种"和平"之中！——那么，长此以往，就将会产生一种特殊的后果：从原则上放弃群体间在这些最高目标问题上达成一致的心理准备以及为此

---

① 参见拙著《对德国人的仇恨的缘由》，1917 年。

而展开的鲜活的交锋，而这种放弃必然也会渐渐波及目标等级体系当中较为次级的目标与目标思想。于是，某种德国特有现象的模式将会产生：人之中的"统御机制"（Hegemonikon），也就是把握并设定目标的思想与意愿，会退居其次，对目标的决定将交由纯粹传统来完成，设定目标的思想将会退化，而这种退化最终会扩展到所有需要在（区别于方法问题的）目标问题上达成一致的领域。目标问题不会得到澄清，而是会被排挤到封闭的组织、政党和教育群体中去。在这样的情况下，行使政治权力的统一体——若想避免无政府状态——自然就只可能是中央集权的专制政权。普鲁士形态下的专制政权并非该整体精神状态的原因，它已然是这种精神状态的结果了。可现在，由专制政权做担保的这个行使政治权力的统一体，连同代表国族经济利益的统一体一道，要负责为国族统一提供唯一的黏合剂。很显然，这只会在很短一段时间内，在外交政策与经济史方面的条件皆极为有利的情况下，并且在像俾斯麦这样的天才型掌权人物的领导下才可行。而一旦以上前提缺了一个，一旦那仅由政治权力和经济利益提供担保并加以约束的人为的、被迫达成的统一破裂，待到那时，那些仅仅被抑制、从未被澄清也从未真正得到解决的矛盾和冲突必然会以十倍的力量突然爆发。事实上，对德国面临的全部矛盾——存在于部族、教派、联邦各州、诸党派各自的世界观基础、大德意志与小德意志倾向之间以及生活和教育的一切根本目标上的矛盾——而言，这样的后果已经闻所未闻地透过旧制度的崩溃和革命显现了出来。

当然，如果我们从历史的角度去追溯德意志总体灵魂和总体意愿正在经历着的这样一个影响深远的衰落过程，它自然就会好理解

很多。从三十年战争到文化斗争，因宗教改革引发的宗教衰落，德

239 国人民不得不陷入前所未有的痛苦，而正是这些痛苦，最终让德国
人民彻底放弃了宗教领域内的相互理解，放弃了精神上达成一致的
心理准备以及所达成的一致。"勿打破安宁"——这似乎是缓解上
述痛苦或避免一切摩擦的唯一手段。如若允许我用图像来形容，那
么，这就好比宗教或世界观上的一桩"混婚"，夫妇二人因为爱、子
女、命运共同体而彼此缔结了生命统一体，但又由于时常在这些终
极问题上发生争执，他们逐渐意识到，只有不再谈论这些事情，搁
置双方在这些事情上的针锋相对，才能让他们的共同体存续下去。
他们几次三番为这些事情争得头破血流。这样的情况出现得越频
繁，他们便越会说："让我们不要再碰这些事情了，干脆把它们搁置
一旁好了。"这样，夫妻双方的共同体肯定还能凑合维持下去。然
而，他们因为放弃了在最高的目标问题上达成一致的心理准备，所
以，在日后任何一个需要双方共同决定的问题上，就都会出现回避
目标问题的趋势；这样一来，他们就只需在纯粹外在以及越来越表
面的问题上达成一致，甚至，他们也就只愿意如此了。那个负责设
定目标的精神器官，因不再有用武之地，于是渐渐萎缩。

怎样才能打破这一局面？我的回答是：只能坚决地同这个纯
粹排斥矛盾的体系决裂，同"勿打破安宁"这项原则决裂。在宗教
问题上进行精神交锋并不是报纸上时常能读到的什么我们"承受不
起"的"奢侈品"，而是一个民族至关重要的必需品。首先，德国的
世界观群体和教派群体必须学着相互认识、理解、尊重——不仅仅
在参与德意志教育生活的某一社会等级之中，而且是涵盖参与其中
的全部社会等级。其次，威廉·冯·洪堡起先为语言而制定、实则

适用于所有精神科学的原则——"不懂外语的人也不会理解自己的母语"——也应在宗教及世界观领域得到全方位的实际运用。必须连根拔起、铲除殆尽的，包括己方和彼方传承下来的那些与宗教、教会史相关的寓言故事，那些关于耶稣会士、赎罪券、宗教改革的故事，以及从下面这种卑劣做法当中产生的深刻误解，即，根据需求拿己方教派的理想去和彼方教派的人性现实进行比较——而非拿理想同理想相比、用现实对照现实。这一点首先适用于受过教育的人。我本人还曾碰见过没怎么受过教育的新教徒——这其中当然不包括神学家——他们对于"始孕无玷"这一说法的意思仅仅是略有耳闻；倘若他们还能知道玛利亚是不可以"被敬拜"的，或者对天主教徒所说的"教宗无谬误"、"独一成圣的教会"、"智识的祭献"这些指的是什么能有大致正确的观念，那就更好了。

　　针对这种无知，我们首先能够进行的补救措施包括，在理论层面继续深化宗教、政治、经济世界观以及各大文化圈与国族所拥有的世界观形式等各个领域内的（同实际代表着某种世界观相对的）描述式世界观学说，在实践层面教授各门各派的世界观学说。[1] 威廉·冯·洪堡、狄尔泰，以及近来涌现出的贡佩尔茨、雅斯贝尔斯，还有法哲学方向的拉德布鲁赫，都在极高的学术水平上做出了建设这样一门学科的努力。无论是在大学，还是在不同于大学这一形式的成教学院，都必须开设比较世界观学说这门课。依我之见，成教学院恰恰应该把这门课当作教学计划的核心。[2] 倘若成教学院里

---

[1] 参见本卷中关于世界观学说的导论。
[2] 参见前引"大学与成教学院"一文。

的各种世界观并不是以生动客观的方式被比较式地加以描述，而是被代表，那么，成教学院立刻就又会变成党校。但如果把世界观从成教学院的授课内容中彻底排除出去，那么，成教学院就要么会像"知识就是力量"这句目光短浅之言所说的那样，重又变回专科学校，要么则会沦为对知识的虚荣卖弄和消遣的手段。教派间和平面临的最大障碍之一是不愿意去认识他人，正如"别去读天主教读物"这一原则所表达的那样——在以自由派和新教为主流的世界里，仅有极少数人对该原则得到娴熟运用的情况有所了解。当然，这一原则还间接地通过下列事实得到强化，即，德国土地上所谓的"隶属天主教的那部分民众"的文化就像在隔离区中那般自我封闭——论其程度之深，没有哪个国家能望其项背——这里的人们仿佛根本不愿从自己最狭窄的边界中迈出哪怕一步。德国天主教出版界和艺术品交易界的特点，也让经济利益的把持者参与到维持文化隔离区这一现状的做法中来。占主导地位的，不再是宗教与教会领域那些灵感仿佛得自过往的文学、哲学、艺术，而是（哪怕现在情况已经好一些了）教会的宣教式文学，这些作品里面尽是赤裸裸的想要去证明、去改进、去教导的意图，缺乏基督宗教灵感的深层的激发式动机。

　　一个民族的全部精神生活都是自上而下地进行的，都是由先锋推广至大众，所以，人们相互间更加生动的理解、更加鲜活的交集首先必须从文化生活的顶端和顶峰开始。

　　过去几年间，哲学领域内的情况改善了很多。经过弗朗兹·布伦塔诺、梅西耶、盖泽尔、胡塞尔、博伊姆科、格拉布曼、屈尔佩、贝歇等人的工作，所谓的"天主教哲学"与非天主教哲学之间产生

了更深的交集、争论以及相互间的理解。为了从根本上促进事情的
发展，首先必须摈弃一种盛行于我们的大学、实际上却不无荒谬的
区分。我指的是对所谓"天主教"哲学和"无前设"哲学的区别对
待。假如我们从历史与灵魂史的角度看待这个问题，那么，既然有
所谓的"天主教哲学"，康德、费希特、黑格尔、谢林、洛采、费希
纳、冯·哈特曼、冯特等人的哲学就应在同等意义上被称作"新教
哲学"——也只有从这种灵魂史的考察方式出发，该称谓才有意义。
上述这些伟大的德国哲学家，绝大多数原本都是新教神学家——内
行人也只有站在新教的基础上，才能从历史角度理解这种德国哲
学。与"天主教哲学"相对的，并非某种"无前设的哲学"，而恰恰
是"新教哲学"。若从理性意义层面理解，则既没有什么"新教哲
学"、"天主教哲学"，也没有什么"基督宗教哲学"，有的无外乎哲
学本身。研究哲学问题时要对理性之外的认识源泉一概不予考虑，
这才是哲学的本质所在。让我们达成以下共识：哲学既不需要是教
派式的，也无需是"无前设的"，它只需是"不依赖于任何前设的"。
"无前设的"这种说法想要表达的，乃是心理-历史层面的一件本质
上不可能的既成事实。而"不依赖于任何前设的"这种说法则仅仅
表达了，哲学家在研究时须借助于自身精神的一次自由且有意识之
举，对理性所不能及的任何认识源泉皆不予考虑。以极其严格的方
式履行这一点，是哲学家在逻辑上的职业义务，从某种程度上说也
是他在伦理上的职业义务。就连哲学思考也会从真正的宗教虔敬
当中获得灵感；在有着真正宗教虔敬的地方，这是不可能被禁绝的。
并且，这种灵感也与下述宏大事实相符，即，如果有某种哲学存在，
那么，不管是在个人的还是在民族的教育当中，就都已经有以某种

特定形式存在的宗教意识了。只有忠于良知地奉行上述原则，哲学思考才有可能从真正的宗教虔敬那里获得纯粹的灵感。符合该原则的实践将会是，在哲学系里，尤其在历史和哲学学科，取消设置 242 "天主教教席"的那套做法。当然，这是一个只能根据现实情况去处理的问题。而且，只有当学者圈子里已在取得共识的心理准备上形成了一股足够强劲的精神，这个问题才有可能在我们所说的意义上得到解决。今天，这件事尚且没有什么眉目。不过，设置教派专属教席的这套做法，无疑已使其执掌者们——作为他们受到聘任的政治动机的后果——在其他学者和天主教以外的学生群体中得不到什么信任了，这样做同时也让天主教界的精神建树工作与科学无法进入非天主教的高知圈子。

此外，更需得到重视的，是要去获得一种自然神学。就其本质与预定目的而论，这种自然神学可以成为对乃至实证信仰问题进行探讨的共同平台。在我们国家，迄今还存在着一种不合理的状态，即基督宗教的两大教派，特别是由于康德和阿奎那之间的对立，在哲学与自然宗教层面的所有问题上的分歧要远大于在实证及历史神学上的分歧。那些仅应由自发的理性认识完成的工作（如自然神学和宗教哲学），却恰恰是以最为传统主义的方式进行的，这并不合理。而这一点在新教的康德学派（也被贴切地称作"康德经院哲学"〈Kantscholastik〉）当中比在托马斯学派的经院哲学（thomistische Scholastik）当中——在此，著名的上帝存在证明以及其它证明都只需死记硬背而并不总会重新进行检验和思考——还要严重得多。我相信，只有重新形成奥古斯丁式的基本观念，并且在更深层面上将其与当前哲学的研究结论联系起来，才会带来一种适合作为教派群

体间相互探讨的基础、同时也被双方真正认可的自然神学；而这一
点，乃是基于康德或基于阿奎那的自然神学做不到的。上述观点的
理由，我已在别处①进行过论证。

　　至于宗教史以及宗教的社会学形式，比如教会、宗派等，我认
为，要为教派间的真正和平准备其所需的精神氛围，有一种重要手
段在于，搁置那种对于宗教-教会斗争时代的强烈兴趣，将注意力转
向掀起了宗教上更为原初性的、更富创造力的运动的那些时代与人
物，这类运动为文化赋予灵魂、对人进行塑造，从而产生了超越自
身教派起源的影响力。对本笃、贝尔纳、方济各、依纳爵发起的运　243
动（也就是对基督宗教密契学最为重要的典范形式）进行的直观且
引人入胜的描述，简言之，为这样的宗教时代、人物、运动——这当
中，宗教与教会思想并不依赖也不服务于别的什么利益，而是发挥
出了某种原初作用——赋予生机的做法，应当用以协助去重新唤醒
当前人们心中那种对于原初性的、而非派生出来的宗教信仰的形成
及其影响所拥有的力量的信任，而在过去几十年间，这种信任被人
们各自国族的生命经验深深掩埋了起来。②只有通过深化对上述这
类时代的认识，并在内心中再度体验修道人（homines religiosi）即
这类时代的领袖们曾经有过的经验，我们才能重新赢得那已深遭动
摇的对于宗教独立性的信念。

────────────

　　①　参见拙著《论人之中的永恒》中相关篇章："论宗教诸问题"（Probleme der
Religion），1921 年。

　　②　圣本笃订立了《本笃会规》，创立了本笃修会，被普遍认为是西方隐修生活的
创始者；圣贝尔纳改革了西方隐修生活，在《本笃会规》基础上创立了熙笃会；圣方济
各创立了西方第一个托钵修会方济各会；圣依纳爵创立了近代新型修会耶稣会。——
译注

十六世纪以降，欧洲宗教与教会的历史是一部主要关于宗教势力是如何被割据、被压缩的历史。我并不怀疑，即将到来的时代将会具有一种本质上不同的特征。按照其本质的基本特点，这个时代将会是一个为了在精神及实践上统一各方宗教割据派系而进行综合性尝试的时代。如今，教会合一思想已然更加强烈地表现了出来；未来，该思想还会继续壮大。不管这一思想会如何发挥作用，不管它是对还是错，可以肯定的是，以基督宗教世界目前所处的世界史格局来看，它一定会受到坚定有力的举扬。在欧洲以内，基督宗教世界共享着与从越来越底层爬上来的、对基督宗教持无所谓或敌对态度的大众之间的矛盾，而这一矛盾必然会推动上述合一思想；将在同样程度上起推动作用的，还包括信奉基督宗教的欧洲对于在欧洲以外的世界挽回欧洲作为整体早已丧失殆尽的颜面的需求。基督宗教在欧洲以外的传教事业亟需于基督宗教群体间的某种在欧洲以内达成共识的新意识中，获得道德上新的依靠。过去几年间，仅仅基于德国士兵在战场上与俄罗斯、蒙古以及穆斯林世界产生了交集这一事实，就已经迸发出了一种渴望，即希望基督宗教世界观与亚洲诸宗教之间能发生某种新式的论争——这也是合一思想得以更加强势登场的原因之一。自叔本华始，位于一直越来越强盛的神智学运动以内和以外的佛教从来没有像现在这样，对欧洲思想产生过如此持续的影响。图书市场上，站在科学的各个高度介绍亚洲宗教虔敬的读物泛滥成灾。此外，合一思想亦是以下事实自然而然的后果，即，各地的基督宗教群体都失去了在国族政权那里的依靠，因此，他们觉得自己不得不发展出连结诸政权与诸民族的 244 共同觉悟、共同的目标设定以及共同组织。如果说，因为各地都在更加追求政教分离，基督宗教群体及教会因此丧失了来自国族国家的正面支持，其在尘世间的权力地位也因而受损，那么，他们至少也得利用一下这一发展给他们带来的优势。其中一项优势即在于现在才变得可能的跨越国族的更强联合。而下面这些情况，至少也需要引起所有教派当中受过教育的人士的注意，它们是：已完全同政权分离的俄罗斯教会与圣公会之间、俄罗斯及罗马教会与巴尔干教会之间在战时就已打开局面的对合一的追求；英国牛津运动在战时的复兴；德国一部分新教徒最近希望像圣公会那样组织自己的追求；一再举办的宗教间及教派间"会议"。此外，我们还须对例如莱布尼茨在理论上追求合一这件事多加关注——必须远多于迄今为止已有的关注。

就连在这里，需要关注的首先也并不是实践层面还远远没有到时候的某种特定目标的设定，而是基本态度和基本心态的形成。在我看来，我们忘记了，撇开那些实证的启示与教会章程不谈，仅仅"上帝之唯一教会"这个概念和这一观念，就已经可以追溯到泛神论及自然价值论与伦理学上了。正如我已在其它地方① 展示过的那样，价值的客观等级秩序必然对应着不同的共同体形式及种类，它们需要去管理并保护相关价值种类的特定财富。相关价值越是可分②——从物质舒适性价值到休戚与共的人类共同体的神圣与总体救恩这一最高价值——管理这些价值财富的共同体的形式也就应

① 参见拙著《伦理学中的形式主义与质料的价值伦理学》第六篇 B 部分，第 4 章，第 4 点；另参前引"论宗教诸问题"。

② 关于价值等级秩序与价值的可分性，参见《形式主义》第一篇 B 部分第 3 章。——编者注

该越大量、越多元。比如说，需要去管理并促进各民族的权势、权利及生活水平的国家，和终极统一原则在于语言以及共同的文化命运路径的国族共同体一样，都有必要是许多个。仅此一个"世界国家"、仅此一种"世界文化"，哪怕它们是有可能存在的，也只能良心不安地存在。而那种需要去管理人类休戚与共的总体救恩以及宗教层面的救恩财富的人类共同体，就其本质而言，出于自然法权的原因，必须是唯一的一个。多个教会只能良心不安地作为多个而共存。事实上，我们还发现，每个实存的教会，尽管在大小不同的各种程度上，皆宣称，要么自己才是"上帝之唯一教会"，要么自己是其中一个环节或一个部分。在此意义上，确实也有着某种"教会的自然法权"，而不仅仅只有某种关于教会的实证学说。就连那种基于启示而希望"同一个牧首、同一个羊群"有朝一日会实现的信仰希望，正如它不应直接导致实际的行动——否则它也就不成其为希望尤其是信仰希望了——同样，它也不该僵化成一句虽广为传诵、却无法让某种鲜活的希望真正充满灵魂的空洞口号。信仰希望若要得到严肃对待，那么，就算在这里，我们也不能只抛出一句"勿打破安宁"，不能让从根本上放弃"基督徒应达成某种最低限度的一致"的做法有机可乘。就算在教义层面实现基督宗教诸教会合一的时机尚未到来，就算以下说法是正确的，即，所有意欲使之实现的过急尝试到头来都将意味着放弃自身宗教中最精妙最美好的部分，然而，那种"好意"、那种基于信仰与理性的心理准备、那种对"基督徒应达成一致"之类重大问题的严肃思考，现如今也都比以往任何时候更是一种道德与宗教上的双重义务。谁如果不能看清这一点，不愿接受这种最低限度的合一意识与合一的心理准备，谁就还未意识到全体基督徒面临的来自布尔什维克主义的危险的严重性。[①]

依我之见，天主教徒和新教徒之间实现真正教派间和平的条件已因那些重大历史事件而变得更加成熟了。令人赞叹的是，新教的杰出领袖们所抱持的是何等高尚的坦率、何等真诚的自我批评，他们不但承认新教迄今的教会制度具有的缺点和弊端，就连新教在革命期间应在何事上感谢在德国根基更牢固的天主教会，他们也都悉数承认。"我们新教徒不应向自己隐瞒"，鲍姆加登[②]写道，"我们之所以能在宗教共同体事业上成功对抗颠覆的倾向，从根本上还得感谢牢不可破的普世大公教会……"他还自我批评地写道："路德面对皇帝和选帝侯时的那种可资表率、毫无批评的忠诚，变成了由对政权和君主的无条件顺从构成的坚不可摧的链条。瑞士有些宗教社会党人，要求基督信仰应同忠诚以及阶级国家分离开来。这些人之所以令我们反感，乃是因为我们内心深处的感受，而非外在的束缚。"关于新教教会脱离群众这一点，他写道："在主张'但凡信徒皆有祭司职'的教会中，对信仰及伦常理论的专业化掌握与业余的思维及判断方式之间的鸿沟要比在主张'祭司职乃圣统制独有'的教会大得多。""事实上，在罗马教会里，平信徒的参与度要比在新教高。"关于同社会运动之间的关系，他写道："比如，根据由阿奎那《神学大全》的优良传统所赋予的权利，天主教会立刻就坚定地参与到当代的社会运动中去了；而新教神学则要先对圣经进行一

246

---

① 下文顺序调整参本卷编者后记。——编者注

② 参见第 8、13、17、18、26、57 页。

番深入的研读，才能决定教会是否应该以及该以何种规模在社会问题上制定规划并旗帜鲜明地参与到劳动分工领域的经济斗争中去。与此相关联的，是新教相较于天主教在牧灵工作上的脱离群众。"他的下面这段批判言论更是直击新教原则本身的根基："就连我们自己也时常觉得，弊端似乎更深地潜藏在新教教会的制度构造之中。与生命的永恒基础间的诸种关系当中的那种让共同体消解的个体主义，与之相关的某种敬拜形式的解体（这是一种共同的、被人们单纯而又权威式地认可的，也就是说是人们应当采取的敬拜形式），以及对共有的传统的教会宝库加以抵制的那种深刻的怀疑癖与独立欲，上述这些，较之路德的'我站在这里，我别无选择！'这一良知姿态导致的必然后果，又有什么不同吗？——路德以这一良知姿态对抗整个教会传统及权威，并吁请自己的个人良知作为终审机关，来衡量自己的宗教思想与伦常义务。"在更广泛的新教圈子里，还萌生了如下洞见：迄今为止，新教的教会制度都太缺乏基督宗教在救恩之事上的休戚与共的思想、"单独一个基督徒并不是基督徒"（unus christianus nullus christianus）这一思想以及对这一思想的实现了。对此，鲍姆加登曾写道："任何建设新的民众教会的计划，都必须检验其是否合格，即，在不损害平信徒群体在救恩之事上的独立性与自我担责性的前提下，该计划应强化教会当中的宗教社会主义、休戚与共感以及对此感受的追求；民众教会的一切真理与现实皆取决于此。"

不过，笼罩着新教世界中大部分人的新的氛围与思想态度，现在并不需要在天主教世界首先引发如下感受："哎呀，果然还是我们这里好得多啊！"相反，这种氛围与思想态度既要求富有骑士风

度的相向而行，也要求自我批评。天主教的这类自我批评势必会让
新教的自我批评的结果反转到以下方向，即，在天主教徒中间，相
对于在政治经济上被组织起来的大众，人格和受过教育的少数人　247
在德国产生的影响太小了，以至于有一次，某位杰出的瑞士天主教
徒在比较法德两国的天主教时，竟说出了这样一番——稍显漫画式
的——话："法国有领军人物，却没有军队；德国有一支被出色地组
织起来的军队，却没有领袖。"完全撇开教义、教条与神学不论，在
德国的天主教和新教民众当中若能发生一番社会主义和个人主义
精神至少在实践层面的平衡，使这两个部分的民众皆能意识到自身
所缺乏的——让新教徒意识到社会-宗教思想，让天主教徒意识到
对精神人格以及对其具有的精神与良知力量的自发活跃性的真正
尊重——这样，就能够创造出一种有可能作为教派间和平的良好新
基础的氛围了。

　　对新教在德国的前景，我们只能略加揣测。我并不认为，它能
在鲍姆加登深思熟虑的计划的意义上，成功地建设一个新的民众
教会，以取代脱离群众、只会舞文弄墨的牧师教会。鲍姆加登同样
也看到了人们对这一尝试的极大抗拒，他看得如此形象、清晰，以
至于人们只是因为对他的基本论点有所怀疑，就与他的这部佳作
划清了界限。并且，我更不认为，德国的新教信仰会遭受宗教影响
力方面的损失。今天很多肤浅的人都说新教精神已"灭亡"，这种
说法充其量表明他们只是随便说说而已。会出现的情况是，储存这
种精神的容器以及它发挥效应的方式将要经历一次社会学上的重
构，而它的能量却不会衰退。此外，新教神学家奥托还曾期待甚至
企盼过一件即将来临之事。假如这件事的许多征兆没有撒谎的话，

那么，新教精神的众多方向还将会以宗教上活跃的宗派、圈子、修会之类的形式继续自我组织起来，其成员聚集在一位起着领导作用并且在成员们看来充满魅力的人物周围，这位领导人物从其内在生命出发，向成员们提出独特的宗教及道德要求。这些宗派将会呈现出十分丰富多彩的面貌，它们首先要么将从年轻一代当中产生，要么将在这个群体当中找到自己的参与者。若我们考虑到，那些早在战前就已存在着的围绕在诸如约翰内斯·穆勒、鲁道夫·施泰纳等人周围的宗派式圈子或"行为"圈子，以及另一个方向上以格奥尔格为中心的圈子，是如何在战时以及革命期间得到壮大并产生影响的，那么，我们就能从这些案例当中提取出一个社会学模型，然后，这些新兴宗派的起源问题便可在该模型框架下进行思考。目前这种形式上的民主体制只是一种过渡期现象，它只会存续到从青年 [①] 中培养出了新的领导精英以取代德国过去那帮设定目标的少数派阶层的时候，而届时，宗教将会在这群精英的教育中设定主要的目标。因此，德国新教的这一社会学转型其实是指日可待的。由此，德国新教将会向美英两国的新教早已达到的那种状态靠拢，就连高教会派抵抗来势汹汹的宗派主义的反抗运动，正如我们在西里西亚（Schlesien）发现的那样，也符合上述类比。

我们现在就已能用丰富的经验材料加以证明的这一事实，将会为教派间和平缔造一种不一样的局面。新教的国家教会制度至今仍完全将旧体制的生命理想奉为圭臬；除了反动式地"重建"旧时

---

① 参见本卷"同时期发表的其他短文"部分当中的"青年运动"一文（1923年）。——编者注

状态，它不知自己还该做些什么，并且它至死都会继续追逐这些梦想。而由于这种国家教会制度的日渐衰落，只要还需要考虑政治上的利益问题，教派间的和平就无疑将会比战前更加牢靠。同时，也不能排除会出现以下情况，即，天主教会将成为德意志土地上唯一牢不可破的教会。不过，比起旧和平，这种新和平会在宗教实践、宗教学以及神学上受到来自更深处的驱动；就天主教在宗教领域的权重而言，这种新和平或许还要更具危险性。天主教徒对宗派这种事物是持批判态度的；但是这种执态绝不应让其——虽然以前常常如此——忽视宗派主义在历史上曾经产生过的影响力。历史教导我们，为了宗教上的少数派贵族政治——它有意识地对自己提出比对其他人更高的宗教及道德要求——而从根本上放弃某个囊括一切的客观救恩机构的做法可能会对人间事物的塑造产生强烈且持久的效应。前不久，英国哲学家、数学家、行会社会主义者罗素爵士在他参加的一次不列颠工人代表团访问苏联的考察旅行的基础之上，对布尔什维克主义革命和英国的克伦威尔运动做出了中肯的比较。多年来，人数上微不足道的六十万共产党员统治着这个泱泱大国。就连布尔什维克主义的领导层背后，也有一股千禧年主义的宗教激情之火在燃烧，它同时带有俄国基督宗教和泛斯拉夫主义的特征。天主教若是想要为眼前这场与新教的各大新宗派之间的精神斗争做好准备，那它就必须注意以下事项：教会的普通成员的普遍观点才是与各宗各派对抗的无声武器。因此，尽管普遍观点仍如此良好且清晰地受到拥护，天主教会仍需派出它的宗教精英参与到这场精神之争中来。因为只有精英才能对抗精英。而天主教的精英形式乃是隐修生活。因而，僧侣和修道院首当其冲地要负起责任来，让他们迄今为止或强烈朝向内在或针对社会工作、教育和纯粹科学的思维方式适应这些新的任务。修道院必须更加对外开放，这样才能更好地完成让自己教会的宗教宝藏在更广的圈子内流通这一主要任务。这个过程中，他们将会需要围绕在自己周围的〈新一代〉平信徒卓越的传教事业予以协助。

至于天主教徒和新教徒之间的信仰矛盾在神学和宗教学中的理论反映，现在已经出现了一系列新出版物，它们更详细地刻画了未来教派间和平的内容。在借鉴了康德、施莱尔马赫以及新教自由派圣经研究的天主教现代主义运动当中，有一种新教化的思想方法得到了表达；而现在，它只存在于这场运动新近才变得稍微活跃一些的支脉当中。与这种思想方法相对应，当前的新教神学中也出现了或多或少的天主教化的思想方向。在年轻一代的新教神学圈里，以及除此之外在位于天主教以外的知识青年当中，天主教的密契学简直经历了一次复活。密契学的这些新教崇拜者们与战前占主导地位的利奇尔学派截然相反，利奇尔学派严厉地批评一切形式——包括虔诚派在内——的密契学，认为这些都是反宗教改革并且不属于新教的。奥托的《论神圣》一书及其获得的成功同样是这场骤变的一个证据。今天，位于天主教传统之外的知识青年当中，有不小一部分人正忙于发现天主教的精神世界，就像哥伦布当年发现美洲那样。而总的来说，德国的这些新兴现象使得教派间的信仰分歧被稀释，乃至被一笔勾销。站在不同立场、有着不同品味的人要么会将其称为"令人高兴的"，要么则会将其称为"令人不快的"。还出现了一批想要跨越教派区隔的人物：以他们那种大多十分主观并且和个人生命史有关的标准衡量，有着固定教派归属的教会似乎也有一些值得肯定的好东西，他们或多或少地明确希望，通过个人的综合，能把这些东西彼此连接起来。海勒①也是一位这样的人物。在此，我无意对其作品发表见解，他在此只作为这种新的精神面貌的范例和代表。因为，在我看来，很显然，他是只领头的燕子，未来还会有更多只燕子追随他——他预表了我们所要期待的一整个类型。 250

　　我们在前面说过的那种行动着的、由精神驱动的和平也必然会成为——如果我没看错——有着马克思主义教义学成见的无信仰的工人阶层未来会同基督宗教及基督教会进行的深入争论的底色。就算我们认为，在这些阶层中搞宗教觉醒运动没什么前景可言，我们也必须在此刻就承认，这里，张力的尖锐度和矛盾的排他性都降低了。这是因为，虽然旧的领导阶层的精神与本质是在威廉时代②得到塑造的，但哪怕在今天，他们仍公开代表着这些工人阶层（就让我们想一想像霍夫曼这样一位典型的充满了愤怒与抵触的人物吧）。所以说，群众的内心转变，特别是在年轻一代当中，都还没怎么得到过公开可见的表达。不过，总还是有很多迹象表明，杰出的领袖们开始认识到，若是没有某种以宗教为基础的生命激情作为驱动力，就连社会问题也得不到解决。社会主义运动最初是带着千禧年的希望的，它认为，在与布尔乔亚的最后斗争中，无产阶级不但自己能够取得胜利，还能将整个人类从"阶级国家"中解放出来。如果说，上述社会主义运动会逐渐演变成机会主义政治、琐碎的报

---

　　① 详参海勒著《论天主教之本质》（Das Wesen des Katholizismus），慕尼黑，1920 年第 1 版；1923 年慕尼黑再版时更名为《论天主教》（Der Katholizismus）。

　　② "威廉时代"（Wilhelminische Ära）指的是德国历史上从 1890 年至 1914 年这段时期，得名自这一时期的统治者德皇威廉二世的名字。——译注

酬与利益斗争以及实际的管理问题，那么，长此以往，这一整个运动将会消亡。倘若已然严重受挫的对"未来国家"的千禧年信仰全盘崩溃，那么，为了保全运动，就必须有另外一种酵素来取代该信仰的地位。而这种酵素只可能是宗教上的，确切说是基督教式的；难以想象除此之外，它还可能是别的什么。当前，如此多的年轻领袖的这一思想路径——比如在《社会主义月刊》当中已表达出来的那样——无疑是正确的。

在这些事情上，我比普遍观点更加充满希望地看待未来。让我这么看的原因有以下几点：首先，作为一个阶级，工人阶级还完全没有说出过它应对人类说的可能的精神话语。迄今为止，工人阶级只不过是在重复完全浸淫在十八世纪和十九世纪初自由派市民阶层所受教育中的那些人说过的话，至于那些人对市民教育的运用，也只不过是在纯粹的工人阶级兴趣的意义上，对其加以改造。这是与某个阶级完全由自身而产生的原初思想截然不同的事情。工人阶级至今都还完全没有进行这种思考的时间和闲暇。群众越是极端、越是政治化，他们同领导者之间的精神距离往往就会越大，领导者也就越少来自工人阶级。两者间距离最大的情况发生在布尔什维克主义者那里，他们的领袖看上去就仿佛一位离群众灵魂相当遥远、不食人间烟火的社会建筑师，他所要做的，是仅仅使用群众这种材料及其蕴含的最低等力量（例如对薪酬的嗜欲）建造一部新的社会机器。此外，这一距离在独立人士那里要比在多数派社会主义者那里更大，而在多数派社会主义者那里，这一距离又要大于在基督教工人阶层那里——后者的领袖几乎全部来自无产阶级。追随过诸如马克思、拉萨尔、恩格斯这类来自市民阶层的愤怒哲学家的工人阶级，在世界观方面目前只相信自由派-市民阶层教育先锋中的少数派在八十到一百年以前曾经相信过的那些事情。等到工人阶级当中受过最好教育的阶层亲自参与到公共事务的领导中来的时候，到那时，也不可能出现如下情况：整个阶级都效忠于将设定目标的理性力量从世界之根基当中完全排除出去并将历史仅视作经济体制与状态的盲目层叠的思维方式——正如唯物主义史观所做的那样。谁想要一同领导、一同统治，谁就得悄然地以倘若离开它们、他本人的所作所为就会变得毫无意义的事物之中的理性为依托，不管他愿意还是不愿意。只有作为一个持续壮大、被国家领导层和文化排除在外、把自身存在与生活体会为不可理解的命运的阶级的愤怒哲学，马克思主义才能被想成群众信仰与世界观。在这里，任何削弱愤怒的做法都会坏事。

我们也不应忘记，人的意识遵循着一条既适用于个体又适用于整个阶级的本质法则：一个人，他要么有自己的宗教，要么有某种"宗教替代品"；一个人，他要么有上帝，要么有"偶像"。① 每一个人，都有某种信仰之宝，也就是他把自己的心悬于其上、为之能放弃其它一切财富的某件事。共产主义关于未来国家的千禧年希望——犹太教弥赛亚主义的一种被镶上科学之边框、被奠定科学之地基的变形——当中，既有宗教替代品、偶像，又有旧的社会民主体制的信仰之宝：这种信仰，对卡尔·马克思这样的人的灵魂来说是最深处的温泉，他的全部力量都来自这温泉。如果说，因为有了

---

① 参见前引"论宗教诸问题"，以及作者写于 1915/1916 年的遗稿《上帝观念的绝对域及实在设定》（Absolutsphäre und Realsetzung der Gottesidee），载前引《遗作卷一》，即《舍勒全集》第 10 卷。——编者注

俄国的巨型布尔什维克主义实验的经验，并在较小规模上有了俄国之外的社会主义化的诸种尝试的经验，这种千禧年希望在事实上的不可实现性得到了最终的定论，而且就连此信仰之宝也随之覆灭，那么，迄今为止宗教替代品的位置上，就必须有另一个替代品出现，或者——更好的情况则是——有宗教上的上帝与彼岸思想的任何一种形式出现。由于其以往偶像的破碎而在无产阶级的阶级灵魂中产生的空洞，不管怎样都仍会要求被某种新的信仰之宝填充。我认为，不排除这种情况甚至会相当突然地出现的可能。鲍姆加登也评论过 [①]："无论如何，就算历史上尚乏先例，皈依了某种信奉此岸的宗教、某种灾难教义学以及某种宣扬社会主义千年禧国之末世论的工人群体遭受到的这种灾难性的巨大幻灭，依然可以把他们驱赶到与迄今的教义及意识形态完全相反的阵营里去。"是的，我觉得比起这样一种大众精神的突发变故，缓慢的宗教皈依更加不可能发生。目前，这些工人群众的精神状态仍旧出奇地混乱，比如在莱茵－威斯特法伦的工业区。一方面，是对社会主义化至今所获成果的半失望状态，以及对社会主义化是否能实现的怀疑；另一方面，是一定要看到几十年来领袖们一直许诺的人类解放终得兑现与实现的那种意愿的顽固性。这就好比整个阶级从大麻带来的兴奋感中慢慢清醒，开始睁开双眼看见现实，可是，刚刚消逝的梦境的那些美妙想象仍顽固地不肯散去，好让人逃避倘若承认这一现实将会带来的可怖震惊。问题仅在于，现有的这些宗教世界观形式当中，哪一种能在因为出现了幻灭和打击而可期到来的时刻填充工人阶级灵

---

① 参见氏著《民众教会的建设》，图宾根，1920 年，第 60 页以下。

魂的巨大空虚。答案恐怕无疑会是：能做到这一点的将是距离无信仰的工人阶级最近的思维方式，也就是基督教工人运动的那种思维方式。不过，它首先会以非教义化的形式在这些群众当中占据一席之地。这种情况下，天主教工会将会比新教工会掌握更多的领导权——鲍姆加登也是这么预期的。他评论道："前景更有可能是，天主教工会预计将比新教的工人协会更能对工人群体发挥越来越大的影响。因为，天主教工会有一种与社会主义及其教义学十分相似的特征，即通过领导层来组织和影响群众，这是一种以无人质疑的等级制来感知并领导群众的社会主义。天主教这一宗教共同体的社会学结构和社会民主党之间有着大量相似之处，两者的意识形态基础亦是如此：个体为了自愿接受的某种对思想及良知的领导而放弃自己的思想与行动自由。"尽管最后几句话略显夸张，不过，鲍姆加登的基本思想还是正确无误的。冯·哈特曼就曾在其社会学作品中预言过，他说事情将会经历这样的发展，尽管在他那里，事情的发展是以"'社会民主体制与耶稣会主义'有朝一日会走到一起"这种夸张的形式进行的。

　　另外，让我们考虑考虑如下情形：在形形色色的宗教图景和宗教观念里，唯物主义宗教史观只看见从经济生产与统治关系当中升起一种"芬芳"；这种史观总的来说只是对战前欧洲社会生活中体现了下述事实的所有现象进行的一次总结，即，宗教及教会确实听命于统治阶层的等级利益与国家利益，而没有发展出自发的活跃性。现在，这一理论恰恰试图把宗教为了实现宗教以外的尘世目的才具有的这些受历史条件所限且当然只是不甚要紧的脱离常轨、颠倒黑白、滥用职权、坐享其成等，都在理论层面理解为宗教之所以

253

存在的首要及驱动性的原因，乃至将其理解为宗教的意义与本质之所在。能让该学说在群众当中占据一席之地的，恐怕并非其理论说服力，因为，它对宗教史的概览看上去一无是处；能做到这一点的，只有下面这件不容置疑的事实，即，为了宗教以外的目的而滥用宗教并坐享其成，这类事情曾在整个欧洲大规模地发生，事实上尤其是在德国，因而，它们每天也都在为上述理论提供着新的直观佐证。只有真正原初性地被宗教力量驱动的少数人提供的那种同样直观且征服灵魂的事实证据，才能在未来继续让无信仰的工人群众信服"宗教本身不会消失"这一点；只不过，对国家的繁荣、经济的发展而言，信仰宣告不再（像在旧体制下那样）有用了，宗教力量将真正能以其原初性去塑造人间事物，而不必再仰赖利益强权。现在，提供这一事实证据恰恰成了所有宗教信仰共同体的精英们面对的当务之急。

为了在德国这些迄今为止远离宗教的群众中取得宗教运动的进步，并对其进行正确领导，这个过程中的重要一环将在于，我们不是一边喊着"要么全盘接受，要么什么也不要"的口号，一边走向群众——在一个建构层次分明且灵活的派系划分（与党派僵化相反）的能力如此低下的国家里，这种情况时有发生。首先，要有一个自成一体、具有自我意识的多数派。组成这个多数派的，是所有那些同任何一种对宗教的冷漠态度或者实践及理论层面的任何一种有意识的唯物主义都划清界限，并承认"'宗教意识'乃是人之天性与生俱来的一件关键馈赠"的人。还要有第二个群体，它的最大公约数是人格主义泛神论，并且，这个群体应包括远远超越诸教派自身的广大人群。接下来，第三个群体是达成了基督教共识的群体，其中，每个成员都能在不含特别的教义化表述的情况下，真心地说出"我主基督"这句话。再接下来，才有诸如存在于天主教徒和新教的正统派及自由派之间、存在于天主教徒和犹太教的正统派及自由派之间的那些特殊而灵动的派系关系。（关于这些派系，天主教不应忘记，自己虽然同新教已有宗派的各教会在教义上有着近得多的亲缘关系，但自己同时也和新教自由派之间有着共同点，比如，宗教及教会层面的那种超越国族的精神状态，德国启蒙运动那高举人性的时代拥有的种种相对真理，宗教、伦理与法制的理性基础，以及关于节制与和谐的意识。）在这些不同派系当中灵动地偕行，相比起各派向所有人提出的那句"要么全盘接受，要么什么也不要"，对宗教运动的整体影响肯定会有益得多。假如让一位天主教徒在下面两件事中做选择，他究竟是更希望全体德国人都真诚地信仰上帝与灵魂不朽，还是更希望全部正统派新教徒都能改信天主教，那么，根据宗教运动所需遵守的秩序，他必会选择前者。

（三）德国目前的事态将会为教派间和平的思想开启其主要历史阶段中的一个新阶段。因为过往的阶段当中没有哪一个会重来一遍，所以，将教派间和平眼下面临的形势和过往的阶段进行一番比较，也许会有所裨益。

"和平"这个概念是以战争为前提的，"教派间和平"的概念也不例外。只要教会在欧洲仍享有普遍适用性，宗教上的教会信仰仍是欧洲各族、各方势力的共同精神的思想-伦常实质，只要教会仍掌握着社会在文化、教育及授课方面的领导权，拉丁语仍是学者通用语，国家的统治阶层仍和其子民忠于同样的信仰，那么，对于自教会分裂起我们称作"教派间和平"之事的维持，意思就相当于说让

异端分子变得无害，即保护所有人免受异端观点之毒的传染。中世
255 纪那些著名的方法即与此相对应。它们不是教会不变的信仰实质
产生的后果，亦非那种浅薄的启蒙废物（Aufkläricht）① 所宣称的基
本道德律产生的后果；它们只是受制于中世纪社会的历史结构。这
么说的证据之一便在于，中世纪的这些方法也在欧洲所有那些位于
教会以外、却有着与教会类似结构的地方出现过。封建社会瓦解、
专制主义国家形成之后，倘若国家元首或者其子民的一小部分属于
某个特定教派，那么，在既可怕又犬儒的"教随君定"原则短暂实行
过一段时间以后，维持教派间和平的主要手段就变成了对与国家元
首或构成当权者的群体抑或公民当中的多数派有着不同信仰的人
的所谓"宽容"。现代的立宪国家同样也从法律上克服了维持教派
间和平的这种原始方式——当然并非从实践上。但它并没有克服统
治阶级从这种形式出发的心态，而这种心态甚至一直到战前都还很
普遍。另外，现代立宪国家至少在精神态度上试着去成为类似"基
督教国家"之物。少数派教派争取各个方向上的所谓"对等"，争取
他们在宗教敬拜活动、授课及幼儿教育诸事上的自由的过程也已显
示出，实际的情况和形式上的法律状态之间的距离有多么遥远。

　　维持教派间和平的这三种形式就先讲到这里。今天，"宽容"
已经成了一个几乎带有侮辱性的词。并且，在当权者既非从形式上
也非从事实上皈依某种信仰的地方，这个词也毫无意义。在像当前
这种我们在新德意志帝国所面临的境况下，维持教派间和平的唯一
手段乃是：公民，无论其信仰，应在法律和人性上完全互相承认；

---

① Aufkläricht 一词是由 Aufklärung（启蒙）和 Kehricht（废物）两个词组成的新造
词。——译注

国家，则应在实践层面广泛承认教会机构是公共团体，以便让这些机构于私能为了自身的兴旺发达，于公也能为了整个民族或民族的某个部分的蓬勃壮大，而尽可能发挥有益作用。

　　我无意对我们国家目前的政教新关系及其可能的持久性和后续发展妄加评判。仅有一点需要强调，那便是，鉴于德国社会具有的这种全新结构，教派间和平这个问题实际上也获得了一种新面貌。我认为，在政治上让具有基督宗教思想的民众尽可能广泛地团结起来，这才是基督宗教能够在新的国家机体当中继续保持重要性的唯一保障。因此，在这个问题上，我基本同意帝国部长亚当·施泰格瓦尔德在他那场值得大加赞赏的"埃森讲话"（Essener Rede）①当中提出并深入论证的宏大规划。没错，我最希望大家能把我的分析内容的绝大部分理解为在精神-文化方面与施泰格瓦尔德提出的、将诸教派都囊括在内的"基督教人民党"的政治-经济纲领相呼应的一部纲领。这样一来，该政党的建设虽然会给诸教派带来本身不无危险的平均化趋势，但与此同时，又将会有一种宗教-文化上独立的、不依赖任何政策的天主教运动（以及在另一侧还会出现的一种同类的新教运动）与之并肩偕行，它会去对抗那些平均化的趋势——只不过并非以政治手段，而是以精神-文化手段以及与这些手段相匹配的新的组织形式。这样一来，就连那些因为害怕上述"平均化"而反对施泰格瓦尔德观点的人也将不会再占理。这两者其实是相辅相成的：一方面是施泰格瓦尔德的新政党，另一方面是

256

---

　　①　作为基督教工会运动秘书长，施泰格瓦尔德于1917年5月6日在埃森举行的基督教国族工人运动的干部会议上发表了题为《工人利益与和平目标》的讲话。——编者注

天主教的大力去政治化及其宗教-文化实力在精神层面的觉醒。是的，施泰格瓦尔德描述的、促使迄今为止的基督教人民党进行他所要求的转型与继续发展的必要性，仅仅是对天主教在宗教-文化方面的影响力进行重塑所包含的必要性的另外一面。旧的"天主教中央党"① 内互相承担义务同时也互相束缚的宗教-文化力量也好，政治行动也罢，都无法再以此形式如新的世界格局所需要的那样继续活跃。不过，经过如此转型的基督教人民党以及德国所有的纯粹宗教性质的共同体都会提出的关于教派间和平的基本要求乃是以下这种洞见，即，一个民主制共和国，正因为它失去了旧式专制政权的许多可见权威，因而，它会加倍地需要上帝及其律法所拥有的不可见权威以及公民对这一权威尽可能全方位的信仰——十倍于一个像我们国家这样被政党分裂的国家。在一个不再有"上帝恩宠之下"独立于人民的中央权力机关的共和-民主体制的国家里，谁如果破坏宗教和上帝信仰，谁就在同时破坏着这个国家的基石，其程度更甚于在君主专制国家里采取同类做法造成的影响。因为，宗教和道德上的统一力量必须去替代随着上级权力机关的消失而消失的统一力量。作为国家机关，一个民主制共和国必须比一位身后站着一支军队的君主统治者更多而非更少地认为自己是"上帝恩宠"下的权力机关。谁若看不到这一点，谁就会率先在这个政权中破坏教派间和平的基础。在民主制共和国，作为一种要求的"对等"就将完全不再会是可能的——它必定是早就已经实现了的，它必定早就

---

① 天主教中央党成立于 1870 年，是德意志第二帝国时期德国天主教徒的政治代表，魏玛共和国时期，该党成为德国最重要的政党之一。——译注

已经是一件理所当然的事实了。要是这件事实尚未全然展现出来，那么，尤其在德国，就只有全部历史事件的重量，才能让人们理解这一点。

施泰格瓦尔德意义上的基督教人民党，其内部在实践层面的必要合作，有可能导致错误的教派平均化的危险。此危险当前，人民中的每一个因某支教派而联合起来的部分，眼下就有必要更加深刻、更加纯粹、在不受任何形式的——包括政治上的——利益干涉的情况下，在自己教派的精神与历史中坚定自身，并有必要试着在纯宗教及教会的层面上更多地帮助自己和与自己同属一支教派的弟兄；这样做才是对上述危险的有效防护。而这项任务首先落在受过教育的人们肩上。尽管天主教的组织兴旺发达，可是在战前，天主教既无法在政治大局上，也根本无法在精神文化方面为德国的整体面貌增添一丝一毫的亮点。这是在各个地方担任领导职务、受过教育的少数人的事情；在任何地方，这从来都不是群众的事情。

依我看，这里才是新成立的那些天主教知识分子联合会当前首要的特别任务之所在。这些联合会应当被理解为在新兴的基督教人民党内可同由诸教派形成的国族及政治上的合一相抗衡的力量，而不是培养政治影响力的预备班：它们应当追求宗教上的深入学习，以此去对抗政治上这种必要的偕行带来的扁平化危险。所以，我愿向天主教知识分子发出如下倡议：首先，我们应在自己的圈子里努力继续深化对宗教和教会的认识，与之产生更为密切的接触；其次，我们应扪心自问：高级的精神文化（艺术、哲学、戏剧、诗歌）——我指的是整个德国文化，而不仅仅是所谓的"信天主教的那部分人民"的文化——如何才能真正地再次受到来自基督宗教的启发？在这里，天主教知识分子应把自己圈子里纯科学的教育任务缓一缓，先要防止在这个新成立的联合会中总是只有政客在那里夸夸其谈。恰恰在天主教知识分子圈里，应该由安静地在基督宗教的信仰、训练、历史、精神基础中得到教育、深化和坚定的严肃的宁静占据主导——而不应由公开斗争的凛冽的狂风占据主导，这样的狂风会轻而易举地把一个不是特别强大的人的精神卷入平庸。当今这个时代，知识青年都已经开始像激动的记者那样边说边比划，

258　这个时代想要把我们完全变成"公共的人"；倘若我们非常仔细地观察当今时代的混乱，我们便能发现，它如此轻易地就能将我们拉入这种混乱的深渊，就仿佛深渊能把那个目不转睛看着它的人吸进去一般。而这样一个时代，恰恰要求基督徒对永恒财富有一种新的、深化的意识，要求他们要在由不取决于利益而纯粹被直观到的天上事物构成的更晴朗、透明且无尘的大气层里呼吸一口新鲜的空气。并且，他们还应认识到关于精神和历史的两条法则——我还从来没有碰见过这两条法则遭遇例外的情况：其一，真正且深刻的宗教虔敬必定会以不可替代的方式服务于国家，同时它也会服务于经济和各种文化。但要让它真正服务于上述事情，只可能以下面这种方式，那便是，宗教虔敬并不在主观意图上希望服务于它们，而仅仅希望事奉上帝、事奉上帝的真善美和上帝之国。因而，这种事奉是宗教馈赠给国家和文化的一份自由并且毫不刻意的礼物。是的，只有当取决于宗教的精神望向上帝、而非望向尘世价值的时候，这份礼物才会降临。其二，政治上一种新的、更好的精神从来都不是在政治领域本身之中产生的。这种精神总是产生于高于政治、在政治背后的东西，即宗教、心态改革与生命改革——正如自由战争的

父辈们具有的那种精神那样。

　　因此，为了实现教派间的和平，更好的方式是对直接的周遭世界进行自我改革与生命改革，而不是靠对所谓整体的重建提出宏大的规划。每支教派最为纯粹、最为完善的自我表达，作为直至遥远的远方都可见可感的范例而发挥着作用，它唤醒爱也唤醒追随者：这样的自我表达同时也是通往教派间和平最美好的道路。

先知式社会主义抑或
马克思主义式的社会主义？^①

　　在以"不要共产主义式的社会主义，而要基督宗教的社会主义"（1918 年）为题发表的文章中，海因里希·裴施写道："在那种带有马克思主义色彩、争夺着支配权的社会主义的对面，必须有另一种更为优良、切实可行的'基督宗教社会主义'体系与之相对应。在天主教阵营这边，我们有着极大的优势，因为，在我们的研究文献中，这种社会体系已经现成地摆在那里了。"我同意作者的第一句话，但我不完全赞同他的第二句话。虽说已有一些端倪出现，但还远不成"体系"——一个能在形式完善性、植根于现代社会的现实甚或在为灵魂赋予羽翼的宣传力量方面足以与马克思主义式的社会主义相媲美的"体系"。

　　不过，裴施在此使用的"基督宗教的社会主义"这个组合概念难道不会让不少人心生疑虑吗？可以并且应当有这样一种社会主义吗？可以肯定的是，将这两个概念组合起来的做法尚不普遍。一般情况下，天主教徒还是把基督宗教和社会主义视为截然的对立面的。教宗利奥十三世在其专论社会问题的通谕当中使用了"基督

---

① 本文为发表于 1919 年的一则演讲。

教民主"的说法，但他并未使用"基督宗教的社会主义"这一说法。德国的主教们最新发布的牧函也是在相反相对的意义上使用这两个词的。如果我们今天真的决意使用这个说法，如果这么做的时候，我们并不仅仅是想要紧跟将基督宗教的原则隐藏在尤受广大群众欢迎的、极具煽动力的时代关键词之后的那种有失体面的潮流的话，那么，我们就一定要有比包含在裴施所称的"迄今为止的天主教科学"之中的理由更为充分的理由。当然，我们并不需要对承袭自古时的社会观、国家观、法律观和经济观的最高的基本原则加以修订，而是要大刀阔斧并且深入骨髓地对其应用进行修正。

　　对于我应将自己的观点称为"基督宗教的社会主义"[①]还是"凝聚主义"这个问题，我曾犹豫了很久。最后，我还是在某种意义上决定使用前一个名称。在此，我想就我对该称法的顾虑和我选择它的理由进行说明。今天的一个普通德国人，在听到"社会主义"这个词时，首先想到的是德国社民党的马克思主义式的社会主义，但这并不该阻止我们使用"基督宗教的社会主义"这一说法。马克思主义只是社会主义的一种表现形式，并且还只是战争开始前在德意志土地上最普遍的一种形式。在法、英、美、意、俄这些国家，马克思主义虽然也一样有着（规模不一的）众多追随者，但在这些国家的社会主义者之中，马克思主义也有着不少对头。比如，饶勒斯就是唯物主义史观的坚决反对者。"革命工团主义"在英、意、法三国的各种形式，以及英格兰的费边派，都是从完全不同于马克思的哲

---

① 参见普伦格（J. Plenge）评论笔者观点的短文"基督教社会主义"（Christlicher Sozialismus），载《基督宗教与社会主义》（Christentum und Sozialismus），莱比锡，1919 年版。[参本卷第二、第三版编者后记。——编者注]

260

学及社会学基本原则出发的。① 在俄罗斯，长期以来还有着样式极为各异的社会主义，这其中也包括基督教式的。不过，在涉及到普遍的基督宗教的行动纲领的问题时，我们最好还是要在考虑到国际事实的前提下选择用语。

然而，哪怕对于我们国家来说，支持仅仅将"社会主义"理解为马克思主义体系的理由也明显变少了。我最先想到的倒不是所谓的修正主义。早在战前很久，爱德华·伯恩施坦就已在哲学上回归到了康德那里，从而放弃了马克思本人意义上关于贫困化与日益严重的无产阶级化的学说。他虽然继续坚持"生产集中化会促使生产组织日益庞大"的理论，但他驳斥了所谓的资本积累理论、崩溃理论以及逐步加剧的危机的理论，并且，他反对将马克思主义学说套用在农业上。在爱德华·伯恩施坦理论的引领下，这种修正主义于是就不仅同马克思主义的哲学基础，而且也同其在社会经济学和历史哲学方面的一系列基本原则分道扬镳了。我较少强调这个方向，因为在我看来，这种自由派社会主义没有什么前途，它同基督宗教的社会主义的思想世界之间的距离在我眼中比马克思主义同基督宗教的社会主义间的距离还要更大，而这些，都与自由派社会主义的哲学基础不无关系。

更重要的一件事情是，经过战争和革命，马克思主义本身遭受了最严重的动摇，社会主义的思想和实践都陷入了非常深重的危机。到目前为止，这一危机仅仅开了个头，可它的发展势头不会亚

---

① 费边派即费边主义思想的奉行者，英国费边社（Fabian Society）成立于1884年，主张通过渐进温和的改良主义方式来走向社会主义。——译注

于迄今那些抱持着马克思主义-社会主义思想的阶级及其领袖肩负使命去参与公共事务的领导和管理的势头。马克思主义其实是一套典型的被压迫者以及批判式抗议的意识形态。[①]随着它的这种社会学前提的弱化，它本身也将会消失。这一危机的重大标志，在实践层面，是在所有国家旧的社会民主体制中（比如我们这里的多数派社会党、独立派、斯巴达克派）产生了显著的党派差异；在理论层面，则是出现了一系列重要的作品、书籍，简言之：社会主义者的思想工作重新搅动着过去历史上从柏拉图一直到马克思和拉萨尔的整个社会主义思潮（战前该思潮一直凝固在马克思身上），使之成为了一条有着多条支流的生生不息的大河——也就是说，使之成为全新的、消融在一起的一大片，至于对未来而言重要的社会主义意识形态，都还要从中缓缓形成。伦纳、希法亭、伦施、拉特瑙、阿德勒、戈尔德舍德等人的作品，多数派社会党人和独立派与考茨基和列宁-托洛斯基之间争夺对马克思的解释权的三重斗争——这些斗争虽然至今都号称自己是"解释之争"，事实上它们远远不止是解释问题——都足以为证。所谓"明日的第四等级"（我认为我们从现在起就得使用"第六到第七等级"这样的说法了）的各个部分的意识形态正在形成，而马克思主义钢铁般坚固的教义几乎已经土崩瓦解；在这样一个时代，再把"社会主义"仅仅理解为《埃尔富特纲领》所称的那个马克思主义已经没有任何意义。有意义的事情恐怕是，我们需要扪心自问：倘若一个世界里，某种程度的社会主义已

　　[①]　参见前引"知识社会学的诸问题"（Probleme einer Soziologie des Wissens）关于"知识发展与内政"的一章中对社会学偶像理论的相关论述。——编者注

开始具有普遍世界信念的不言自明性，争论实际上仅局限于社会主义的样式和方向，那么，在这样一个世界里，我们难道不同样也有权使用"基督宗教的社会主义"这种说法吗？还是说，我们充其量有权像自古以来那样，把"基督宗教"和"社会主义"这两个词置于截然对立之中，进而从原则上拒绝在精神和实践层面为社会主义思想世界的锻造过程添砖加瓦？此外，"马克思主义式的社会主义"这种说法实际上是错误的。马克思是个共产主义者。他的第一份纲领性文件叫作《共产党宣言》，而他之后的所有理论都已概括性地囊括在这份文件中了。

然而，这一局面还完全没有在实际上对我们是否有权采用"基督宗教的社会主义"之说法这个问题做出决定。只有在将"社会主义"等同于"马克思主义式的共产主义"的做法是毫无意义的情况下，它才会允许我们采取这样的说法。而在以下情况下，上述局面会要求我们去采用该说法，即，在基督宗教跟人的共同体生活相关的实际基本原则当中，"应当承认'基督宗教的社会主义'"这条肯定式的诫命以一种被明确规定的方式存在着，又或者，这条诫命存在于这些基本原则允许的范围之内。不过，这两个问题皆尚待提出。

"社会主义"这个概念需要联系起它的对立面才能被最为恰如其分地澄清。首先，它有三个对立面，分别是："个体主义"、"自由主义"、"资本主义"。学界主要探讨社会主义与个体主义之间的对立，而在学界以外的实践中，人们想到的主要是其余两种对立。纯逻辑地看，"社会主义"首先是同"个体主义"相对立的。我们可以为所有这类概念都赋予双重含义：一重是本质概念上的含义，另一重是当代史层面的含义。它们表达的，要么是人的共同体观念当中的永恒原则，比如在亚里士多德学说中得到表达的"人天生是政治动物"的原则，以及可以追溯到伊壁鸠鲁的个体主义契约理论——卢梭和康德那里的现代革命式的自然法即是对这一理论的继续发扬——中的原则。要么，只要人们是从对"将来人的共同体应是怎样的？"这个问题的实际看法出发的，那么，它们指的就都是具有历史相对性的要求——人们在与某个特定时代社会事实间的关系当中提出这些要求，为了能朝着更符合上述看法的方向去改造事物。我们是否有权采用"基督宗教的社会主义"这一说法，取决于我们究竟是在前一重意义上还是在后一重意义上使用"社会主义"这个概念。

首先，我要问：我们有权并且从根本上有权在与个体主义截然对立的意义上采用"基督宗教的社会主义"这一说法吗？对此，我非常坚定地回答：没有！因为人的人格性不是对某种被任意把握的普世现实（实体、思想过程、经济进程等）的简单规定，而是一种个体-实体式的精神存在，它是不朽的，有着超出一切尘世此在、一切尘世共同体及其历史之外的永恒目标。所以，任何一种从原则上反个体主义的社会主义都是有违基督宗教的理论的。作为世界观，原则上的社会主义仅仅是任何一种一元主义可能产生的后果。现在，我们可以问：精神上的个体主义为什么不应与政治上的国家集权或经济上的共产主义相联合？归根到底，宗教主体、国家公民、经济主体不还是各不相同的东西吗？对此，我的回答仍是：不可以！只有在柏拉图、康德或笛卡尔意义上对身心关系做错误的二元论式理解的前提下，才有可能做此区分。这种理解在哲学上是错的，也被教会所摈弃。身体隶属于人的灵魂，这种隶属是本质必然而非偶然的。在尘世间事实上拥有的这具身体虽然在实际层面偶然地可在死亡时与灵魂分离，但身体"隶属于"灵魂这一本质关系并不会因此而被取消。只要灵魂还在事实上拥有尘世间的身体，那么，这具身体也就在尽可能完整的状态下隶属于这个灵魂；此外，身体有一个它的周遭世界，人格自由且不受限地支配着这个周遭世界，并在其界限之内自由且不受限地支配着处于其中的一切事物。从这一基本事实出发，产生了相当特定的所谓的人的自然法权：生存权、自卫权、劳动权等，这其中也包括财产及私人财产权——当然，私人财产权的范围仅限于供直接使用和消费的实物财产以及制造这些财物所需的生产工具，而对于维持一个人及其家庭、维持他们的生存和健康所需财物的最低限度，不同的历史时局则各有不同规定。国家和社会层面，想要消灭处于上述本质界限之内的私人财产的秩序——以及想要把所有生产资料都公有化的秩序——是有违基督宗教的。但另一方面，在该秩序仅仅依存于可变的实证法的情况下，并非每种让实物产权越过此本质界限之外或者允许这种逾越发生的财产秩序因此就都已凭自然法而存在或有效。因为自然法只是框架法律，从它之中是无法构建或推导出某种实证法的。如今，困扰着我们的时代问题绝对无法仅从自然法出发就得到回答。而针对"一切生产资料都应公有化"这句话的界限却是分明的：这句话是有违基督宗教的。

那么，我们现在因此就已有权称自己是原则上的个体主义者了吗？我的回答是：正如我们不能称自己为原则上的社会主义者，我们也不能称自己为原则上的个体主义者。我们反对任何形式的个体主义契约论。我们还反对特洛尔奇最近仍在其"社会学说"当中表达的下述新教基本观念:作为基督宗教的诫命,对弟兄的爱以及对弟兄的救恩之爱并不像圣化自身的诫命那样原初。对弟兄的爱的诫命乃是圣化自身这条诫命的结果,而按照特洛尔奇的说法,这是因为,对邻人之爱也是在上帝面前圣化自身或取悦上帝的手段之一。否认个体的人与共同体之间的本质关系的理论,或是否认精神层面的人(人之中的宗教或文化主体)与共同体间的本质关系的理论尤其是错的。这类理论只承认事实存在着的关系,认为一切尘世间的共同体都只纯粹遵循自然因果关系,只有个体灵魂才具有宗教属性。但其实,人同样原初地就具有纯粹社会层面的权利与义务,并且,在社会生活的全部领域,同时根据宗教以及宗教的社会形态,即教会,人皆具有社会层面的权利和义务——这其中既包括涉及到人的弟兄的永恒救恩的,也包括涉及到他们在尘世间的治愈的。宗教不在任何意义上仅是"一己私事而已"。另外,正如人要为他自己的一切自由个体行为而自我担责,人也原初地并根据天然道德和天然宗教,要为他自己以任何一种形式归属的每一个共同体整体共同担责。早在他知晓自己具体要为了什么、为了谁而共同担责之前,他就从自己的深处认识到,他还为整个伦常世界共同担责,从而,根据这种原初的知识 ①——其原初性并不亚于关于自己的精神实存以及自我担责性的知识——人有义务不断更新他对"自己是为了什么、为了谁以及在谁面前共同负有罪债"这一整个问题的认识。

264

----

① 参见拙作《同情的本质与诸形式》C 部分之章节 "论他者自我"(Vom fremden Ich)当中所述认识论(波恩,1923 年)。

那么，我们现在是应该说，基督宗教的基本原则——如我刚才条分缕析的——存在于社会主义和个体主义这两者的"中间"吗？一点也不。在一对根本错误的对立面之间，不存在正确的"中间"，这对对立面应当被整体拒绝、放弃。除此之外的任何做法都将是投机主义。基督宗教经典的团体理论首先由教父发展出来，它为教会观念，为个体灵魂与自身、上帝及教会间的关系，也为最核心的信仰真理奠定了基础（所有人都在亚当"之中"堕落，在基督之中被救赎、被拯救；基督自愿成为了众人实实在在的罪——如保罗所言，众人都犯了罪——，而作为唯一的人类共同体的成员，众人又都在他们的这个既是人也是神的首领之中被神化①）。但以此为出发点，按其精神气质，上述团体理论又应在似乎稍弱一些的程度上流入每一种共同体以及对共同体的每一种理解之中，直至经济共同体以及从经济角度对共同体的理解；这表现出某种十分独特、原初又具有原创性的东西。该理论同个体主义的距离跟它同社会主义的距离一样，远之又远；它同亚里士多德理论的距离跟它同伊壁鸠鲁理论的距离一样远；它同个体主义契约论的距离跟它同以下观点的距离也一样远，即，个体的存在消解在其作为共同体或者黑格尔所说的"世界逻各斯"又或者马克思所说的"经济发展潮流"之一员、之部分、之模式的存在之中；它同自由派-个体主义共同体以及国家理论的距离，跟它同所谓的有机共同体以及国家理论的距离一样远；最后，它也全然不同于日耳曼式的团体理论。然而我们已经越来越失去了对这种团体理论的理解，以至于我们只能将它的正确性视作所

---

① 舍勒此处转引保罗，参见圣经新约《罗马书》5：2。——译注

谓介于两种谬误之间的"正确的中间"，而不是将其视作某种距离两者——即个体主义和社会主义——并非同样近、而是同样远、并且无穷远的东西。这一团体理论最关键的节点在于"人人为人人"①这种相互间真实的休戚与共的思想：尽管每个灵魂都有独立的个体实体性，或者说正是在其独立的个体实体性当中，人人都在罪责与功劳及其全部后果中为整体而休戚与共。换言之，这一思想表达了，在每一个灵魂和每一个小型共同体中，面对着将自己囊括其中的大型共同体（家庭为了民族、民族为了国族、国族为了文化圈、文化圈为了人类、人类为了一切有限精神体的国度），自我担责性与共同担责性是如何完美地互相渗透的——这种休戚与共全然不同于所有那些比如在社会主义用语中常被叫作"利益共同体"的东西，以及从被认识到的利益共同体当中产生的一切感受与意愿。②

　　在这个原则性问题上，并不存在什么基督宗教的社会主义。只有在当代史的、实践的、相对的意义上，才可能有我们是否有权采用"基督宗教的社会主义"这一说法的问题，前提是，我们把"基督宗教的社会主义"同"个体主义"对立起来。我想紧接着补充一点：

----

　　①　笔者曾在拙作《伦理学中的形式主义与质料的价值伦理学》中尝试从纯哲学角度重新发展这一理论，并对其进行严格论证；在此，笔者谨提示读者参阅相关拙论。［参前引《形式主义》一书，第四篇 B 部分，第 4 章，第 4 点。——编者注］笔者认为，谢本（M.Scheeben）在其《基督宗教的奥秘》（Die Mysterien des Christentums）一书（弗莱堡，1912 年）中，从神学角度对该理论做出了最为深刻的表述，尤其在他成功展现出基督位于整个宇宙中央的那些章节。

　　②　哪怕仅对此原则的深度稍作发掘，我们也需要单独写一本书。笔者至今已在大学里各种大课和练习课上对"社会主义–个体主义–凝聚主义"这三种社会哲学基本原则进行过广泛的讲授。

在我所定义的这种意义上，就连马克思本人也并非"原则上的社会主义者"，这当然不是因为他像基督徒对待团体原则或自由派对待契约理论那样，认可某种有着其它内容的永恒真理，而是因为，他作为历史相对主义者，对"永恒真理"根本就是不承认的。就连马克思也只是当代史意义上的社会主义者，不过，他是"天文学式的"这种特殊形式上的社会主义者，因为他认为能够科学地预测社会主义的到来。

而我们是否有权且应当把自己称为"当代史意义上的基督宗教的社会主义者"呢？对于这个问题，我的回答和对前面第一个问题给出的否定回答同样清楚：可以！如果拿基督宗教的团体观念同之前几个世纪的历史现实进行一下比较，那么我们可以提出这样的问题：这一现实在哪个方向上更远地背离了其在观念上的至高标准，是在社会主义方向上，还是在个体主义方向上？倘若我们想让这一现实更接近既不是社会主义的、也不是个体主义的、而是基督宗教的共同体观念，那么，我们究竟是更应在个体解放的意义上，还是更应在利用共同体生活的伦常和法律力量对个体施加更强束缚的意义上去改造现实呢？对于这个问题，我的回答是：应在新的、更强的束缚这个方向上，至于束缚的方式，比如说，是由内而外伦理式的，还是由外部强加式的，以及该以什么来限制的问题，我们暂且不论。毫无疑问，相较于基督宗教的团体思想，十五世纪以降的西欧历史与其说更多是被其社会主义倾向，倒不如说更多是被其个体主义倾向的登峰造极（家庭成员相对于家庭、单人的良知相对于教会、国族相对于超越国族之上的共同体形式、经济个体相对于其所属等级等）而引入了歧途。如果这些社会主义倾向和个体主义的一切形式一样，都不能被我们看成是诞生自基督信仰的话，如果归根到底我们仅将社会主义倾向视为针对个体主义的解药，而不将其视为人们日用的健康饮食的话，那么作为社会治疗师的那位悬壶济世的基督教良医，似乎就更该以前面那味解药的载体所掀起的运动之名为自己命名了。在此意义上，人们也可以采用"基督宗教-教育意义上的社会主义"的说法，即人类-教育意义上的社会主义。

那么现在，我们在当代史实践层面的社会主义态度又应该是怎样的呢？

首先，我提出四种基本态度：第一，乌托邦社会主义的态度。它面向统治阶层，进行道德说教，提出操作建议，从而促使这个阶层或其中的某些人，也就是所谓的社会赞助者，自愿地去实现某种形态下的社会主义原则——这通常先以实验、样本共同体的形式发生。属于这一类别的包括欧文、傅立叶、卡贝、怀特灵、博朗茨、阿贝等，目前还包括拉特瑙。[①] 第二，马克思主张的现实历史层面的"科学社会主义"的态度。马克思说，社会主义必将到来，因为社会主义乃是全人类发展史和现代资产阶级社会发展史上的必然事件。第三，浪漫主义的、反动-封建制的社会主义态度，它希望保存乃至重建中世纪残留下来的所有权关系。它就像一个向后退的乌托邦。关于这种形式的基督宗教的社会主义，马克思曾说："封建制社会主义是这样产生的：一半是哀歌，另一半是讽刺文；一半是过去发出的回响，另一半是未来的若隐若现；有时候，它还用尖刻、俏皮犀利的判断刺穿布尔乔亚的心脏，却又因完全无法理解现代历史前

---

① 参见拉特瑙（W.Rathenau）著《论将来之事》，柏林，1917 年。

进的步伐而始终显得异常。"① 第四,实践-宗教改革式社会主义的态度(讲坛社会主义、基督宗教新旧两个教派的社会布道者的社会主义,以及社会主义修正主义者)。这种社会主义想要疗愈自由派-资本主义秩序造成的损害和过火之处,做一些所谓的着眼于当下的工作,但它原则上还是想要保持住这种资本主义秩序,因为尽管它是基督教式的,但它并不觉得这种资本主义秩序同基督徒生活的诫命有着原则上的矛盾。在我看来,德国天主教学界以及慕尼黑-格拉德巴赫运动(München-Gladbacher Bewegung)② 至今都没有从根本上超越这种样式的基督宗教的社会主义。尤其是慕尼黑-格拉德巴赫一系,在我看来,它仅仅是由在社会观念和原则方面顶多只在程度上有别于社民党修正主义者和多数派社会主义者的天主教徒发起的一场运动,而非某种天主教的社会主义方向,即从天主教精神出发而找到了新意识形态和新纲领的某个方向。

接着,我要反对上述四种基本态度,进而支持某种形式上的、我在当前讨论的这个节点上称之为"先知式的基督宗教的社会主义"的基本态度。这种先知式社会主义的本质何在,它同上述四种态度之间的区别又何在? 首先:

什么是"先知式的",什么是"先知"? 比方说,先知不会像乌托邦社会主义的乌托邦式道德论者那样说,这个或那个应该从永

---

① 参见《共产党宣言》第三部分。[舍勒对拉特瑙前述作品的更详细的讨论将会在《舍勒全集》第 4 卷再版。(参编者后记,第 407 页。)——编者注]

② 慕尼黑-格拉德巴赫即今位于德国北莱茵-威斯特法伦州的门兴格拉德巴赫(Mönchengladbach),该城历史上曾名为 Gladbach;1888 年为避免重名,更名为 München-Gladbach;1950 年为避免被误会为巴伐利亚首府慕尼黑的下辖城区,再次更名为 Mönchen-Gladbach;1960 年统一采用今名写法。——译注

恒观点当中排除出去。先知更关心具体的历史现实,关心在永恒理性法则和上帝意志的意义上对具体历史现实进行的塑造。科学基于已知的自然律或所谓的历史演进法则而想要"以天文学的方式"预测某个将要到来的状态或事件经过,而先知则不希望在这样一种意义上"预测"些什么。随着人越来越作为群众而非作为个人行动,随着"历史"已完结的部分越来越多,人的人格性拥有的自由的活动空间就会变得越来越小。基督徒即使承认上面这一点,他仍是站在这样一种人之自由的基础上,他可以完全不承认那些允许以天文学的方式对未来社会状态做出预测的所谓历史法则。[①] 他至多可以问:如果我们刻意无视个体人格在道德层面样式各异的所愿与所行,将会发生些什么? 仅仅因此,他便不会赞同马克思意义上的"天文学式的"社会主义。不过,就算有了对于历史事件经过的预测,先知还是会让自己和一位想要做这类预测的学者严格区分开来的。首先,他做预见的材料是历史上的那种一次性的、绝不会再次发生的、相当具体的事件,而非某个有着严格规则的领域,在这个领域内,相同的事情会重复发生。其次,只要先知至少还隶属于新旧约圣经的文化圈,那么,他就不会对将要到来之事做绝对的预测。因为,这样做会与对唯一上帝的信仰相违背,唯一上帝作为原初自由的位格,不仅创造了世界,还维持、引领和统治着这个世界;对将来发生的每一件事,唯一的上帝都可基于人的人格针对祂以及祂的诫命的举止而加以变化。因此,按其天性,先知无法对将要到来

---

① 参见笔者在本卷第四分卷,《历史哲学》中对历史律则性的讨论。[参见第7页编者注。——编者注]

之事做出绝对的预测，他只能做出有条件的预测——条件是他面向的人们在道德-实践和宗教上的自由举止。先知很可能会说："我看见，这会发生，这必然会发生"，可是他还会补充道："前提是，你们这些人不自愿悔改，并且，上帝不因你们悔改而让事情发生转折。"

当我在此意义上采用"先知式社会主义"这一说法时，我理解的是——虽然这里并不像在真正的先知那里涉及宗教上的事情，而是涉及人类共同体生活的问题——对于当今和将来的社会，基督宗教的社会主义者必须采取一种与先知相仿的内心态度。在我看来，他的这种态度类似于《旧约》中的先知的态度，也就是说，他从历史现实出发，发展出"社会主义（在基督宗教的社会主义这层有限的意义上）将要到来"这一预见，连同为此设定的条件，即，否则的话会发生更糟的事：倘若人类不在基督宗教的社会主义的意义上悔改，那么，人类就会迎来违背基督宗教精神的强制式共产主义。与马克思相反，先知式社会主义者承认历史发展的一次性以及人之自由。不过同时，他也知道，上帝不仅在人的精神和意志中行动——这一点是乌托邦社会主义者也承认的——而且还和祂的永恒先见以及祂对世界的永恒指挥一道，在这个世界的历史的必然路径中行动，并且共同发挥着作用。他还知道，越是在关系到整个民族和整个文化圈命运的事情上，人和人所能实现之事的自由空间就越狭小。① 可能就连基督宗教的社会主义者，也会像乌托邦主义者和宗教改革式社会主义者——这两者都和马克思不同——那样宣讲道

---

① 参见本卷第四分卷《历史哲学》中对历史中的自由问题的相关论述。[参见第7页编者注。——编者注]

德；然而，比起自己向人们发表的带有主观色彩的布道，他对那些宣讲充满流血和困苦的历史灾难的客观布道评价更高，在这些灾难中，他仿佛听见上帝对人们说了什么话。基督宗教的社会主义者的所作所为之所以是"先知式的"，是因为他知道自己每次都从当下的历史现实里听出了上帝的警示之言，因为他知道自己在这一现实中感知到的，要比其中单个的、有限的偶然事件的总和还多：他感知到了由这一现实所引发的、将沿着极其明确可见的某个方向继续发展的种种趋势在精神上的关联。

　　若我把这种态度同先前所述的四种态度进行比较，其中的尖锐差异就会一目了然。乌托邦社会主义乃是诞生自启蒙时期革命派自然法的非历史甚至反历史的思维方式。它和它在当代的后裔，比如革命工团主义者，或者在完全不同的意义上也包括拉特瑙，虽然相信人之自由，不过，这种自由是他们相信的摆脱了一切共同体的束缚、摆脱了整个世界顺应天命的走向、自认为自主和全能的主体之自由。就连我称之为"向后退的乌托邦主义者"的社会主义者，也即马克思在《共产党宣言》中描绘的拥护封建制的基督徒，虽然说或者正因为他们的精神只知道反动，所以他们缺乏对上帝在历史当中留下的痕迹的尊重。因此，他们的理论和他们的实践一样，必将只停留在空洞的愿景。没错，他们因为不知道要把基督宗教的社会理论区分为关于永恒的部分和关于当代史的部分，所以会用某段已经逝去的当代史短暂且过时的局面去增加基督宗教世界观本身的负担。尤其他们还间接地为法兰西实证主义者（圣西门和孔德）的如下理论——马克思也是从他们这里接受了该理论——提供了理由，即，天主教的思想世界（包括哲学和教义学在内）这一整栋建筑只不过是中世纪封建时代经济、政治领域的基本事实在观念上的部件或上层建筑而已。因此，当我们重建基督宗教的社会主义时，甚至无法从同样是循这些痕迹而行的德意志浪漫派借鉴任何关键部分。在这些事情上，亚当·穆勒、弗里德里希·冯·施莱格尔等人已经无法给我们提供什么有益见解了，因为他们在政治上以所谓神圣同盟意义上的正统主义为导向，在哲学和神学上以及在涉及到既有的法律关系时以传统主义为导向，他们不但反对革命派的自然法，他们也与基督宗教-经典的自然法为敌。

同基督宗教的先知式社会主义极端对立的，还包括马克思主义的基本态度。和乌托邦社会主义相反，基督宗教的社会主义从对历史现实深刻而完整的观照出发，试图以某种特定的意识形态对历史现实做出历史哲学层面的理解，从而实现自己的目标。这也许是它和马克思主义的共同点所在。在此意义上，它也有权称自己是"历史-现实主义的"。和马克思一样，在英国自由主义以亚当·斯密和李嘉图为代表的古典社会学和国民经济学以及被诸如马尔萨斯当作自然律摆在我们面前的理论中，基督宗教的社会主义也只看见了人为进行的抽象（此种经济哲学的先驱者们并没有预见到这一人为性）——而没看见基于归纳的经验法则；另外，在方法上受到的这种限制中，基督宗教的社会主义也只看见了适用于自十五、十六世纪逐渐兴起的市民劳动社会这一历史阶段的西欧人的历史相对主义法则。

基督宗教的社会主义和马克思的共同之处还在于，基督宗教的社会主义既反对乌托邦的社会主义，又拒绝反向-乌托邦的，即封建反动式的社会主义。不过，与马克思截然相反，基督宗教的社会主义不是依靠——天文学式的——预测而获得自己的纲领的，而是通过对以下两个方面的要求的综观得到的：一方面是从理性且基督宗教的社会理论、基督宗教伦理学以及自然法权的原则当中产生的要求，另一方面则是它以先知预言的方式、基于“历史因果因素的秩序”[①]这一经过哲学论证的理论、从历史生命现实的错综复杂之中看出的鲜活要求。基督宗教的社会主义看尽了社会现实，它不仅冷静地计算和分析它们，它还带着一种宏大的、展开全方位同情的心灵运动去把握并贯穿它们。在这样的情况下，它同时为自己的纲领设定了一种并非来自历史、而是来自善-恶、正义-不义这类永恒观念的衡量标准——马克思则是完全否认这样的观念的。在历史现实的发生和存在当中，基督宗教的社会主义察觉到上帝之手的作用——它时而发出“请继续将既有之事发扬光大”的邀请，时而（当它抵抗不住时）发出对可能到来之事的警告。在历史现实的巨浪看上去几乎就要和基督宗教基本原则的永恒星空相接之处，或者，在历史现实的浪头看上去即将顺着基督宗教基本原则的方向而去之时，基督宗教的社会主义会辨认出自己应该插手干预的着手处和着手时机来。.

　　不过，首先将基督宗教-先知式社会主义同马克思主义深刻区别开来的，还有另外一点。虽然基督宗教的社会主义和马克思一样都认为，上个世纪西欧的历史现实当中有大量指向强制式共产主义的活跃趋势，而为这些趋势的出现做好准备的，则是负有罪债、乃至成为好几个世纪的原罪的那种过度的自由主义和资本主义。在

---

① 参见本卷第四分卷《历史哲学》。[参见第 7 页编者注。——编者注]

这一断言以及如下观点上，基督宗教的社会主义和马克思有着基本相同的事实判断，即，现代史在越来越大的程度上不是受观念，而是受经济层面的群众推动力的主导。并且，基督宗教的社会主义还帮马克思扫清并反驳了对手，尤其是那些为现代历史填充某种日益强烈的神显意义（如黑格尔）的人，以及对共产主义的这些活跃趋势提出异议的人。不过，在这些实际趋向于共产主义的趋势里，以及在市民时代——即由市民这一类型所主导的时代——的主要由经济因素驱动的历史里，基督宗教的社会主义还远没有看见人类普全历史发展的必然结果；它只在其中看见，欧洲人由于原初自愿的罪责、由于相对的继承罪责及总体罪责而背离了其自身乃至全人类的真正使命。而在实际趋向于强制式共产主义的趋势中，它所看到的不是将要降临的地上天堂，而更像是在已背离自身使命的人类的未来若隐若现的一次上帝之罚——倘若他们不自愿转向基督宗教的社会主义的话。在新近的一些真正符合马克思主义法则的运动当中，基督宗教的社会主义看到的，不是一场追求进步和所谓人类更高发展的运动——自由主义和资本主义的纯西欧-美国式的表现形式就其源头来说也跟这场运动无关——而是欧洲的堕落以及西方那隐约可见的文化死亡。从逻辑上讲，就连马克思也压根无权为一段仅由经济上盲目的因果关系驱动的历史填充某种"进步"的含义。他未经细想就从黑格尔那里接受了这种见解。只不过，在黑格尔那里，这种见解至少在其体系范围内是有道理的，因为，黑格尔的上帝观念是应在历史中展开自身的——然而在马克思这里，上帝观念被剥夺了这项权利。

所以可以说，基督宗教的先知式社会主义者是一位专门预言不幸的先知，而不像马克思那样是一位预言幸福的先知。并且，基督宗教先知式社会主义者还在另一个方向上类似于旧约时代以及这一类时代当中预言不幸的先知，在这样的时代里，更高一级的人会感知到一种文化走向死亡和衰败的基本趋势。先知常常谈到"仅剩的一小批"虔诚者，他们在犹大灭亡之际得以幸存，而弥赛亚就要从他们之中诞生。这种"仅剩者"观念不仅仅是《旧约》独有的观念。作为社会学的思维形式，这种观念一再地在某种文化快要行将就木之时，以一种典型的必然性，出现在当地的精英之中。"在隐匿中活着"（Λάθε βιώσας），斯多葛派就曾在感受到古代世界即将没落之时这样说过。本笃从罗马迁往苏比亚古，也是因为他在罗马这座世界都会里感觉受到了彻头彻尾的干扰，这使他无法过基督徒的生活。在隐修生活里，不仅基督宗教的全人理想得以延续，而且，在隐修院外被时代毁灭的古典文化那高贵的仅剩部分也得以保存下来。

　　基督徒应当过基督徒的生活；这不是他的相对义务，而是绝对义务。若是文化脉络变了样，让基督徒无法再过这样一种生活，那他就必须下结论：离开这个文化脉络，更加去爱上帝，也就是说，"从这个世界隐退"。在世界历史上那些文化堕落的大时代里，想要继续忠于上帝的人于是面对着一种格外尖锐的二选一抉择：要么与这个世界同行，从而理性地塑造它；要么从这个世界隐退，从而至少保存旧世界仍包含的那些最高价值，在公共生活的历史眼看就要跌入深渊之际，把它们抢救出来。因为基督宗教的社会主义者的意识形态当中包含着对现代世界和资本主义时代将要颓败的假设，所以他们不像一直到战争前夕都持文化乐观主义态度、信奉进步的德国天主教界那样，对这类趋势中感到陌生。

　　请大家不要误会我的意思。基督宗教的社会主义者还远没有到要否认人类进步这一普遍法则的地步——我把这一普遍法则归于基督宗教哲学的永恒真理的范围内。假如他否认这一法则，那么，为了能有一个"更好的"后世而去抢救受到强制式共产主义的野蛮行径威胁的精华内容，这样做还有什么意义？他只不过是从以下假设出发，即，欧洲文化的没落"迫在眉睫"——这里说的"迫在眉睫"，意思是并不像"绝对必需"那般确定，而是指欧洲人若不悔改，文化没落才会"迫在眉睫"。不过，这已经足以使基督宗教的社会主义对时代和未来产生与德国天主教徒迄今为止所秉持的态度根本不同的态度了。

劳动与世界观 [①]

今天我向在座各位发表的讲话，是试图在对劳动的宗教-道德 273
式理解和从我们的战败当中衍生出的沉重而又艰辛的每日所需之
间架设一座桥梁。我的讲话将以对以下问题——对我们这个苦难深
重的民族而言这或许是当前最为困难也最为关键的问题——的作答
结束，即，怎样才能让宗教和道德层面新的鲜活推动力在我们这个
民族的灵魂当中得到发展，让它们把劳动的意志、力量、兴致和喜
悦重新归还给我们这个民族？我们该当何为？只有这样的力量，才
能让我们的民族、我们的国家——并间接地让我们德意志的精神文
化——不致跌入深渊；在协约国的要求下以及在由此而扩大了的布
尔什维克主义向西逼近的危险之下，这个深渊一直威胁着我们。我
今天要讲的，并不是法律、制度、经济和技术规则上林林总总的问
题，尽管有了这些，我们可以在保障经济原则的条件下，将业已存
在的劳动意志以及灵魂之中已有的劳动力量导入正确的、能结出果
实的道路；我关心的，是从来就植根于人的灵魂之中的劳动意志以
及着眼于劳动的力量和兴致，该怎么唤醒它们，这才是我所关注的
问题。

---

① 本文为发表于 1920 年的一则演讲。

　　在我看来，今时今日，这个伦理-心理问题——最终植根于宗教问题——提的实在还不够。而它更没有得到很好的回答。当然，眼下存在着这样一种洞见，它认为，只有一种关于劳动的新精神、对于劳动的喜悦和想要从事劳动的意愿，才能救我们于水火。这不仅让人感到欣慰，就连我们的整个公共读书界、公开演讲者、所有政党——某些无党派人士和斯巴达克同盟①——的出版单位，甚至都在以令人几欲昏睡的冗长，日复一日，同气连声地重复着这一洞见。只不过，从认识到"必须劳动"这一洞见，到每个人都拥有想要从事劳动的鲜活意志，这中间的路还很长。从急难到冷静地克服急难的行为之间的道路更长。在我们的民众当中，广泛传播着一种关于需求和急难具有的想象力和创造力、关于人们常爱说的"神圣的急难"的看法，以及循此逻辑得出的、对于"只要足够用力地把劳动的急难摆到人们眼前，劳动的力量自然就会产生"的期盼。我个人向来都不认同这种观点。起决定作用的不是甚至被如此深刻地感觉到的急难，而是劳动的力量、精神层面的劳动观以及诱人的劳动目标。急难可以释放现有的自由、自发的力量；急难可以将其引向现有需求的轨道；但急难无法创造力量。这就好比祈祷："急

274 难教人祈祷（beten）"——但急难不教人崇拜（anbeten）。一旦急难太过巨大或太过深重，或者，深受急难之苦的受造物在急难中被夺走了明媚、诱人和正在升起的展望，那种带着微笑对自身劳动意义和目标的未来的展望，又或者，这些拉动意愿的动力并未取代那

---

　　① 斯巴达克同盟（Spartakusbund）是 1917 年成立的德国左派社民党人组织，领导者是卡尔·李卜克内西和罗莎·卢森堡，1918 年 12 月 30 日改组为德国共产党。——译注

些强大的、充满着来自更高世界的灵感的道德-宗教式的推进动力，那么，急难所致的后果便是绝望。对某项绝对的、不依赖于劳动产品的命运的、由上帝下达的劳动义务的履行——即便工作完成前整个世界都毁灭了——仍旧以一种神秘莫测的方式服务于劳动者那顺从上帝的不朽灵魂的得救，服务于世界的总体救恩。只有这样一种义务，才能超克绝望、超克被猎人和猎狗包围的野兽才会有的感觉：环伺四周，野兽发现不管自己往哪里跑，都是在跑向灭亡。如果灵魂被这种感觉攫获，这就几乎只是主体的外部占有关系——而不再是人——的问题了。等于说，这种诞生自急难的绝望在革命、起义、推翻现存事物的做法中得到了更强烈的表达，也就是以斯巴达克-布尔什维克主义的方式得到了更强烈的表达，并且是在无意义的奢侈支出、浪费、享乐成瘾——今天，我们在和感知前一类现象相同的程度上感知到后面这类现象——中得到了更强烈的表达。〈一切耽于享受的意愿，其诱因都存在于灵魂更深层的不乐意之中。〉有穷人的绝望，也有富人的绝望：绝望的表达方式不一，但其性质却是一样的。

在对我们民族面对的这一重大问题做出几点评论以前，请先允许我提出一个更为宽泛的问题：灵魂对于人的劳动的正确理解以及对劳动的正确评价，是否已经在我们之中、在德意志民族之中得到了足够的传播？

什么才是正确的劳动观？"正确的"，意思就是既不高估劳动，也不低估劳动。这样一种理解，它不仅在今天的德国民众当中广为传播，它也在昨天，即战前时代的德国民众中得到广泛传播了吗？"过去，一切都光辉灿烂，因为德国是'世界上最能干的民族'，现在，一切都变差了；过去，德国是世界上最愿意工作甚至是最贪婪的民族，现在，德国成了世界上最懒得干活的民族。"我个人并不能被盛行于此地的上述回答说服。首先，它所说的情况不可能发生。一个民族不会在短时间内如同换衣服一般更换自己的性格和道德品质，就算是影响最为深远的外部事件，也无法达到这种效果。困倦、紧张、营养不良等，都不足以解释；懒得干活也存在于缺乏这些诱因的圈子里面。另外：对劳动的正确理解与评价这个问题并不是劳动意愿与劳动评价的单纯的量的问题。劳动意愿太强或太弱都有可能偏离正确理解。倒不如说这是理解与评价的质的问题，它是该如何把劳动及其价值正确地置入人的由精神-灵魂-身体组成的总体生命及其客观的价值国度中去，置入在其尘世间的命运走向中去的问题。劳动与人的超越感性的此在目标之间的关系，乃是其中的核心问题。

我已在别处^① 指出，与其它民族相比，德意志民族（自 1870 年起）无节制且让整个世界越来越充满仇恨的，尤其在物质层面的过劳，绝不仅仅是由人口增长、向外移民减少、为供养民众而不得不进行的商品出口以及类似的原因造成的，而是因为，〈这种无边无际的劳动精神〉首先是一种有着（我已在该处给出证明的）特殊历史原因的道德-精神层面的现象；跟这种新德意志-普鲁士的劳动精神——或者更确切地说：劳动中的这种操之过急——相比，许多不像劳动那样属于一个民族的优秀（哪怕不是更优秀乃至最优秀的）事物，根本就是不值一提的。在那篇文章里，我提到了自由的礼拜

---

① 参见《对德国人的仇恨的缘由》，第五部分，莱比锡，1919 年第 2 版。[该作重新发表于《舍勒全集》第 4 卷。——编者注]

仪式、祈祷、凝神、主日圣化。圣本笃的深刻教诲乃是"祈祷和劳动"，而不是"劳动和祈祷"。我提到了劳动产品的形式，即属于确定的国族、高贵、有吸引力并且获得成功的形式，我更提到了德国人及其灵魂的形式：因为劳动是为了人和人的灵魂的缘故才存在，而不是人为了劳动才存在。我提到了以各种形式呈现出来的更高等、更尊贵的精神文化，这种超出专业学科边界之外的精神文化在我们这里——相较于德意志民族更古老的时代以及其它各族——比在其它任何一个民族那里都要更卑微、更混乱。我提到了教会、国家、社区中公民在政治层面的连带担责以及展开公共活动的意义，世界上任何地方的公民都不像我们的公民这般沉醉于工作、陶醉在自己的生意和专业之中。最后，我还提到了享受家庭、家族、社交当中更加高尚的生命喜悦和灵魂充盈的形式以及对有意义的休息与安歇等事的正当感受力。今天，在德意志民族经历了如此深刻的时局变革之后，当我思考对劳动的雀跃之所以缺乏的原因，当我思考如何才能克服这种对我们而言致命的恶时，并不是要把今天这种新的、和战前德意志民族的状态截然相反的极端状态回溯到内心之中对劳动的截然相反的心态、理解和评价之上，而是恰恰要将其回溯到德意志民族的广大部分所拥有的仍还不足且不正确的对劳动的同一种心态和评价之上——只不过是在发生了根本变化的外部条件下。过去的"太多"和今天的"太少"或许有着同样的内在道德-心理诱因。继而，必须从心态上真正转变，这样才能让我们远离这种错误态度。

今天，让我们来看一下基督宗教对劳动的理解，看看这种理解是否能对我们有所启发。让我们扼要勾勒一下它的几个主要特征，同时把它放进其它主要世界观圈子的几个典型的、对劳动或多或少有些差异的理解的整体当中去：

乐园之人，并非出于生计所迫才满脸都是汗地在田里翻土挖地，而是昂首面对上帝和天，自由地运用着自己的力量。对灵魂和身体力量的那种喜悦、轻松而又多产的运用，"原初状态"大概是有所了解的；这样一种对力量的运用可能同样蕴藏在背离上帝的人的劳动之中；只不过在原初状态下，它纯粹只存在于毫无目的的游戏和体育之中。对高雅的形式结构所做的艺术创造——就算是天才也只能在特定的时刻做到——以欢快、自由、自主的方式进行，比起体育和游戏，这种方式更能让我们对原初状态有所理解。然而，原初状态并不了解劳动的辛苦、痛苦和困苦，不了解要忍痛去让自身意志和难以驾驭的情欲都服从于他者的事件法则，不了解极其痛苦的自我强迫以及某些情况下来自他人的强迫 [1]——根据基督宗教对继承罪性状态下的劳动的看法，上述这些和作为罪性状态原因的情欲一样，都是恒常的状态，就算是透过基督的救赎行动，也无法被取消。在原初状态下：国家是可以有的，推行镇压式法律的强制型国家则不可以有；财产是可以有的，受到国家以惩罚为威胁而保护起来的私有财产则不可以有；自由的（小规模的）与上帝相似的创造是可以有的，"劳动＝辛苦"则不可以有。所以，在基督宗教的理解中，劳动首先具有对人的"堕落"进行惩罚的性质。[2]

---

[1] 参见笔者旧文"劳动与伦理学"（Arbeit und Ethik）。[参见编者后记，该文重新发表于《舍勒全集》第 1 卷，《早期作品集》（Frühe Schriften）。——编者注]

[2] 此处的这个"堕落"，意思并不是指历史事实，而是指人之天性的一种恒常趋势。

　　这种对基督宗教劳动学说的规定饱受诟病，但又是十分重要的。现代的许多实证主义者和实用主义者质疑下面这一旧时判断：人是"智人"，从本质上将其同动物区分开来的，乃是他最初以上帝为导向的纯粹且充沛的理性能力。他们宣称，人是〈劳动并制造工具的〉"匠人"（homo faber），人的理性是在对物的劳动加工之中并通过这样的劳动产生的。古希腊哲人阿那克萨戈拉已经提出过这样的问题："究竟是'人之所以有双手是因为他具有理性'，还是'人之所以有理性是因为他拥有双手'呢？"[①] 实证主义者〈和实用主义者〉选择后一个选项，把人变成了从位于人界以下的自然界中发迹的暴发户。这样的"人"不是"受造的"，他没有受造物的感觉，他对自己的创造者也没有感激之情。可以说，他是自己把自己给挣出来的。根据这些人的看法，任何一种理论与科学，它们所给出的，都不是客观真理，而只是"工作规则"。〈思想形式是从工作形式当中产生的。〉比方说哲学、艺术、音乐[②]，这些都是作为劳动单纯的伴随现象和结果派生出来的。对马克思主义式的社会主义者来说，宗教是一幅象征着各阶级间的统治关系及其在生产过程中所处地位的图像。法国杰出的数学家庞加莱以高卢人特有的尖锐提出了如下问题：究竟是我们在机械论宇宙法则的天空中孜孜以求，为了制造更好的机器，还是我们制造机器，为了有更多的人有闲情逸致去自由探索天空和其它事物呢？对于这个问题，实证主义者选

277

---

　　① 参见拙作《论价值的颠覆》（1915 年）中"关于人的观念"（Zur Idee des Menschen）一文。［参见《舍勒全集》第 3 卷。——编者注］

　　② 比歇尔（T. C. Bücher）对此有过论述，如其作《劳动与韵律》（Arbeit und Rhythmus）。

择了前一个选项。①他们像培根那样主张"教育就是力量"、"知识就是力量"。在他们的世界观里，劳动被指定了一个若以基督宗教的见解——它在这里和古代的见解更相仿——肯定不会指定给劳动的位置。这并不奇怪。尤其是天主教，天主教认为，默观的生活原则上要高于践行的生活。僧侣等级的合法性仅仅存在于这种观点。而对实证主义者来说，劳动乃是"一切进步和所有文化唯一的创造者"〈共产党宣言〉；他们甚至提出了"劳动宗教"的说法。或者，如狄慈根②所言："社会民主体制是真宗教，是唯一能救世的教会，因为它不再在幻想的道路上，用祈求、发愿与哀叹的方式去追求（宗教的）共同体目标，而是在实际的、有行动力的道路上，真正并且真实地通过对体力劳动和脑力劳动的社会组织来追求这一目标。劳动才是新时代的救世主。正如基督在祂的教会组织起来之前就已归化了许多人，新的先知，也就是劳动，也在它眼下刚刚能想到登上王座、拿起权杖之前，就已经发挥了好几个世纪的影响了。而现在，它更是配备了神的标志物，配备了权力和科学。……如果真的有神圣存在，那我们此刻就站在至圣面前。这不是什么原始偶像，不是约柜、会幕，也不是圣体光，而是文明化的全人类切实可感的救恩。……正如新的产品是从车间的废品、被消耗的材料和工人的汗水之中庄严而又熠熠生辉地产生的，当前的财富也是从野蛮的暗

① 关于以上内容，参见"劳动与认识"（Arbeit und Erkenntnis）一文。［参见编者后记，该文重新发表于《舍勒全集》第 8 卷，题为"认识与劳动"（Erkenntnis und Arbeit）。——编者注］

② 参见狄慈根（J. Dietzgen）著《社会民主的宗教》（Religion der Sozialdemokratie），第 5 页以下。

夜、人民的被奴役之中，从无知、迷信和贫穷之中，从被吃掉的人肉、被喝掉的人血之中，在认识或者科学之光的洞照下，光芒万丈地产生的。这份财富构成了社民党人之希望的坚实基础。我们对于得救赎的希望不是建立在某种宗教理想之上，而是建立在一块巨大的物质基石之上。"基督徒则并不认识这种"劳动宗教"。根据他们那种健康的生命现实主义的观念，他们会觉得这种劳动宗教甚至有些荒诞。一个在地面下几百米的深井里劳动的人，一个总是单调重复使用着同一块肌肉群的人，透过他的这种工作，难道就已具有了宗教层面的某种精神观念了吗？单单这个问题，听上去就已经像是某种辛辣的反讽了。

　　比如法国的社会主义者博立叶的那类言论，也是些空洞的废话。他说，在一个共产主义的"和谐国家"里，劳动可以成为极致的享受；这样，不同类型的人的全部热情就都能在其中得到自由发挥，只要它们被社会的组织技艺引导上多产的道路——仿佛受到这种组织技艺的逼迫（好比蒸汽被机械结构所迫使那样）而服务于文化的提升。在这种说法里面，我们只看见那种旧的、一切社会主义本质上所共有的、相较于心态问题而言对组织问题的过分重视。朴素的现实感甚至要求人们承认，在文明发展的过程中，随着越来越细致的劳动分工和分化——尤其是在机器时代——劳动变得越来越不再是一种乐趣。[①] 在劳动这一活动本身之中——先完全不考虑劳动产品及其使用和交换价值——肯定蕴藏着多重快乐源泉：对那

---

　　① 此处参见"劳动与伦理学"一文。［参见编者后记，该文重新发表于《舍勒全集》第 1 卷，《早期作品集》。——编者注］

些在劳动中被激发出来的精神潜能以及禀赋的发挥、提高与训练；让身体的组成部分及其功能目标明确地并且在一定的范围内有益地紧张起来；当材料服从于人——即受造界的主宰——那冷静的双手，组合成有意义的形式时的那种极为幸福的实力与能力体验。对有机体来说，劳动具有一种强化、锻炼以及开发生命力与灵魂的价值。但只有那些高等的、精神性的劳动活动以及对整个人都提出要求的那些，比如在农业劳动之类的活动当中，也就是如今人类劳动的极小一部分当中，这些快乐成分的规模才更大。一般而言，劳动要求人严格地去克服欲念冲动，要求人进行自我控制，要求人奴隶般地或者自愿谦卑地受制于他者事件法则，要求人去吃苦并忍受艰

279 辛。文化史教导我们，自然人一开始对劳动是多么地感到陌生，在各族历史的上古时代，人只有在极其苛刻的强迫（奴隶制、农奴制）之下才屈服于劳动。桑巴特（用详细的证据表明了[①]，直到十八世纪末，都还有数量闻所未闻的大的人宁可过四处流浪的生活而不愿从事收入高的工作。维尔纳·冯·西门子在他的回忆录中描绘了一幅图景，就是关于教导高加索人民从事劳动时的重重困难的。

基督宗教的劳动观因此便放弃真正且深刻的"劳动的喜悦"这一概念了吗？绝对没有。只不过，这种喜悦对它来说更加是一种间接的喜悦——一种不是从身心活动本身之中产生，而是从精神层面的劳动观，即从劳动展示在精神面前的图景和意义当中产生的喜悦。这是一些很高的德性与意义价值，它们向基督徒投去了一束来自宗教这颗太阳、照入劳动过程本身的沉闷与艰苦中去的奇妙之

---

① 参桑巴特著《现代资本主义》，慕尼黑／莱比锡，1916 年，第 2 版。

光。根据基督宗教的这种观念，劳动并非仅仅是惩罚，它还是为堕落之人准备的"治愈的药方"以及"净化的药方"。在人用双手完成的诚实而谦卑的劳动背后，人的内心之中仿佛自动般地悄然生出了某种庄重、纯净、伟大、自由的东西——劳动之举越是没那么直接以此为目的，这样东西反而越是会产生——它是一个越来越无私且公正的灵魂，一个越来越不受知觉和本能的限制、越来越从"口腹"之欲和对受造物光鲜外表的"喜爱"中解脱出来的灵魂，而起初，正是对受造物光鲜外表的喜爱，导致了人对神的背离以及朝向受造物的转向，人也因而被上帝施加了劳动这项义务。根据基督宗教的观念，在真正的劳动中，人不会失去自己的灵魂，让其归于尘土——是人给尘土赋予了形态——人会赢得自己的灵魂，并为其赋予越来越多的自由，让其独立发挥作用。谢尔曾说："耶稣的福音是一部劳动与斗争的福音，而劳动应当使人不朽。我们应当选择一种劳动和一场斗争，它们不会使投入其中的力量削弱，也不会将这些力量消耗殆尽；相反，它们会使之恢复青春，使之永垂不朽。"他所指的就是上面那个意思。不过，自古以来就被基督宗教的精神领袖们赋予给劳动的这种高尚的苦修价值——也许是由本笃在他的《会规》中以最深刻最美妙的方式赋予的——并非首先为了世界、为了国民经济、为了满足需求，而是为了人自身及其灵魂；劳动的这种价值同时也要求，从事劳动的人，也就是劳动者，永远都不要与劳动这个国度全然融为一体。这种价值要求劳动者仍应居于一个高于且有别于自己的劳动的国度之中，作为〈精神〉灵魂，劳动者应居于不可见-可见的上帝国度中，成为这个国度的一员与国民；此外，它还要求劳动者，为了达成凝神之举，他应有足够的闲暇、自由和安歇，这样，他才能够一再重新思量自身劳动的这一重至高价值。

根据基督宗教的观念，劳动还被基督信仰的一个核心概念所透照并被其高尚化，这个概念就是"牺牲"。即便在这里，我们仍〈尚〉未抵达诸种自然主义世界观大多以之为起点的那种劳动价值，即各种自然主义世界观仅能在劳动对于维持〈人的〉生存、满足〈人的〉需求、增进〈人的〉福利等事项的意义当中看见的那种价值。按照基督宗教的观点，上帝本来也是能够借助自己的无所不能创造出下面这样一个宇宙的：在这个宇宙里，无生命并且位于人界以下的受造物在一切理性知觉中、在诸如一块跳板对于整个寰宇的最高等受造物（也就是人）的双脚而言所具有的一切"形式-手段"以及"目的-手段"关系当中，都已经是完善了的——而也许要到文化和文明的全部历史都终结以后，这些受造物才会逐渐接受这种关系。不过，上帝更愿意把人变得比祂若真像上面这样做了的情况下还要更加高贵：上帝更愿意给人配备祂自身的自由创造力的缩小版的一道余辉，也就是说，在某种意义上把人升级成自己的合作者。如果人应当具有"理性自由和自发性"这一贵族头衔，如果人不仅应当对其自身灵魂权力的生成意味着些什么，而且也应当对作为整体的这个世界所可能具有的完善的客观理性知觉的生成意味着些什么的话——即作为共同执行者、作为可能沉睡在受造的物质和力量中的理性知觉的释放者和析取者——那么，即便在牢不可破的高等自然法则的框架下，上帝仍必须给这个宇宙赋予许多能让人的自由行为与塑造力得以发挥的可塑性、非确定性、可吸取性，从而使人能够去实现自己与上帝协同工作的使命。当然，这〈只〉在一个伦常条件下才有可能，即，就如上帝在基督之中为人做出了牺牲，人站在自己的角度，也必须将理性精神的印记——即理性形式——加盖在可接收理性形式的那些位于人界以下的受造物上，从而在小尺度上为整个位于人界以下的世界的普遍使命感做出牺牲。由此，与自己的弟兄联合在一起的人就有了某种义务：他必须正确地去认识、去爱并去加工位于人界以外的世界，从而把这个世界提升到它自身的理性使命那里；这项义务先于且不依赖于由劳动通过将劳动产品反向关联到人在动物层面的需求而创造的东西。在此意义上——并且仅在此意义上——"劳动即祈祷"这句老话才成立。当世界和现实在自己的双手里，汇集到这张桌子、那件器物、这台机器之中，并闪现成理性形式，呈现出合理、动人且意味深长的产物，沐浴在基督宗教精神中的劳动者便会产生这种感受。于是，对劳动本身的质的爱，而不是对其在量上的产值和交换价值的追求，成了基督教劳动者的另一项义务。这样一个产物，就算尚未臻完善，其本身也已经是值得尊重、值得倾慕的了。而透过这样一个产物，基督教式的考虑思量也总会感受到，每一个哪怕仍如此微不足道的劳动产物，其实都包含着休戚与共的全人类朝着位于人界以下的世界呼出的同一口牺牲之气的其中一部分。这是一幅从宗教角度把劳动——这是一种即便是在果实会自动送到人嘴边的游手好闲之乡也不会丧失其价值与意义的劳动——理解为"人类为位于人界以下的世界的使命感所做牺牲"的图景，其中也蕴含着一丝"效法基督"的意味。

　　在基督宗教看来，劳动的另外一重意义与价值在于对谦卑的培养。劳动本身并非快乐。作为对丝毫不顾及我们本能生命状况的他物法则的服从，劳动更是苦痛。但在精神层面将此臣服之举理解为某种事实，并把自愿将此举纳入意志中去的做法当作使人变得谦卑之举——这样做，可以把因人数（在正常状态下）越来越迅猛地增长而变得越来越大型的劳动以及因劳动的专业化、分工、细化而变得越来越毫无乐趣可言的那种在劳动中越来越使人丧失尊严的奴役特性去除掉。只有当人在劳动本身当中找到自身欢乐源泉的越来越大的一部分，人才会在人类的不断进步中找到大小始终如一的幸福。[①] 下列选择更是加倍地适用于今天：要么在不服从的奴隶精神下劳动；要么就还是做一个谦卑的自由人兼基督徒，这样的人不会像当奴隶的人那样，在自己必须为仆的地方还偏要做主，去服侍也只是装模作样，而是恰恰相反，就算在外部职责驱使自己去发号施令、领导统辖的地方，也仍愿服务。

　　我先暂不讨论艰苦劳动对德性生命（"懒散是一切恶习之起点"）产生的间接影响——它们备受托马斯·阿奎那，尤其是艾克哈特大师的推崇——也暂且不论从肉欲以及一切低等欲求的刺激当中抽身。在这里，我只强调敬畏和基督徒在面对过去人类留下的每一件劳动产物时内心所充满的感激之情。此外，我还要提及人的那种欢快的无忧无虑，它仅植根于宗教之中，关涉的是人的劳动产品的未来命运以及劳动产品给人和家庭带来的用处。它与那种还没开始工作就已经想一窥工作产出之究竟的态度以及那种认为最终只有对生产和劳动产品分配的中央式强制管控才能让我们看清楚这一命运的态度截然不同。敬畏和欢快的无忧无虑，这两者是今天的人们最为缺乏的。比方说，有着马克思主义心态的工人会真的认为，他用自己的劳动，完全靠自己生产了这张桌子、那把椅子及其

---

① 亦可参《对德国人的仇恨的缘由》，参前揭，第 275 页脚注。——编者注

价值。而情况确实如此吗？他让少量的木头获得了一种精神形式，而全人类都间接为这种精神形式做出了贡献，为此，这位工人应向全人类表达感谢和虔诚。这是因为，正如在罪性、罪债、功劳、责任当中那样，在劳动中，全人类同样也是一个休戚与共的整体；如帕斯卡尔所言，全人类"就好比一个不懈学习的人"。如果今天有谁鉴于不明确的时局而说出这样的话："等我重新确认了我的劳动所得和所挣，等局面重新稳定，等我确定我的所获不会再被夺走，到那时，我才愿意劳动"，如果有谁缺乏上述道德-宗教层面的绝对的、内在的劳动驱动力，如果有谁只知道自己的优势及自己劳动产生的自私的实用成果所具有的相对的、假设性的动机，那么，他便不会意识到，恰恰因为自己的这种态度，局面会变得越来越失序，而且，自己期待将会终结的那种混乱，恰恰是由自己的行为所引发的。越是在像我们今天的这样一个时代，得到宗教和道德认可的绝对劳动义务的价值才越凸显出来。假如人类仍旧将劳动看得如此尘世性，那么，人类就永远也不会通过劳动、从野蛮走向文明的有序状态。

不过，还是让我们再对基督宗教的劳动精神在伦理学、法哲学、社会经济学中产生的几点理论影响，以及基督宗教不同宗派和教外世界观之间的差异，做更进一步地考察。

诸位都知道，基督宗教没有落入"劳动宗教"这一荒诞理论的巢臼，而是让劳动，尤其是让手工劳动获得了一种相较于古代而言全新的尊贵性。古代人不可能这么重视劳动，尤其不可能接受（前面已经提到过的）这样一种思想，即，只有在某个无限的历史进程中，人才需要通过合理且能赋予意义的劳动，让宇宙实现其使命。这里的一个根本原因在于，神性者作为可感世界的可塑形式，在古代人的眼里已然是永远在此岸了。正如在古代人（比如亚里士多德）看来，世界是永恒的，他并不知道还有一个隐蔽着的精神性的创造者上帝，正因如此，他同样不知道，人之中还有着真正的、创造着形式的力量。亚里士多德的"上帝"只是一位永恒的"使动者"和知者。这样的一个宇宙，仿佛已经完成了、完善了；就好像它在本质上是无历史的。它是努力追求上帝的形塑力形成的一个永恒的阶梯结构，这些形塑力永恒地被上帝吸引，"就像爱者被被爱者吸引那样"。作为智者、作为艺术家惊异且有福地去默观这个宇宙，流连在其可见的形式世界的光芒之中，这在另一方面也必然需要一大批奴隶，只有这样，为数不多的"贵族"（ἄριστοι）才有可能开展他们的默观。在此，神性本身完全消融在了自我默观之中。只有古希腊的犬儒者才对劳动有过更高的评价。

　　"若有人不肯做工，就不可吃饭"①（帖后 3:10）。"工人得饮食是应当的"②（太 10:10）。基督信仰的这些对于古代世界及其伦理而言颇具震撼力的话语，简直呼吸着来自完全另外一个世界的空气。有了基督宗教的这些说法，也就埋下了一颗把人一步步地从个人的不自由、奴役和完全的从属关系中解放出来的成千上万种形式的精神之核——当然，它是一颗过了几百年、克服了重重阻碍才缓慢萌发的幼芽。关于基督宗教在逐渐废除奴隶制和农奴制这件事上的意义，历来有过许多争论；不过这些争论仅局限在意义之大小，而非针对这件事本身。"现代的自由劳动同样也取决于基督宗教的人

---

① 思高本作："谁若不愿意工作，就不应当吃饭。"（得后 3:10）——译注
② 思高本作："工人自当有他的食物。"（玛 10:10）——译注

格理想"（特洛尔奇语）。但上面那些话，指的并不是国家的法律强制意义上的劳动义务，或是对于废除奴隶制（数百年间教会自己也还曾利用过此制度）的政治诉求。上面那些话只不过想把一句心态上的精神与道德命令置入众人的灵魂之中，根据历史世界相对格局的不同，这句命令所发挥的作用也会相应地不同。所谓历史"世界"，指的是皇帝的世界，而非上帝的世界。那些话也并不是想说："人哪，你要用你的劳动来挣得你的生存。"因为上帝在人萌芽的身体里创造了灵魂，因而人有一种原初的、既不取决于个人出身也不取决于劳动业绩的"生存权"——一种完全不取决于其劳动的权利。他的劳动义务与"劳动权利"，以及他"获得工作的权利"皆由这项更高的权利而来；后者并不取决于前者。因此，对并非因自身缘故而失业的人，也必须给予保障，保障形式包括慈善或国家立法。也正因此，不可能有一种所谓的"获得劳动完整收入权"。而只可能有工酬比例均衡权。并且，信众有义务供养教会及其服侍者和那些完全无法量定其劳动而且也不直接"有用"的各种职业，此外还有公共福利方面的支出，这些也都排除了获得劳动完整收入权的可能。在劳动中，我们从来都不仅仅为我们自己而劳动，我们从来都要为我们身处其中的社会整体（如家庭、社区、国家、教会等）共同担责，而正是在这个意义上，必须有真正的牺牲精神贯穿在劳动之中。就连〈私有〉财产也是上帝提供的担保和授予的采邑，好让我们正确地使用它们。把教会那唤醒生命及恩宠之手所掌握的财产称为"死手财产"，这种〈错误的〉精神有朝一日也会把所有服务于从有用性的立场来看"缺乏成效"或不可测定的更高的精神文化（艺术、哲学、精神科学）的财产称为"死手"财产，而这样的一种精神，

284

是同基督宗教的劳动理论截然对立的。

教父们继续发展了福音-早期基督宗教时代的旧的劳动和财产观念。其中有几位，将财产所有权溯源至对物品的加工上；不过，古罗马的非法占据理论同样也保存了下来。教父当中的多数建立了一种经济上的所谓"客观"价值论，根据这一理论，在生产中积累的经济价值和蕴藏于其中的劳动是相等的。后来，托马斯·阿奎那也接受了这一理论。曾有人〈郝霍夫〉主张，基督宗教社会理论的这个论点和马克思的观点是相符的。但这一主张并不正确。首先，基督宗教的理论并没有陷入马克思体系当中对手工劳动如此醒目的高估。另外，基督宗教的理论承认，自然和政治层面的垄断也是决定产品价值的因素。它并不试图将劳动具有的全部价值质性样式都归结于价值最低的劳动所需的"社会必要平均劳动时间"这一公分母。并且，它把上面那句话理解为规范——而非像马克思那样将其当作自然法则。它知道，人的劳动之所以能够取得成功，靠的不仅是一己之力，它还知道"劳动的神佑"这个概念。"劳动的神佑"指的是上帝为了让我们的双手和精神活动起来而运用其恩宠进行的补充。比如，我们可以说：过去四十年，尽管德国人的劳动取得了惊人的成就，但完整的神佑并未曾在其上停留过。

尽管对劳动有着无比的尊重，天主教的理论仍为这份尊重界定了十分明确的范围。第一，劳动在其结果目标上，不能超出家庭合乎其社会等级的生活所需，也不能超出与生活所需联系在一起或包含在其之内的对那些有益于自愿的慈善和（托马斯所说的）慷慨（liberalitas）的价值（介于吝啬和浪费之间的居中者）的获得。不符合基督教观念的是下面这样一种劳动，它无限制地生产商品，以至于先有了生产之后才不断产生了新的需求，又或者，生产出来的商品仅仅是为了某个民族的经济权力的扩张，以至于这些商品不得不（以武力或不以武力）在周边国家为自己创造销售地。基督宗教的观念与一切经济帝国主义以及秉持"用内在无限制的生产去为自由市场和同样无限制的着眼于追求更多盈利的经济心态开创需求"之根本原则的"资本主义"正好相反。[①] 第二，劳动不应让人过分地卷入物质，把人变成被某种受到"资本追求自身变现"驱使而仿佛不听自己使唤的生产过程牵着鼻子走的奴隶！人必须始终都是自己劳动的主宰。人因为自己（因继承罪性而被削弱）的理性而有能力和义务去记住自己的永恒目标，这个目标并非劳动，而是至福而沉静的上帝直观。教会在基督的显然不可见的身体当中平衡各种职业和社会等级，使它们在休戚与共的爱中通往共同的救恩；通过教会的这种在教导、救恩和恩宠上的中介，天主教徒被指明了一条坚实的道路。必须保障教会的主日、瞻礼日和瞻礼期是用来履行这些至高义务的。第三，劳动不应在任何——无论在理论的还是在规范的——意义上被看成是仅根据劳动者生活成本的再生费用（或其劳动价值）来衡量的"商品"。人在生理心理层面——始终取决于精神——的劳动是人自身的一个必要组成部分。而这种把人的身心劳动机械论式地消解为本质上物理性的"劳动"概念（劳动＝能量总和），其实是误解了下面这件事：每项劳动从一开始就具有一种比食物——它让相应劳动力的再生变得可能——更高的经济价值，即

285

---

① 参见作者在《论价值的颠覆》中有关资本主义问题的文章，详见《舍勒全集》第 3 卷。——编者注

进入产品之中的附加的理性形式。此外，劳动产品当中还蕴藏着劳动者的尊严，因此，中世纪的手工业者在出自自己双手的产品之中，仿佛看见了自己的一部分。第四，根据天主教的观点，对产出所得进行理性的生命享受同样也是劳动的边界所在。另外还有一些边界，它们从量上和质上对劳动做出如下设定，包括保持健康、养家糊口、保护妻小、行使公民的公共职能。

相对于基督宗教较为古老的[即天主教的]劳动观的这些基本特征，在基督宗教的其它宗派里，我们还发现了一些全然不同的劳动观：

在此，我无法详细介绍俄国东正教的劳动观和希腊的僧侣理想。① 但跟天主教的理想相比，它们显得更为"寂静主义"一些。而新教的种种观念，这里既包括路德宗、自由主义启蒙式的新教，又包括加尔文宗和清教，则又在完全相反的意义上有别于天主教理想。

路德在整体和细节上都比新教的其他领袖更多继承了来自传统的劳动理论。② 教会法规定禁止收取利息〈反对不劳而获〉，路德甚至希望比后来的经院哲学家所要求的更加严格地执行该禁令，而诸如锡耶纳的贝尔纳和佛罗伦萨的安东尼等经院哲学家，已因其支持生产利息〈与消费利息相反〉合法性的理论而与现代资本概念更接近了。不过，路德劳动观背后的精神却是根本不同的。该精神的不同首先在于，路德不承认独立于从属世间生活的职业服务和职业

---

① 参见本卷"论东方和西方的基督宗教"一文。——编者注
② 特洛尔奇也是如此认为的。

劳动之外的格外积极的礼拜仪式，并从原则上否认默观生活〈隐修生活〉相对于实践生活的优先性。合乎义务的职业劳动——这种劳动完全独立于职业的质量及其或高或低的地位——应是最佳乃至唯一的"礼拜仪式"，该仪式让一切特定的、不管是灵魂内的还是灵魂外的献给上帝的"事工"都变得多余。这样做实际上取消了奥古斯丁的社会价值层级和职业层级的理想。就连在职业劳动之中得到践行的邻人之爱也应比纯粹的慈善要好，纯粹的慈善只不过是在把乞讨者拉扯长大，让布施成为上帝面前的功劳，给这个人的太多，给那个人的又太少，它还让邻人之爱及其价值独立于成就和业绩。即便是特殊的对象式的上帝之爱和天主教密契学意义上的效法之理想（明谷的贝尔纳），路德也完全不承认；〈同时〉他也完全不承认天主教对默观生活的更高评价："上帝之爱"只能意味着，"基督如何对待我们，我们就该如何对待邻人"——并且是以职业劳动的形式。这些观念从路德的教义学、他对人在与上帝关系中的自发性和自由的否认以及他那极端的恩宠论——此恩宠论使人在朝向上帝的方向上变得相当被动，同时在尘世劳动方面又变得过分积极——出发都是很容易理解的。路德的这种理论在实践层面的后果就是废除僧侣制度（"懒惰的僧侣"）、让修道院和教产世俗化、取消受俸神职，尤其严重的后果是从原则上废除教会在灵性-宗教层面的权力以及它对经济生活、价格制定、高利贷等的控制，这些现在都完全交给了世俗政权，或完全听任纯天性本能法则的管辖了。除了职业内和专业上的这种过分积极性之外，路德还教导对世俗政权要有一种完全寂静主义式的臣服和几乎卑躬屈膝式的顺从。在折断封建贵族和名誉式公共服务的脖子以及创造服务于现代专制主义国家及其达官显贵的专业公务员这两件事上，他也在很大程度助了一臂之力。路德在这里完全忽视了〈（新教神学家也承认的）〉另一件事：这种将道德和宗教层面的全部义务都单方面地投射到世俗职业上去的做法，使得职业与职业之间的那种在灵魂更深处的爱的均衡，在如下这个只可能超越职业及其劳动而存在的领域里变得完全不可能了，在这个领域里，人也好，灵魂也罢，在其他的人和灵魂看来，都共处于一种在上帝面前有着特定的样式和完全独立于职业和世俗权势的秩序的服务之中。路德同样没有看到，假如有朝一日放弃灵性-宗教层面对经济生活的控制，那么，他所过分信任——正如他对教会神权过分不信任——的国家本身也有可能甚至必然会陷入对经济本能势力的依赖中去，而这些势力正是他根据那些就内容而言古老的教会法律而交给国家去管理的。

比起路德，加尔文更加过分地夸大了劳动与职业思想。在某种并非出于"需求"而进行的毫无限制的雇佣劳动中，人不是为了人，也不是为了享受（即便以其最高尚的形式，这种享受也依然遭到加尔文比起天主教和路德宗的观点来更为坚决的唾弃），而是为了"赞美上帝"经受住了考验。在这种"经受住的考验"里，加尔文看见了人被拣选的实际标志。因为这样一来，经济上取得的成功本身看上去就仿佛沐浴在天国的荣光里。马克思①曾这样评论英格兰："另外，只要货币贮藏者的苦行主义与有行动力的勤勤恳恳结合在一起，那么，从宗教的角度看，他在本质上其实是新教徒，更确切说是清教徒。"马克思还说："货币贮藏者为了金偶像而牺牲自己的肉

---

① 参《政治经济学批判》（Zur Kritik der politischen Ökonomie），1859 年。

体享受。他最先开始认真对待'弃绝'这一道福音。"① 近来，马克斯·韦伯和恩斯特·特洛尔奇二人均深刻揭示了新教，尤其是加尔文宗以及清教的劳动与职业伦理同资本主义精神的生成之间的这些深层关系。②

近代的自由主义和理性主义保留了新教对以世俗为导向的职业劳动的片面重视，以及它对于任何来自宗教、道德和教会的对劳动的控制的拒绝。〈它只补充了对国家控制的拒绝。〉但这里出现的，并不是新教的恩宠论，而是自主、自治的个体的人——他们没有绝对的劳动推动力，也没有感知到"劳动若要正确，则上帝必须为其降福保佑"的必然性。在自由主义里，取而代之的首先是点燃我们劳动意志的唯一真火——利己主义。"没有盈利的地方，烟囱是不会冒烟的。"

在这两点上，基督宗教的总体观念与上述观念截然相反，没有中间地带。基督宗教的观念认为，这样一种看法极端高估了人的权力完善性与人的构建能力：人被从历史传统当中，从宗教、教会和国家的权威结构中，从存在于种族、民族、家庭、社会等级和职业之间的上帝所允许的有机依存性当中撕扯出来。康德、费希特（费氏在初期甚至曾将懒惰和无所事事当作唯一罪过，把劳动和做事当作唯一德性）等人的哲学都是这一类对劳动高估的例证。像费希特那样，把"天性"仅视作缺乏任何自身意义与自身价值的"反击"以及自我活动单纯的未知数 X，是不合理的。这里，与其说隶属于

---

① 参《资本论》(Das Kapital)。

② 参韦伯著《宗教社会学文集》(Aufsätze zur Religionssoziologie)，第一卷，以及特洛尔奇著《基督宗教诸教会的社会学说》(Soziallehren der christlichen Kirchen)。

人、倒不如说使用着人的无休止的工作成了真正意义上的"上帝"。就连这里，我们也有一种"真正的劳动宗教"——只不过是在一种比现代马克思主义式的社会主义者所说的稍弱一些的物质意义上。当工作和劳动应该成为一切，当它把存在、实质、灵魂、安歇、和平、福乐、默观全都吸收到自己之内，恰恰在这个时候，工作和劳动自身会变得毫无意义和价值。一种无限制的劳动义务既无意义又荒谬。

〈现代社会主义的劳动观基本上从自由主义那里吸取了这两者；只不过，和自由主义相反，它更多地把自由主义对人的劳动成绩和理性的结构力的无节制高估归于服务式的手工劳动，而非归于精神发明者、企业家和领导者的劳动；并且，它还更多地把理性结构力置于群众及其代表中，置于一个完全被设想为中央集权式的国家中，而非置于个体的人之中，更多地置于以阶级利益这一形式表现出来的个体利益的总和中，而非置于个体的自身利益之中。但自身利益的原则并没有因此就被克服。就连那种无限制地追求获取更多的资本主义精神，也被保留下来了，只不过，它表现为了对收入的无限追求——这里所说的"无限"，指的是不顾及经营活动整体的持存。为了保持"客观经营活动"（拉特瑙所谓的"自主经营"①）涉及到企业主和工人双方的休戚与共原则被背弃了。这里，就连在某种范围内有其合理性的工人分红体系也改变不了什么——在资本主义精神没有得到克服的情况下，工人并不会变成"布尔乔

---

① 参见第 266 页脚注所引拉特瑙作品，以及本卷收录的舍勒纪念拉特瑙的文章；另参编者后记。——编者注

亚"。马克思主义思想体系最大的错误在于低估了精神层面的劳动。企业家起领导带头作用的精神力量无法换算成劳动时间。〉①

在此，让我们回顾一下我们在开篇提出的问题：怎样才能振奋德国人的劳动精神？我认为，我们在战前无节制的过劳和我们现在不乐意劳动这两者都是建立在一种广为流传的错误的劳动观之上的。在这两种情况下，纯假设性质并且仅与尘世有关的劳动动机都太过强烈了。我们太过缺乏宗教-道德层面以及绝对内在的劳动驱动力了。在人们靠自身劳动所能获得的可妥善保存起来而且不会被别人夺走的纯物质收入方面，经济景气发生了巨大变化，继而，这些变化又引起了劳动意愿上如此深刻的变化。这并不奇怪。仅仅建立于这类相对的、尘世的、变化多端的动机之上的意愿，同样也受制于足以触发这类动机的相对历史局势的波动。如今，德意志民族的宗教革新如此紧密地与它在尘世间的政治-经济命运联系在一起，只有宗教层面绝对的劳动动机以及更多源自精神-宗教层面的劳动观而非源自劳动在获取和保障自身利益上的成功的那些欢乐重新发挥效力，我们的民族才有可能得救。

289

---

① 手稿此处以下是关于体力劳动和脑力劳动之间"就心态而言的劳动均衡"的笔记，舍勒在大致成文于一年后的《大学与成教学院》第二部分（第二部分 A 节，"伦理与目标确定"）中对此话题做过更进一步的解读。详见《舍勒全集》第 8 卷。——编者注

作为世界观问题的人口问题 ①

本次大会的任务既重要又艰巨。应大会组委会之请,我将就《作为世界观问题的人口问题》这一主题发表开幕演讲。因为战争、革命、崩溃、著名的《凡尔赛条约》、《斯帕条约》②,以及现在因为接受了最后通牒 ③,我们的民族经历了如此天翻地覆式的改变。面对这样的改变,我们在心态构建、教育和人口政策方面应该有怎样的目标、方法与路径呢?本次大会的首要任务即在于对这些目标、方法、路径达成实践层面的共识。在对一切习以为常之事的颠覆下,人口问题首先需要考虑的是,德国国内——以往通过向国外输出商品而变得很宽广——的食品转圜空间受到了极大的束缚,可惜这种束缚具体从量上还不太能、充其量只能不甚精确地被掌握。然而这种束缚让——各个政党的——人口政策迄今为止固化下来的一切原则都失去了作用,人口政策需要一次深入的重新定位。我们现在没有殖民地,输掉了煤矿,在外贸线路上失去了海军保护,丢掉了以前的销售市场,并且,我们的工业都转型去生产与战争相关的

---

① 本文为 1921 年发表于科隆召开的"人口政策大会"上的讲话。

② 1920 年 7 月,在比利时温泉小城斯帕(Spa)召开了凡尔赛和会的其中一次后续会议,商讨德国的战争赔款问题。——译注

③ 这里指的是 1921 年 5 月的伦敦最后通牒。——编者注

产品了。接着，这些产品又被消耗、被损耗，越来越多的人逃离了城市。在上述条件以及许多其它此类条件下，大约两千万德国人该如何生活？眼下，这仍是个未解之谜。此外，德国人民的灵魂受到压抑，陷入绝望，因为接受了最后通牒，德国人本来就不怎么高的自信心和自我价值感也变得更低了，这严重影响了我们人民的生存意志。与此密切相关的还包括，青少年的风化越来越堕落，随战争而涌现出了数不胜数的各种性病和变态现象等等。我在此略举这些事情，是因为对我们这次大会而言，非常清楚的是，我们不应该关心如何把那些纯粹旧的、符合战前局势的所谓"立场"拿来相互比较、针对它们争来争去，而应关心如何才能在尽可能现实主义地把握住本质和细节的情况下真正去面对这个新局面，并在此基础上找到人口政策尽可能统一的新原则。德国人民需要在必要事项上达成一致，尽可能地去克服其在党派、阶级、部族、职业上可怕的分裂——过去几周内我们已经太清楚地看到，长此以往，这种分裂必将让民主和议会制变得不可能。在我们这个问题上，这样做也是必要的。

但还是让我们不要被蒙蔽了：尽管德国人民面临的对人口问题而言至关重要的总体生存条件发生了巨变，并且这种巨变促使人们改变思想，尽管现状要求我们在必要事项上达成一致，而此现状又有着强大的摧迫力，然而，对于人口问题以及任何一种从理论和实践上对该问题的解决而言都极为关键的那一点，则将会在总体上保持持久，并且其时间跨度不可预见。这一点不会或仅会在极小的程度上参与以上改变，它就是世界观在人口问题上产生的影响。

"世界观"〈以及与之关联的在生命评价、个体与集体行为的目标设定、道德连同对社会及历史事实的理解方面的差异〉是长期存在的历史持久结构。总之，在持久性方面，它们同社会、政治、经济情况的现实以及这些现实每每所要求的权宜性原则有着完全不一样的尺度。所有这些世界观——基督宗教的世界观及其子形式、社会主义世界观、自由主义世界观等——都深深植根于历史的幽冥之中，它们从历史当中涌现，它们在历史那里得到养分，并试图一而再再而三地去掌握历史的素材。它们不是"被做出来的"，而是降生、长大、活着并慢慢死去。关于世界观，我们无法"决定"什么，就连如我们祖国经历的那些深刻改变，最多也只给世界观的应用提供了新的素材，却无法扭转它们或撼动它们的本质。充其量，世界观会被迫从其多元的内容中，将一些别样的新元素更加强烈地凸显出来，或许也会将其片面化〈（只有把这些经过了长时段的进程汇总叠加，它们或许才会慢慢发生变化）〉。因此，有一点我们已经提前知道了：

这次大会上，我们将不会就世界观之间的矛盾达成一致。这些矛盾会像从前一样，以不同的方式影响着繁衍意愿的强弱及其在质上的方向，它们会让我们在此所关心的那些令人伤心的新现实显现在截然不同的理解和光照之中。不过也正因如此，我们这次大会从一开始就在开场导论中，用比较、描述的方式清晰地展示出了"世界观"这一要素对于我们提出的这个深远问题在各方面的意味。这对诸位打算展开的讨论也是有益的，并且还能起到开宗明义的澄清作用。因为，只有首先以这样一种比较的方式认识了诸世界观对于人口问题的意义，才能在我们这个被派系弄得四分五裂的——很可惜也恰恰（跟美国和英国相反）被世界观派系如此深刻割裂开来的——德意志民族之中，把所有那些也许有可能在实践层面达成一致的东西去给分离、提取、区分开来。

　　我发表这篇演说，并不是为了站在我本人的世界观立场上看待人口问题，或者甚至是多少为了对我本人的世界观做辩护式的推荐。我只想讲讲——具体联系到我们问题的——比较世界观理论。①〈我们要学会区分两件事：其一，世界观的要求是什么；其二，社会及政治现实已发生变化这一既成事实的要求又是什么，或者说，将诸种世界观或正确或错误地运用到此现实上，这一运用的要求又是什么。我认为，学会做此区分恰恰对诸位接下来的所有讨论都能起到澄清的作用。就算我们只知道下面这一点，我们知道的也已经很多了，这一点便是：你有着怎样一种世界观，那么，在这样或那样一种社会既成事实面前，你就必然会怎样行动。不管怎样，我们都知道普适性的科学在这里所能发现的一切。接受、选择某种特定的世界观，这既不是开一次大会就能解决的，也不是"证明"即可的。事实上，这是总体人格性的一次或多或少自由的举动，它被精神传统、命运、职业、阶级——只在非常有限的程度上被实证科学的结果——所决定。现如今，我们在一切领域当中都需要的，是彼此间在世界观层面的相互理解；在此，我所理解的，并不是在共同接受同一种世界观这个意义上取得一致（这根本不可能），而是相互认识对方世界观的内容及其对生命而言的意涵。〉

　　第一个问题便是，世界观与世界观问题都在哪些不同方向上涉

---

　　①　参见收录于本卷开头部分的基本理论文章"世界观学说、社会学与世界观设定"。

及到对人口事实这一整体所做的判断。以我目力所及，有四个主要方向。我们在对待每一种世界观时都应区分这四个方向。

一、首先是世界观因素，它们是以数量和质量来衡量的事实上的人口变动的关键的共同决定原因。之所以会有这种共同决定，是因为人的繁衍之举部分地取决于自由意志，即通过被我们区别于繁衍能力（或者不孕、不育）和纯粹本能（性冲动）而称为"繁衍意愿"的媒介。此外，这种共同决定还以繁衍形式（婚姻形式等）这一媒介出现。除去截然不同的其它因素（经济、社会等因素）造成的影响不论，首先，各种世界观同样也对这一意志产生了各不相同的影响，

293 不管是从繁衍的数量还是质量上说。至于这种影响有多大，这个问题本身已经是各种世界观之间的一个不小的争论焦点了。社会主义的理论家，尤其是马克思主义者，由于其唯物主义史观，会把这种影响看得非常小；根据这种史观，"世界观"本身只是一个时期经济状况的次要的、因果必要的后果和弱伴随现象；所有那些所谓的"财富理论家"也都这样认为。一切或多或少"唯心主义"的世界观，都承认精神、自由意志、人格性——比如那种首推经济的心态——以及道德规范在实践层面对历史生命有着决定性的影响，这样的世界观反而会把世界观对繁衍进程乃至人口进程的影响看得很大。

如果说在上述第一个也是最重要的这个方向上，"世界观"这项因素的意义有着很大争议，那么，在其它三个方向上，世界观产生的影响则是完全无可置疑的。

二、第二个方向跟世界观在理论、教育和政治实践层面对涉及到人口变动、人口事实问题的各种学说产生的影响有关。比如，在此意义上，对着眼于人口在质量与数量上的构成对历史生成所具有

的意义的全部理论而言，即一切所谓的历史观而言，世界观都发挥着极为深刻的影响。我们只需要想一想瓦尔特·拉特瑙颇具争议的那项主张就好了。拉特瑙认为，整个现代资本主义和工业主义都应归功于欧洲底层人口的快速增长（以及封建贵族高贵血统的灭亡）。[①]请诸位再想想与此类似的被马克斯·韦伯在其《罗马农业史》中大力抨击的、关于罗马帝国世界霸权的衰亡在血缘上的诱因的理论，想想德·戈比诺、沃尔特曼以及其他多位种族生物学家的观点。这些研究者都认为，促成一切历史生成的最强大的关键要素在于遗传值的命运及其构成。因此，他们的史观并不比马克思的经济史观更缺乏"自然主义"的色彩。在遗传值的种族混合当中，我自己只看见现实层面影响历史的要素当中最强的一环；而除了这些之外，尚有精神层面的"观念"要素，它们的价值不仅和前一类要素相同，甚至还要高于前者。[②]依我看，宗教与血缘、信仰与种族是历史最强大的推动力。相反，谁如果认为种族及世代种族的遗传值差异仅仅是缓慢产生的对于自然、社会和经济环境的适应，谁如果从种族的原初平等出发，像马克思和比歇尔那样，从经济层面的财产和阶级差异中推导出种姓、等级、职业之差异，或者甚至像奥地利的社会主义者鲍尔那样，从中推导出国族差异——在我看来这是人能想出来的最错误之事了——那么，他就必然会认为，人口在数量和质

294

---

① 参见本文集收录的纪念拉特瑙的讲话，另参前揭第 266 页提到的对拉特瑙作品的评论。——编者注

② 关于对历史发挥效应的要素，参见前引"知识社会学的诸问题"（第一部分）；另参《舍勒全集》第 8 卷，概念索引。——编者注

量上的变动、婚姻及性交易的形式，即所有那些以任何一种方式原初决定着繁衍的要素，其意义要小的多。以我的看法，人口论和种族生物学是一切现实社会学，尤其是经济社会学的基础。在其他人看来，它们只是衍生的辅助科目。

此外，同属一个门类的还有世界观对一切狭义的"人口理论"发挥的不经意的影响。确实，研究者在其意图上越是严格地谨守客观，这种影响就越是不经意。但它从来不缺席。它既不在马尔萨斯那里缺席，也不在其对手、世界历史的乐观主义者马克思、凯里和杜林那里缺席，而马尔萨斯曾试图为万世万代起草一部"人口法"，其内容众所周知，他的这一不可能达成的企图在极大程度上受到他把世界视为苦海这一清教观念和他对原罪思想的加尔文-清教式夸大这两点的决定。此外，这种影响还格外清晰地在关系到对人口变动诱因的认识的地方体现出来，比如，八十年代[①]以来欧洲出生人口数量普遍下滑的诱因，我们接下来还会谈到这个问题。而在对人口政策界限这个问题的回答上，世界观的影响非但没有变小，反而变大了。所谓人口政策界限的问题，即是指，繁衍在多大程度上是私人事务，在多大程度上是公共议题，在多大程度上有可能且应允许用法律手段和所谓"规章"来管理繁衍，公共影响当中纯道德与宗教层面的影响、教育、教会法及国家法这几个方面应怎样分配，最后，繁衍如何自主且自动地——在不干涉人性动机的情况下——自然而然地和谐调控自身（斯宾塞）。

〈这里，柏拉图、极端优生主义者、人口政策制定者当中的家

国社会主义者位于一端，极端个体主义自由派位于另一端。倘若允许我在此做一个分类，我会说：无论在何处都倾向于低估人格具有的心态与内心意愿而高估组织的社会主义者，正在向国家的人口政策施加巨大的、在我看来过大的影响。人口政策的历史（例如古罗马的人口政策，或是六十年代马尔萨斯为南德意志诸邦制定的人口政策）太过突出地显示了，人口政策其实收效甚微，尤其是在其致力于改变出生人口数量的地方。自由派太过相信人口数量和食品转圜空间之间的自动化自适应了，他们早在家国社会主义者之前，就清楚认识到人格性在这些事情上具有自由权；但他们并不认为，通过普遍伦常规范就能对这些事情施加国家以外和国家以上的道德-宗教及教会层面的——简言之，在塑造意愿方面可能的——影响，或者说，这样施加的影响在他们看来太微不足道了；这种看法又败坏了他们先前的清楚认识。〉

　　三、世界观对人口问题产生影响的第三个主要方向涉及到那些已被确定并且其原因也被认识的人口变动的价值标准及评判标准，同时还涉及到变动着的人口本身之中的那些与某些特定、具体的世界观相符的主要动机。在此，首先需要区分三类价值标准：a）国族层面的价值标准，比如国族的防御力或其国民经济总体生产能力。b）生物-卫生层面的种族健康最大化价值标准，以及应与之区分开来的民众健康价值标准（比如，分别按照种族健康和民众健康这两套价值标准，需要对住房问题进行完全不同的评价）。c）社会层面的价值标准，其目的在于，把人口变动及其未来方向放到它与客观或主观——即依据生活需求的平均水平——的食品转圜空间的关系中来，将其测定为人口"过载"或人口"不足"。d）节约力量的视

295

点——依我看近来该视点受到了戈尔德舍德① 相当片面的偏爱。从
该视点出发评价人口问题是看分娩和抚养会消耗或者相对而言会
获得多少人力、妇女力量以及劳动和其它方面的价值。(比如,从该
视点出发,如果人口增长是通过出生频率的降低、寿命的延长以及
婴幼儿死亡率的降低达到的,那么,比起经由完全相反的途径达到
的增长,这样的增长原则上就应该受到更高的评价。根据该视点,
如果人口增长规模值得追求的缩减是靠出生量的减少或寿命的缩
短达到的,而不是靠人口外流——若不是外流到殖民地,那么对国
族而言,抚养这些人口所包含的价值和费用就会随着外流而永远付
诸东流,并且还是流到其它的国族去——达到的,那么,这种降低
就应该受到更高的评价。)e)此外,还有文化层面的评判标准,该标
准采用种族、民族、职业、阶级在取得文化成就这件事上的精神天
赋差异及其特有的遗传值,从质的角度去评价人口变动,从而测定
出,若要获得良好的教育并在精神及伦常方面都健康发展,人口应
具有多大规模。

296　　这样,诸位立刻就明白了,一般而言,社会主义世界观是多么
片面地从社会和(自戈尔德舍德起)节约力量的角度出发进行价值
评断的,正如自由主义左派基本是从文化角度,右派(保守党和自
由主义右派)是从国族角度(防御能力),基督宗教的世界观——只
要是纯粹的——首先是从宗教-伦常角度出发做出价值判断的,然
后再从这个更高、更优越的视点出发,仅在加以补充时才去使用其

---

① 参见戈尔德舍德(R. Goldscheid)著《高等发展与人口经济》(Höherentwicklung
und Menschenökonomie),莱比锡,1911 年。

它的评判标准。〈(至于这个过程中，世界观从其自身立足点出发是否在事实上始终做出了"正确的"价值判断，而没有被片面地从国族角度出发的价值判断所裹胁，从而反对其自身的前提，特别是反对基督宗教诫命下的社会观和经济观，这一点我们留到后面再考察。)尤其是，这些评判标准有着一种在人之中起驱动作用的充满生机的秩序，该秩序便是从世界观当中产生的。〉

四、世界观对人口事实的实践、理论、政策产生影响的最后一个，也就是第四个基本方向，是群体中占支配地位的性道德以及与之相应的法律观。它们——如果涉及到婚姻观(金钱婚姻、等级婚姻、爱情婚姻)、离婚、禁欲、婚外性行为、非婚生子女(继承法)、堕胎、生育理性化(爱和生育的分离)，或涉及到对避孕技术、自由恋爱、性交易、女性运动的态度以及合乎伦常与不合伦常的艺术与文学、性别潮流与风俗等——对于各种不同的世界观、对基督宗教各宗派及其内部的派系分化(例如新教正统派和新教自由派)而言都是非常不同的。〈这种差异性同样会对人口变动产生影响，正如反过来，人口变动本身也可被视作——以不同的伦理来衡量[1]——性道德观念水平的标志。〉

在我开始根据这四重方向检验诸种世界观对人口问题产生的影响之前，还需要讲一讲在统计层面掌握这种影响的可能性。

大家都知道，已经有海量的文献(尤其是在 1900 年左右，因为当时首次将欧洲出生率自七十年代中期以来的下滑看作是整个文

---

[1]　关于伦理与道德性，参见《伦理学中的形式主义》(即《舍勒全集》第 2 卷)一书的第五篇第 6 章。——编者注

化世界的发展现象）试图寻找世界观对这一重要的、从价值上看固然受到了十分不同评价的现象产生的影响的统计学证明。随着这一现象的发现并随着人们对其做出阐释，人口变动尤其在我们国家发生了一次深刻的历史转变。温和的马尔萨斯主义和曾经支配着几乎所有伟大的德意志国民经济学家——如洛舍尔、阿道夫·瓦格纳、施莫勒、布伦塔诺、桑巴特——的那种对人口过剩的恐惧在市民世界里急剧回落，取而代之的是一种奇特的对人口减少和种族灭亡的恐惧，这种恐惧还侵袭了我们德国的精神领袖。瓦格纳将这种回落追溯到（跟德国人口的发生了变化的年龄结构有关的）某种"视觉欺骗"理论，他的这一做法后又被尤里乌斯·沃尔夫等人推翻。以下所有的解释都不足以完整地揭示新近一系列统计数据背后的含义。比如，死亡率特别是婴儿死亡率的大幅下降（但因为死亡率下降幅度比出生率下降幅度更大，所以人口的绝对增长仍会持续）、结婚减少和晚婚数量的增多、农村人口流向城市以及城市化、大众对避孕技术的认识、背后有着生理学原因的生殖力下降（只在非常有限的范围内可证）；又比如，因为女性运动 [1] 的发展而有越来越多女性参与生产劳动，女性在某种程度上变得男性化（且更加性冷淡）；还有其它一些被拿来对此做出解释的因素，比方说，即便大众生活水准在客观上得到提高，物质需求仍过度增长。

只有一种理论通过蒙贝尔特和布伦塔诺得到了许多支持，尤其是在社会主义和带有左翼自由主义色彩的阵营里，这就是所谓的财

---

① 参见《论价值的颠覆》中"论女性运动的意义"（Vom Sinn der Frauenbewegung）一文。——编者注

富理论。我认为，这一理论在总结和说明事实方面的巨大价值是不
容否认的，但我并不认为它把握住了事情的来龙去脉。德国学者当
中主要是沃尔夫①对这一理论发起了强烈的抨击，揭示了其弱点所
在。他还指出，"世界观"在出生率降低的诸项诱因中占据着重要
位置。在他的大作中，沃尔夫用两章的篇幅（"从大众教育水平和
秩序意识提高的角度提出的解释"和"从由教会中解放的角度提出
的解释"），大力将世界观的诸种因素推到对出生率降低的因果解释
的前端（特别是天主教信仰对人口增长产生的有利影响和社会民主
〈首先在"红色的"萨克森〉对人口增长的有害影响），以至于看上
去解释的首要责任是由世界观来承担的。大量统计资料都支持他
的这些研究成果。②

蒙贝尔特-布伦塔诺学派在对沃尔夫以及与他意图相近的文献 298
展开批评时，首先举出的是如下事实与因素，即，法国是一个以天
主教为主的国家，其出生率反而最低。或者，如果我们把普鲁士天
主教徒的高生育率当作世界观和教会归属重要性的证据，那我们就
忘了，这些天主教徒中的大多数其实是斯拉夫族、波兰裔的，因此，
这里的较高出生率不能既归因于这些阶层所奉行的宗教，又归因于

---

① 参见沃尔夫（J.Wolf）著《出生率下降——论我们这个时代性生活的理性化》
（Geburtenrückgang, die Rationalisierung des Sexuallebens unserer Zeit），耶拿，1912 年
版。

② 参见克洛泽（H. A. Krose）、罗斯特（H. Rost）、莱曼奇克（A. Lemanczyk）、
伯恩特莱格尔（J. Bornträger）、贝克尔（H. Becker）、泽贝格（R. Seeberg）等人对沃尔
夫表示赞同的作品〈以及布伦塔诺-蒙贝尔特学派反对沃尔夫的作品，尤其是温采尔
（O.Winzer）发表于 1915 年的《过去数年间的人口理论》（Die Bevölkerungstheorien der
letzten Jahre））。

他们的种族归属及其较低的文化层次和受教育水平。另外，财富理论家们还指出，天主教人口并不是因其宗教和教会归属而具有较高的出生率，相反，他们的出生率较高是因为他们平均而言拥有的财富较少，并且，天主教人口中的一大部分是农村人口。如果我们将工业区，比如亚琛、科隆、科布伦茨的天主教人口及其出生率拿来和巴伐利亚上普法尔茨地区的天主教人口进行比较，那么我们马上就能看到，出生率的巨大差异并不能从宗教角度去理解，而要基于不同的经济环境去理解。

　　因为时间关系，我无法对统计材料的案例以及从中得出的相关结论做进一步的说明。我只想指出，为了反对世界观的重要性而举出的原因，在统计上同样站不住脚。至于法国这个让人无法反驳的反例，可以说，法国从大革命开始在学校和整个公共生活中越来越强的去基督宗教化的做法（费理法、第三共和国的文化斗争法、政教分离法）是一个标志，但若考虑到法国天主教人口在统计数据上占的高比例，这个标志表达的内容其实甚少。这些群体仅在纯形式上属于教会，他们在实际上则缺乏鲜活的信仰。此外，法国的无信仰大本营恰恰是由南法的那些属于小农的农村人口组成的广大群众（和我们这里正好相反）。当地的农民阶层出于两方面的原因丧失了信仰。首先，杨森派运动对法国农民阶层提出了严格的要求[①]，致使他们对信仰产生了排斥。后来，当耶稣会试图重新赢得这一阶层，其收效也只是一般。其次，法国的农民阶层是法国大革命的产

[①] 即杨森派在繁衍义务上的"严格要求"，这些要求经证实是与法国农民阶层希望把财产尽可能完整地传给下一代的传统追求不兼容的。——编者注

物。废除了农奴制，消除了人身依赖之后，这个农民阶层才诞生，所以我们也就能理解，他们同样吸收了大革命的反教会观念。因此，沃尔夫正确地指出："根据勒鲁瓦-博利约的看法，儿童贫困现 299 象紧随在世俗化学校的推行以及由社会主义者与极端分子发起的政治及宗教启蒙运动之后出现。只在旺代、布列塔尼和北方省这些天主教会势力稳固的省份里，出生率尚有盈余。"在比利时，也能发现类似现象。

如克洛泽[1]曾恰当地展示过的那样，其余那些从统计学角度针对世界观在出生率问题上具有的意义而提出的异议，大都也能被驳倒。对这一意义尤其有力的证明来自矿工[2]的高生育力，它不能归功于职业活动的样式（精力充沛、勇气、力量、信任感），而主要应归功于这一劳动群体的天主教信仰，相比之下，新教信仰的矿工的生育力就要低一些。

尽管如此，每个客观并且无偏见地检验全部统计材料的人，都必然会得出如克洛泽所得出的如下结论："另一方面，凭借我们现有的统计手段，无法拿出足以证明出现这些差异的原因在于教派差别的实证证据来。没准在一个时间和空间都非常广泛的研究中，使用优化算法处理婚内生育力数据，也许或多或少能在很大程度上依据那些与教派差别无关的原因解释这些差异。这一可能性本身并不能被排除。"

---

[1]　参见克洛泽著"生育量回落与教派"（Geburtenrückgang und Konfession），载法斯本德（M. Faßbender）编文集《德意志民族的生存意志》（Des deutschen Volkes Wille zum Leben），弗莱堡，1917 年。

[2]　参见贝格尔（L. Berger）发表于《普鲁士统计署期刊》（1912 年）上的相关研究。

因此，让我们先把这种证明路径搁置一旁。根据我在认识论方面的见解，这些统计数据——和所有纯归纳式的确证一样——只有在关于人口变动的可能诱因以及在一国之内就其总体体制而言极有可能的诱因的心理学和社会学理论的观照下，也即本身不是从统计学而来的理论的观照下，才会获得一种可能的确定意义。

考虑到前面讲到的四个主要视点，现在，我们将提出以下问题：从历史〈和心理学〉的角度看，诸世界观是如何对生育意愿产生影响的？

一、基督宗教的世界观

现有几乎所有大型世界宗教都从宗教的角度认可了生殖力、圣化了繁衍意愿。我们一般采用这样的说法是没错的。只有佛教——与只允许有儿子的人升入天国的古印度信仰相反——是例外。这是因为，佛教的统摄其余一切的基本原则是："'空'要好于'有'。"然而，有待商榷的是，究竟该把佛教称为一种"宗教"呢，还是更该把它称为一种与自我解脱技术相关联的、以伦理为导向的"形而上学"。[1] 在西欧和信奉基督宗教的东方，我们只能在非常小的圈子里碰到同佛教类似的观点。

相对地，《旧约》尤其尖锐并且从多个方面表达了上帝对生殖力以及多子多孙愿望的认可。经上说："你们要生养众多。"[2] 子嗣

---

① 此处参见本卷"论受苦的意义"一文。——编者注
② 《创世记》1:28，9:7。思高本作"你们要生育繁殖"。——译注

是"上帝的馈赠"，是"上帝降福的记号"。"敬畏耶和华的，他的后裔在世必强盛；恶人的后裔必被剪除。"[①] 如此等等。然而，不容忽视的是，犹太教和后来的基督宗教的生生不息诫命在精神气质上差别很大。个体人格灵魂不朽的思想很晚才被犹太教接受。因此，人在其子嗣、血缘和犹太民族中获得生命的延续是最重要的事情。哪怕是在人格不朽思想开始盛行之后，子女对父母的尊敬、礼拜和孝顺仍旧是一种极高的价值。那条著名的生生不息诫命也并不止于首要被当作人类的普遍宗教义务。它给男人和女人规定了在婚内应大力生儿育女的义务。首先是因为，这样以色列这位"上帝的选民、被拣选的司祭之民"以及人类的导师能"永远存在而不致灭亡"。所以，起初乃属犹太教的生生不息诫命有着某种显著的国族宗教的特色。这一色彩最清晰地表现在第 126 首诗篇中[②]（大约创作于前 537 年，即后流亡时代）："看哪，儿女是耶和华所赐的产业，所怀的胎是他所给的赏赐。人在年轻时生的儿女好像勇士手中的箭。箭袋充满的人有福了！他们在城门口和仇敌争论时必不蒙羞。"这首诗篇简直将国族政治乃至国族军事的特质贴在了自己的脑门上。

　　与这些受《旧约》影响的思想圈相比，基督宗教文化圈中对犹

---

　　① 舍勒此处并非直接完整引用圣经经文。前半句出自《诗篇》112:1-2，思高本作"凡敬畏上主的人，他的子孙在世上必要强盛"；后半句出自《诗篇》37:28，思高本作"恶人的子孙必被铲除"。——译注

　　② 舍勒此处采用的诗篇（圣咏）编号以圣经希腊文七十贤士本和拉丁文武加大本（LXX-Vulgata）为底本，第 126 首对应于希伯来圣经中的第 127 首。译文采用和合本，《诗篇》127:3-5。思高本作："的确子女全是上主的赐予，胎儿也全是祂的报酬。年轻少壮所生的子嗣，有如勇士手中的箭矢。装满自己箭囊的人，真有福气，城门前与敌人争辩，不受羞耻。"——译注

太教繁衍思想进行的改造是很深入的：第一，除了普遍的义务式的性道德，还加入了在"全德之路"（via perfectionis）上以及随着隐修生活的兴起在"福音三誓愿"当中的贞洁理想。禁欲苦修思想受到了极大的举扬。第二，另一方面，婚姻中的生育义务不再具有国族政治的特征，它扩展到了所有人身上。第三，婚姻本身除了其天然的理性特质之外，还成了宗教神圣性的标志。根据保罗，丈夫与妻子的关系被设想为可类比成基督与教会的关系，基督是头领和新郎，教会则是服从头领的身体和新娘。婚姻由此获得了圣事的特性。这件圣事虽然是由缔结婚姻的双方本身的同意而订立的，不过一旦订立，它便经由某种上帝意志之举而不可解除地存在。《旧约》里在多个方向上仅是有条件的一夫一妻制（让我们想想《旧约》里的"妾"），现在成了性交和繁衍的唯一合法形式。第四，婚姻不仅成了宗教意义上的救恩共同体，还在比犹太教和古典时代所知悉的程度高得多的程度上成了灵魂-精神意义上爱的共同体。乃至于，后一种因素在基督宗教最初几百年的历史里所占的分量变得如此之重，相比之下，婚姻作为繁衍制度这一点的重要性反而大大降低了。

基督宗教带来了西方特有的那种两性之间的爱情。[①] 今天，这一点也在可喜的程度上得到了基督宗教以外的研究者的承认。罗密欧与朱丽叶只有在基督宗教文化的土壤中才可以想象。在不仅诞生了恋歌、而且连阿西西的方济各也从中获得了自己宗教语言的

---

① 此处请参卢卡（E.Lucka）著《情欲的三阶段》（Die drei Stufen der Erotik），斯图加特，1919 年；另参见马尔库塞（M.Marcuse）著《繁衍思想与意愿的变迁》（Wandlungen des Fortpflanzungsgedankens und -willens），波恩，1918 年。

色彩的普罗旺斯语运动当中，在彼特拉克的基督宗教人文主义当中，在米开朗琪罗的十四行诗中，在但丁笔下的贝阿特丽丝和《新生》中，这种爱情得到了越来越美妙的表达。欧洲的爱情并不像人们认为的那样，是一种让一夫一妻制"变得可以忍受"的尝试，相反，除了它别的功能，这一制度同时也是将涣散的性本能吸收到被精神赋予了生命的人格之爱所具有的持久中去的一种尝试。①

对基督宗教的证道者、教父和圣师们来说，要去为婚姻辩护，或者甚至要把婚姻定义为获得大量优良子嗣绵延的最佳形式的这种想法是完全陌生的。倘若我们同意采取这种辩解标准，那么，依我看，就算是到了今天，我们仍无法为基督宗教的一夫一妻制辩护。②基督宗教的爱情和婚姻观的发展在这里要区分为三个阶段。在对基督不久即会再临、尘世间会因上帝施行的某个奇迹而建起神国的希望依然强烈存在的那段时间里，初代基督徒们对待婚内繁衍几乎是完全无所谓的态度。因此，大约在保罗生活的时代，最初的基督徒婚姻很多都是所谓的"约瑟之婚"。③然而，随着这些希望逐渐变得渺茫，婚姻作为繁衍制度这一主要目的得到了越来越多的强

302

---

① 参见拙作《同情的本质与诸形式》，波恩，1923 年。［参前揭 A 部分第七篇，其余参见概念索引。（法兰克福，1948 年第 5 版）作者的《论同情》一书亦作为《舍勒全集》第 7 卷重新出版。另参作者遗作"论羞耻与羞耻感"（Über Scham und Schamgefühle）中针对性欲和两性之爱的相关论述，收录于《舍勒全集》第 10 卷，《遗稿第一卷》。——编者注］

② 参见艾伦菲尔斯（Chr.v. Ehrenfels）对一夫一妻制的尖锐批驳，仅从生物学立场看，他的很多看法都是正确的。他的错误在于仅仅或主要只衡量了一夫一妻制在生物学上的价值。

③ "约瑟之婚"（Josephsehen）取自约瑟和玛利亚的婚姻，意为出于信仰原因而放弃婚内性行为的婚姻。天主教习惯上将"约瑟"作"若瑟"。——译注

调。于是在第二阶段，婚姻虽然——只在次要意义上——被承认为繁衍制度，但在这一时期，生育意愿依旧不是特别强。一些教父甚至说，经上的那句"你们要生养众多"在他们的时代已经失去了意义。直到历史的所谓第三阶段，即教会不得不与诺斯替派尤其是与摩尼教的唯灵论进行激烈精神斗争的阶段，作为教会的教会才接受了那句适用至今的对婚姻的规定：繁衍是婚姻的"首要目标"。这些派别一会儿主张包括摒弃婚内两性共同体在内的完全禁欲，一会儿主张放浪形骸或者（类似于今天的在繁衍这件事上的"理性主义者"）将爱的享受和生育区分开来。从世界观的角度看，在世界观历史的任何时代，系统化的避孕都既产生于极端唯物主义和感官主义世界观，又产生于二元主义和超唯灵主义世界观。如果说身体——如柏拉图最初教导的那样——是灵魂的"牢笼"，而灵魂在出生前就已存在，只不过是被生殖举动卷入了恶与物质的幽冥的话，那么，将神性的光明灵魂放逐到物质中去的这一举动本身就不可能是"善"。摩尼教徒，也就是奥古斯丁曾艰苦与之对抗的强大教派，便醉心于这种观念。但因为他们又不愿放弃爱的享受，于是，他们开始采取避孕措施。奥古斯丁针对他们曾说过一句名言，从历史角度看，基督宗教对避孕措施的禁用直到今天都建立在这句话的基础之上。依照罗马-天主教的看法，这一禁令在事实层面的理由并非教宗的训导权威，它不是教会的诫命或禁令，而是"自然理性"的诫命，这一诫命为训导权威划定了一道界限，而训导权威也只需要保护其免于"晦暗不明"即可。该"理性诫命"的依据在于如下洞见，即，生殖器官和生殖举动的客观天然目的便是繁衍，而非让个体获得快感。快感只是一种"伴生现象"，此外它在生物学上还具有散发吸引力的作用。但在这一客观天然目的中，上帝意志会以自然的方式表达自身，因此，用任何一种禁阻的方式去对待上帝意志、妨碍它发挥作用，都是不对的，都是犯罪。按照天主教观点，有了这两条基本原则，即关于婚姻的原则和后面这条原则，任何婚外性行为、任何完整或半完整的多配偶制、任何样式的避孕、任何形式的堕胎和遗弃婴儿、乃至在婚内性行为中仅着眼于感官快感的内心意图，都是有罪的。对奥古斯丁来说，采取避孕的罪是小罪而不是大罪，这是奥古斯丁和今天教会立场间的唯一差别。

　　对该体系的第一次深刻偏离表现在新教的诸宗派形式对繁衍思想产生的影响上。正统路德宗和加尔文宗的范围内，在避孕禁令及其理由这方面并没有发生偏离，在对待堕胎和遗弃婴儿的态度上没有发生偏离，在禁止为了挽救母亲生命而采用穿孔或剖腹产去牺牲婴儿生命的禁令方面没有发生偏离，在有关伴随生殖过程的"内心意图"的理论上也没有发生偏离。在新教的加尔文宗范围内，甚至连性行为中的任何一种快感意图都被列为罪（在路德那里也是如此，都要比按照天主教的理论更强一些）。而依据天主教观点，对快感的有节制的连带意图是无罪的。在新教文化圈中，对所有这些事情固然都缺乏告解室这一系统化的控制，虽然这种控制在实践层面很重要，但也不可高估其作用。奥古斯丁拿来反对婚内避孕行为的同一个原因——即"生殖器官的为上帝所愿的天然目的"——被路德加以夸大，并被拿来作为反对"守贞是上帝所喜爱的功劳"这一点的部分理由（比如他写于 1522 年的一篇檄文）。路德在那篇文章里写道，"男人不能没有妻子，原因是：生儿育女就像饮食起居一样，是深深植根于自然之中的。"在 1525 年 3 月 27 日的一封信中，他写道:"人类是并将一直都是亚当的子孙,因此,人类应该也必须生儿育女。"至于婚姻,比如在1525年12月6日给施帕拉丁的信中,尽管路德也赞美和强调婚姻中的爱,但他还是更加不遗余力地突出甚至拔高婚姻的繁衍目的。这一点也清楚地体现在他对待婚变的态度上,他要求对通奸者处以死刑。不过,对一直不孕的女性,他倒是容许婚变。妻子的分娩义务在他那里得到了清楚无比的强调:"假使她们困倦了,最后生了死胎,那也没关系,就让她们生死胎吧,她们活着本来就是为了这个。短时间健康地活着总比长时间不健康地活着要好。"类似说法还有很多。婚变的情况下,离婚是允许的,没有责任的那一方是可以再婚的。路德是抱着比天主教还要更强烈的对罪的恐惧来看待快感的。在路德(以及奥古斯丁)看来,原初状态下,就算是没有肉欲快感,繁衍也照样应得以完成。他认为,用无法避免的快感作为繁衍义务的诱饵其实是继承罪性的一个明显的例证。所以,婚姻基本上仍然只是"罪的约束物与良药",即对罪性、对路德所说的"无法克服的"的情欲的妥协——也就是上帝为了子嗣的缘故而仁慈地对快感睁一只眼闭一只眼的那种妥协。

　　不过,对于我们的问题,比至今所说展现出来的表象深刻得多的,却恰恰是新教观点偏离天主教所特有的观点之处。路德针对守贞理想的斗争,不仅意味着针对隐修生活的斗争,它首先也意味着针对这一制度当中所包含的伦理的斗争;在天主教会内,就算是在平信徒的灵魂中,这种道德也是强有力的。将欲望能量主动升华、净化和改良为灵魂性的两性之爱,或是宗教上各种爱的形式,又或是囊括全世界的明爱(Caritas)(路德只承认明爱是职业劳动的一部分①），甚或是浪漫的幻想，所有这些，都被"唯赐永福的信心"这条教义大大地削弱了。在这里，路德距离但丁、方济各或彼特拉克这些人无比遥远。婚姻变成了浪漫爱这样一种特性，而那种细腻柔和、与婚姻的圣事特性紧密联系在一起的精神-灵魂层面的对爱的感受则在极大的程度上被剔除了。婚姻的幻想破灭了，被市民化了，它后来仅存的市民特性就是这样被准备起来的。一直要到虔诚派，特别是浪漫派的时代（这里首先是施莱尔马赫），人们才又试着再度把旧时基督宗教的知觉及情感形式重新放回到婚姻里——当然，以他们采取的方式，旧的基督宗教道德的那种客观且威权的土壤以及所有那些路德仍然和天主教共同遵守的原则，如今都或多或少被完全离弃了。其次——这对我们的问题来说是最重要的——繁衍意愿或者其反面被新教置入了它自己的内在责任和人的个人良知之中。②当然，这里绝不是在宣称，通过避孕进行的否定式的理性化是伦常合理的。但这样一来，生殖意愿的天真单纯质朴形式就被切断了，并且，形式上的理性化，即个体意义上的理性化，也就作为后来那种——被自由主义和社会主义世界观所捍卫的——物质上的，同时也是否定式的理性化的一个前提而被创造了出来。在这一点上，〈全部教派的〉所有客观评价历史发展路径的人都是一致的。

在新教自由派内，事情却是以完全不同的方式发展的。③ 这里，305

---

① 参前引卢卡的中肯分析。

② 此处参前引马尔库塞尤为深入的分析，第 35 页。

③ 此处参拉德（M.Rade）著《基督宗教对性生活的态度》（Die Stellung des Christentums zum Geschlechtsleben），另参冯·罗登（v. Rohden）著"性问题与新教"（Die sexuelle Frage und der Protestantismus），载《性别问题》（Sexualprobleme）杂志，1910 年；以及萨特霍夫（Saathof）著《施莱尔马赫论友谊与爱》（Schleiermacher über

虽然婚姻——正如前面提到过的那样——重新获得了它深层的爱的内涵（"精神-感性之爱"）。但另一方面，奥古斯丁的下述基本思想被打破了，即，性行为仅仅是为了生育这一目的，而且上帝意志在这一天然目的当中展现出来。不过，这句话既是犹太教性道德的基石，同时也是现有的整个基督宗教的两性道德的基石。

施莱尔马赫上承虔诚派，下启浪漫派，从他开始，另外一种思想得到了传播，那便是，性行为根本就不必在"目的"这个视角下被打量。性行为应是一种主观无目的的举动，而非既是某种目的动作、又是某种表达动作——也就是在个体层面相互协调、彼此适合的两人之间的爱的表达。在施莱尔马赫发表于1789年《雅典娜神庙》杂志的文章"性道德十诫"当中，第六条诫命便是："你不可故意造人。"对此，他在《密信》的第三封中做了如下评论："享受爱的甜美馈赠时，不可有任何意图，既不可有应予惩处的附带意图，也不可有'制造人'这种本身无辜的意图。这是因为，就连'制造人'这项意图也是狂妄的——其实我们无法这么做——同时，它还是低级而又渎神的。因为这样一来，爱之中就会有一些东西被和其它什么东西联系起来。"另外，在那封信中他还写道："我同样不喜欢让快感显得像是那种不知道自己要什么的本能，或是那种指向直接感受的欲求。"萨特霍夫用以下说法肯定了施莱尔马赫的总体态度："旧时教会视性快感为罪的观点被施莱尔马赫克服了。路德虽然对婚姻评价甚高，并常常赞美婚姻的美好，但其思想却仍透露出教会

Freundschaft und Liebe），萨勒河畔的哈勒。［此处人名 E. Rade 疑为 M. Rade 之误。——译注］

旧观念的强烈影响。两性之爱和性欲被承认为一种天然的、由上帝馈赠的财富，而伦常精神又让这种财富变得更加高贵。感官和精神被要求在性欲中相互渗透，由此，性的感官性被提升到了伦常的层次。而施莱尔马赫受到浪漫主义生活理想的启发，在婚姻方面大力强调的则是另一种思想，他认为伦常特性恰恰需要在夫妇共同体当中加以发展。在施莱尔马赫看来，婚姻是由两个有着独特个性的人组成的共同体，两个人具有彼此互补的气质，十分神秘地相互吸引，在伦常方面相互促进，并透过完全的生命共同体彼此融合成同一的意志乃至融为一体。相应地，婚姻的目的完全被放到了夫妇双方的伦常共同体上。他不再谈论上帝对两性共同体目的——即繁衍人类——的自然规定，而是对作为爱的共同体的两性共同体加以赞赏。"与此一致的是，在新教自由派内，婚姻的繁衍目的被视为完全是次要的，婚姻首先应是"爱的婚姻"。[①]

　　施莱尔马赫的思想得到了继续发扬。而后，在社会主义者和自由主义者那里，形成了针对犹太教–基督宗教的性道德中旧的基本思想的如下反对意见：就算承认繁殖器官和繁衍行为起初在动物那里——甚至因为发情期而变得有规律——具有繁衍这一天然目的，而一切人类发展的标志都在于，人之天性的配置起初虽只服务于生物学上的物种延续，在发展的过程中却也被应用于生物学以外以及

---

①　此处及下文，参见拙著《同情的本质与诸形式》（波恩，1923 年）中笔者对于两性之爱与生育问题的形而上学和伦理学观点。[参见前引 A 部分第七篇，其余参见概念索引。（法兰克福，1948 年第 5 版）作者的《论同情》一书亦作为《舍勒全集》第 7 卷重新出版。另参作者遗作"论羞耻与羞耻感"（Über Scham und Schamgefühle）中针对性欲和两性之爱的相关论述，收录于《舍勒全集》第 10 卷，《遗稿第一卷》。——编者注]

超越生物学的个人目的之上了。例如，我们吃饭，不仅是为了填饱肚子，此外还是因为菜肴的美味可口。我们的视觉和听觉器官起初可能是为了区分敌友、区分对生命有益和有害的东西而存在的，但在如艺术和纯粹认识当中，我们的视觉和听觉便或多或少不再受制于这一生物学目的了。我们的理智（Verstand）及其思维范畴起初也许只是生存斗争的一种工具，是为了让我们的行动适应环境的一种工具，但在科学事业中，理智却为了真理本身而去追求真理。此外，就算情绪上的一切力量和本能都有着物种延续的意义，但在文化发展的过程中，它们还是可以服务于个人发展和个人享受。既然如此，伴随着性行为而知觉到的快感为什么不能服务于某种独立的文化以及某种不依赖于它在生物学上所具有的诱发性行为的这重意义、与性行为无关的灵魂生机呢？[①] 因此，格罗特杨[②] 说："较高等的文化发展中，消失的仅仅是表现出我们同动物国度间的亲缘性的关联。人之所以饮食，也是出于饮食的美味可口，而不仅仅为了维持生命。人之所以在没有生存必要的情况下也使用眼睛，为的是欣赏自然和艺术之美。人的听觉器官不仅对指示危险的响声保持警惕，同时，它也聆听音乐那些悦耳的音符。享受乃是独立于生存必需的；并且，享受式生活越是随着文化的发展而得以产生、变得精致、达到普及，这种区分就越是会变得有意识。而这种将生存必

---

① 西美尔在其（遗）作"爱论之片段"（Fragmenten über die Liebe）中，也非常细致地阐发了这些思想，载《逻各斯》杂志，第十卷，第一册，1921 年；另参笔者在拙著《同情的本质与诸形式》（波恩，1923 年）中对西美尔的深入批评。

② 参见格罗特杨（A. Grotjahn）著《出生率下降与控制出生人口》（Geburtenrückgang und Geburtenregelung），柏林，1914 年，第 299 页及下页。

需和享受源泉区别开来的做法也进入到人的性生活之中。避孕措施的引入将使它们成为公共财富。无论我们在文化上对这一发展给予高度评价，还是对之感到惋惜，它已无可更改。我们必须清楚认识到，随着这一发展，性欲及性欲的满足永远并且彻底地同繁衍区分了开来，因此，繁衍将不再伴随最强烈的自然本能发生，而将随着基于理性考量之上的'生儿育女意愿'发生。"①

自由主义和社会主义方面还有更多反对意见如下：纵观整个人类历史，曾作为"文化产物"出现的，并不是上述区分（先民们就不知道性行为和生孩子之间的关联），而是爱和生殖意愿之间暂时的关联。原始先民恰将性行为视为某种"游戏"，而把怀孕和生孩子归结于完全不同的诱因。与此同时，还存在过对两者间的这种关联完全不知情的伟大文化与时代，我们只需想想古希腊的情妇体系和狄摩西尼的名言，以及法国旧制度下的风俗即可。②就连基督宗教的性道德，它虽然反对这条对快乐与繁衍加以区分的原则，却也并不是一以贯之的；因为，在婚姻双方有一方不孕不育的情况下，以及在高龄的情况下，特别是在怀孕期间，性交是允许的，尽管这种

① 参见笔者在拙著《同情的本质与诸形式》（波恩，1923 年）中对格罗特杨的这些类比所做的详细的心理学批评。[参前引 A 部分第七篇，其余参见概念索引（法兰克福，1948 年第 5 版）。作者的《论同情》一书亦作为《舍勒全集》第 7 卷重新出版。另参作者遗作"论羞耻与羞耻感"（Über Scham und Schamgefühle）中针对性欲和两性之爱的相关论述，收录于《舍勒全集》第 10 卷，《遗稿第一卷》。——编者注]

② 此处参见桑巴特著《奢侈与资本主义》（Luxus und Kapitalismus），慕尼黑，1913 年；另参克鲁克霍恩（P. Kluckhohn）著《十八世纪文学与德意志浪漫派的爱情观》（Die Auffassung der Liebe in der Literatur des 18. Jahrh. und in der deutschen Romantik），哈勒，1922 年；作者在其中有诸多恰切论述。

情况下的性交无法达成其所谓的天然目的。比如，旧时犹太教的两性道德完全禁止与孕妇性交，这种做法更具有一贯性。另外，以禁欲的方式自愿弃绝繁殖后代和两性之爱的人，也并未运用上帝赋予自己的繁衍天资。最后，还有一种（比如来自马尔库塞[①]和穆勒-莱耶[②]的）反对意见，这种意见认为，爱情和性行为这两者之间手段-目的式的关系发生了颠倒，以至于性行为首先只需要被当成是爱与灵魂之爱的表达和标志。因此，一方面，性行为成了一件不依赖于两性间充满爱意的结合而被希望的事情，在这件事上，人们只需自己为自己负责即可；而另一方面，爱与对爱的享受则有着它们自己特殊的权利。

　　上述这些类比和反驳究竟孰是孰非，在此恕不详述。在此我们只关注这种看法在思想史上的生成。

　　如前所述，新教在这些问题上逐步经历了从自我担责（在由上帝所规定的、将享受排除在外的最强的生育义务之下）到形式上的理性化，最后再到对某种具有强制力的客观权威与传统发出质疑的发展过程。而路德新教即便在创立之初从原则上将爱和性行为区分了开来〈最后主张自己是有否定式的理性化这项伦常权利的〉，我们也绝不能因此就顺理成章地让路德为新教在这方面观念的后续发展走向负责。

　　在"避孕权利的观念是如何发展出来的"这个问题之外，还有一个问题，那便是，对于应用此权利有着更强烈动机的群体是如何

---

① 参前揭。

② 参见穆勒-莱耶（Müller-Lyer）著《爱的阶段》（Phasen der Liebe）。

发展出来的。避孕动机就其种类来说有许许多多，并且，它们的价
值也各不相同。比如说，动机包括：自私的享受欲；（在法国和意大
利）对已经生养的孩子过于细腻和温柔的爱；对将要生养的孩子在
经济上的未来的操心以及更加个体化的责任心；担心已有财产被分
成太多份；对女性身体的保护，将其柔弱化为"淑女"；物质匮乏（例
如在物价上涨时期）与充裕；主观上生活需求的提高，超出了家庭
食品转圜空间所允许的范围；对在收入水平低且增长极缓慢（例如
公务员婚姻）的条件下还要维持某种合乎等级的"生活水平"的顾
虑；害怕非婚性行为的后果会招致社会谴责。不过，现代理性化至
关重要的动机还远未被触及到。因为，特别是如沃尔夫和奥尔登贝
格认识到的那样，这种动机首先是被我们称为"资本主义精神"或
者"可计算性"精神以及系统性地将生命理性化的精神之类的东西。
在这种均等地囊括并贯穿了繁衍与经济这两者的基本心态里，桑巴
特、韦伯以及我自己都看到了那只真正推动着资本主义发展本身的　309
初始驱动轮（我不想在此深入批判这个问题[①]）。新教加尔文宗首先
尤为清晰地发展出了这种精神。[②] 马克思就曾说过，信奉资本主义
的人，就算不是清教徒，大概率也是新教徒，就连自己的肉欲，他都
统统祭献给了黄金偶像，"从他开始，才终于有人认真对待禁欲这
一福音"。依据沃尔夫和奥尔登贝格的上述观点，就我们的问题而

---

　　① 此处参前揭第 285 页所提及的舍勒论述资本主义问题的文章，《舍勒全集》第
4 卷，第 615–675 页。——编者注
　　② 此处及下文参见韦伯著《宗教社会学文集》，第一卷，1920 年；另参特洛尔奇
著《基督宗教诸教会的社会学说》，图宾根，1919 年。

言,事情现在是这样的:富足并不——像财富论者所认为的那样——是出生率降低的原因;反之,更少的子女数量以及养育子女所需的更低费用,也并不是财富水平提高的原因。正相反,富足以及对生育意愿的否定式理性化这两种现象,首先只是同一个原因,即我们可称之为"资本主义精神"或"可计算性"的人类精神形态及特性所造成的平行后续效应。随着新教——在其恩宠论中将灵魂与上帝间的关系变成某种纯粹消极的关系——把人的全部自由活动都单方面地固定在尘世目标(职业工作等)上,正如它通过停止在宗教权威和道德层面对经济施加控制,间接地让这种资本主义精神得到了极大的提升,同样地,新教也导致了经济上的过分活跃,而这正是资本主义创业精神的标志。这即是说,在资本主义经济体系中,人们透过同一个心理学发条,既自发限制了子女数量,又变得富足。

我个人认为,这种解释是对人口变动曾经有过的所有解释当中最深刻且最重要的。它向我们展示了其它理论未曾展示过的,那便是世界观因素的统一,从这种统一中,同时诞生了两种伴随后果:资本主义以及否定式的理性化。这种解释还让我们得以理解,为什么一般而言,天主教徒在以新教为主的民族中既是较穷的那群人,同时也是在繁衍问题上"反理性的"那群人,即在出生率上更靠前的那群人。但首先,这种解释向我们指出了一种规律性,我想要将其称为"现代西方高度发达的资本主义文化的特殊人口规律性",它指的是这一历史时期的主导阶层原则上会更少繁衍。由此,让他们胜任此支配地位的遗传值,就不会像底层大众的遗传值那样,更远地传递到未来。很明显,若只有这种以独特的方式决定着繁衍质量和数量间关系的法则在起作用,那么,它势必会导致这些文化走向颓败。社会主义者格罗特杨[①]所言完全正确："现有状态是，上层圈子并不是靠自身增殖，而是靠下层个体的阶层爬升获得补充。无论如何，随着时间的流逝，这种状态一定会让国族把聪明能干者、天赋异禀者和意志坚强者消耗殆尽的。"如果有人认为，这种特殊的规律性是某种"自然律"或是历史发展的普遍法则，那他就大错特错了。[②]在绵延千年的中国文化中，我们看到了截然不同的增殖趋势的一个重要范例：在那里，社会等级更高、更富足的圈子从比例上讲要比下层民众人丁兴旺的程度更强。在普鲁士贵族那里，某种程度上甚至在法国广大的布尔乔亚那里，我们能看见同样的趋势。在犹太人那里，我们也能察觉到类似趋势：和自身宗教传统脱节的西方犹太人不可遏制地走向生物学上的衰落。就连在这里，能解释存在于贫穷的东方犹太人和富有的西方犹太人之间在生育力上的巨大差异的，也并不是富足程度，而是对生命的全都着眼于极为片面的经济目标的动机和指导思想进行理性化与自由化的做法。在我看来，若顺着这个趋势，长此以往，高度发达的资本主义文化必将自掘坟墓，因为它们正亲手把自身领导者群体所特有的遗传值逐渐从这个世界上清除出去。[③]沃尔夫已用大量数据证明，荷兰和瑞士的新教人口在某种程度上受到来自增势更猛的天主教人口的挤压，这一趋势也与上述观点相符。

倘若我们把希腊-东正教也加入到对全体基督宗教世界观阵营

---

① 参前揭，第 316 页。

② 财富论者尤其愿意这样认为。

③ 前揭。——编者注

的简要比较中来，那么，沃尔夫①以如下方式刻画的基督宗教诸民族在繁衍问题上的关系就是有道理的了：

"一、希腊-东正教信仰：性生活基本上属于本能活动，对于担责性没有明确的意识，处于半蒙昧状态，遵循着某种就其价值而言不受怀疑、绝不在任何情况下被当成批判对象的上帝诫命；

二、天主教信仰：抱持繁衍意图进行性生活，有上帝诫命的意义上的意识，取消人的权限，'落入上帝的怀抱'，相信子女不会缺少'上帝保佑'；

311　　三、新教信仰：在严肃思考过会对父母和子女造成的后果的前提下进行性生活，同时意识到对子女的担责性，这是伦常诫命为父母规定的担责性，这样一来，'伦常诫命'就同圣经上的话产生了竞争关系。甚至，伦常诫命作为更为严格的义务，也许还会超越圣经之言的等级。再加上根据日常经验，神性世界秩序看上去并不包含被天主教徒所假定的那些保障（养育子女的保障等）。新教当中的批判精神也为信徒提供了工具，要求信徒进行验证、比较，不要未加思考就全盘接受上帝之言，反而，在义务发生冲突的时候，甚至应当对产生自不同于今天的条件的上帝之言（即'你们要生养众多'）采取反对态度。

四、无信仰，这里既包括消极的、明确不凸显自身态度的无信仰，也包括几乎是摆出来给人看的无信仰：在完全不在意上帝之言情况下（如果是狂热的无神论则是在讥讽上帝之言的情况下）进行性生活，也就是一种基于理性主义、细致考量的行为。"

---

① 参前揭，第90页。

　　用一句话表达即是：我们在希腊-东正教信仰中看到一种未加批判的全盘接受，在天主教中看到对传统的有意识的认可，在新教中看到自我担责以及对传统的批判，在无神论那里看到对传统的摈弃。研究文献中已有不少与上述主张产生共鸣的例子。比如，阿道夫·瓦格纳[①]就曾十分形象地描述过为人丁兴旺的家庭奠基的那种精神与灵魂状态，不过，他仅仅将其称作"前马尔萨斯"时代的精神与灵魂状态。可我们马上就会看到，就连六、七十年代的精神与灵魂状态也是马尔萨斯式的。用瓦格纳的话说，"在此起决定作用的观点是如下这些：那种仍广为流传的神学观点，认为在人类的这一最重要的生命领域以及人类的所有生命领域中，上帝都有直接的'安排'，圣经上也说，'你们要生养众多，在地上繁衍昌盛'[②]；新教国家强调守独身在伦常方面是有危险的，以及凡基督教国家，都承认生儿育女乃是伦常义务，人为限制婚内子女数量则是有背伦常的；还有观点指责，害怕在婚内养育大量子女是对上帝缺乏信任，对此可参考基督那句名言，'不要为明天忧虑，不要为你们的生命忧虑吃什么，也不要为你们的身体忧虑穿什么等'[③]，反过来，婚内应多生育，多子多孙是可见的'上帝福佑'。（比如新教牧师家庭！）"

　　现在，让我们对基督宗教世界观当中包含的对繁衍持赞成态度的强有力的灵魂动机——除了某些特殊法则和制度之外——概略式 312

---

　　① 参见瓦格纳（A. Wagner）著《农业国家与工业国家》（Agrar-und Industriestaat），耶拿，1902 年第 2 版，第 66 页以下。

　　② 《创世记》9∶7，思高本作："你们要生育繁殖，在地上滋生繁衍。"另参《创世记》1∶28，思高本作："你们要生育繁殖，充满大地。"——译注

　　③ 《马太福音》6∶25，6∶34。思高本作："不要为明天忧虑，不要为你们的生命忧虑吃什么，也不要为你们的身体忧虑穿什么。"——译注

地稍加总结。我想区分以下几点：

一、对神性世界秩序持信仰且信赖的态度，有勇气的生活态度而非充满恐惧的生活态度，有信仰的生活态度而非算计式的生活态度。将天主教、新教及犹太教联合起来的，是以下这种心态的广泛盛行：上帝会照料子女，哪怕我尚且看不清楚这具体将会如何发生。

二、家庭观念有着更重要的意义，灵魂为持续性的总体目标做了更好的准备，在与繁衍的关系中，灵魂也做了更好的准备；因而，在这里，国族动机相对于社会动机和经济动机而言也要更强一些。

三、透过如下思想在宗教-形而上学层面将婚姻内的性行为圣化：父母只是上帝新创造一个灵魂的过程中的机会诱因，于是，父母也就成了不朽的灵魂国度得以扩张的机会诱因（创造主义）。[①]

四、将婚姻视为客观圣事形式（其效力不依赖于参与者的主观情感关系）的这种婚姻观要求在性生活当中对享受欲和随心所欲这类个体主义动机加以抑制。

五、依然存在着的对门当户对的等级婚姻的偏好，以及对缔结婚约者的健康状况的更高关注，这既与有着浪漫渊源的爱情婚姻相反，又与源自资本主义的金钱婚姻相反。金钱婚姻和爱情婚姻在生物学上都没有被证明是无条件有利的。金钱婚姻，尤其当它像在欧洲大陆上那样被同彩礼婚姻联系在一起时，在生物学上尤为有害。还有一些著名社会学家认为，尤其因为英格兰-美利坚民族没有彩礼婚姻，所以他们在人种上特别纯正。

---

① 此处参见拙作《同情的本质与诸形式》(1923 年)中有关"生育形而上学"的论述，第 129-143 页及以下。[参见《舍勒全集》第 7 卷，第 125-137 页。——编者注]

六、在天主教会里，还有透过告解室所进行的严格控制。

需要强调的是，另一方面，基督宗教的世界观在面对一切被法律规定的优生学以及在面对实际存在的种族卫生问题中无所不包的国家权力时，都会保卫人格权，并针对前述对人口变动进行价值判断的标准做出某种慎重的层级划分。对于恒久的民族价值的意识让基督宗教的世界观无法就人口政策问题做出片面的、局限于社会层面的现状评价。它那超越国族的精神，尤其是天主教世界观的超国族的精神，也让它无法去设定片面的国族权力与扩张目标。除此之外，家庭在某种意义上是一种前国家结构，因此，子女教育权以及决定子女教育方式的权利也不是国家所赋予的权利。这种观念让基督宗教世界观阵营不至于太过片面地从国家视点出发去看待人口政策问题。

313

二、自由主义世界观

假如我们现在试着勾勒出一幅自由主义世界观对繁衍及人口问题产生影响的简单图像，那么，我们的对象还远不如在基督宗教的世界观那里那般确定。我们已经看到，在受到自由主义影响的市民-社会阶层范围内，是如何首先产生了避孕的想法，然后产生了形式上的理性化，并最终产生了物质上的理性化与否定式的理性化。具有决定性意义的是，在自由主义那里，繁衍意愿并非完全只交托给个人责任去承担，而是在此之外还交托给一种——也与实际存在的新教相反——或多或少脱离了全部教会、也脱离了客观宗教的个人责任去承担。自由主义世界观不仅对人口政策本身，还对为繁衍

而做出的理应客观且普适的道德规范抱有严重的担忧。自由主义
虽然坚决支持一夫一妻制思想，却通过引入民事婚姻，并在减轻离
婚困难这层意义上影响立法，从而日益取消了一夫一妻制的明确性
以及绝对的意志约束。因为在个人主义观点看来，婚姻不是被圣化
的客观形式，而只是一份个人契约，所以，这份契约原则上也可以
被取消，只要婚姻双方维系婚姻的主观条件不再存在。历史上，自
由主义也首先代表了将爱和生育意愿区分开来的权利，并宣布站在
伦常角度，系统式的避孕是被允许的。社会主义的人民大众也是从
自由主义的手上接过这种观点的，正如他们还从后者的手上接过了
许多其它东西，并在实践上模仿了自由主义的市民阶层那样。

　　在自由主义世界观的范围内，之所以有理由把繁衍问题交由个
体意志和个体趣味负责，首先是因为人们对在人口数量和食品转圜
空间相互适应的过程中能达到天然的、自动的和谐有一种信念，以
及基于该信念之上产生的某种恐惧，人们害怕因在道德和法律层面
对人口变动施加过分的意愿干预，反而会破坏这种天然和谐。在这
一点上，英国实证主义哲学家赫伯特·斯宾塞将自由主义思想总结
成了一个庞大的思想体系。根据斯宾塞这位伟大的自由主义哲人，
具有效力的，首先是如下这条已在位于人界以下的有机自然界中被
证实、在人的世界里随着文化的不断发展同样也应当被证实的法
则，即：随着组织越来越高级，生育力和灵魂上的繁衍意愿会越来
越低，人口增长过程中要维持同等数量，就越来越依赖于人口寿命
的延长以及婴幼儿死亡率的降低〈而不是在高死亡率情况下的高生
育率〉。根据这种观念，人与人之间爱和性的关系的个体化也必然
会在历史中愈演愈烈，教会和国家的具有客观约束力的法律必然会

越来越让位于个人的个体良知。至于两性的结合，其发展也会随大流，即由客观强制规范和共同体规范（地位）过渡到透过缔结个体契约而进行社会规范（合约）。斯宾塞的法则同时也是对马尔萨斯的反驳。斯宾塞说，不可像马尔库塞那样，把历史当中的性欲以及生育意愿设定为恒定的，相反，性欲和生育意愿总是随着历史的发展而适应于被文明加以扩展的食品转圜空间的。斯宾塞拒绝在社会政策层面立法，他认为这样的立法在生物学上毫无意义，因为，这其实是人为地让弱者为了强者的缘故而继续存在。同样地，斯宾塞也从根本上反对国家层面的人口政策。另一方面，"生育力会随组织等级的提高而降低"这一著名法则也能够对处于俄国和东方民族增长类型的比照之下的西方国家出生率下降这一现象给出合理的原因与解释。

　　众多的人口理论当中，起源于自由主义的，首先是像自由主义国民经济学家布伦塔诺和蒙贝尔特在德国所代表的那种财富理论。自由主义倾向于认为，财富理论不仅适用于我们西方文化圈，它也适用于全世界。关于人口增长与食品转圜空间这两者间的关系，最初自由主义右派的想法基本上是乐天派的。也就是说，这一派（以凯里、杜林等人为代表）坚信，如果没有发生什么特别的阻碍或出现政治上的失误，增长的人口能自发影响并决定与其相称的食品转圜空间，简言之：平均来看，每个人通过其劳动创造的价值要大于他维持生计所需的价值。

　　对于性道德方面的所有问题，自由主义都倾向于原则上的容忍，但它常常会对个体十分严格——这和基督宗教世界观相反，后者会做出相反的举动。从自由主义的思想圈里，产生了可被统称为

"新伦理学"的种种追求，尽管就天性而言，这些追求在或强或弱的程度上，其实是自由主义世界观的弊端而非其规范。我把社会对所谓的"自由恋爱"这样一种截然不同于性交易的两性结合的容忍，以及由一群自由派现代女权运动者代表的、涉及到堕胎时的"女性对自己身体的权利"都归入此类。另外，属于此类的还包括如下观念：以避孕技术抗击性病（尤其是在性交易和非婚性行为中）取得的成效会促进避孕技术的传播，也就是说，通过间接地预防不孕不育来普及避孕技术，进而再去弥补婚姻中因该技术造成的生育力流失。因此，自由主义者大多起来反对国家针对以广告宣传避孕技术而下达的禁令。他们也为自己的立场给出了（在我看来并非错误的）理由，他们指出，就算没有特殊的技术，以中断性交的方式进行避孕也是可能的；此外，古往今来，广泛到就连在未开化民族当中，也都曾存在着避孕技术。关键并不在于技术，而在于意愿及其方向。在这一点上，就连基督宗教世界观也必须为如下观点鼓掌：不管在哪里，以技术论为导向的史观都是错的。然而另一方面，自由主义却常常忽视了，避孕技术为婚前性交带来的便利不仅极大地增加了人与人之间的性交往，而且，由此训练出的习惯在婚后也常常被保持，由此，生育率会间接受到影响。

　　特别是在战争期间，自由主义与所有站在国族防御立场而要求的、事实上经常以不怎么雅致的形式呈现的人口数量政策展开了一场尖锐的斗争。因为，自由主义从它所看重的文化价值视点出发，认为少量受到良好教育的儿童的价值要高于大量没有教育好的儿童的价值。一般而言，与其它各种世界观相比，自由主义对于人口质量政策有着更加强烈也更为健康的偏好。这表现在，从优生学角度，它对启蒙和教育也有着比对国家立法更高的期待。

　　只要自由主义还希望保持严格的反堕胎立法，那么，等待着自 316
由主义的局面将是，由此造成的张力会有所减轻，尤其是因降低对
"未婚生育当母亲的做法的谴责"而造成的张力；因此，自由主义也
想要赋予未婚母亲比她们至今拥有的更多的对赡养费及子女遗产
提出要求的权利。此外，争取废除反同性恋立法的声音也大多来自
自由主义的思想阵营。自由主义在女性运动问题上的态度五花八
门，在此，我们无法泛泛而谈。

三、社会主义–社会民主派世界观

　　现在让我们看一看社会主义，尤其是社会民主派的世界观〈对
繁衍意愿以及〉对在实践与理论层面解决人口问题的尝试产生的影
响。可以看出，就连在这个方面，社会民主派世界观仍还是自由主
义的精神之女。然而，在"宗教是私事"这句纲领中得到表达的、一
般而言对宗教和教会的消极态度，却是有别于自由主义世界观的。
自由主义恰恰把"私事"视作生命中最重要的事情，从这种思想出
发，宗教的重要性绝非必然要遭到否定。面对上帝时宗教层面最强
烈的个人责任感其实可以和自由主义世界观并行不悖。可那种片
面强调人在集体与公共层面的存在、认为完全可以只从历史和环境
影响的角度去推导出一个人的世界观，则必然会给"私事"这个词
增添一层负面的感情色彩。宗教在此"只"是一己私事。广义上看，
在"只是一己私事"这种表达背后，隐藏着一种极其明显的针对宗
教的敌意。虽然近年来，这种敌意开始消失，就如被当作宗教替代

品的诸种标榜着"未来国家"的千禧年乌托邦已日渐退却。不过，已有许多人指出，这大概只是人为掩盖党对宗教的敌意——比如他们在农村地区做的宣传——的政治考量。福尔玛曾在斯图加特召开的党代会上说："成功鼓动农民的前提是，我们党要在宗教问题上采取其它原则。我在这里指的是德国的情况。宗教必须真的变成私事，变成一块完全中立的领域。还几乎没有人注意到这一原则。但这是一项重大失误。越少谈论宗教越好，绝口不提宗教的人才是宣传大师。"我曾在别的地方[1]谈到过，未来我们可以对社民党工人大众的宗教发展作何期待，此处，我就不在这一点上深入了。

就我们的问题而言，关键在于，该世界观的这种在理论层面得到唯物主义史观支撑、纯属尘世与物质的生命方向必须放弃宗教在繁衍之事上赋予人的所有那些有力动机。沃尔夫[2]在统计上证明了，只要是在社民党声音特别大的地方，比如在萨克森，出生率就特别低。他的这些证据，就连那些福利理论者，比如最近那位名叫温恩的，至少也没能驳倒。可能有人说过，现代出生率降低的根本原因，并不在于社民党和整个工人运动的联合，而在于社民党单纯靠自己，不靠来自新马尔萨斯主义的任何附赠；社民党仅仅通过对扩建国民小学、国民教育、规定义务教育年龄的不懈宣传，通过打击童工，通过对工人进行系统化的教育，使他们能掌控自己、预计未来，并且通过工会政策在提高工人生活水平方面取得的成功，降

---

① 参见本文集"论教派间的和平"与"先知式社会主义抑或马克思主义式的社会主义？"这两篇文章。

② 参前揭。

低了出生率。而若把基督教工人群体和社民党的出生率加以比较，则会产生一幅极大削弱上述主张的图景。另一方面，正如前面我已经说过的那样，也必须承认，因为情况的复杂性，纯粹从统计角度其实很难为沃尔夫的观点找到证据。只要工人群众接受了社会民主派的宣传，那么，在工人群众中展开新马尔萨斯主义的实践，就不仅是此处被清晰表达出来的对宗教的敌意造成的后果，也不仅是模仿社会上层引发的后果，而是社民党为了通过传播对相关技术的认识以实现理性化，而有意在此进行的无比强大的宣传攻势造成的后果。我看到过大量此类檄文和传单，通常它们都非常粗俗且极端。

　　至于党的官方领导层在人口问题上的态度，我们并没有察觉到一种统一的态度，除了欧洲出生率的大规模回落被普遍解释成了工人阶级崛起的一个标志。马克思主义的社会民主派分化成多数派社会主义者、独立派和共产主义者，这种分化也生动地体现在了我们的问题上。1913 年，阿尔弗雷德·伯恩施坦①在柏林就"控制生育——一件革命性的武器"这个主题发表了一系列公开演讲。在演讲引发的探讨中，上述分化就已得到了展现。伯恩施坦在演讲中对"分娩罢工"表示支持。"分娩罢工"这个对于生而为人的奇迹缺乏任何敬畏心的荒芜之词是对我们西边邻居使用的一个关键词"肚子罢工"（grève de ventre）的翻译。所谓的分娩罢工是在社会-性别领域对工团主义的"直接行动"理论的应用。正如这些阵营里的流

①　阿尔弗雷德·伯恩施坦（Alfred Bernstein）博士是柏林的一位医生。——编者注

行表达法所暗示的那样，该理论将母职视作完全处于女性自由意志之中的一项"社会成就"，并宣称，有了避孕技术，女性从今往后就能掌握"主宰生命的大权"了。这句完全无视上帝、自然与男性意志并且也违背一切实情的自负之语已遭到来自格罗特杨的有力反驳。① 分娩罢工的意思应该是，切断资本主义的所谓"劳动商品"或者——借用戈尔德舍德的说法——"人这件商品"的来源，并由此找到解决社会问题之道，即让各国再无无产阶级。这样，资本主义和黩武主义或许才能看清楚自己究竟闯下了多大的祸！只有一种大众范围内歇斯底里的执拗情绪才能引发这样的思想。而总的来说，德国社民党的领导层得体地驳回了这个由法国那些歇斯底里的小男人和小女人所引入的关键词，这正是展现前者的谨慎与清醒的一个良好标志。奎赛尔② 对这次行动做过贴切的刻画。他说，独生子女或二胎制度也许能提升执行此制度的家庭的物质舒适度，却无法给无产阶级本身带来任何收益；而假使传布分娩罢工观念的使徒想要让德国工人阶级信奉其学说，那么整个国族就都会被献祭给毁灭。爱德华·伯恩施坦解释道，片面为生育设限的政策并不是社会主义对社会问题的解决之道；相反，如果不通过移民，特别是来自东边的移民，来为后继无人的局面提供替代的话，那么，这样一种设限政策将会损害经济进步。独立派的考茨基③ 也站在反对分娩罢

---

① 参前揭。

② 参见"分娩罢工的哲学"（Die Philosophie des Gebärstreiks）一文，载《社会主义月刊》（Sozialistische Monatshefte），第三卷。

③ 参见"分娩罢工"（Der Gebärstreik），载《新时代》（Die neue Zeit），1913 年，第二卷，第 908-909 页。

工的那一边。他说："首先，我们没有理由忧心忡忡地面对出生率
的下降，更没有理由用我们的宣传来给这件事火上浇油。我们必须 319
坚决反对这样的宣传。它不仅意味着毫无用处的白费力气，更意味
着直接把力气用在一件有害的事情上。"——"无产阶级如果缺少
了必要的庞大数量，那么，对无产阶级而言，再美好的素质也都起
不了任何用。"

　　考茨基的最后这句话已将社会主义就连在这个问题上也依然
持有的阶级斗争立场表达了出来。根据社民党的世界观，人类历史
首先是"阶级斗争的历史"；其次，统治阶级从来都不可能因为受
到道德或伦常方面的影响或者因其自身的洞见，就会对其向更低阶
级提出的权力要求加以限制。这样一种世界观只会对经济强权或
物理强力让步，它同时也深刻决定了社会民主派对待人口问题的总
体态度。所有的数量和质量问题，首先都会从社会的阶级构成角度
被研究、被评价，接下来，无非就是两种互相对抗的视点：一种是
通过限制出生率来封锁资本主义企业的劳动力，另一种则是通过数
量尽可能庞大的工人阶级去获得政治权力，这两种视点会交替决定
社会民主派在人口政策问题上的态度。①

　　至于马克思本人，众所周知，他曾发起过一场针对马尔萨斯的
尖锐斗争。他认为著名的马尔萨斯人口法则（1798 年）只是对英国
资产阶级利益的一种支持。因为，这一法则仅仅把大众贫困当作是

---

　　① 针对人口问题的理论表态的历史，索特贝尔（Soetbeer）曾在获奖文章"论社会
主义与人口政策"（Über Sozialismus und Bevölkerungspolitik）中进行过尖锐刻画，这
段历史也显示出了这一点。

人类的基于"事物本性"的命运，认为上层阶级对此贫困并不负有责任，或者说把责任推到了某种（归根到底是由原罪造成的）"自然律"之上。马克思本人则试图用他关于产业工人群体这支"预备役"的理论，将马尔萨斯试图用人口理论解释的绝大部分事实都追溯到资本主义经济体系的本质上去。因为大众越来越严重的贫困化终将导致革命并导向未来国家，而不断壮大的无产阶级群众是这之中的一种政治必要，所以，马克思的态度不是马尔萨斯式的，亦不是新马尔萨斯主义的，而是支持在工人阶级中采取一种积极的人口数量政策。道布尔戴和斯宾塞提出了生育能力会随文化进步而自动减弱的理论并对其做出了不同的论证。他们的理论不仅被法国人傅立叶和蒲鲁东所接受，而且也被德国人恩格斯、马克思和倍倍尔①所接受。八十年代，首先是考茨基，他在新马尔萨斯主义的意义上对党内宗师的人口论观点做出了某种修正。站在马克思主义理论的立场看，这一表态虽然意味着在某种程度上弱化了社民党的政治极端主义。因为有了这种弱化，千禧年主义的未来希望就在极大程度上被推迟了，资本主义国家里，工人阶级当前面临的局面也就能够得到改善。但另一方面，这样一来，不仅新马尔萨斯主义的实践权利更加得以被宣传给大众，就连在理论层面，对该权利的行使也更加受到推崇。自从发现了欧洲普遍的出生率降低，社会主义式的社会民主体制经历了一次与市民阶级的国民经济学恰好相反的"脱胎换骨"。这真是一种奇怪的现象。市民阶级的国民经济学比以往更大幅度地转向了积极的人口数量政策的阵营，而与此

---

① 参见氏著《妇女与社会主义》。

同时，社会主义的领导者们至少在实践层面都变成了马尔萨斯主义者。

　　若我们在此抛开马克思主义同马尔萨斯的斗争中的那些在我看来深刻的理论错误不论，那么，我认为，社民党处理人口问题时的一个重大谬误在于，他们对关乎一个民族的职业分层会如何被塑造的质量问题和遗传值问题缺乏正确估计，对在思想史、宗教史和道德史层面决定着人们会如何塑造繁衍意愿的原因同样也欠缺考虑。正如社会主义理论全然没有认识到经济心态从满足需求式的经济到盈利式经济、从重视权力财富的封建时代到重视事物方面的财富权力的现代的这场转变背后的思想史原因及其影响范围，它同样也误解了繁衍心态的那种完全不依赖于单纯的环境状态、而是取决于思想史及宗教史条件的转变。我已说过，很多社会主义者都是财富理论的信奉者。另外，他们还是（比如格罗特杨在很大程度上也是）技术理论的信奉者，而根据技术理论，出生率下跌完全是新的避孕技术造成的。这是对历史事物做片面唯物式理解造成的后果之一。一种以马克思主义这般片面的方式强调社会环境影响的世界观，必然认识不到种族与遗传值因素对于诸民族在质上的职业与教育构造具有的意义和产生的影响。①

　　与此相应，当涉及到评判标准时，社会民主派令人惊讶地既意识不到从宗教-伦常层面对人口生活的事实加以重视的方式，也意

---

　　① 对此，沙尔迈耶（W.Schallmayer）在氏著《遗传与选择及其社会学、政治学意义》（Vererbung und Auslese in ihrer soziologischen und politischen Bedeutung，耶拿，1910年）当中有十分中肯的论断。

识不到从国族及文化层面重视这类事实的方式，而是全然片面地听任社会当前视点的引导。自然，在对待未来的态度上，同样的不足又再度出现。社会主义完全没有意识到在这些事情上也要进行一场伦常心态改革的必要性；它对规则、法则、前提系统有太多的期待，极度高估了国家在生命意志的奥秘和家庭这两件事上拥有的权力和权利。在这里，社会主义和自由主义站在了明显的对立面上，自由主义对这些问题的判断说得通并且理性得多。在现代人种学批判（韦斯特马克、冯特、施密特等人）的面前，以如下方式为社会主义者的纲领提供历史和社会学层面的支持，都没能站得住，即，用关于人类社会最初淫乱现象的理论、关于"一夫一妻制的性质从历史角度看因继承权而应仅取决于经济条件"的理论以及号称"母权凌驾于父权之上"的理论。

在我看来，比现代人种学批判更应广受关注的事情包括：对资本主义在家庭、婚姻、性交易的形态（从封建式的以性换取权力过渡到以性换取金钱，从等级婚姻过渡到金钱婚姻）方面产生的瓦解式的影响，进行社会主义批判式的历史描述；对这种经济体制因为女性在经济上的被迫解放、工业劳动导致的女性力量及分娩力的损耗和浪费、低龄童工的使用、工作需要致使哺乳时长的缩短、对产妇保护的不足等而对可能并且应该发生的繁衍造成的错误进行批判。与此相对，社会主义对于性交易的看法也是十分片面的。在我看来，它在社会、经济原因面前，极大地忽视了遗传-结构方面的因素、教育和传统的因素以及事情从精神病学角度看的那一面。我们通过现代家庭研究获得的关于性交易原因的认识已经很多了，我们完全可以说，任何一种像社会主义者所采取的那种片面地从社会和

经济层面去推导性交易的做法，都与事实完全不符。^① 所以，由此
得出的如下推论自不待说，必然也是错的：在社会主义经济体制下，
随着资本主义经济体制的废除，性交易也会消失。只有当性交易仅
仅具有社会-经济方面的原因时，我们才有权期待它会消失。然而　322
现实中并不存在这样的情况。大家都知道，基督宗教的世界观对此
的态度从原则上就是不同的。基督宗教世界观当然也认为性交易
是一项弊端（Übel），是恶事（etwas Böses）；但对其而言，性交易
深深植根于具有继承罪性的人自身之中。根据基督宗教世界观，首
先应该将性交易逼退回确定的界限内，并对其做出正确的规范。因
为，这种世界观肯定会认为，要完全废除性交易不啻于乌托邦一般
虚幻。

　　至于对一些具体问题，例如非婚生育，未婚母亲同已婚母亲的
平等地位，尤其是在继承权上的平等，堕胎，自由恋爱，保护人们
不受文字和图片污染等问题，应采取什么态度，就不需要我在这里
来继续探讨了。因为我有理由相信，对这些问题表态时，不同的世
界观会产生何种影响，已经是众所周知的了。

　　现在，我的任务已经基本完成。一开始我提出，要深刻转变思
路，这是目前我们国家所面临的局面在实践方向上向全部世界观的
代表者们提出的要求。当我们越是纯粹和清晰地认识到自身世界
观的本质，我们就越不会陷入把应用世界观时的那些纯粹当代史层

---

　　① 此处参见施耐德（Kurt Schneider）著《关于已注册性工作者之人格与命运的研
究》（Studien über Persönlichkeit und Schicksal eingeschriebener Prostituierter），柏林，
1921 年。

面的原则——比如在战前和战时仍适用的那些世界观原则——和世界观的本质这两者搞混淆的危险中去。至于该如何把我们的世界观应用到今日之局势上，尤其是基督宗教世界观在人口问题中所处的位置，请允许我再做几点批评与展望式的评论。

请允许我先提出一件估计诸位不可能不知道的事实，那便是：人口理论家的预计和事实发生的历史之间会有很大的出入。战前，除了许多其它的说法，还有一种说法很盛行，即，在一场未来战争中，人口数量增长最多的那一族会获胜。实际情况却恰恰相反：获胜的是出生率最低的民族，被打败的反而是出生数量最高的民族；并且巧得很，战败先后顺序还刚好是按照其出生率高低排列的：先是俄罗斯，然后是奥地利，最后是德国。很多人认为法国是个"濒临灭绝之国"，未来战争中，它恐怕会没有足够的人手。可今天，法国却是欧洲大陆最强的国家。从这一切当中，我不想得出太过遥远的结论。不过，这些都是值得我们去思考和分析的事实。是否可能是这样，即，事情首先取决于一个民族之内真正占支配地位的那些人的素质，取决于它的少数领袖者的理性、智慧、精神和意志？在我——还有其他一些人比方说德·瓦哈①——的印象中，基督宗教世界观在德国的许多代表者，在战前和战时也许并不自知，而且也并非出于本意地让自己的基督宗教世界观过分地服务于某种片面从国族政治角度进行价值评价的积极的人口数量政策了。如果把过去一百年间让德意志民族成长得比阿米尼乌斯时代更加强大的

---

① 参见《高地》(Hochland)杂志 1919 年一月刊所载德·瓦哈 (R. de Waha) 的文章，他在其中对前引法斯本德所著《德意志民族的生存意志》一书提出了批评。

全部事实放到一起看①，面对来自基督宗教世界观的批评，它们中的绝大部分几乎不可能被评价为积极，那么，上述情况就更加奇怪了。②这种前所未闻、前所未见的人口增长当然只是普遍欧洲命运当中的一环。技术和极速的工业化使得欧洲国家的人口容纳能力得到了空前增加。1870 年以来，只是因为有不断扩张的对外贸易，德国人口才有可能在没有发生大规模向外迁移的情况下，从四千万增加到六千八百万（1914 年 6 月 30 日），战前那些年每年的人口增长量才有可能达到八十五万。英国人凯恩斯说得很对："只有当庞大的工业机器开足马力运转，在前无古人的极短时间内把德国从一个以农业为主的国家变成了一个工业国，德国才有可能在国内为其不断增长的人口找到活计，同时从国外挣得能养活其人口的收入。"③诸位都知道，这种依靠人口增长为其带来空间的发展，不仅让我们变得越来越依赖外国，而且，随着德国产品完全非系统化地打入世界市场，这一发展同时也要为后来导致了对我们充满敌意的势力格局并最终演变为针对我们的战争的所有那些影响深远的摩擦负责。最近，凯恩斯再次正确指出——正如阿道夫·瓦格纳、维尔纳·桑巴特和其他许多人早在战前就已教导过的那样——欧洲国家的大幅度资本主义化与工业化使其人口快速增长成为可能，但

---

①　参桑巴特著《十九世纪德国国民经济史》，柏林，1920 年。

②　阿米尼乌斯（Arminius，公元前 18-公元 21）是古罗马时代日耳曼部落送往罗马城的质子，成年后从军，于条顿堡森林战役期间策划日耳曼起义，全歼三个罗马军团。——译注

③　参见赖特（H.Wright）著《人口论》（Bevölkerung），凯恩斯（J. M. Keynes）撰导言，柏林，1924 年；另参前引"知识社会学的诸问题"的结论部分。——编者注

这并非历史的某种天然的持续趋势，而是世界经济有利局势的一段偶然的简短篇章。差不多到 1900 年为止，〈根据凯恩斯的说法〉被应用于工业之中的劳动单位年复一年地提供了足以获取更多食品的购买力。从那时起，劳动的自然收益递减法则（特别是耕作和采矿这类劳动）看上去重新有效了。因为某件偶然事实，这一点不太看得出来，即，从非洲开采的原油投入了使用，而许多新兴殖民地，比如大多数南美洲国家，几乎还没有发展出自己的工业，只能用粮食和原材料跟我们交换凝结在商品中的劳动。还有许多其它因素为这一可喜局面的出现做出了贡献。不过，太少有人知道，如今这一局面已在整个欧洲消失了。凯恩斯说得对："马尔萨斯，这个被驱逐了一段时间的魔鬼，将在极为隐秘的必然性之下再度显现。"

　　就连基督宗教世界观的代表者们，也必须在人口政策问题上转变思路。这一点没有什么好怀疑的。在我看来，迄今为止的基督宗教人口理论与政策有一项严重的不足，即，它没有在同时和一种基于基督宗教基本原则的经济及社会纲领或是一门成熟的基督宗教社会学及政治学一道建立起来，而是太侧重于阐述对从外部向其提出的国族政治与经济目标而言基督宗教世界观所具有的合适性——然而，这些目标并不是从基督宗教世界观当中产生的，而是在与之处于截然对立的情况下发展起来的。我以为，只有这样一种人口理论与人口政策才有价值：它是关于社会生活的某种总体观念的有机组成部分，也是社会经济与政治的某个总体纲领的组成部分。我们无法或者我们不应同时既在经济与政治方面抱持高度发达的资本主义的想法——即恰如裴施所言：在这个领域无所思维，乃至以敌基督的方式思考——又在另一方面实行基督宗教的人口政策，甚至

让这些政策服务于那些从基督宗教世界观出发应完全予以摒弃的
目标。

　　因此我认为，未来值得期待的，是要把人口理论及政策方面的
学说更深地纳入到基督宗教世界观在社会与政治生活层面的应用
中去。

增　补

对威廉·耶路撒冷"评论"的评论

威廉·耶路撒冷[①] 对拙文"知识的实证主义历史哲学与一门关 327
于认识的社会学面临的任务"做了评论,笔者将此评论视为对拙文
如下部分令人愉悦且值得感谢的补充:这部分内容指出了建立认识
社会学的意义所在,并指明了建立这种社会学的准备工作都有哪
些。笔者并非不知道,实证主义学派对有关问题的看法与处理其实
更为尖锐,这一点理应被视为实证主义学派相对于以唯心主义和灵
性论为导向的德意志哲学而言的一大优势。在不到一年前[②] 开设的
研讨课上,笔者就已强调过耶路撒冷的研究(参见其在上述文章中
未加引用的论"判断功能"的书)和他的"认识社会学"概念,并发
起了对其工作的批判探讨。耶路撒冷提到的诸如列维–布留尔和涂
尔干等实证主义者的研究,其中绝大部分,笔者也都很熟悉。笔者
之所以没有在拙文中专门强调这些价值非凡的研究,是因为自己在
该文中的一句话,即:"那种将一切——最主要是德意志的——实证
主义–感官主义认识论都视为错误和过时了的哲学,迄今都没能提

---

① 参见第二版编者后记。——编者注

② 本文中提到的以"认识社会学"为主题的研讨课是 1921 年夏季学期在科隆大
学开设的。——编者注

出一种堪与实证主义的同类学说相抗衡的、关于知识的不同部分与样式间的认识合作形式及发展法则的社会学和历史哲学理论，而这其实是一项重大不足与显著漏洞。"[①]拙文尤其面向德国哲学和社会学研究圈，此圈中人就像笔者本人一样，绝大部分都不属于实证主义学派，这一点耶路撒冷是知道的。此外，正如笔者于拙文开宗明义指出的那样，实证主义的领军人物将认识社会学视为尚完全处于开端，这一点，用耶路撒冷所引的涂尔干的一句话便能证明："我们才刚开始看到认识的这些〈意即社会学〉条件当中的某几个而已。"

关于耶路撒冷所指出的实证主义认识社会学的研究结果，笔者在此无法进行批评，这须一篇涉及实证主义认识论基础的新文章才行。这里，笔者仅略做几点评论：

关于有别于神话、共同体宗教等的一切劳动分工式的批判科学，笔者认为如下说法是正确的：首先，它们是在（滕尼斯意义上）[②]个体主义的"社会"这片土壤中形成的；其次，它们是在社会群体实践层面的职业与专业分工的土壤中形成的；再次，这种不断加强的个体主义和不断加深的差异是与人类思想的某个子类别相应的（如斯多葛派[③]）。因为这一朝向个体主义和"社会"的发展方向与西欧现代历史相符，而亚洲的诸种存在文明及教育文明，则大部分都缺少这一发展方向，因而，某种更为显著的劳动分工式的以及实

---

① 参见本卷第 29 页第 36-37 行。——编者注

② 参见拙作《伦理学中的形式主义》第六篇 B，第 4 章，第 4 点。

③ 参见西美尔著《论社会地位之差异》（Über soziale Differenzierung）。在这部出版于 1890 年的作品中，作者已先于威廉·耶路撒冷，清晰指出了"个体主义"与"普世主义"间的关联。

证的专业科学只在西欧得以形成。那种主张"一切社会地位的差异
都产生自为了满足某种社会需求而进行的劳动分工"的说法，在笔
者看来则是不正确的。社会地位差异的首要原因在于（按种族、遗
传值等划分的）诸群体与生俱来的禀赋和能力不同，而只有在群体
的血统以及与之连带相关的政治权力地位的种种差异的范围内，劳
动分工才会导致差异。"种姓"与"等级"及其认识共同体，与其说
是从劳动分工中产生，毋宁说是为劳动分工规定了方向。诸门实证
的专业科学源自对物质进行加工的各行各业的劳动经验，而哲学的
起源——尤其是社会起源——与它们不同。不必劳动，并且有闲暇
对世界进行沉思，这才是哲学起源之所在。列维-布留尔和涂尔干
曾试着从社会发生学的角度（而非像斯宾塞那样从生物学的习得式
特征的遗传角度）导出所谓的理智范畴，即被超越论学派看成是人
之精神的超个体的、统一的、不可反推的馈赠的人之理智结构本身。
然而在笔者看来，他们的这种有趣尝试同斯宾塞的做法一样不可
行。这不仅是因为，社会学本身也像所有其它认识那样，取决于这
些范畴及其在对象层面的适用性；而且还因为，认识的本质是有别
于它在社会学上得以实现的条件的，因而必须对其单独加以探究；
另外也是因为，社会学意义上的发生从来都不可能解释范畴在对象
层面的适用性。

　　可耶路撒冷却说："所有这些哲学论断［即先天论］都在极为清
晰地向立足于社会学的观察视角展示其个体主义的起源，它们必须
据此得到评判。这也适用于最近得到如此重大关注的现象学。"此
言差矣——至少在笔者看来如此。他说的这一点适用于康德以及所
有基于康德的先天论，但不适用于现象学。在拙著《论人之中的永

329　恒》一书①中，耶路撒冷君能找到一段篇幅较长的文字，这段文字深
入细致地反驳了对于某种统一且放诸全人类皆准的主观理智结构
的康德式偏见。其实早在拙著《战争的天才》里，笔者就已在题为
"欧洲的精神统一"的章节中写过："康德的范畴仅仅是欧洲思想的
范畴。"而在《论人之中的永恒》的上述章节里，笔者也曾写道："我
们的思想和认识并不能'创造'、'生产'、'造就'些什么，除了虚
构和符号。不管是无秩序、不受形体〈和〉形式限制的知觉材料，
还是法则式综合的无迹可寻的种种功能（范畴功能），它们互以对方
为条件，都纯属康德的发明创造。被康德当作其'范畴'示例而被
列举的形式单元，连同其它许多还没有被他列举出来的，都属于'被
给予者'本身的对象规定性，例如实体和因果性、关联、形体等。"
那之后，笔者又指出，对人类可互相区分的各大文明圈以及对原始
人而言，理智的组织方式是不一样的，必须将其设想成是透过它们
各自"对本质直观的功能化"而形成的。在对黑格尔和斯宾塞的范
畴论进行批判检验之后，笔者继续写道：

> "他们两位的理论当中，都没有原初不同的、对理性加以形塑
的本质直观之精神进程，都没有理性精神自身（而非仅仅在对世界
的认识中对理性精神的应用和训练）的真正壮大（以及真正衰退）
〈而非仅仅其造作产物的积累〉。这同时也是他们两位为何在其历
史哲学及社会学理论中，即在对这种精神理论的应用中，完全局限

---

①　参前揭，"论宗教诸问题"（Probleme der Religion）中名为"天然上帝认识的
增与减"（Wachstum und Abnahme der natürlichen Gotteserkenntnis）这部分内容，莱比
锡，1921 年第一版，第 441 页及下页。[参《论人之中的永恒》，即《舍勒全集》第 5 卷，
伯尔尼，1968 年第五版，第 195 页。——编者注]

于被我在别处 ① 称为'欧洲主义'的这类最狭隘边界内的原因之一。

　　与这些看法相反，我们主张一种经由对本质直观的功能化而发生的'成其为理性'（Vernunftwerden），具体即指某种超出这些本质直观最形式化的内蕴而在人类各大群体范围内导致了不同的理性形态的'成其为理性'，此外，它能够并且在事实上也导致了人的高等与最高精神力量的真正壮大（与真正衰退）。因为，用形象化的语言来表达即是说，人的精神不仅朝向同一个偶然'真实'世界的不同部分观看，并理性地形塑、造就了这些部分，人的精神还从一开始就朝向同一个本质世界的不同部分观看，因此，人之精神的合法的先天功能形式（透过对如是所观之内容的功能化）也会是样式各异的。然而，这么说绝不意味着，所有这些了解和通观不是在本质界中并透过本质界才是明见、真实且合法的。由此仅能得出，人类的大型文明与认识脉络——早在先天知识的水平上——就是不可互相代表且不可替代的；因而，只有认识上的偕同、人类各部分在一切最高等的精神活动当中（就算对它们的应用具有观念上的正确性）协力合作，才有可能成就关于本质世界的完整认识，其关键并不在于历史方面或是血脉与种族气质方面的内容——更遑论在于纯粹的劳动分工——而在于理性和认识本身的本质。"②

　　因而，笔者也要用涂尔干的话来反对康德派："因为，当我们

---

① "别处"是指在第 329 页第 3 行提到的《战争的天才与德意志战争》一书；参前揭，第 99 页；另参《舍勒全集》第 4 卷，第 600 页及以下。——编者注

② 参见前注，第 441 页［即《舍勒全集》第 5 卷，第 195 页］和第 452 页［即《舍勒全集》第 5 卷，第 201 页］。［参见《论人之中的永恒》一书所载"论宗教诸问题"（第五版），《舍勒全集》第 5 卷（1968 年），第 195、201 页。——编者注］

只局限于说'这一框架内在于人的理智的天性'时，我们并不是在解释（我们将偶然性事件隶属于其下的）该框架。"此外，笔者还承认，人的意识有可能存在过一个前逻辑的阶段，其中曾发生过诸如与"善的"逻辑良知的矛盾。我甚至认为，该状态已在人的某些图腾崇拜式的身份设想中得到了实现。矛盾律不是"人之意识的自然法则"，而是基于对诸对象的存在而进行的某种本质直观。无疑，该直观并不取决于偶然经验的量——故在此意义上乃是先天有效的——可是，它为了成为某种"理智法则"，又势必在过去的某时某刻便已将自己功能化了。

但愿耶路撒冷君能从这些暗示中看出，尽管我们双方的"认识社会学"有着不同的哲学基础，但是，在比他本人在其文结尾处所愿采纳的范围更为广阔的范围内，我们仍有可能就这些重要议题进行富有成果的合作。

为亦涵盖耶路撒冷君所暗示诸问题的这一整个领域制定规划，则既不在本文意图之中，也不被本文篇幅所允许。

论一种关于疼痛与受苦的哲学理论

一种关于疼痛以及各种样式的受苦的完整哲学理论必须囊括
以下几点：一、关于疼痛感受的细致深入的现象学与生理学，以及
关于情感的现象学与因果心理学；二、关于各种样式的不乐意的目
的论理论，只要这种不乐意是针对某些反应和行动而发出的警示与
邀请；三、关于受苦、个体受苦及诸如怜悯、情感传染、情感理解等
社交形式的价值学与伦理学；[①] 四、展示人们该如何以意志来面对各
种不同形式的受苦，从而让受苦能最好地为我们的生命目标以及对
至高价值的实现所用的一种心灵技艺；五、a) 关于在生命之树的不
同组织高度上，即从各种动物种类一直到人类，乐意与不乐意之间
的浮动收支平衡的理论，b) 与之类似的关于处于历史发展中的人
的理论，正如最初的卢梭、后来的康德以及再后来的冯·哈特曼曾
尝试建立过的理论；六、在与世界本原的关系中，对世界进程当中
受苦的总体意义给出某种形而上学解释。

我们的整个情绪生命——抛开情感的乐意与不乐意这一特征及
其质性不论——都是按照某种固定的本质秩序分层的，我已将其称

---

① 参作者《论同情》一书，《舍勒全集》第 7 卷。——编者注

为"情感的深层维度"。^① 这其中包括：一、情感知觉，因其在现象上的展延和定位而与其它一切情感截然不同；二、身体和生命感；三、纯灵魂层面的自我情感（比如悲伤）；四、精神层面的人格性的情感，它们具有与人及人格的道德价值之间的本质关联（如痛悔、良心谴责、爱之永福、完成义务），这些都是从人格中枢（Zentrum der Peron）当中自发发生的［即是人格的特质］：

a）直接的因果性每次都只会发生在诸层的某一层级的情感体验之间，不会发生在跨越不同层级的情感体验之间。

b）分属不同层级的负面与正面情感可以同时填充我们——它们彼此之间则不会发生融合。

c）情感知觉不能被"偕同"（miteinander）拥有，也不能真正被"一并感觉到"。能够这样的，只有更高层级上的情感。并且，情感越是靠近中枢，越是深层，这种被"偕同"拥有、被"一并感觉到"就会在越是广大的［程度］上发生，［不受］种族、国族、等级、职业、阶层和人性回旋余地［的制约］。与宗教层面的得救及灾祸相关联的情感乃是最可告知的情感。

d）只有对更深的层级而言才存在真正的情感回忆，情感知觉并无记忆。对后者而言，只存在对知觉的复制以及新增添的实时情感（回忆情感）。^②

e）是否拥有人格性的情感（永福与绝望），取决于我们自由做出的道德人格举动——只不过，这类情感只会在并非刻意图之的情

---

① 参《形式主义》第五篇第 8 章。——编者注

② 参《形式主义》一书中"情感回忆"与"回忆情感"这两部分，伯尔尼，1964 年第四版，第 352 页。（第五、第六版，第 342 页。）——编者注

况下出现，需要着意追求的，是客观之善。这类情感会显现在良善举止（爱、完成义务等）的"背面"，却从来不会显现为存心式意欲的先行内容。它们凝聚成某种永福（或是绝望）的人格存在，这一存在并不会受到浅层情感体验的影响或者因其发生变化，而是会成为一再出现的善意（或恶意）与所行的源泉。

相反，在具有意志蓄意的条件下从外部便可实际直接产生的，只有情感知觉，其余情感只能有所借助地产生。并且，所处的层级越深，那些情感就越难以产生。

f）一切情感——无论正面还是负面——同时都是部分-主体的价值与非价值增长的迹象，相对于整个主体而言，这些情感向部分-主体袭来：情感知觉只是器官及其特有生命进程的价值或非价值增长的迹象，相对于整个有机体的生命进程，它们只出现在器官及其生命进程上；不过，它们出现的规律性对于衡量器官可能遭受的来自外部的侵害具有重要作用。类似地，生命感（并非器官情感知觉之总和）的律动是生命进程受到促进或压抑的迹象。灵魂情感和人格情感是自我与人格之完善性或不完善性的迹象。除了情感知觉之外的一切情感，都不仅仅是伴随迹象，而同时也是预兆（*Vorzeichen*）和价值预期，即为了觉察到放松或是为了避开危险（胃口、恶心、两性之爱等）而发出反应与行动的邀请或警示信号。它们会提前通知收益或损害，有机体采取的行动则可在实践层面控制这些收益或损害的出现。

g）替代法则。[1]

---

[1]　参前揭，第五篇，第 9 章 a。——编者注

h）更高阶的幸福是善行的源泉，而非目标。不乐意理论与需求理论的谬误（叔本华）。

i）世间万有当中有关疼痛与受苦、以及最后关于死亡之恶的一切制度与事实都只能在以下思想的光照下得到理解并获得终极的形而上学意义，那就是：牺牲思想。牺牲只是世间受苦的客观意义以及在思想上被给予的意蕴，牺牲是客体的那一面，主体则谓之"受苦"。

这句话的成立首先完全不取决于道德主体是否具有某种自由的牺牲意志，也不取决于由主体做出的"牺牲自己"的举动或是主体对于牺牲的同意——只有自由的理性人才有可能做出此举。此外，对于一切位于人界以下的受苦、自然界中每种简单的疼痛感受，这句话也都成立。客观的献祭是存在的，这即是说，某个整体的部分之中，某种客观且正面的价值遭到毁灭和取消的过程——或者对某种负面价值的设定——是存在的，而这个过程同时也是发生如下情况的唯一且必要的缘由，即：在整体之中并且为了整体，某种具有更高价值位阶的正面价值得到实现，或者整体之中的某种具有更高位阶的负面价值未能实现。因此，任何更深一级的幸福的真实发生，都与在不那么深的层级上的不乐意、疼痛、受苦相关联，一个整体取得的任何完满都与诸部分的相对的恶相关联。没有哪一种部分之痛不是如下生命进程的这一主体面，该进程所肩负的使命，就是要主动去避免让相对于那个部分而言更高的整体陷入更重大的危险之中。对神经细胞与细胞组织、细胞组织与器官、器官与器官系统、器官系统与有机体两两之间的关系而言，都是如此。对个体以及所有的社会共同体形式、对各式群体和人类、对人类以及对其的神化而言，对一个群体中的一代、这个群体的跨代际历史及其文化内涵而言，亦是如此。一个民族的历史依靠这个民族一代又一代人的相对牺牲而延续。但同时，对组成"人"这一本体（Wesen）的所有单独的层级及其相互间关系而言，即对躯体、身体与生命单元、灵魂、精神人格而言，更是如此。譬如，痛悔是灵魂层面的一种痛，通过痛悔，灵魂整体得以康复。①此亦为一例。

　　通常，我们只将一个人为了其友人的安康或是为了使之从罪责和罪责之苦里得解脱而自愿由爱中涌现的受苦称作代理式的牺牲-受苦。但在一种更为深刻、更形式化的意义上，每一种受苦都是代理式的受苦，每一种受苦都是一种牺牲。每一种受苦都是部分为了整体、为了实现某种更高的价值而承受的苦……

---

　　①　［参收录于《论人之中的永恒》一书中的"痛悔与重生"。——编者注］

一般"国族"概念与具体国族观念

334   无论哪个时代，只要有人居住的地方，我们就能找到以如下形式出现的有意识的联合体：家族、氏族、胞族、部族、民族、国家、国族、宗教共同体。偶然出现的联合体形式又并不总是一样的。然而，无论这些事实上的联合体究竟有着怎样的面貌，其面貌又有多么丰富多变——贯穿其间的，始终是可能出现的联合体的某些本质样式，而所有事实上的联合体都可被视作这些本质样式在不同程度上的混合。本质样式与人之天性本身的结构相应，并可以先被纯理念式地发展出来。

      要区分可能出现的联合体的这些本质样式，有两个分类原则：一、灵魂上-有意识关联的建立及其样式；二、联合体及其成员共同珍视并且要去实现的价值及财富样式。据此，我们可以区分出四种本质样式：(1)群众，在动物处即牧群；(2)天然的、得到有机奠基的生命共同体：家族、氏族、社区、部族、民族及其周遭世界，诸如"住宅"、"故乡"、"祖国"；(3)人为的、建基于约定和契约关系的社会；(4)精神层面的、并非人为建立、而是真实存在的总体位格，例如，国家（帝国）＝意志与统治位格，国族、文化圈（如欧洲文化圈）＝文化上的总体位格，教会＝（最广意义上的）总体救恩位格。由人组成的联合体的这些本质样式，不包括社会在内，全部都拥有某种独立于个体之总和以外的自成一体的现实，这是一种同时具有独立形式以及发展与衰亡规则的现实。只有社会，它是有着自私利益、并采用主要基于私法的契约来管理这些利益的、成年而又理智的个体的单纯总和。社会无非是同时存在着的诸种关系的总和——而不是某种自身的现实。

在一切联合体形式的范围内，都有领导者和被领导者、榜样和追随者的区别。

在此，我们无法从哲学层面为这些本质样式做出一次充分的特征刻画。[①] 以下只介绍几个基本特征：

一、未经组织的群众现实建基于某次意识接触，在这次意识接触的发生过程中，群众的各部分之间没有达成任何有意义的理解，其发生纯粹仅靠情感以及观念上的感染，而这两者，又是透过对自己所感知到的领袖（牧群中的领头动物）的表达与目标动作的直接且非刻意的模仿实现的（人群聚集、革命、瘟疫、暴动等时的群众行动）。群众最后的所作所为，并不是有人（顶多是领袖）故意想要他们这样做，他们在行动前没有进行过什么有意识的评估。这是因为，直到模仿有了雪崩式的繁衍，并且，附属于这些动作的情绪也随之水涨船高，群众的行为才产生结果。所以，群众是：（1）不担责的，（2）同某种客观价值之间没有共同的关联。继而，群众是丝毫没有延续性的随机存在，他们方生方灭。

二、天然的生命共同体这一本质样式的特点在于，它是对相同的既定条件、相同的周遭世界以及相同的财富之间的持续的偕同体

335

---

① 这一特征刻画可参《形式主义》第六篇 B 部分，第 4 章，4 点。——编者注

验。它至少建基于血缘共同体这一核心之上，或者建立在包含着
（本地）方言（相对于教育雅语而言）、风俗、习惯、民族服饰（相对
于新潮衣装而言）的某种天然传统之上。在这里，要将众多成员联
合起来，不是（像在社会中那样）靠契约，而是靠忠诚和虔诚，以及
超越所有特殊利益之外的直接好感。要传递关于其它事情的知识，
不是靠决议，而是靠共同体验。（契约论在这里失效了。）对家、故
乡、祖国的爱都在共同体的中央和领袖（逝者，即卓越的祖先，和生
者，如父亲、族中长老）那里或是少数榜样式的统治者那里得到格
外的滋养，它们为真实的整体提供黏合剂，而诸个体都在整体内穿
行，就像在一个坚固的壳里面穿行，这个壳的生命会比个体更长久，
就好比树的生命会比掉了又长的叶子更长久那样。生命共同体是
有着诸多肢节的一整个身体，所有的肢节都参与到这同一个身体中
来。无论以何种形式，生命共同体的宗教都和共同体这一现实绑定
在一起（家族神、部落神、祖先崇拜、民族神〈比如雅威崇拜、日本〉）；
经济则与总体需求以及生命共同体所含子群体的需求（等级、种姓、
行会等、捆绑式经济）绑定在一起。从伦常上讲，这里没有个体的
自我担责，而只有为了整体的共同担责、可被代表的团结以及休戚
与共的连带责任（血债血偿）。这里也没有自由恋爱选择权，而只有
父母之命、媒妁之言以及门当户对的婚姻——既非金钱婚姻也非爱
情婚姻。生命共同体关联于其上的价值首先是生命价值，即共同体
的成长——而非仅仅维持自身生命——和兴盛，但同时也包括维持
自身生命及福利。高贵与普通，这是最重要的伦常差异，它首先表
现在血统贵族、公卿贵族、军事贵族、世袭的祭司头衔等等与各种
服役阶层（农民、商人、市民）的相互对照上。

三、现在，和人与人之间的联合的上述本质形式有着根本不同的，是社会这种本质形式。[①] 在社会中，不再有直接的共同生活、偕同体验，也不再有部分与部分之间透过忠诚、虔诚、好感、传统、习惯、风俗而贯穿起来的脉络。取而代之的，是作为存在于单个人之间的人为联结的契约。同时，单个的人不再被当作是有着独特精神的直观个体，而只被当作千篇一律的理性生物。他们只需具备三种特性：1) 任何一种样式的可用契约来平衡的自私利益；2) 成年；3) 完全行为能力，意思是有权签订和执行契约。这里，认识他者灵魂的方式已然与在生命共同体当中根本不同了。它不再基于在他者言谈举止中对他者感觉、他者意志充满信任的直接感知，而是基于类推结论。他者也有"潜在的想法"和"隐藏的念头"，在社会中我们要对此有所预期。在这里，言谈表达已不再和体验是一体的了，而是要分开来看。所以，为了获得认识，就必须下结论，为了统一意愿，就必须订立契约——而非原初性的那种相互间的共同意欲、共同相信、共同希望——这才是社会的特征。

社会不是真实的统一体，也不是比个体生物的生命活得更长久的统一体。不再有像在家族、部族、民族中的那种树叶和树之间的关系。维系联结的，不是语言、风俗、血缘，而是主权意志与合理思考。并且，社会是没有延续性、只存在于同时性维度中的。它即刻消亡，又随着新的契约的缔结而不断复生。因此，社会原则上也是民族间的、生命共同体间的、国族间的。与之有所关涉的一切财富，要么隶属于舒适性这一价值样式（社交、奢侈、国际旅馆、温泉疗养、

---

① 参滕尼斯著《共同体与社会》。

远程交通行业），要么则隶属于有用性这一价值样式（国际劳动、商品交换、邮电铁路公约、科学术语、货币、度量衡），意即属于文明的领域。（自由竞争、自由贸易，以及用自主式组织取消一切限制。）社会的法制形式是国际私法和形式上的一般国际法。只有自我担责，没有为了整体的共同担责。不过，人也只有在社会中才能变得自由、成熟、自信，并且有能力过一种个体式的生活。只有在这里，他才从生命共同体的河流中仰起了自己这个个体的精神之首。

四、最后，我将人与人之间联结的第四种本质样式称为精神层面的总体位格。它和生命共同体之间有一些共同的特点，同时，它又和社会有着共同点——不过，它终归是一个极为独特的高等的总体现实，它均衡地建立在生命共同体和社会这两者之上。它和天然生命共同体的差别在于，首先，它不再是一个天然的、成长而成的有机身体中心，而是一个具体的精神层面的行动与意志中心，它是一个具体的位格式的①——即涵盖一切存在领域的——总体精神与总体意志。这一总体精神与总体意志有别于单个精神，单个精神因其所处状况、地位、职业归属的不同，而在不同程度上参与到总体精神与意志当中来。因此，相对于家族、部族、民族而言，精神层面的总体位格是某种不可把握者、不可感知者。它和生命共同体的区别还在于，前者不仅仅只由固定部分（如身体的四肢）组成，它的组成部分还包括一些活动着的、觉醒的个体精神：这些精神永远不会完全地消融于更高的整体之中，也不会受天性和本能的驱使而消融

① 关于"位格"的本质，参《形式主义》第六篇 A 部分；另见第六版概念索引，《舍勒全集》第 2 卷。——编者注

其中；相反，这些精神仍是独立的、自我担责的存在，它们会有意识并且自发地将整体吸收进自身之中，为整体的命运共同担责。个体的这种自发性、觉醒性、个体性和自我担责性，乃是精神上的总体位格与社会这一元素所共有的。不过，此二者仍旧是根本相异的。精神总体位格是精神层面的某种超越个体之上的自成一体的现实，即是说它是社会中不存在的某种东西。其组成部分虽然是自我担责的，但它们同时也是原初就为整体共同担责的。这种共同担责性并不是被某个自我担责的意志举动创造的，就好像某人作为监护人为一个孩子承担责任那样。这意味着，精神总体位格的组成部分同时既是自我担责的，又为了整体透过休戚与共而彼此联合起来。

　　一个精神总体位格总是会拥有一系列天然的生命共同体，如家族、社区、部族、民族，以此作为自己的基础和根基。可它并不存在于这些生命共同体之中，它有别于它们，就像精神人格有别于其身体那样。根据这一点，与某个精神总体位格相关联的财富，既不是像天然生命共同体中的那些仅仅集体式的生命财富（福利、成长、保养、生活幸福），也不是像社会中的那些属于有用和舒适领域的财富（社交和文明社会）。它们是精神层面的总体财富，尽管它们都是有着极为不同的样式和高度的总体财富。从中我们可以区分出三种基本样式：(1)全部有限人格的休戚与共的总体救恩这一精神层面的财富样式，即救恩财富；(2)总体文化这一精神层面的财富样式（教育雅语、世界观、艺术、文学、哲学、生活的合法秩序）；(3)把生命共同体的目标与文化共同体及社会的目标联结在一起并保证其不受干扰的某个在法律上有秩序、有组织的对外对内总体意志权力与统治权（国家）所包含的诸种精神财富。

338　　　　那么，国族主要是属于社会的上述本质样式中的哪一种呢？它不属于群众，不属于本质上乃是国族间的社会，不属于天然的生命共同体，如民族，尽管国族以民族为基础。国族其实更是一个真实的精神总体位格，而且它主要是第二种样式下的精神总体位格。它首先是精神层面的一个独立、具体的行动中枢，它的目的是实现某个独特的由文化财富组成的总体世界——其目的不在于救恩财富，也不在于在实践层面对某种正义的意志统治进行组织。这是因为，对总体救恩的管理是教会的事情，就其天性而言，教会是既高于国族同时又在国族内的——不像社会，社会是低于国族同时又在国族间的。对某种对外对内的正义的意志统治进行实践组织，则是国家的任务。（国族国家中，国族和国家是一体的。）

所以我们可作如下定义：国族是一个独特的精神层面的行动中枢——一个根据其精神与伦理的特性而试图实现某个由文化价值组成的总体财富世界的总体位格。

那么，一个国族会在何时、何地出现？现在，就算有了上面这种对其本质的明晰洞见，这一具体的应用问题也会很难回答。对该问题最细致的研究表明，这里并不存在明确的标志。[①] 起源、语言、国家、宗教、地理环境，这些都能够促进国族的形成，可它们都不是必要的。所有这些共同点，充其量只能算是国族及国族意识的根基、发生基础，国族意识作为某种新的、简单的、不可分割的东西，建基于其上。

---

① 参见 1912 年柏林举办的第二届德国社会学大会（《德国社会学学会书系》，图宾根，1913 年。）

　　血缘上的共同起源是最无法被当作国族唯一标志或者哪怕被当作其主要标志的。现存所有大的国族，如法兰西、英格兰、德意志、俄罗斯、匈牙利、美利坚，从血缘和种族上讲，都有着非常复杂的融合背景。法国人是日耳曼人、法兰克人、凯尔特人、诺曼人杂居而生的后代，其语言产生自拉丁语和凯尔特语的某种混合。根据我们今天所知，其固有的国民性是无法从种族禀性的混合当中得出来的。

　　在使用"种族"这一概念时，我们必须始终明确区分以下几点：我们是把它当作某个纯粹系统性的归类概念（黄种人、白种人、黑种人等，或长颅人、圆颅人），还是把它当作某个用来指称某种起源世系、某种位于时间序列中的真实的种属特征的谱系学概念；我们所指的首先是由我们从历史当中总结出来的心理特征和精神禀赋 ₃₃₉组成的某个统一体，还是在解剖学、生理学方面的纯客观自然科学特征。对精神科学来说，只有第二种和第三种"种族"概念才直接有意义：起源世系与心理统一体。不过，在这样一种双重意义上，种族从来都是民族史的产物。而在前一种意义上的"种族"形成之时，性别选择在那时所具有的精神动机与规则、爱与恨，以及各种样式的制度，都起到关键的作用。

　　在天然的民族统一体那里，起源世系还发挥着奠基的作用（祖国）。而在国族那里，起源世系变得不再那么重要。国族首先是精神性的（教育）共同生活的统一体。［其承载者］是中产阶级和市民阶层，而不是农民阶层、手工业者，也不是世袭王朝和保守贵族。

　　语言无疑是国族统一的一个更为奠基性的标志（费希特语）。不过，语言还远不是足以确保国族统一的稳妥标志。威尔士居民和伦敦人说的并不是同一种语言；尽管如此，仍有一种非常强烈的统一的国族意识将两地居民联结在一起。多语种的瑞士同样也达成了国族意识的统一。此外，像命运那般孕育了我们的纯自然语言的那种统一还远远不足以孕育出一种国族意识。有些人群，几百年间都说着同一门语言，却没有同一种国族意识。尤其在这样的地方，我们最多能说"诸种国族归属"（Nationalitäten），而绝不能说"国族"（Nation）。国族至少需要包含以下条件，即，它的语言不仅仅是一种命运使然的天然语言，同时也必须是一种透过人的主动精神继续自我塑造着的、凝结在典范作品中的教育雅语。如此，我们就又从语言本身回到塑造并继续塑造它的精神上去了。如果我们必须这样做，那么，我们也就必须承认，这种独特的精神有可能超越语言的边界，多语种人口也可能拥有同一种精神。

　　若我们在国家和国族的关系当中看待国家，我们会发现，在其中国家又有一种很大的独立性：国家是一种全人类的制度，而国族则是缓慢的历史发展晚近才结出的果实。在最原始的聚落中，连同所有那些根本谈不上国族的地方，我们就已发现了国家式的统治关系。国族和国家若像在所谓的"国族国家"（Nationalstaat）中那样，差不多是重叠的（例如在法兰西、意大利；但是不存在两者完全重叠的地方），那么，两者间的关系原则上就是这样的，即，主要作为精神及文化人格性的国族是通过国家的意志与统治位格来自我实现的。这里有一种独一无二的关系：我们从根本上认为国族是更高等、更有价值者；某种意义上，国家似乎是为了国族而存在。同时我们又感觉到，若没有同时存在的国家统一，国族就也无法自己产生意愿、做出行为并完全实现积蓄在自身之中的力量了。意愿主

体、行为主体、直接的历史效应单元不是国族，而是国家。凡国家
在国族意识的形成中起过很大而又关键作用的地方，人们都习惯说
"国家国族"（Staatsnation）①，这与那种已有的文化国族为自己赋予
国家统一的情况正相反。尤其那些正在形成中的国族（美利坚合众
国和匈牙利），它们其实是国家国族，当然，它们有一个支配式的、
范围稍狭窄一些的国族根基：在美国，这一根基是英格兰人，它在
很大程度上决定了语言、精神、制度；在匈牙利，这一根基是马扎
尔人的。而夹在新旧帝国之间的德国，则是个不折不扣的文化国族
（Kulturnation）。一个国家，倘若它没有本身占主导地位并起榜样
作用的国族基础，那么，这个国家的人民就绝对不能被称为国族。
因此，奥地利-匈牙利是一个国家（王朝），但不是国族。尽管如此，
这个国家仍有其精神-文化背景，那便是带有强烈德意志-国族气质
的欧洲精神这一普遍背景。（它也涵盖奥地利的斯拉夫人、马扎尔
人、波兰人等。）然而，这已经不是由某一种国族精神所实现的统一，
而是一整个文化圈的精神统一，在这种统一当中，仍有大相径庭的
各种国族精神能够自由活动。

　　共同的宗教同样也可以成为国族意识的一块主要基石——但它
并非必定如此。眼下，塞尔维亚和克罗地亚就是一个很好的例子。
它们有着严格意义上的共同起源，它们的语言也是同源的，并且彼
此非常相似。让克罗地亚倒向奥地利一边而与塞尔维亚为敌的，首
先在于，克罗地亚信奉罗马天主教，塞尔维亚则信奉东正教。奥地
利的 "脱离罗马" 运动同德意志-民族主义的目标之间有着密切的

---

　　① 参梅内克著《世界公民阶层与国族国家》（Weltbürgertum und Nationalstaat）。

关联。正如我们接下来还会看到的那样，在民族如此多元的俄罗斯的国族统一问题上，宗教和教会扮演了非常突出的角色；依我之见，宗教和教会是维系俄罗斯国族的最牢固纽带，它比泛斯拉夫主义思想还要更牢固，这是国族和沙皇制度无法比肩的，作为黏合剂的宗教和教会至少和俄语一样强大。但一般而言则可以说，宗教越341来越丧失其塑造国族的力量了。（伊斯兰：圣战。）从其自身的发展趋势看，随着宗教越来越号称自己是人类宗教和世界宗教，也就是说，它不再同民族、国族绑定，甚至不再作为国教（政教分离），同时，随着它的传教活动越来越兴盛，宗教本身也必然会越来越丧失国族塑造这一功能。我们只需想想，犹太人的雅威崇拜与"选民"思想是如何经过先知制度、耶稣和保罗从而发展到对全人类的上帝的崇拜的。（过渡：选民以及经由这支选民的中介。）宗教越是原始，就越容易成为民族和国族的黏合剂。要了解宗教是怎么停止孕育国族的总体意识的，以及它反过来是怎么轻易就被国族斗争瓦解的，那么近代伊斯兰教的历史，还有阿拉伯人在英国人的支持下同土耳其人争夺哈里发尤其是圣城麦加的斗争就都是很好的例子。长期以来，所谓的泛伊斯兰主义已逐渐丧失了重要性，而国族对立却变得越来越剧烈。（圣战。印度回教。）在欧洲，国族意识的特殊形态受到了宗教势力的极大影响——这一点我们接下来还会看到。不过，国族差异的主要形塑力并不在于宗教。（法国和英国的天主教徒和德国天主教徒之间的关系；法国新教徒和德国新教徒间的关系。）

就连领土统一对国族而言也不是根本的。国族［自有］其精神发挥作用的空间——但没有严格区分开来的领土统一体。

这些发挥作用的空间——不管是国族精神还是国族利益发挥作用的空间——有可能互相重叠、互相吞噬、互相牵连。相反，国家领土之间则是泾渭分明区分开来的（政治边界）。国族之间会相互交融、彼此转化。国族统一体经常会越过政治边界——这是一件成为斗争、争执以及战争主要原因的事实。某个国族或族裔被政治边界分割开来的部分若是极力争取被纳入由这个国族所领导的国家的统治，我们就称之为"民族统一运动"（Irredenta）[①]；只在上述情况下才可以这么说，在国族边界（语言边界、文化边界）和国家边界完全不重叠的地方则不能这么说。比如，说德语的瑞士人不是德意志民族统一运动的参与者，他们和说罗曼语的蒂罗尔人不一样；这是因为，说德语的瑞士人并不寻求加入我们，帝国对他们没有吸引力。国族归属意识也有可能在异国他乡、在某个群体拥有其它国籍的情况下继续保持（北美），但在不同阶级和国族中，这种归属意识则会有不同程度的丧失：例如，德意志人会比坚韧的英格兰人更快，富人和受教育阶层会比贫困且教育程度低的阶级更快丧失这种意识。

关于国族的一般概念就先谈到这里。现在，我们可不能把每个具体国族所拥有的特殊国族观念和这个一般概念弄混淆了。这正是让这个话题["国族的精神和伦理"[②]]变得如此艰难的原因所在。比方说，首先，法兰西、英格兰、德意志、俄罗斯都是在非常不同

────────────

①　关于发起这类运动的权利，是否存在评判标准？以领土和居民意志作为评判标准吗？国族情感是标准。不能以否定式原则作为评判标准。

②　参下文关于精神和伦理的部分。——编者注

的意义上把自己理解为国族的；其次，它们也不全都把自己主要理解为或曾把自己主要理解为国族。英格兰并不把自己主要理解为国族或国家，它把自己理解为帝国。法兰西让国族凌驾于国家之上（国民议会〈Nationalversammlung〉[①]、国民公会〈Konvent〉[②]），德意志让国家凌驾于国族之上。俄罗斯起初并无国族意识，它是从西方接受国族观念的。与此同时，这些大国当中的每一个都有着各自极具特色的国族使命观。

如果说前面谈到的这些描绘了"国族"一词接下来应当具有怎样的含义，那么，现在我们还需要对"国族的精神和伦理"的含义做几点说明。

首先是"精神"。我们把国族定义为精神层面的总体位格。这意味着，一个国族同样也拥有某种总体精神，这种总体精神以独特的方式在生命与文化的全部领域中展现出来：艺术、哲学、科学、法律、经济、国家（国族的艺术品位、风格、国族的方法、国族在法律、国家和经济方面的心态）；它同样也在国族榜样中得到展现：圣人、天才、英雄、领导人，以及伦常上具体的人格理想：绅士、正人君子、朝臣的理想，日本的武士道理想。这一总体精神不能被理解为单个精神相加所得之和（[同样也不能理解为]从极为不同的各种活动中得出的构造）。倒不如说，这些个体是包含在构成了国族精神本质的看待世界、爱与恨、价值位阶的特殊结构中的；个体在活动时

---

① 此处的 Nationalversammlung 对应法语中的 Assemblée nationale，舍勒作此文时是法兰西第三共和国时期，"国民议会"是对上下两院的统称。——译注

② 此处的 Konvent 对应法语中的 Convention nationale，即法国大革命时期的单一国会。——译注

其实是行走在这一结构当中的。例如，在英国，政治自由的价值高于精神自由。① 类似地，法国、英国、德国看待世界的方式也展现在视觉艺术当中，这是一种对感官素材的独特编排——就像是世界内容在国族层面的一种分类与分级体系。

　　但这里会出现两个问题：国族的这种精神在历史中难道不是可以有无穷变化的吗？还是说，只要国族尚在，这种精神就是一切可能变化的前提？一个国族之中确实有着可以无穷变化者：有阿米尼乌斯的德国、路德的德国，也有俾斯麦的德国，还有今天的德国。不过，界定一个国族的精神所使用的方法，其目的则在于，从万般变化当中看出那个保持不变的结构。这比人们一般所设想的要多得多。存在着这样的常量，而我们的任务应在于把它们找出来。诚然，即便是这些精神结构，也不是什么永恒事物。它们有生有灭——国族也一样。不过，只要国族还存在，这些结构也就会一直延续下去。对于国族真实发生的历史，它们构成了一个牢固稳定的前提。当然，这一历史无法仅从这些结构当中得到解释。这些结构本身也为极大量的可能发生的历史——其中只有一个会真的发生——提供了活动空间。真实发生的历史是历史学家从史料当中辨认出的那一个；相对于这些结构来说，真实发生的历史只是偶然，而它又是由特殊的时局、来自外部的或血腥或和平的影响（战争、对异文化产物的接受）、领导人物的随机出现以及功过是非所引发的。还会出现当代史的兴衰更替。只不过它们都发生在边缘地带。

343

------

① 此处及下文参见收录于本卷的"论各大国族的国族观念"、"各大国族民主制的精神与观念基础"这两篇文章。（另见编者后记）——编者注

（德国被相对英格兰化和法兰西化，与此同时，英国被日耳曼化。）只有将国族精神的那些常量和这些随机可变的因果序列混合起来，我们才能让人们充分理解国族的历史。

当然了，那些结构本身也是生成的——有时我们还能密切关注其生成，例如美利坚合众国和匈牙利（种族）。不过，结构本身生成的缘由，以及只在且只能在其框架内发生之事的缘由，这两者却是截然不同的。前一种缘由只能在广义上被称为"历史的"。它们存在于种族混合、民族融合、语言杂交等之中。一旦国族本身的生成的缘由消失了，它们也会随之消失。

在此，我们不会追问国族精神结构［生成］的缘由。倘若能描述这些精神结构并从中得出一幅直观的图像，我们就满足了。（并不是作为历史，而只是在历史中寻找。）

但国族精神结构同时也总是某些更加广泛的结构的组成部分和元素，我们将其称为文化圈的精神结构，例如相对于亚洲、印度、中国、日本——也许还有大俄罗斯——文化的精神结构而言的欧洲精神的结构。艺术家的观看、认识方法、经济劳动的样式，这些都是欧洲诸国族所共有的。不管在字面义还是在引申义上，都有一张"欧洲面孔"贯穿着一切。比方说，现代资本主义并不像马克思认为的那样，是普遍历史发展过程中的一种现象，是每个民族发展到一定程度后都会自动地孕育出来的。现代资本主义也不是某种国族现象，尽管它带有十分固定的国族特色。它是全欧洲的一种现象。不仅差异，就连差异的大小秩序也都是要加以区分的。① 正确

---

① 参见《战争天才》一书中的"欧洲的精神统一"章节。

界定这些乃是至关重要的。

那么，怎么在其与我们所称的"普遍人类理性"——逻辑学、认识论、伦理学的对象——的所有关系中去评价这些特定结构呢？被我们称为"欧洲启蒙时代"的那个伟大的思想时代是这样回答的：只要在个体层面有各种特定国族精神以及与之类似者出现，那么，我们就必须将它们理解为普遍人类理性受到的弱化、模糊及其具有的片面视角乃至欺骗和谬误倾向。这些都是为诸民族的特定生存条件、感性等因素付出的代价。那个时代的理想是：在一个普遍人类理性的国度里（例如世界共和国、世界哲学、世界艺术、世界文学）去克服狭隘与模糊。意思即是说：对理性整体的个体化是被一种自下而上的力量（本能生活、感性）设定的。完全不具有任何国族意识的康德便是这样认为的；费希特也是，在题为《致德意志国族》的演讲中，他之所以对德意志国族有如此高的评价，只是因为他觉得这样就可以指出，德意志国族并不是由于其个体精神本质，而是由于它是自发的理性国族，所以才站得这么高。

我们必须从根本上与这种观点决裂，就像施莱尔马赫、赫尔德、威廉·冯·洪堡曾与之决裂那样。国族精神以及文化圈精神结构的个体化在于精神的本质本身，不在于其外部的感性生存条件。每一个国族都有其独特的存在理想和生活理想，都有其独特的善，这种善适用且仅适用于它自己。[1] 如此，国族精神不是落在普遍人类理性的理想之后，而是攀登上了这一普遍人类理性及其理想。乃至于我们可以下这样一句普遍论断：关涉到的价值和财富越高，例

---

[1]　参前揭，第132页第20行。——编者注

如文化价值（艺术、哲学、法律秩序）相对于文明价值（一切样式的技术、实用价值和奢侈价值），人格和总体位格上的差异就越深刻。精确科学、技术、制造工具所能取得的成果在彼得堡、罗马、巴黎、

345 伦敦几乎都是一样的；但取得这些成果的方法和精神（物理学的英国式方法、法国式方法、德国式方法）却各不相同，艺术理想、伦理理想、宗教理想则更是不同。只有在透过各种机制从外部掌控世界这个问题里——而非在关系到这些机制中的爱以及对其进行文化形塑的特殊样式的问题里，也不是在关系到它们的意义的问题里——才有普遍人类理性。被人的天然的物种延续这一普遍问题所迫，在所有领域中，我们都必须先暂且不去理会事物的本质，只是为了实用和控制因果序列的目的而满足于将事物的种种现象具有的秩序整理出来。只有在我们就此达成了一致的地方，才会有一种世界文明，也才会有一种属于它的普遍人类理性（更确切地说是：理智）。我们越是摆脱这种惯例的约束，越是将我们的目光转向事物的那种我们真正的精神生命系于其上的本质，我们的精神和我们在一切之中所爱所敬的东西才会变得越来越独特、越来越具有人格性。

这样一来，是不是一切世界主义以及关于人类在文化建设这件事上休戚与共地工作的一切观念都被放弃了呢？绝对不是。因为，就算是启蒙哲学的那种认为"国族元素只不过是削弱、限制、片面性等"的观点，其中也蕴藏着某种永恒真理。我们将看到，这与简单地去指责或赞美国族精神的做法无关。也许我们无法避免使用或指责或赞美的说法。我们还是会说英国人伪善、虚伪，英国人心胸狭窄，法国人爱慕虚荣，德国人犬儒，德国人民没有政治头脑，英国人性格坚定，英国人有绅士意识，德国人在政治领域容易产生

奴仆性，德国人思想自由。不过，我现在要在原则上声明：每个国族都有一种最后的、就其本身而言价值中立的基本精神态度，无论是国族所犯的错误，还是国族具有的德性和力量，这些基本精神态度都是其共同的终极源泉。这些基本态度需要被层层剖析。每个国族的德性都有其错误，但每个国族的错误也有其德性。用一个国族的道德去衡量另一个国族的道德是无知的做法。因为，这样做缺少共同标准，缺乏共同的比较域。事实上，每种国族精神都有局限性和狭隘性。但它们是就什么而言的狭隘性和局限性呢？是用哪种观念来衡量的狭隘性和局限性呢？我的回答是：不应该用普遍人类理性的规范来衡量，也不应用剥离了精神和文化中的个体性、独特性元素之后剩下的理想来衡量。因为，这就等于抹掉了花朵的芬芳，抹掉了事物最深处的灵魂。若是用存在于某个神性同时又具有位格性的事物观察者和判官面前的场域去进行比较，那么，或许每一种国族精神都是片面的，都仍是狭隘的、模糊的。就连上帝也仍旧是位格，而不是泛神论时代所相信的那种普遍理性。这样，世界主义关于世界文化及其诸种子形式的观念不会直接就作废了，而只是发生了变化。所以，我们就必须说：恰恰因为每个国族都在其行 346 为和作品中，以最纯粹、最质朴的形式将其最独特的部分表现出来，所以，诸国族的行为、作品、艺术、哲学、科学和制度互为补充，从而才成为对上帝所赋予的人之精神的日益完善的总体呈现。换言之，我们可以用歌德的话说：整个真理、整体的善只能出现在种种独特的国族精神的共同创作、协同作用之中。只有每个人格、每个总体位格以及每个国族都寻求其独特的、为上帝所愿的善，它们并且也只有它们，才能够为这一总体文化作品做出可能有的最高贡献。①

这即是说，恰恰在遵循了对人类普遍适用的命令式——即在人生、作品、行为之中（还要在诸门精确科学之中，更要在精神科学中，尤其是在哲学和艺术中）表现至善——之后所取得的成绩中，国族精神是不可被代表的，而这里的"不可被代表"，并不是国际主义认为的那样。不过正因如此，政治上的国族主义和精神上的世界主义之间的这种联结也不可如所谓的"精神上的帝国主义"认为的那样，被某一个国族追求世界统治权的独特精神所取代。决定目标、确定关于事物的特定法则的，不是反思，而是真与善。

现在，我们还要稍微谈谈"国族伦理"这个概念。国族伦理就好像国族灵魂之灵魂，是国族精神之核心所在，国族精神可部分地透过伦理来理解。因为，跟随在我们的爱与恨、我们对价值的偏好与偏恶之后的，最终还是认识和意愿。②国族伦理乃是人们对价值——首先是宗教和伦常价值，然后是其它价值——的共同偏好与偏恶的特定结构，这种共同偏好与偏恶在国族的整个存在和生命中都得到表达。与之相应的是国族所特有的价值位阶。伦理（Ethos）不是国族伦理学（Ethik），后者只是国族伦理的表现形式之一，但它也有可能偏离这一形式。伦理更不是国族在实践上的道德性，不是国族真实的行动。它所涉及的其实是国族的理想和标准——在国族层面，这些理想和标准又可以在极为不同的程度上实现，实践道德

①　关于对国族的世界主义补充，参《形式主义》；见1980年第六版概念索引部分。——编者注

②　参本卷中"爱与认识"一文，以及《舍勒全集》第10卷"爱的秩序"一文。——编者注

性的所有可能的层级和价值性都可与之相对应。

借助自己这种特殊的伦理,每一个国族仿佛都站在一个特殊的立足点上,望向那个价值世界,并且感受着自己是如何位于上帝面前的。就连在此,对恰如其分地呈现神性价值世界进行补充的法则也同样适用。统一的伦常世界的这些特殊侧面当中,没有哪一种直接就是错的,只不过,它们中的每一个都是相对而言不恰当而且不完整的;没有哪一种伦理是纯主观的,只不过,它们中的每一种都仅仅是从客观价值及其秩序中做出的一种特殊选择。

这并不是说,不可能存在一些时期,在其中,某一个国族与某一个文化圈(欧洲)的伦理相对于其它国族和文化圈而言占据主导,并暂时获得对周遭世界的领导权。可是领导不同于排挤,一个暂时拥有领导权的民族也不同于一支"选民"。前先知时代犹太人的雅威崇拜属于宗教上一个已经过时的阶段,而它的产物如今却重又浮出地表。我们欧洲人应该从原则上与之保持距离。①

347

---

① 文稿结尾指出后续还将会对"诸国族的精神和伦理"进行"具体描述";参"论各大国族的国族观念"一文。——编者注

论国族群体形式的"渊源"问题

348   本卷[①]虽未提及国族群体形式的"渊源"问题,但我们认为,这个问题是社会学,尤其是社会动力学的一个重要议题。它与着眼于现代世界各大国族实体之"形成"的史学问题截然不同。对此问题做一番详究,或许能让我们至少预料到诸国族未来命运的演变的某些更确定的可能性。在此,我丝毫没有想要解决这个问题的意图,我只想借这样一个机会,至少对这个问题的意义及其可能的解决之道稍加评论。

社会学的全部形式单元——如婚姻、国家、小家庭——的渊源问题并非真正意义上的史学问题,国族群体形式的渊源问题亦非真正意义上的史学问题,这一点或许毋庸置言。因为,这类问题其实与具体组织(如法兰西国族)的形成无关,而跟使某个仅仅只是国族群体本体的组织得以产生的条件有关——不管究竟是哪个主体,也不管何时何地。于是,有人肯定会认为——这种看法恐怕还相当盛行——这样一个社会学的问题对于国族来说既无意义也无解,因为,这个词只是用来表述涵盖了十分确定的个体历史组织的总括概念。我们并不认为这种看法是正确的。我们认为,这种看法的盛行

[①]   参见第二版编者后记。——编者注

不过是建立在一系列经不起批评的思维定势的基础之上。存在着
"国族"这样一种本体形式，只要国族还会形成，那么，该本体形式
的渊源就有着极为确定的、无论如何都必须得到满足的、正面和负
面的此在条件，不管在历史上，国族是如何形成的，也不管它们未
来还将会如何形成。通过意图、结果、特性、活动，人们参与到各
自的国族统一体当中；对这些意图、结果、特性、活动进行越来越
严格的限制，则会使国族群体形式逐渐消亡。因此，对于有可能导
致这些群体形式逐渐消亡的种种现实和情况，我们大可展开设想。

　　最容易看到的是负面的此在条件。在历史上的每个时期，都
存在着一种特殊的优先权，相较于同样是由人组成的其它群体形
式而言，这种优先权将某一种群体形式施加到人们的总体生命上，349
并——根据我们的价值体验（包括我们的社会价值体验）所一贯具
有的君主制结构——首先实现此群体形式的意识。

　　因此，马克斯·韦伯所说不无道理。他指出，仅社会种姓秩序
这一点，就已排除了印度国族的存在可能，因为有了这一种姓秩序，
印度的国族意识便不可能形成。如果说，宗教和教会归属在普通人
群中享有上述优先权，就像在发生宗教及教派斗争与战争的时代中
那样，那么，国族就还是不可能形成。对1848年的俾斯麦而言，当
一个普鲁士人要比当一个德国人更为关键；而对当时正处盛期的教
宗国里的某位忠实的教宗仆从来说，当教宗国王的臣民要比当意大
利国族的成员重要的多。在封建时代的全盛期，作为核心群体价值
的等级归属仍如此凌驾于民族归属之上，以至于在那时是不可能有
国族的。倘若哪一天，阶级真的获得了马克思主义至今为止错误地
赋予它们的那种意义，那么，国族倒也有可能被这样一种群体形式

超越。在豪族统治的时代，氏族归属要高于其余一切群体归属。

在我们看来，这里有两件事常常被忽略了，或者说没有得到应有的重视。其中一件是国族——在有意义地使用这个词的情况下——的存在时间相当短并且其存在与文化圈紧密相联；另一件则是，国族虽与所有基于权宜结成的联盟都截然不同，却仍属于那些在相当程度上由意识所承载、与意识相绑定并格外受精神所决定的群体，全然不像民族甚或是国家那般。

我们所有人都有一种奇怪的倾向，那便是，一旦我们在其主导意识下生活的那些群体形式产生了，我们就不但将其理解为命运使然，在追溯过往、展望将来的时候极大地高估其持存与稳定性，而且，我们还会把甚至所有时代的历史现实都放到这样一些群体范畴下去审视——即对我们而言具有优先权、我们会首先依据它们来整理林林总总的社会印象的群体范畴。于是，还出现了有人——甚至在深入研究之后——把国族称为、或者说想要将其定义为"命运共同体"的情况。没错，如果他们想要表达的是消极因素，即，若要让某人成为某个国族的一员，那么，意志声明这一自由选项永远都是不够的。可从另一方面看，这却又是完全不对的，并且还不是一般地含糊。"究竟归属这一国族还是那一国族，这对每个人而言都是命运"，或者，"共同的历史命运决定了一个国族的统一"，这么说到底是想表达什么？对前一个问题，我们可以——有限制地——回答：对！只不过，这是一种精神层面、修养层面的命运，而非诸如血脉、种族、家庭、对热带地区的生理适应性等等之类的命运。这还是本就存在于那个有意识的、就其自身而言灵活的精神——自由正是由于有了这一精神的本质才得到了设定——领域中的"命运"

吗？"命运"这个词实在太宽泛了，难以给出答案。对后一个问题，我们则必须说：其它群体的洋洋大观，难道不也是由共同的历史命运决定的吗？会让国族形成的这一历史命运形式，又是从何时开始的呢？无论如何，我们都必须从以下两句话出发：一、国族只在西方存在过；二、哪怕在西方文化圈，国族也只不过是历史起源于前天的某种群体形式。

"法国思想中的'国族'元素"
初版结尾

351　　……目前，在仔细考察了法国的种种现象之后，只有几个视点决定了我们对此问题[即如何确定战后法德两国间的基本关系]①的态度：

一、比起任何一个其它国家，法国的外交政策更多地依赖于其国内政策。而其国内政策乃是出其不意之政策。如果说，该政策从根本上讲"不可预计"，那么，我们至少必须要像考虑某种确定因素那样考虑这种"不可预计性"。所以，我们大可不必像在其它地方那样，例如在英国，将法国在此表现出来的绵绵不绝的仇恨和报章诽谤表象当作彻底绝交的必然征兆。

二、英国新闻界——俄国新闻界在稍弱一些的程度上——比法国新闻界更清晰明确地表达出了事实上的群体意见。而实际上，法国新闻界的领导权更加集中，也更多地受到当前执政的这届政府的精神的影响。因此，希望能像从英国的新闻报道中直接读出英国人事实上的思维方式那样，想要直接从法国的新闻报道中读出法国人针对我们的实际想法的愿望，将会是一个导致我们上当受骗的巨大

---

①　参见本卷第157页。——编者注

源泉。如果说，比起英国新闻界，当前的法国新闻界更加嗜好诽谤的话，那也不能证明，法国的仇恨在事实上比英国的仇恨更加无可缓和。在法国，每一届新政府都能彻底改变新闻新闻界，在英国则不然。

三、法兰西的精神青年，以及法国新兴的种种精神运动，现在都因为一句"要民主、不要黩武主义威权国家"的廉价口号而几乎被彻底地压制住了。只有在军队领导层（霞飞和加利埃尼都是"主流观念"的反对者）和法兰西青年经受考验的那种干练的方式当中，我们才得以看见青年法国的那种年轻的重生意志。

四、尽管法国在战争中的那种让我们德国人感到惊讶的强大军事抵抗更多乃是受到了新兴的国族思想和新的心态式黩武主义的激发，而非受到了"主流观念"的影响，然而这些新兴运动的担纲者们却丝毫没有向德国发起当前战争的意图。对他们而言，复仇观念是国族教育当中的一种观念，但它也只能继续充当观念——若它还要继续发挥自己的教育力的话。假如终究还是因为"观念"而导致了战争，那么引起战争的，仍旧是这群青年所抵制的那些"主流观念"。仅从对选民阶层产生影响的大小来衡量，这群青年完全不可能从战争的诸多诱因当中脱颖而出，成为现实因素。最后，战争责任还是落到了财阀民主体制及其数十年来推行的政策头上。在法国，精神青年们反抗着让自己的国家和国族陷入可怖危险之中的那种政府与精神传统。为了使自己的国家和国族挣脱危险，法兰西的精神青年英勇地付出了一切。他们完全有理由拒绝承担任由此危险发生的责任。

五、政治上的心态同情感和其余种种心态同情感，这一因素在法国外交政策中所占比重高于在别国。鉴于这一事实，有理由问一下：放眼长远，我们德国人应期待以下哪方势力的代表人物会伸出他们更加不记仇的双手呢？是秉承自由、平等、民主、裁军以及去宗教化的学校和人道式的国际主义等革命观念的旧势力，还是主张秩序、权威、义务、积极的宗教虔敬、心态式黩武主义、以古典时期为导向的新国族观等观念的"新兴"势力——最后还包括保皇党和波拿巴党——呢？德国当前的主流观点完全是片面地以饶勒斯这个人物为导向。与此相反，我认为，从长远看，我们应期待从曾在我们这里遭到颇多诋毁的精神上的青年法兰西那里而不是从旧法国和充斥于新闻界的"主流观念"那里，得到更多的理解和更强烈的同情。

六、正如我们所见，法兰西伦理的基本特征是荣誉伦理、光荣伦理和面子伦理。因此，在今后一切和平谈判中，若我们不想让相互靠近的可能性被永远排除在外，那么，以上这一点必须得到最大程度的尊重。

哪怕在今天，我们也仍会继续相信，相互靠近在原则上是可能的。在国家和国族现实利益方面，我们和法国并不存在根本与直接的矛盾——不像我们和英国之间有直接矛盾、和俄国之间因为奥地利而有间接矛盾——这一点始终都是事实。在我们和法国之间，只横亘着一种观念，复仇的观念，此外还有成千上万种误解。然而，比起现实生存利益上的直接争端，这些——尽管有着各种仇恨——从原则上讲总归还是更能被克服的。

评国族心理学 ①

（评冯特与约珥作品两种）

目前为止，与其说战争把欧洲各国引向了自我反思，倒不如说 战争让它们自我膨胀了。不过，事事有时节。面对这场战争的道德现象向全体国族提出的最艰巨的任务，进行毫不留情的自我批评的时刻尚未到来。这要等到停战后才有可能。时代之需如此轻易地就在那收摄着自己的一切正面力量与价值的灵魂之中连带导致了自我膨胀——作为这种收摄令人惭愧的伴随现象。不过，自我膨胀的日子该过去了，自我膨胀该给自我反思腾挪地方了。针对本国和他国的国族本质，可做的反思丰富得望不到边；就在这种丰富性之中，有两本德语小书，因其考察立足高远、语调威严平静，因其作者广博多面的教育背景而占有特殊的一席之地：其一是威廉·冯特的《诸国族及其哲学——世界大战随想》（莱比锡，1915 年），其二是卡尔·约珥的《新的世界文化》（莱比锡，1915 年）。

莱比锡的这位德意志心理学一代宗师 ② 在其作中首先给出了一般读者也能看懂的、按国别划分的关于欧洲哲学是如何形成的及其

---

① 参见第二版编者后记。——编者注

② 此处"一代宗师"即指冯特。——译注

思想内蕴的概论,而后,在末章"诸国族战时及和平时期的精神"中,他又对国别特征进行了总结。该书并未涉及到俄国,这或许是因为,俄国拥有的不依赖于宗教神话前设的哲学,无外乎那些得到继续发展的西欧理论,如康德、黑格尔以及英法实证主义者们的理论。意大利仅有文艺复兴时期的哲学得到了考察。目前保持中立的国家当中的欧洲国族只是被顺带提及而已。

冯特的出发点是下面这种观察,即,激情状态下及热情澎湃中,无论是在单个的个人那里还是在民族中,人的个性都要表现得比平时生命静好时更加开放、更无所顾忌。因此,冯特认为,战争是一个尤为良好的表达国族个性的场所。在生机勃勃的激情之中,就连受过良好教育的演讲者也会讲起家乡土话来。事实上,自战争伊始,诸国族已接受了怎样典型而又极富表现力的相貌啊!它们切切实实地获得了面貌,而对我们所有人来说,柏拉图的那句"国家就是大写的人"也获得了直觉所拥有的那种迫切的强力。现在,我们要看一看,从极为澎湃的运动这种境界当中得到的国族图像,都是如何与和平时从最深的沉思中产生的精神作品向观察者展现的图像相吻合的。这会十分有趣。诗文与哲学因而也都是精神所造作之物当中——如冯特所见——尤其适合用来展现国族本质的手段,因为二者能在比其余诸门艺术及科学更高的尺度上,吸收国族的伦常推进力。冯特对国族伦理学的研究得出了和约珥得出的同样的结果:对法兰西人而言,荣誉和光荣是至高财富;对英格兰人而言,权力和统治是至高财富;对德意志人而言,坚定、忠诚和义务才是至高财富。这些主要倾向在《马赛曲》、《统治吧,不列颠尼亚!》以及《莱茵河畔的守卫》当中表现得淋漓尽致。我们认为,冯特低估了法国哲学。马勒伯朗士、帕斯卡尔、费奈隆、曼恩·德·比朗、雷努维耶、拉韦松、柏格森等名字标识的那个更寂静的法国的线索，也就是奥古斯丁心理学及密契学在此同直观和概念所具有的数学式的清晰性建立起的深刻链接，并没有得到如实的把握。心理学家冯特更倾向于高估英国哲学。关于德国哲学的宏大而精巧的篇章，很可惜过分强调了"德国人"的特征，这明显是在向冯特本人的体系靠拢。

约珥那部形象无比的小作品流淌着华丽的叠句。在 90 页的篇幅里，他以湿壁画的手法描绘了一种国族心理学。这种国族心理学并不仅仅建基于哲学之上，它还涵盖了政治史和其余的文化史。这部优美作品的优点在于，它少见地将判断的正义性和普适性同个性以及真正的德意志意蕴联系在了一起。此外，约珥还有一种特殊的天赋，他能让人在国族天才们那看似相隔十万八千里的表述里寻觅到精神的某种一致结构，并让其跃然纸上。这里，作者所采用语言的艺术形式本身就是表达思想内容的一种手段，因此，简述内容恐将画蛇添足。这本小书必须读者自己去读。约珥期待所有参战国族都能在新的、更深的欧洲统一的土壤上获得一种深刻的精神重振与文化丰饶。他所设想的实现这种统一的方式也许太受他本人柔软、良善、寻求平衡与综合的精神样式的引领，而在现实的丛林中，或许难作此种奢望。欧洲已不再如同约珥的心那般年轻了！对于德意志精神，约珥总结性地评价道："有机的原则是一项让统一与结构得到发展的原则，借助这一原则，宏观世界得以活在微观世界中（反之亦然），'一'得以在'多'之中展开，这便是德意志思想既蕴藏在密契学中又蕴藏在库萨的尼古拉的思想中、既在莱布尼茨又在康德那里、既在费希特又在黑格尔那里、既在谢林又在叔本华那里的最深意蕴与内核"(第 71 页)。约珥的独特贡献还在于,他同时透过德国政治史来展现这一思想(第 73 至 86 页)。在此基础上,约珥建立了自己的期望:有朝一日,得胜的德国——同那些对德国而言本质陌生的专制主义-罗马式以及个体主义-英格兰式的趋势相反——将会帮助整个欧洲实现不亚于德国从前曾在艺术、哲学以及联邦宪制的建设方面所取得的成就;有朝一日,德国会成为进行组织与凝聚、同时又赋予诸民族个体性以自由的那种欧洲原则。这场战争的走向在越小的程度上迫使德国在以下两者之间二选一——要么在政治上倒台,要么在对四分之三世界取胜的情况下赢得极大面子,以至于它不得不违背自己更深刻的本质和意愿从而被迫接受统治世界的倾向——则约珥的期望得到实现的希望就越大。不过,这之中也可能包含着一种极为特殊的悲剧性,即,德国的对手们的那种因恐惧而生的"因为德国想要统治全世界,所以我们必须战斗"的错误假设,以及因这句谎言而产生的、能将越来越多的反德势力汇集起来的力量,恰恰可能会在德国获胜的情况下迫使它在事实上做出它从未想要做过的事情——那便是——背弃约珥称之为"德国精神本质"的东西。这是"有可能"发生的! 而我们和约珥一样,都更相信并希望事实正好相反。

德国的科学 [①]

（评迪昂同名作品）

皮埃尔·迪昂不仅是一个对职业物理学家而言响当当的名字。356
他出色的物理学理论史著作、他在机械论的历史和基础方面所做的
大量研究以及他在认识论领域的作品，对欧洲哲学也产生了重大影
响。恩斯特·马赫曾为其物理学理论史的德译本撰写过前言。在
认识论基础方面，柏格森及其学派从迪昂这里获得的益处要远多于
从庞加莱那里，而从作为哲学家而非作为研究者的角度看，后者要
远远逊色于前者。迪昂曾将亚里士多德对自然的质性理解作为本
体论加以更新，并使之与现代数学物理的方法相调和，他的这一尝
试为奥托·李卜曼下面这句话提供了具体的佐证："现代自然科学
的全部结果也皆在亚里士多德形而上学框架内具有一席之地。"迪
昂提出，通过观察和测量而对物理学中的某件事实做出的每一次确
认，都已然前设了关于现象的某种理想理论以及理想的测量工具。
他的这一论点经常被德国的康德主义者们（如恩斯特·卡西尔）使
用，以支持自己观点，哪怕迪昂的学说同康德观念的精神是如此地
大相径庭。迪昂上承法国天主教传统，他的精神之父最主要包括亚

---

① 参见第二版编者后记。——编者注

里士多德、奥古斯丁、帕斯卡尔。

在其上述作品中，迪昂对诸门精确科学在方法论上的国族差异性的强烈兴趣已展露无余，尤其是在他对法国物理学和英国物理学的出色刻画上。值得一读的最有意思的部分包括对于英法两国的精确理论与英法艺术的基本形式之间的亲缘性以及与英法长篇小说之间的亲缘性的展现，还包括从帕斯卡尔手中获得的对研究者的智巧做出的类型划分。

《德国的科学》（1915 年）这本新作包含了作者在波尔多大学向天主教大学生们开设的四场讲座，它们分别是："实验科学"、"历史科学"、"秩序与明晰"，以及附录"对德国的科学的几点反思"。它们体现出迪昂既作为热情的爱国者又作为谨慎的研究者这两种身份之间的一次特殊的斗争。作为对获得国族精神本质的认识的预备，战争状态无疑既有有利之处又有不利之处。有利之处在于，诸国族展现出比其它任何时候都更具特征的面貌：平时它们仅仅是概念，现在它们仿佛成了浓缩的直观客体。不利之处则在于仇恨具有的那种引导目光的激情。这真是一个奇怪的研究客体：只有在人们没空研究它时，它才完全出现，而当人们有了这种空闲，它又会消失不再。迪昂也得面对这一难题，虽然他远不像他的绝大多数法国同事那样，那么容易就被愚蠢牵着鼻子走。即便如此，对于让我们达到自我认识这一目标，迪昂的书仍有着巨大价值。数学和精确的自然科学的德国式方法论所包含的危险很少能被如此准确地展示出来。只有关于诸门精神科学和历史的那一章完全流于偏颇，甚至连话都没说到点子上。这里我们发现，作者其实离开了他擅长的领域。

　　让我们简要总结一下作者从具体的数学和实验科目庞杂的历史材料中提炼出的几组对立命题：

　　迪昂首先将法兰西精神的特性定位在"达常理"（bon sens）上，这种特性懂得该如何从丰富的经验材料中直觉式地且富有创造性地把握诸门科学的首要原则。法国研究者的精神弱点则在于，从被找到的原则出发、经演绎推导得出结论时严谨不足，并且，他们在验证原则时过少考虑准确性。而严谨恰恰是德意志精神的长处。这份严谨不放过任何一个哪怕再微不足道的论证环节，（在数学上）也不愿从直观中做任何借用。并且由于这份严谨倾向于纯粹的代数主义，被发现的东西也能得以确证。德意志精神的短处则在下面这句话里得到了最贴切的表达："对原因的推理驱逐了原因。"为了确保结论［即法语所说的 conclusions］的连贯性与精确性，德意志精神在否认人的健全理智［即法语所说的 sens commun〈常识〉］这一点上毫不退缩，并且，它在探索新的指导思想时也不怵于扼杀个人酌情处理的自由。在迪昂看来，若是为了保证演绎的无所不能，不管是库萨的尼古拉还是后来的黑格尔，都会否认矛盾律的。本质上乃属德国的相对论也产生自同一种欲求，为了保证物理学世界图景在数学上也能达到统一，相对论不惜摧毁物理学的成片区域，并且不惜要求人的健全理智放弃其关于空间和时间的最明显的直觉。迪昂认为，哪怕在面对着必须把光速解释为既是事实上最大的又是能设想范围内最大的速度这一"荒谬性"时，德国人也丝毫没有退缩。（与此相反，我们相信，相对论的诸种基本概念恰恰有能力得到直觉上的实现，在逻辑上被排除的超光速之怪谬从而很可能会得到解决。）这种精神特性（迪昂指名道姓地将赫尔姆霍茨、高斯、克莱 358

因等研究者排除在这种精神特性之外）的后果便是，德国的科学总是在某个科目采取了更为严格的数学形式之后才取得丰硕的果实。因此，说"每一门学问里有多少数学，才有多少真正的科学"，这其实是一种相当德国式的偏见。应以化学，尤其是物理化学为例来说明这一点。

作者还试图非常详细地论证下面这句话，即，法国科学的特色在乎"睿智"（esprit fin），而德国科学的特性在乎"几何精神"（"睿智"和"几何精神"这两个概念都是在帕斯卡尔《思想录》的意义上说的）。而且，其论述不乏真理内核。德国学者在科学和人性之间所做的过于泾渭分明的区分也受到了作者中肯的批评。

很典型的是，德国生物学在迪昂这里几乎没怎么被探讨。另外，如上所述，关于精神科学的那一章简直是一派胡言。

作者用美好而又审慎的语言阐发了如下思想，即，科学将从国族禀赋的互补当中收获最大的益处，而两国只有在坚守方法论上的国族特色并同时保持活跃的学术思想交流的前提下，才有可能实现互补。只是在结尾处——一位法语演讲者一定要收尾收得好——某种不甚明智的热情才让他做了这样一句"补充"："日耳曼科学是高卢科学的侍女。"对此，我们必须如此回应："日耳曼科学和高卢科学皆为真理的侍女。"

同时期发表的
其它短文

纪念（已故）瓦尔特·拉特瑙

　　本次活动的组织者希望我能在此致辞。[①]借这个机会，我想要
向一位对我而言弥足珍贵的友人之墓献上我的纪念，同时也致以我
的谢意与敬意。凡是跟拉特瑙打过交道的人，都不会两手空空地离
开。他的精神与知识之泉取之不尽、用之不竭，没有谁会在他那里
一无所获；他那伟大的心灵充满力量，他心系世界，没有谁会不受
到他的感染。正因如此，多年来，我有幸得以把握并渐渐学会概观
他的人格核心及形象，通过和他的密切往来交流，我也得以在诸多
方面获得成长。

　　但这并不是促使我向在座各位讲述拉特瑙其人的唯一动因。
拉特瑙死于非命，这种死法并不总是能照亮一个人的性格与命运。
就算拉特瑙从不曾担任过帝国部长，也从不曾成为共和国与民主体
制的殉道者——现在从某一方面看他就是个殉道者——他的精神形
象仍值得长久活在德国人民的记忆之中。我要说的是，拉特瑙的这
种结局或许更多只是掩盖而非照亮了他的形象。所以，我希望能保
护我这位朋友的样子免受错误的聚光灯的照射。今天我不是以其
它形式，而是以科隆大学教授、哲学学科代表的身份发言，并首先

---

　　① 参见第二版编者后记。——编者注

面向青年学生表达我迫切的敬意。促使我这样做的正是下面这种想法，即，作为公众人物以及作为哲学与科学作家，拉特瑙成就斐然，在其性格当中，还有更多特征可让他成为德国青年学生，甚至成为未来德国人的榜样与引路人。

接下来，请允许我对瓦尔特·拉特瑙的为人及品性作简短评述：他不仅是一个对技术、科学、政治的所有领域都有所涉猎并将这一切事物都联系起来、注重实践、致力于塑造世界的人，也是一位哲学与经济政策领域的作家，更是新一代德国人的榜样。

他给人的第一印象是个子瘦高，仪表堂堂，气宇轩昂；他发色乌黑，是个典型的闪米特人。此外，他还给人以成熟、精致、恰如其分的印象，放在其种族内看可谓高贵十足；他举止从容不迫，言谈柔声细语，在衣着及寓所方面简单低调，但又雅致考究，格外害怕引人注目。尽管他擅于交际、精明能干、令人喜爱，却仍散发出一股不小的凉意：正如由歌德翻译的一首阿拉伯诗歌所言，其行所至，带来了"阴影与凉爽"。[①] 他是个只知道"上帝与私密的灵魂"和"投身于工作、公共领域与人类等重大问题"这两极的人。除此之外，他几乎不知道生活当中还有着联通这两极的更加温暖的中间地带。对这样一个人而言，交心的友谊以及对女性的爱几乎毫无意义。他游刃有余地使用着我们这个文化圈的所有主要语言，他在步入政坛前许久就已经同——用他自己的话说——"那几百号如今正统治着世界的人"打过交道。不过，在这位冷静而优雅地闯荡着大世界的

362

---

① 舍勒此处所引"阴影与凉爽"（Schatten und Kühlung）出自歌德诗作《天福的向往》（Selige Sehnsucht），收录于其《西东合集》（West-östlicher Divan）。——译注

男人的外表之下，还藏着甚至从外在都几乎已经可见的某些全然不同的东西：他还是他来自的那个民族当中的一位族长与智者。每当他把手轻轻搭在谈话对象的肩上，用他那生动的方式解释着些什么的时候，人们都能尤为清晰地感受到这种奇妙的联结。

拉特瑙有某种独有的突出的热情和某种独有的超越他的一切其余天赋之上的天赋吗？恰恰在他身上，我们不能这么说。让我们看看他涉足的事业领域就可以了。由于父亲的反对，拉特瑙少年时成为画家的愿望落空了。他先是当上了电气技师，并做出了一些引人注目的发明创造。之后，他又涉足商业领域，管理过多家大型金融机构。他曾任柏林贸易银行经理，并在多家监事会任职。父亲埃米尔·拉特瑙过世后，他接任了德国通用电气公司主席一职。在这一整个成长期内，他都把自己的闲暇时光用在了创作油画、素描、演奏音乐、写诗、广泛阅读历史、艺术和哲学门类的著作以及进行哲学与经济政策领域的写作上。从社会学角度看，拉特瑙的作品带有包括培根、康帕内拉、圣西门、欧文和贝拉米在内的"乌托邦社会主义者"与社会建筑师们的作品的特征。他的笔下，还产出过诗歌、戏剧，以及诸如我们在非洲的殖民地的调查报告和各式各样的民众教育讲话。在这种宏大的普全式的业余爱好上，拉特瑙同意大利文艺复兴时期的一些人物极为类似，在那些他本来可以只当个"爱好者"的领域里，他却像"专家"一样在行。

而他的社会地位与他所从事的这些广泛而多样的活动是极为相符的。拉特瑙身处众多各式各样——宗教、教育、等级、阶级、职业、政治志趣各异——的社会圈子的交汇点上，他的这一社会视角也给作为社会及文化政策写作者的他提供了得天独厚的优势。从他的社会立足点出发，拉特瑙比任何人都更能概观社会的整体面貌。宫廷官僚、军方、贵族、金融界高层、大工业部门、科学与艺术界、产业工人群体、波希米亚群体、知识青年——他们全都卷入了这个名叫"柏林"的劳动巨流与政治漩涡之中——的那些平时只偶有交汇的思想与追求，借助于十分生动的图像，长期存放在拉特瑙的精神里，并在他的头脑中被权衡估量。

　　拉特瑙的精神性格当中，尤为引人注目的，是存在于巨大的矛盾双方之间的一种双重联系与极强张力。在他发表于 1918 年的作品《致德国青年》中，拉特瑙便以精炼的笔触描绘出了第一组矛盾①："我是一个犹太裔德国人。我的民族是德意志民族，我的故乡是德意志热土，我的信仰是德意志信仰，德意志信仰高于各种教派信仰。可是，自然却固执己见，它微笑着，善意而又霸道地将我古老血液的这两支源流混在了一起，让它们激烈地相互撞击：一边是务实的渴望，另一边则是务虚的倾向……"他还写道："有时候我觉得，似乎这种做法也让我的思想孕育出了些什么东西，就好像自然想要拿我做试验一般，看看默观的生活和入世的生活到底能有多么相辅相成。"另外一组矛盾则仅与他的精神能力有关，它存在于格外清醒、敏捷、柔韧且着眼于当下现有事实的理智与浪漫天才的特性之间的张力中。拉特瑙既是现实主义者，又是浪漫主义者，这两者之间有着某种我再也没有在其他人身上见到过的联系。感受、幻想以及被拉特瑙称为"直觉"和"对超越者的感受力"的特别之物渗

---

　　①　参前揭，第 9 页。[此处及下文所引拉特瑙作品分别于所载年份由柏林的费舍尔（S.Fischer）书局出版。——编者注]

透并领导着他那始终处于运动状态、常常过分清晰的理智活动——拉特瑙以浪漫十足的措辞，将作为不受目的限制的"灵魂"的这一特别之物同他书中所写的那种服务于操心、担忧、希望、目的的"精神"和"理智"非常鲜明地对立了起来。并且，他还以显著区别于经典用语的方式将"灵魂"的价值置于"精神"之上。

只有从这里出发，我们才能理解他在如下情况下对科学所持的深刻怀疑，即，科学试图决定生命的目的，而非仅仅想要在行为和靠技术控制世界这个层面提出假设性的规则；只有从这里出发，我们才能理解他对马克思的拒斥，因为，他认为马克思只是学者而非先知。针对马克思主义式的社会主义，他这样写道[①]："这场运动承担着其创始者的诅咒，他并非先知，而是学者。……这个强大而不幸的人错就错在，他为科学赋予了能够决定价值、设定目的的能力；他藐视超越的世界观、振奋以及永恒正义的力量。"在拉特瑙看来，社会主义运动只不过使得反动精神激增，并摧毁了自由主义的思想。从这里出发，我们便能理解拉特瑙反抗他那个时代的德国市民阶层沉溺于专业、职业、商业的尖锐斗争，理解他针对精神自由、独立性、对责任之爱以及灵魂既受上帝约束又在上帝内获得安全感的状态的衰败而发出的无尽悲叹，理解他对于真正的全人教育的没落以及对于一切非专业领域真正领导型人物的匮乏而提出的控诉了。

不过，从这里出发，我们同样也能理解他的人格和作品当中存

---

① 参《论将来之事》，1917 年，第 65 页。［此处及下文所引拉特瑙作品分别于所载年份由柏林的费舍尔书局出版。——编者注］

在的某些片面性和危险。有一次，当他向我阐述自己的想法时，我曾半开玩笑地对他说："您把在亚里士多德和康德那里不仅是对理念和原则的间接思考而且还是对它们的直接体验的那种高贵理性（Vernunft）降格成了纯粹的智识（Intellectus），然后又把这种智识降格成了技术智能（Intelligenz）。接着，您又毫无预兆地在降格为技术智能的精神面前，搬出了艾兴多夫和布伦塔诺。"就像所有的浪漫主义那样，拉特瑙的浪漫主义同样也太纯粹地仅仅是逃避和纯然的向往：向往能够摆脱世界大都会式的奔忙不休以及传统上过于知识分子化的柏林的社会生活背后的冰冷与内在空洞。只不过，尽管违背他本人的意愿，拉特瑙在内心深处——比他自己承认的还要更多地——仍被柏林社会生活的整个氛围给禁锢住了。因此，他那行之有效的非理性主义、他对理智的蔑视连同他为之做出的证明，以及他对直觉、分寸、本能等因素的无边信任，无非是他试图限制自己过于清醒的智力的一种形式而已。当然，拉特瑙有着大量被他称为"直觉"的禀赋，这些可能是从他父亲那里继承来的。在商界，人们都说，任何东西，老拉特瑙只需轻轻一掂，就能知道它几斤几两。而在战争前不久，小拉特瑙对德国国民财富的估计，跟同一时间点赫尔菲利希依靠极为复杂的统计和计量手段得出的结果两相对照，竟然也八九不离十。

　　除了他的精神特质当中的这种双重张力之外，拉特瑙最突出的性格特征还包括深沉、苦涩以及相当个体化的宗教虔敬。他既没有继承他的父辈们和犹太会堂所传承的信仰，也不愿皈依基督宗教的任何一个教派；在《信仰檄文》中，他道明了自己采取这种克制态度的缘由。他虽然像歌德那样，对历史上的各大信仰时代以及由教会对社会进行的组织予以高度的评价，不过，他认为这样的时代已经一去不复返了。在《论将来之事》①一书中，他写道："统一的人类意志与伦常确定性相对于来自物质界的抵抗的优势由来已久，就像启示宗教决定着共同体意志所迈出的每一步一样久远。"不过，"启示宗教占据支配地位是有前提的，要有一支尚未走完智识这条地狱之路的民族，还要有借助征兆和神迹而开展的不断革新，这些征兆和神迹能让原初的超越内容保持生命力。……对支配性的宗教统一进行革新的，不是祭司诏书或教会大会，而是先知。""情况最好的还是要数天主教会，它既得益于数百年来的哲学研究，又受到来自修会的鲜活影响。天主教会的传承，其内容博大精深，而且它并不走秘传路线，而是发展出了复杂的象征和阐释体系，让那些有着更高要求的精神忙于研究。与此同时，其学说具有的某种深刻的密契学及其对规则做出的闻所未闻的放弃又抚平了人们的心绪。"②对于新教，拉特瑙则持异常尖锐的批判态度，因为在他看来，新教甫一诞生就已经使教会的内在改革变得不可能，同时它又强化并限制了教会自身。他对新教做过如下评价："它创造出了一个宗教产物，这一产物虽然把人们的目光引向了福音中的原初超越，却无法成为统治一切的精神势力，因为这个产物乃是分裂的，因为它并不奠基于预言之上，因为它让人们自由地〈对这些事物〉进行探究式的思考，并且它从第一天起就躲在了庇护着自己的存在的政治势力背后。"③

　　于是，对各大教会都持否定态度的拉特瑙就只剩一条路可走

---

①　参前揭，第 207 页及以下。

②　参见《致德意志青年》，1918 年，第 54 页。

③　参见《论将来之事》(Von kommenden Dingen)，第 208 页。

了，那便是某种完全从他自己的灵魂起源处独自获得的上帝观与世界观：这种观念有着严格的个体主义和密契论特征。"我们的行动的每一步都是双重意义上的一步：它的一半属于此世，另一半属于超越。"在《精神力学论》①一书中，他还写道："预知和情感、领悟和直觉把我们领进了决定我们存在意义的那些势力的国度。"对他来说，通往神性的唯一且排他的桥梁就蕴藏在隐而不现的良知、责任感、对那个用他的话说叫作"灵魂国度"的共同责任之中。灵魂在面对它的上帝时的孤独、心无旁骛的艺术、将尘世间一切欲望和感官表象都抛诸脑后的"隐居"、在献身于神性的密契之爱中叩问良知——拉特瑙的宗教虔敬首先便蕴藏在这些具有宗教性且属灵的心绪状态之中。施莱尔马赫认为宗教纯粹是某种依赖感；与施氏的这种定义相反，拉特瑙要求人在神面前应有更多的积极性和尊严。同样地，与施氏将宗教和道德完全区分开来的做法相反，拉特瑙要求将信仰、心态、行为这三者极为紧密地联系起来。不过，在这狭窄的界限之内，拉特瑙的宗教态度真实而强烈，并且带有一种几乎清教徒式的严肃——在他的灵魂中，灵魂得以生成。对拉特瑙而言，一切可被感官直观的世界都只是表达、图像和比喻，只是精神中枢与力量在逐级攀登。从最简单的细胞之国出发，直到国族、人类，再到神，这些精神中枢与力量总是能找到更加丰富、更为个性化的概念。是爱让它们团结起来，相互奉献；在整个自然界中，奉献比斗争原则更加有力——这与达尔文的学说正好相左。不过，只有到

---

① 参见《精神力学论》(Zur Mechanik des Geistes)，1913年，第11、15页。[此处及下文所引拉特瑙作品分别于所标注年份由柏林的费舍尔书局出版。——编者注]

了这个不可见的动态国度的顶峰,即在人之中,被拉特瑙称为"不受目的限制的灵魂"的东西,也就是直觉、无欲之爱与信仰这类能力,才会绽放。位于我们身后的精神形式会在一种独一无二的意志当中登峰造极,那便是在自我保全和延续物种。这种意志为自己创造了一件日臻精致的工具,在人的层面上它叫作"智识";这种粗糙而又直接的保全意志后来又把自己锐化成了间接意志,其对象我们称之为"目的"。智识与目的这两者统治着上达人类的整个有机层级序列;从藻类一直到政治家的精神,其智识与目的只有程度上的差别。而这之中,人是一种边界受造物。在人之中,目的性、智识性的精神形式告一段落,一种更高级的精神形式产生了。在人之中,不再服务于保全,并且甚至能反其道而行之的感觉系列觉醒了。观念与理想,对邻人、对人类、对受造世界以及对超越世间之物之爱充实了人的生命,并且,它们都是不受目的限制的:不是它们服务于我们,而是我们服务于它们,我们有为它们牺牲自己的觉悟。从这里开始,便是"灵魂国度"这个更高一级的精神国度的领土了。

对拉特瑙来说,每个问题,也包括每个社会问题,都必须同时从以下两个角度来考察:既要考察其对灵魂这个上帝国度的生成的意义,又要考察该如何借助技术、机构、组织来实现这个国度。拉特瑙既有要在脆弱的物质材料中实现自己崇高的宗教思想的觉悟,又能审慎地检验这些问题。在这一点上,拉特瑙明显有别于他的那些志趣相投的浪漫派友人。从这一基本宗教观出发,他合乎逻辑地得出了与一切马克思主义式的社会主义相反的原则,即,只有灵魂与伦常层面自发的革新才能成为建立更好的新制度的缘由,能在人类实现其无法预见的神秘目标的道路上引领全人类的,不是某种所谓的必然的发展过程，不是单纯的阶级斗争，也不是纯粹以革命消灭旧制度，比如废除私有财产或者别的什么新法律、新制度，而仅是接受过宗教指导并乐意向上帝负责的领导人物做出的以绝对价值的恒星为导向的、积极而具有建设性的行为。在拉特瑙看来，就连他在经济上秉持的推崇新型自治集体经济的社会自由主义，也只应在全体教派当中都产生了新的宗教精神这一基础上传播——而不是在某一教会压倒另一教会的情况下。由此便可理解，拉特瑙对新近兴起的有宗教基础的社会主义运动产生过很大的影响。更重要的是，他的观念在德国各大跨宗派的基督教工会及其领导者们当中得到了如此广泛的传播。仔细读过慕尼黑-格拉德巴赫运动的文献的人会立刻注意到这一点。对于自己能在此方向上发挥影响，拉特瑙本人也曾时常向我表达他是何等的喜悦。

拉特瑙的人格与理论不仅和他对待宗教的态度相辅相成，就连在他就伦常生活所做的一切表态中，情况也是如此。他的性格当中，有五种观念以及受其影响的五种个性特征尤为突出。它们分别是：勇气、义务、严格的实事求是、责任感与爱。

拉特瑙是我见过的最有勇气的人之一。这一点还需要证明吗？这位早就在国内外——在国外还要甚于在国内——都享有盛名的富商十分清楚自己招致了多么大的仇恨。然而，为了能在紧要关头服务于德意志议会制共和国（一种不管是作为国家形式，还是以其在我们国家当前具有的实际样貌，他都不怎么喜欢的制度），拉特瑙在接受公职之前就已经放下了自己在生意上的重大义务，放弃了自己的业余爱好和自己如此热爱的宁静闲暇生活。非但如此，他还以一种对智识的极大牺牲，将他自己在经济建设方面想要推行那

种为追求最大经济效益和生产力而以全新方式囊括一切技术力量
和活动的计划经济的所有设想都束之高阁。拉特瑙先是出任了重
建部部长，后又担任帝国外长。此乃极为罕见的勇气之举。不光是
我本人和他的很多朋友，就连他自己都知道，他遭受着怎样的仇恨：
比针对其他任何一个德国人的仇恨都要更大，并有着更为多样的源
头。他常说，自己会和埃尔茨贝格落得同样下场。他做出担任公职
这个决定的动机，既非议会制共和国里面盛行的对部长职位这类肥
缺的追求，亦非野心作祟——我并不是说他缺乏上进心——因为在
他那里，这种野心早就以其它方式得到了足够的满足。议会制共和
国和民主并非实现他有关计划经济设想的土壤，这一点他了然于
胸。能够促使并终于促使他走出这一步的，只有三股力量：一、危
急时刻对祖国的最纯粹的爱；二、普鲁士的义务思想与严格的实事
求是思想；三、由他那高昂的责任感出发、无条件地将自己的人格
和生命投入到祖国大业中去的做法。

就连在他的伦常理论当中，这些观念与美德也占据了至高的位
置。首先是勇气。早在《时代批判》一书中，拉特瑙就已从人数不
断增长的欧洲底层群体中的那种倾向于怯懦、忧心、聚敛的胆小者
类型出发，总结出了他称之为"将世界机械化、资本化的精神"的
一系列主要特征：对商品的无边无际的渴求、并非基于自身乃至后
代需求的储备经济、喜欢不值钱的小玩意、认为那些能如机械式的
世界图景一般让世界顺从于我们的行为的世界图景在形而上学的
意义上同样也是真的。与这种胆小又喜欢算计、习惯于忧心、储
备、聚敛且局限在物质视点和无限盈利之中的不自由的智识者和目
的者类型相反，拉特瑙以几乎让人联想起德·戈比诺伯爵以及诸如

亚当·穆勒这样的浪漫主义者的欢乐气息，展现出了来自高贵种族并具有责任意识的贵族的那种有信仰、有勇气、有骑士风度、崇尚荣誉且乐于牺牲的日耳曼人的类型。和德·戈比诺伯爵一样，拉特瑙也被英格兰的贵族等级深深吸引，认为上述日耳曼特征在这群人身上得到了充分体现。怯懦者和勇敢者——用拉特瑙自己惯常的说法——成了他在心理学上对人和群体做出的第一种主要划分，不过这种划分在我看来非常片面。在他对事实与义务的理解当中，普鲁士元素得到了相当生动的展现。因为拉特瑙这个人的奇妙之处就在于，犹太人精神上的高贵气质和对德意志贵族尤其是对普鲁士人特性的钦佩，这两者在他身上无比紧密地结合在了一起。让我最清楚地体会到这一点的场合是 1914 年 8 月 5 日，当时我正在他位于格鲁内瓦尔德的家中做客，他以极为清晰的语言向我表达了他对祖国未来的深切忧虑。虽然当时他对德国获胜的可能性抱持相当悲观的看法，可他一分一秒也没让这些理论观点影响到自己活跃多产的精神以及在实际层面做出的决策。就在他向我描绘他眼中悲惨的未来图景的同时，他还跟我讲了他向战争部原材料科提交的计划。后来，他的计划得到了落实。由此，英国的封锁对我国经济造成的不利影响长远看被削弱了。并非出于对盈利的渴望，也不是为了成功，而是出于对事实与观念的沉醉，出于创造力的热情洋溢，出于在上帝面前对整个共同体的责任感而去做好每一笔生意，这也是拉特瑙在其事业当中经常展现出来的经济界企业家这一理想形象——根据他在我这里的说法，他认为这一理想已在胡戈·施廷内斯和德国经济界其他一些领导者身上得到了实现，虽然他和施廷内斯政见相左——以外所具有的主要特征。理查德·瓦格纳曾说：

"当德国人的意思是，做一件事的原因就是这件事本身。"佛里斯兰人特奥多尔·施托姆曾说："一个人问：'接下来做什么？'另一个人问：'什么是对的？'这便是奴仆和自由人的区别。"若以上面这些话来衡量，那么可以说，拉特瑙是个自由的德国人。而这些话正是同一种对纯粹的惬意不屑一顾的英雄主义心态的表现形式，拉特瑙一再称赞这种心态，称其为"普鲁士式的"，并深深浸淫其中。

然而，与康德不同的是，普鲁士的义务思想并没有成为拉特瑙眼中终极且至高的伦常思想。他将超越且无欲的爱与热情所拥有的权力置于义务思想之上，并使它们的位置也远远高于勇气。在《精神力学论》一书中，他写道，尽管这个系统"高贵并且实事求是，但它缺乏超越"；他这么做，其实是在给由勇气、荣誉与义务组成的古老的德意志骑士法典划定清晰的边界。他将基督宗教对上帝之爱、对人类之爱的非宇宙主义观念深深地吸纳进了自己的灵魂，并将其同自然主义学派所有的纯粹人道主义严格区分开来。该观念把独立性与成员身份、既为自己担责又为整体共同担责都锚定在人的灵魂这同一个个体性的实质之中。同时，该观念也成为了拉特瑙那既非个体主义又非社会主义的社会思想的出发点和指路星。拉特瑙在自己的这一社会思想的形成过程中，最大程度地靠向了基督宗教古老的团体理论。他不太能接受的只有其中的等级思想。

接下来，再让我们看看拉特瑙同国家及经济的关系。

我已经说过：在拉特瑙悲剧性的死亡之中，有某一刻或许会轻易遮挡住他的真实样子。在德意志民族中那些并不认识他的大众眼里，他现在几乎仅仅只是"年轻的德意志议会共和国和民主体制的殉道者"而已。我要问的是：在何种意义上他是一个殉道者，在

370 何种意义上他又不是？"民主体制"这个词的含义何其之多啊！就
生命感而言，拉特瑙是个民主主义者吗？在"形式上的民主体制"
这种奠基于伦理学和自然法的"理性的人类天性之平等"的理智信
念上的一般宪政基本观念的意义上，他是个像威尔逊或其他任何一
个称职的美国人那样的民主主义者吗？在为世界历史规定了"民主
会获得发展"的普遍趋势并将该趋势的实现称为"进步"的实证主
义哲学的意义上，他是个像斯宾塞那样的民主主义者吗？在有机地
植根于本民族的天然结构这层意义上，他是个民主主义者吗？

　　拉特瑙丝毫不是上述这几层意义中任何一层意义上的民主主
义者。他加入民主党纯属偶然，只是由于纯粹着眼于实践的机会主
义视点，此外也是出于他以下这种非常正确的看法，即，政党并非
信念俱乐部，政党是实现政治意志的一种工具。就其生命感而言，
拉特瑙的全部文字作品都显示出，他是个彻头彻尾的贵族。在精神
层面，他像极了贝特曼-霍尔维格。他们不太信任大众，也不太信
任公共舆论。不同于诸如虽在政治上十分保守、但就生命感而言却
要民主得多的俾斯麦，拉特瑙和贝特曼-霍尔维格是地地道道的知
识分子和精神贵族。

　　在伦理学、自然法的平等观念的意义上，拉特瑙就更加不
是——如现代民主体制的精神鼻祖那样的——民主主义者了。他
并不重视此类思想。这一点表现在，他——特别是在其早期作品如
《时代批判》当中——恰恰把整个近代欧洲史，尤其是被他概括为
"机械化"的那些多方面过程的形成，归因于由北方涌入中欧的上层
和本地的下层之间的种族分化。没错，有一段时间拉特瑙甚至还曾
是德意志北方诸族的狂热崇拜者。他认为其中最纯粹的是佛里斯

兰人，并对普鲁士贵族的历史使命评价极高。他完全不熟悉任何一
种集体主义的历史观，而这种历史观又是时常与世界观层面的民主
如影随形的。我本人还不认识哪个人比拉特瑙更加确信，人类历史
仅仅是由少数精英向前推进的，全体大众都只不过是在为这群精英
的构建国家、建设经济的精神和意志提供素材或制造障碍而已。对
于霍亨索伦王朝的历史功绩，他的深刻感受不亚于保守派的那些伟
大领袖当中的任何一个。按照拉特瑙的历史哲学[1]，现代资本主义 371
和所有的"机械化"，最终都是由于下层人口快速增长，由于其忧心、
恐惧、好节约与好聚敛的本能占据上风，以及由于欧洲封建贵族部
分业已灭亡、部分仍在持续去阶级化的局面导致的。最近，一些不
怀好意的人试图把拉特瑙观点当中同德·戈比诺的种族主义哲学
以及过去某些浪漫主义者相接近的这一面归咎于他满怀雄心地希
望自己能在旧体制内取得成功、希望讨皇帝和宫廷的喜欢、获得勋
章、当上部长或是外交官等愿望。我认为这是对拉特瑙的人格和意
愿深重的误解。让他在自己的国家里带着颇有分寸的距离感诚挚
地去敬爱、而不是试图去讨好日耳曼贵族尤其是普鲁士贵族的，并
不是对皇帝、宫廷和贵胄谄媚献殷勤的举动，而是他自己作为犹太
人的种族贵族感——因为这种贵族感，就连在犹太民族内部，他也
会将统治阶层和下层严格区分开来。[2]

　　拉特瑙同样更不是赫伯特·斯宾塞意义上个体主义式的民主
主义者。与斯宾塞正相反，拉特瑙相信，历史当中，人只是在灵魂-

---

　　[1]　参见《时代批判》。

　　[2]　参见《印象》一书中"以色列啊，你要听！"这一部分。

精神的方向上不断地将自己个体化，而在物质和经济方面，则势必有一种表现为财产占有关系与生产方式的不断集体化的反向进程与上述个体化进程相呼应。与流行的自由主义截然相反，拉特瑙其实还是希望德国能有一个费迪南·拉萨尔意义上强大的、实行君主制的国族中央集权国家的——一个用拉特瑙在《论将来之事》一书中的话说"应该是最富有的"国家、一个他甚至在对精神文化工作的领导上都愿意让其广泛享有全权的国家。倘若没有一个这样强大的国家，拉特瑙关于计划经济的那些观念就根本无从设想。在国家观念上，拉特瑙是个十足的普鲁士人。但在我看来，他在这一点上绷紧得过了头。①

　　拉特瑙就连"保守主义者也可以是民主主义者"意义上的"民主主义者"都不是。这即是说，在个人植根于被历史地划分的民族之中这层意义上，他都不是民主主义者。他太孤单了，而且他太具有知识分子贵族的气派了。在我看来，拉特瑙从来都不是一位真正的政治家，这是因为他缺乏上述最后一种有机地植根于民族之中的民主。此外也是因为，他这样一个多才多艺、思想丰富的人缺乏基本政治意志上强烈的明确性与稳定性。这一点我并不想隐瞒。他是一位耀眼的外交官，也是一位相当内行、精明能干并且心思细腻的国际经济问题磋商者。同时，他还是一位政治上深思熟虑的意识形态家。不过，他太喜欢像工程师或建筑师那样看待国家与经济了，他认为可以按照类似于建设公司的那些固定而又理智的计划去

---

　　① 参见笔者 1917 年在《高地》杂志上对其作《论将来之事》的评论。[参见编者后记，第 407 页。——编者注]

塑造这些历史地、有机地形成的事物。在德国，普遍存在着对历史主义以及对历史可被理性与意志塑造的不信任。拉特瑙针对这两者的极有道理的斗争却常常把他推向相反的极端。在看待国家和经济领域的历史事物时，他既像傅立叶、圣西门、欧文之类的乌托邦社会主义者那样，又仿佛只在经历过启蒙的绝对君主专制政体当中或者只在与之类似的某种由一小群行家统治的长期独裁制当中才有可能的那样，极为高估单个人的理性意志。只有从拉特瑙的这一基本立场出发，才能完全理解他的计划经济思想、他抵制奢侈的斗争、他对实行有序的需求型经济的要求、他在企业合并方面的宏伟计划以及给他招来了许多恨意的希望大规模取消个体商户小本买卖的愿望。

　　不过，他所主张的这种民主体制——早在战前他就越来越倾向于这种民主体制，并且自《论将来之事》起，这种民主体制在他的作品中实际占据了越来越大的比重——究竟表现在何处？我认为，它表现在——且仅表现在——两个方面：一、拉特瑙内心逐渐形成的如下确信，即，威廉时代，贵族、军队与大市民阶层之间越来越深的相互勾结大大地削弱了德国的两大领导层，正如他在《论将来之事》一书中详细阐述的，出于种种原因，这两大领导层不再有能力独立领导德国；二、对社会民主派持否定态度的反对派与两大阶层的这种共生一道发挥作用，从而从根本上摧毁了德国市民阶层一切独立的政治思考与兴趣——出于这些原因，民众的其它阶层当中，尤其是被拉特瑙寄予全部希望的青年当中，势必要形成领导者群体的新精英。这意味着，对拉特瑙而言，民主体制有两层意思：首先，它意味着一种过渡；其次，它是某种更好的选择机制的前提以及教育新的领导者群体的一件工具。只有在后面这层意义上，拉特瑙才支持国家实行越来越深入的议会制化，支持普鲁士州议会采用新的选举权，并支持废除旧的威权国家。与西方国家截然不同，我们这个国家有着如此大量的怯于行动、怕担责任的纯心态式政党，因而很难实现议会制统治。这一点拉特瑙很清楚。因此，他也像施泰格瓦尔德在其"埃森讲话"[①]中所做的那样，要求深化改革德国的政党制度。这是一种旨在教育新的领导精英的议会民主制，在没有更好选择的情况下，拉特瑙支持这样一种制度。但这绝不是所谓的"民主主义世界观"。他对君主制、共和国以及国族思想的态度亦是如此。终其一生，拉特瑙从来都不是一个原则上的共和主义者。他只是置身于由历史所创造的诸多事实的土壤中。当然，他并没有将这些事实看成是某种本可避免的、恶意的"背后捅刀"带来的结果，而是将其视作威廉二世——根据拉特瑙最深的信念——错误而又不幸的统治引发的后果，某种程度上，他还将其视作自俾斯麦卸任后德国市民阶层及德意志民族在专业经济上的片面发展造成的灾难。以国族视角观之，拉特瑙比他所属的政党还要更加右派。他有着一种几乎过分敏感的国族荣誉感——只有在精神领域的教育问题上，他才具有强烈的世界主义心态。"伦敦最后通牒"截止前两天，正是从这种国族荣誉感出发，他才在公开场合要求人们应无条件拒绝签名。

　　只有在这种非常有限的意义上，拉特瑙才称得上——不过，在此意义上，他可以、能够并且也称得上——是年轻的德意志共和国

---

① 参前揭，第 256 页。——编者注

与民主制的殉道者。而恰恰当人们在其思想与生活的根源这一大背景下审视他的命运与死亡时，他的这种命运和他死去的方式才蒙上了一层最为真正的灰暗悲剧色彩。这位对日耳曼本性当中的一切崇高与伟大有着如此贵族化的感受、常常对之近乎痴迷的热爱者，这位有着细腻国族感受的爱国者与心态上的普鲁士人，竟被一群受到煽动并且思想被束缚的传统承载者杀害，而这一传统的高贵内核恰恰是拉特瑙极为尊崇的。除此之外，则是着眼于与这一传统以及这一高贵内核相对立的狭隘目标的广大德国民众，他们很难理解自己只可以在哪个层面——以及不能在哪个层面——将拉特瑙据为己用。在此，我们不得不沉痛地呼号：人的道路是多么的黑暗，而对一个灵魂来说，让自己被人理解又是多么的艰难啊！

　　今天，我只能简短地讲一讲拉特瑙作为经济理论家及政治家的意义。在我看来，他最具原创性、最有未来前景的思想始终是他在财产的去个人化以及企业的具体化与自治化方面的思想。拉特瑙 374 认为，经济发展使得企业的整个经营获得了某种相对于其各自企业主而言的独立性；经济进程越来越融入公务员与雇员的等级体系之中，该等级体系在事实上领导着企业。拉特瑙认为，企业主在决定企业经营命运上的独立自主权变得越来越虚无缥缈，而这一点十分明显地表现在股东身上，股东们把自己的权利交由银行代为行使，而银行作为托管人直接共同参与企业的管理。"今天我们就已经能想象下面这种〈仍受到我们的法律制约的〉怪现象了：通过用自己的盈利回购持有者份额，企业成为自己的所有者。"这样一种发展的理想结果应是如下状态，即，"企业将会变成一种类似于基金会的机构，或者更恰当地说：企业将会变成一种类似国家的组织。"①
分红，乃至将持有权分配给公务员和雇员，也将会是在回购份额之
外过渡到自主经营的一种方式。拉特瑙认为，与这种客观发展相呼
应，从现在开始，大企业主们就已经越来越应采取一种新的主观灵
魂状态与经济心态。他认为，在经济生活的领导者中，产生了某种
新的责任感和某种公务员理想主义，这种新的理想主义与旧普鲁士
国家的公务员理想主义间的唯一区别仅在于企业家得到无限增长
的权力及其仍需握有的独立动议权。于是，按照拉特瑙的说法，国
家行政机关和私人生意之间逐渐形成了从事自主经营的"中间民
众"。经济意志只要仍能发挥生产的效力，便得以在中间民众当中
维持下去；而经济意志只要开始自私自利地积累物质财富，它便会
消亡。"这种变得客观与非个人化的财产估计会成为接下来几个世
纪一切持久财富的主要存在形式；与此相对，作为私人财产的消费
品和作为国家财富的公益品则将会继续保持它们各自的地位；混合
经济经营活动的形式将服务于垄断企业。"② 至于这一预言是否会实
现，我们先暂且不论。

　　拉特瑙在担任重建部部长和外长期间的具体政绩都有哪些，他
的诸项决策和措施在多大程度上有效或者无效，这些都不是一场纪
念活动所要探讨的内容。这些问题还需留待历史做出最终评判。

375　　对于我们，尤其是对于德国青年而言，拉特瑙其人的意义何
在？这个问题的答案肯定在他作为人格的图像，而不在他的政治活

---

① 参见《论将来之事》，第142页。
② 参见《论将来之事》，第145页。

动之中。与英国那些一直到贝尔福伯爵生活的时代常常兼为哲学家的伟大政治家们类似，与自培根和洛克的时代起常常兼为政治家和经济领袖的英国哲学家们类似，与解放战争时期德国的伟大领袖们——例如冯·施泰因男爵——类似，同时也与费希特这位生活于一个伟大时代的斯巴达式风纪布道者类似，拉特瑙代表了存在于深刻的宗教意识、极高的精神修养，以及深远且具有多重面向的实际存在形式之间的统一，这种统一后来在我们国家变得非常稀有。和先前提到的那些人一样，他也确信，新的政治精神不会从政治生活本身的氛围当中产生，而只可能从德国青年在精神与伦常层面的生活改革当中产生。我认为，这才是他尤堪作为德国知识分子榜样的地方。瓦尔特·拉特瑙以自己的人格和作品展示并证明了，如何才能让一个本来的技师兼商人同极高的精神修养以及真正的、无所畏惧的贵族气概融合在一起。具有这种贵族气概的，是一个立于上帝面前并且知晓自己正安然处于上帝之中的灵魂，因而这种贵族气概同时也是谦卑的。此外，拉特瑙还为我们活出了一种企业家的形象，并且在其作品中以细腻的笔触从精神上为其刻画出了一幅图像；我要说，这是一幅非但不回避反而还热爱着创业精神和动议、热爱着为了整个国族的自我担责性与共同担责性的企业家——并且他首先没有受到自私自利、聚敛与盈利欲的驱使——的图像。拉特瑙的灵魂中有着对事实的热爱、对上帝赐予的力量和能力进行创造性发挥的渴望，有着社会荣誉感与社会成就感，以及男性在经济生活当中对于自身意志的力量能得到发挥的意识和乐趣。上述这些构成了以纯粹自身利益为出发点的驱动力的更为高贵的等价物，而盛行于我们国家的自由主义却把这种驱动力当成是一切经济进步的发动机，如此片面、与真企业家的灵魂如此不符地炫耀这种驱动力。最后，拉特瑙清楚地意识到了，义务比他早已深陷危险之中并且自知受到威胁的生命更加重要；作为一位忠诚献身于祖国神圣事业的勇敢者与爱国者，他为我们所有人——不管我们各自站在怎样的党派立足点上——都树立了一个光芒万丈的榜样。

的确，与这个人最深刻的本质意图截然相反，他的血腥之死竟成了我们德意志民族和国家当中新的分歧以及种族、政党和其它各种对立重新加深的浑浊源泉——而所有这些分歧和对立，都曾是他从自己对国族统一、对帝国统一与祖国急难的高尚情感出发、用自己写下的每一页文字及做过的每一件事如此尖锐地抨击过的。凡是真正想向拉特瑙其人表达敬意的人，都必须首先在德意志民族内部的兄弟之恨和党派之争这个方向上做出悔改。比起他的行为，愿他的人格形象给我们带来更多教诲！比起他的死，愿他的生给我们带来更多教诲！

谨以我今天向在座各位发表的讲话，纪念瓦尔特·拉特瑙和他那现已安息主怀的灵魂。

社会学家恩斯特·特洛尔奇

最近，随着恩斯特·特洛尔奇的去世，德国失去了一位像马克 斯·韦伯——就在前不久本刊才刚刚悼念过他的亡故 ①——那样完美象征了诸门精神科学的统一性与普世性的人物。这里并不是赞美特洛尔奇这一独有的特质的地方，也不是展示其广博的研究工作曾给哲学各科、历史及系统神学、法学等带来过哪些丰硕果实的地方。这里我们只是从社会学这个特洛尔奇在其生涯当中越来越重视的学科的角度出发去看待其毕生事业。在此，必须首先声明，正如许多其他重要的、在社会学领域做出建树的德国学者那样，特洛尔奇并非社会学专业出身。自始至终，他的首要身份一直都是治宗教哲学、伦理学、历史哲学者，或曰历史综合论者，他的全部研究都明确着眼于在实践层面对当今文化生活进行主动的塑造。一方面，他可以如此纯粹地致力于对理论问题的思考；而另一方面，当下改造者充满活力的意志紧张感才是贯穿他整个学术生涯始终的纵情恣意的灵魂。到头来，消除他最后一丝怀疑的，仍旧是某种要求，一种"我意欲"，而不是什么"我明白了"。因此，尚在海德堡任教授期间，他就已经代表大学进入了巴登州上议院；战争期间，他积

---

① 参见第二版编者后记。——编者注

极地——在民主党意义上——参与政治；帝制崩溃后，他当过文化部的首席国务秘书，并曾一度作为民主党候选人参与竞选帝国总统一职。所有这些，皆非偶然。

　　促使特洛尔奇思考社会学问题的动机从来就不在于西方社会学的那套认为我们可以将精神生命本身的内蕴及形塑理解为社会的一项事业的基本理论。他的动机在于与之对立的某种观念，即，必须认识到社会学中的现实因素乃是强度不一、样式各异的艰难困阻，它们在历史世界的现实中阻碍着原初性的精神观念与生命势力（比如基督宗教伦理）得到纯粹的自身表达与实现。就连特洛尔奇也是因为听天由命（parrésignation）才成为了社会学家——他在这个方向上给予我们的一切都可被称为"听天由命式社会学"。这样一种动机清晰地表现在他的"社会学说"当中，同样也清晰地表现在最初收录于康德学会书系、后来又在他最后那部关于"历史主义"的大作里得以发表的对于实证主义社会学以及马克思主义的那些精彩描述与批评当中。让特洛尔奇走上社会学道路的这个动机，绝非某种个体动机，而是曾让我们那些就其伟大传统而言毫不具有社会学色彩的德国精神科学的几位重量级代表人物（如狄尔泰、冯特、滕尼斯、韦伯、桑巴特）靠近社会学思想方式的典型动机。人们逐渐认识到，不应像以往那样完全摈弃作为一门精神的西方社会学，相反，应当树立一项可以这么表达的任务："让我们用一门更好的、更加符合德意志哲学与精神思想的社会学来代替始于孔德和斯宾塞的西方实证主义社会学吧。"

　　共有三重动机导致了这一转变：首先，仅在德国才与生命及整个精神的寰宇之间有着如此深刻隔绝的治精神科学的专业研究者们逐渐觉醒，他们获得了一种更为普世性的、投向位于自己专业的四周及以下的诸物的目光；其次，德意志史学开始更加着眼于某一民族文化具体的总体生命及总体状态现有的平均局面，而在过去，史学只习惯于探究一个个被严格划分了界限的单一事实及价值区域各自的历史；最后，受到后俾斯麦时代政治与社会经验的实际影响，人们开始对形塑精神生命的社会及现实基础产生兴趣。狭隘的专业化、学者个体主义以及单方面强调历史与传统主义的那种思想方式，过去曾经、现在仍要部分地为特洛尔奇强烈抨击过的那道横亘在我们德国的精神科学和西方文化的精神科学整体之间的深刻鸿沟负主要责任。在坚守由康德创立的德国先验唯心主义传统的鲜活内核的前提下，通过某种新的操作——并对提出社会学研究问题的权利做出某种明确清晰的界定——来逾越此"鸿沟"，这便是特洛尔奇在社会学研究当中一再强调的主要意图之一。

特洛尔奇对社会学研究所抱兴趣的范围与样式，则受到其人格、出身及教育经历的决定性影响。

恩斯特·特洛尔奇（1865年2月17日生于奥格斯堡，其父行医）就其出身而论，是带有自由灵恩派色彩的巴伐利亚新教徒。他拥有南德意志人那种充满活力的天性，是施瓦本和法兰克部落融合的产物。他那强劲而满溢、几近粗暴的生命力同时也是他的精神存在和科研活动生机勃勃的潜流。每一个从图宾根学舍走出来的伟大的施瓦本人皆具有的那种密契式沉思，在特洛尔奇身上与法兰克人的那种明快的直观兴致以及一种鞭辟入里的思想力量联系在了一起。一种想要成为代表人类历史生命的"微观世界先生"的浮士德式渴望为特洛尔奇赋予了灵魂，其程度之深，在特洛尔奇之后我再也不曾见到过——他试图以强有力的同情将人类历史生命吸收进他自己的自我，他试图吸取精神科学的文献当中的一切新知，批判地消化它们，再把它们变成自己多重精神有机体的养分。只有他作为研究者的那种严肃良知，才好歹抑制住了这一渴望。特洛尔奇始终对来自多方面的灵感有着强烈的需求，他做不到纯粹自发地望向他所试图照亮的事物本身，他总是在先热情地吸收并批判地处理了许多图像之后，才打开一条通向这些图像的间接道路。于是，那条无比宽广且丰饶的、发源于他充满激情的学术人格的灵感之河便成了他那几乎独一无二的教学生涯产生的主要效应。一种有力的、能将观念生动塑造出来的思想力，以及一种少见的、甚至能对完全异于他的本质的东西和历史的"动态发展脉络"进行移情的技艺，以雅各面对天使时的那种孔武姿态攫住了每一个对象——雅各对天使说：你如果不祝福我，我不让你走！[①] 特洛尔奇有着某种非常深刻、柔软、同他的外表和他那磅礴的生命力几乎形成鲜明对比的心绪，某种在他那大开大合的手势、他那旋律优美的语言、他那尽情的欢笑以及他那在辩论时实事求是的激情当中得到深刻表达的不安、敏感而又情绪丰富的知觉生命，还有着某种在一切定论式表态和最基本问题面前近乎羞怯的敬畏，以上这些，都曾给他那过度膨胀的活力天性带来过格外私密的刺激，这在某些方面让人想起路德来。特洛尔奇身上充满了南德意志的那种温暖和煦、情感民主的精神，充满了无远弗届的伟岸人性；对他来说，以等级身份和学者身份自居的那种狂妄自大是很陌生的；就连他在政治和文化政策上的观察视角也

---

① 参见《创世记》32:27。——译注

是在上述那种普遍姿态下取得的。他思维敏捷、胸怀宽广、乐于助人、温暖坚强、处事充满了行动力并且无比勤奋。尽管他的工作硕果累累、成绩斐然，可是他的内在与精神生命却始终未能获得和谐与最终的满足。在他的初期作品当中，就蕴含着对于以生命去抵抗观念的固有力量的极为痛苦的感受，以及对于"人是用非常扭曲的木头雕刻成的，木头太弯，所以雕成的人身上也没有哪个部分是直的"（康德语）的强烈意识，而他的"社会学说"中自始至终都充满了这样的感受和意识。这样一种感受诞生于世界观上的唯灵论与心态的理想性、纯净性以及率真地面对现代世界板上钉钉的基本事实的现实主义这两者间少有的强烈张力，而德国的战败和崩溃又使得这种感受常常激荡成最深的绝望。很少有人像特洛尔奇那样深刻地共同经历并遭受了民族、文化与观念对立中的那些由战争而引起的紧张。他内心之中并非直到战时才得以觉醒的对旧制度的巨大怀疑（深受与马克斯·韦伯的友谊的影响），他本人的气质同新教以及益格鲁-撒克逊世界的理想形态的紧密结合，他的基督徒良知的自由与严肃，所有这些，都在他的灵魂中，与他那严肃、深沉、没有半点空话的爱国主义，以及他因为对整个世界现实的认真态度而对国际世界现实及观念层面真实的权力对比关系所具有的相当少见的成熟了解发生了钢铁般激烈的碰撞——一个没他那么坚强的人肯定会被完全击倒。他在柏林曾经有过一段让他无暇兼顾自己那些宏大写作计划的短暂政治生涯（他从1917年起在柏林执掌施莱尔马赫教席），这段政治生涯并没能让他满意。好在令人欣慰的是，他又驾轻就熟地回到了自己的写作计划上。也正因如此，我们才有可能目睹他的两卷本著作《历史主义》的问世。

作为治系统神学的新教神学家，特洛尔奇出身阿尔布莱希特·利奇尔学派，他在青年时代还受到过保罗·德·拉加德和赫尔曼·洛采的影响。不过，他在受到狄尔泰和奥伊肯的强烈影响而创作的早期作品《基督宗教的绝对性与宗教史》当中，已经坚定地站到了关于信仰和知识（存在、价值及信仰判断）的鲜明的二元主义学说和利奇尔学派的片面强调基督中心论的立足点的对立面上了；在此立足点上，利奇尔学派将基督和基督宗教作为"绝对者"——即作为"唯一"宗教——从整个宗教史当中剥离了出来。[①] 在这部可以部分地追溯到费迪南德·包尔的伟大传统的作品中，特洛尔奇驳斥了如下观点，即，我们可以论证基督宗教的绝对性。他指出，我们的任务在于，在基于理想类型排序的宗教史的细密脉络里看待基督宗教，并由历史走向中得出证明，基督宗教乃是迄今世界各大宗教当中最完善、最广博、最深刻的那个宗教。

1894 年，特洛尔奇被聘任为海德堡大学系统神学教席教授，1910 年起，他还被委派讲授哲学。在海德堡长达二十年的教学生涯中，特洛尔奇受到了文德尔班-李凯尔特哲学的影响。不过，对特洛尔奇产生更大更强烈影响的，则是马克斯·韦伯这位鬼魅一般的人物，一直要到战争——这个经得起考验的对包括人格本质在内的种种差异性的揭示者——期间，韦伯才同他疏远。韦伯的主要理想是要将社会史、经济史、文化史和宗教史之间千丝万缕的联系和它们彼此间互为条件的关系展现出来；为实现这一理想，他首先试图证明加尔文派对现代资本主义的形成产生的推动力。马克思主

381

---

① 另参见他与赫尔曼（W. Hermann）及卡夫坦（J. Kaftan）的探讨。

义式的社会主义理论家如考茨基和毛伦布雷歇尔者，则尝试根据经济学史观，即历史乃是对某种社会运动的创造，来描绘基督宗教之滥觞。另一方面，那个时代争论最激烈的问题是，基督宗教与教会能为实际克服社会层面的恶做些什么。关于这个问题，新教正统派神学家冯·纳图修曾（在诸如施拓克尔派系的意义上）写过一本非常肤浅的书，而璐曼则试图在与之大相径庭的道路上发起一场"基督宗教-社会"运动。

《基督宗教诸教会及群体的社会学说》（1912年）一书的诞生是将韦伯式的问题设定普遍化，这在很大程度上也受到了韦伯范式的影响。该书是评判"是否要"以及"怎样"在实践和政治上进行这类尝试等问题的历史基础，另外也是对基督宗教伦理学和社会哲学及其历史的一部分（这是直到当时为止都一直被神学家忽视的一部分）做出的贡献。这部作品对社会学而言的意义何在？在此无法详细展开回答这个问题。特洛尔奇从洛伦茨·冯·施泰因所说的"窄"社会概念出发，首先提出了以下四个问题：一、与耶稣福音本质必然地联系在一起的是个体与共同体间关系的哪种基本模式？二、在基督宗教共同体的形成过程中（教会、教派、自由的密契-灵恩式的结社），[福音]这一最高思想是如何以不同的方式在赋予形态这个层面得到表达的？教义学的内容、基督宗教虔敬性当中的祭礼、其学说当中的伦理学与它们各自的共同体塑造之间都有着怎样的联系？三、在其自身经历过的种种社会实体当中，基督宗教是如何依据风格与精神来确定宗教以外的诸如国家、经济及其它领域的共同体的？四、（以或高或低的妥协）处理个体与共同体间关系的基督宗教原则又是如何在业已独立于一切宗教的经济、社会、阶级结构等现实因素的逼迫下，以这样或那样的形式在社会层面——既在第二个也在第一个方向上——将自己实体化的？

382　　这部皇皇巨制之所以意义重大，并不在于它发掘并使用了新的史料，而在于该作大师级的对观，其次在于它在针对西方的基督宗教（几乎没提到东方的基督宗教和俄国）直至十八世纪初的主要形态论述上述几个问题时对事情的认真态度以及社会学与史学精神。宗教社会学角度最为重要的是对第一个问题的回答，以及对"教会"、"宗派"、"密契共同体"这几种形式——它们从一开始就已作为基督宗教的三种可能社会形态而存在——做出区分的极有价值的精确类型学。而在对这第一个问题的回答上，我们不能赞同特洛尔奇。他将个体在上帝内并为了上帝而圣化自身这件事如此排他地推到前面，以至于同样被赋予基督宗教观念的"普世主义"以及所有与"邻人"之间和与"上帝国度"这个共同体之间的关联，在他这里都只不过是从圣化自身这件事中顺便得出的要求。按特洛尔奇的说法，基督宗教共同体的凝聚性之所以存在，仅仅是因为"利他主义的诫命"也"一并属于"圣化自身的命令（第 40 页），因为圣化自身的人们在"共同目标之中、在上帝之内彼此相遇"，另外也因为上帝本身被体验和设想为创造式的爱的意志（而非主要在古希腊文明中的那种安息式存在和至善）。这种理解其实是片面个体主义的：它既不符合基督宗教有神论与生俱来的"休戚与共原则"（正如我们多次表达过的那样①），也不符合原始基督宗教的如下思想，即，

① 主要参见《形式主义》，第六版概念索引，另参本卷概念索引。——编者注

只有那条从一开始就由上帝"之内"的邻人之爱的精神规定的道路，也就是人在被圣灵渗透的基督宗教共同体的范围内并且作为其中"一员"所行的道路，才能把个体导向真"上帝"并因此才使个体有可能圣化自身。特洛尔奇否认爱是圣化自身的共同条件，他没有把基督宗教的团体观念的起源，甚至基督宗教的"原初-教义"（Ur-Dogma）——即"关于基督之神性的教义"——放到作为根基的耶稣讲道的内容与精神中去，而是承认它们具有某种仅限于社会学的起源：教义和教会源自（从保罗开始才全力以赴的）对被举扬的耶稣基督的崇拜，"而这种崇拜又源于新精神之下的信仰团体的那种凝聚起来的必要性"（第 968 页）。由此，他得出了意义深远（却很成问题）的一句话："对基督的崇拜是基督宗教共同体进行组织的基点，也是基督宗教教义的缔造者。"特洛尔奇曾对他称之为基督宗教关于个体和共同体的普遍"观念"做过片面个体主义的规定，而上面那句话恰恰是这一规定的后果。尽管其书伊始，特洛尔奇就严厉驳斥了"基督宗教只不过是一场社会运动的作品而已"的观点，³⁸³ 然而在他看来，教会的教义本身却是一件仅受社会学条件制约的事情。现在，从受社会学条件制约的关于基督的教义出发，教会、宗派以及密契学所持的基督图像被清晰、形象而又富于教益地描绘出来：基督是救赎者，他的救恩大业，即教会这个客观机构通过圣言、圣职和圣事面向单个的人；基督是主、榜样与立法者（宗派），也是内在的精神之言和精神之光（密契学）。另外，特洛尔奇也有道理地对主动"出击型宗派"和"承受型宗派"加以区分。只有"教会"才能持续地管理并领导广大群众。"宗派"则有意地保持贵族化、律法化及唯道德论的色彩。密契式的结社仅仅是松散的，它们倾向于个体主义和超教派性；自治的知识分子密契学和民间的情感狂热主义是其两种主要类型。关于隐修生活和修道院的社会学，特洛尔奇也发表过不少精妙的见解。他恰切地指出了修道院那句"劳动但别享受"的口号对西方劳动精神的形成做出了多大贡献。而这些宗教共同体形式的每一种，它们所做的妥协和所含的阴暗面，也都被他以一种深深的听天由命感描绘了出来。"在一个绵延不绝的世界里，基督宗教伦理既不可能独活，也不可能独善其身"（第975页）。

对社会动力学具有极大意义的，是特洛尔奇毕生研究得出的与韦伯、狄尔泰和笔者发现的完全相同的结果，它涉及到社会学对宗教的全部解释的边界。宗教和任何一个独立的文化领域（法律、哲学、科学、艺术、经济）一样，有着在人的精神之中的独立自主的源头，并根据其内在意义的逻辑而发展。马克思主义对事物的理解是错的。"耶稣、保罗、奥利金、奥古斯丁、圣托马斯、圣方济各、圣波那文图拉、路德、加尔文，他们的感情和思想并不能从阶级斗争和经济利益里面推导出来"（第975页）。不过，黑格尔和任何"唯心主义的"历史学说一样都错了。原因在于，这种自治的宗教观念与生命脉搏是否且如何获得社会层面的形态、传播、支持、权力，萌芽状态的基督教观念中的哪些部分和哪些方面能得到单方面的繁荣并占据主导，这类问题在上述意义逻辑之外，必然也取决于社会关系——特洛尔奇甚至倾向于认为它们主要取决于经济关系。因而，比如说，"宗教改革的个体主义"及其获得的成功"只能从那些以中世纪社会的瓦解为前提的政治与社会关系出发"得到解释（第976页），同样只能这样解释的还包括天主教和新教被加以精确刻画的诸种教会形式及宗派形式对各种有着根本差别的人的类型产

生的塑造作用。社会学层面的现实因素非但不促进、反而还限制着 384
原初的观念和生命力发挥它们的效应。

　　特洛尔奇对社会学层面以下几个主要因素的重要性的排序和
测量是笔者无法赞同的，它们是：自然环境，血统与种族，民族间、
国家间以及等级间的权力关系，经济。他对经济因素一直都过于
重视了。特洛尔奇的历史学说的不足之处在于，他并未发展出一种
关于精神层面和社会学层面的现实因素所具有的始源性秩序的理
论，以解释历史的生成。[①] 他总结出来的基督宗教伦理学和社会观
当中的"恒有价值者"，始终不能让笔者满意；他说的太模糊、太不
确定，而且没有指出从哪些啮合点以及从观念上的哪些指导方针出
发，可以架设通往对当今世界的塑造的桥梁。尽管如此，特洛尔奇
比其他人还是要强一些，他写道："一切回溯到纯粹自在悬浮着的
精神及其毫无组织性的自身实现上的做法都是乌托邦。这样做没
有认清生命真正的条件，结果只能让一切都消散，都失去力量"（第
980 页）。不过，在特洛尔奇看来，哪怕宗教共同体的教会类型如此
地"优越"，"在我们的文化中，纯教会类型的日子也都所剩无几了"
（第 981 页）。基督宗教的社会与社会观仅发展出了两种强有力的类
型：一种是罗马天主教，另一种是崇尚个体主义的苦行-英雄主义
式的新教，后者诞生于自由教会式的、带有虔诚派色彩的加尔文宗，
融合了功利主义、理性主义、职业活动以及因劳动本身而对劳动的
颂扬，并同民主和自由主义融为一体。"不过，就连这两种强大的
类型……也都已气数到头了"（第 984 页）。于是，也就只剩下一切

---

　　① 参前揭，第 7 页。——编者注

基督宗教-社会工作都面临的格外"成问题的局面"这一项"研究结果"了（第 985 页）。

这部宗教史大作的结尾实在是令人心灰意冷，有可能是这一结局导致了特洛尔奇在晚年越来越转向哲学，并且，同他的禀赋和整个教育背景相应，他首先转向了一般历史哲学。除了韦伯，西美尔同样也曾让特洛尔奇在这项研究和发展的过程中越来越多地注意到社会学视角的重要性。另外，特洛尔奇还吸收过滕尼斯的很多思想。生命暮年，他还十分深入地研究过马克思——当然，他关注的是马克思在历史哲学方面的成就，而不是他的经济学理论。[①] 特洛尔奇历史学说的基础是李凯尔特的历史逻辑。就在去世前不久，他还针对贝歇，替这套历史逻辑做过辩护——不过我认为特洛尔奇的理由不够充分。他从这套历史逻辑出发，以一套关于"理解"和他者自我的理论、一种关于历史价值标准的极为深刻的新学说、尤其是在黑格尔和马克思这两位的思想中发现的关于发展辩证法（正是这一点让特洛尔奇越来越远离韦伯的观点）的学说（他对之加以扩展，同时又在冯·哈特曼、马勒伯朗士和笔者的启发下形成的本体论形而上学当中使之臻至圆满），在此基础上，特洛尔奇着手展开了对如今仍发挥着效应的所有历史逻辑、历史认识论、质料的历史哲学和历史形而上学的描述，其内容洋洋大观、无比丰富，并且兼具学养与批判性。

在《历史主义及其问题》（1922 年）这部——原本应有厚厚两

---

① 参《历史主义及其问题》（Der Historismus und seine Probleme），图宾根，1922年。

大卷——作品的上卷里，特洛尔奇集结出版了这些产生于不同时期的研究。我们迫切希望，原本预计要将第五章"欧洲文化史的构建"这一宏伟计划付诸实现的下卷，至少能让我们得以一睹其已完成的部分篇章。

尽管这部作品不是社会学著作，但对社会学者而言，它仍不失为我们所拥有的最深刻、最丰富的宝藏之一。其第三章第四节"马克思主义辩证法"和第五节"实证主义的历史动力学"当中，不仅包含了一部宏大的批判式的社会学史，即一部深入现代社会学源头以及社会学迄今为止的发展的那些最深颗、最细微的动机的历史，而且，针对林林总总的社会学细节问题，至少批判地看，这部作品也具有不可替代的意义。这部作品极高的价值首先在于，它不仅描述了那些正儿八经的"历史哲学家们"的历史哲学，并对其细加批判式的审视，更重要的是，它试图独立梳理出内在于所有流派和学派事实上所进行的历史研究和书写（这是一个对特洛尔奇有着无与伦比的吸引力的知识世界）、通常研究者们自己都没有意识到的"哲学"。因此，这部作品成为了连接哲学和史学的一座史无前例的桥梁。在它那原始森林一般的繁茂之中，这部作品让精神、社会、历史等学科互为养分，其丰饶之景令人赞叹。这里，我们暂且无法对这部涵盖了整个十九、二十世纪乃至最新的历史思想的作品在描述与批判方面的内容展开深入探讨。

特别具有社会学价值的是第四章。此章中，特洛尔奇就"欧洲文化史的构建"阐述了自己的想法。他使用"构建"一词，不是指当今欧洲（乃至"欧美"）的发展史，而仅仅指对"我们文化圈的仍旧活跃且有效的分层"的认识以及对其意义的交感式理解。特洛尔奇

386

指出，应该按照文化圈包含的"层次"，采用一种对世界史尽可能客观、全面的分期——"世界史中本来的哲学元素"即蕴含于其中——去确定这种"构建"。解决构建问题是为了要在"文化综合"的过程中完成对历史哲学的缔造，而这种"文化综合"则被特洛尔奇理解为一幅囊括了全部领域、并对主动塑造我们的文化起指导作用的理想画面。依特洛尔奇之见，这幅画面绝对无法靠将"放之四海皆准"且超越历史之上的价值与规范简单应用于当下来获得，而只能通过直觉式地代入到"上帝生生不息的意志运动"中去的人格举动来获得，全部的历史都以这一上帝意志为泉眼涌出——因为那种得到了尽可能深刻理解的"构建"。他还认为，这样一种举动也是理解其他主体的形而上学前提。于是，根据特洛尔奇，这种重视是"客观"且"必要的"，并且它还蕴含着精神决定的"先天"，但这种重视不可被称为"放之四海皆准"——既不能在客观语义上，也不可在主观语义上。因为，对每一个绝无仅有的重大历史时刻来说，文化综合这一"理想"都是一个独一无二并且实际存在的理想，它只能通过不但发现了而且还全身心地投入到这一时刻的"永恒"真理中去的人格性的自由举动达成。特洛尔奇拒绝那种"此时此刻的理想"只能存在于其框架内的超越历史之上的价值等级秩序。

特洛尔奇在第四章第二、三、四节当中继续论述的有关"构建"的三个子问题分别是：历史哲学的"欧洲主义"或是普世主义，"客观分期"以及"构建的分层"。

或许特洛尔奇太快就把不承认历史具有某种形而上学意义、而只承认每个个体灵魂超越死亡之外的命运才具有这样的意义的那些人（叔本华、杜里舒）给驳回了。之后，他又提出如下观点，即，只有西欧历史（以及美国作为其文化殖民地）才具有某种"共有的意义与文化内蕴"，因此，整个世界史都必须局限于西欧史之中。并不存在某种"全人类"所共有的意义与文化内蕴，首要原因便在于，其它的大型文化总体而言既不具备对于在尘世间、历史中的此在的那种严肃态度与发展信念，也没有连贯的史料方面的传承（这两者都是西欧特有的现象）。"人类作为整体并不具有精神上的统一，因而也没有统一的发展"（第 706 页）。其它的一切，用特洛尔奇的话说，都是某种"万花筒式的或者全景式的观念"。诸种文化在精神层面的结构差异、各个大型文化圈在发展过程中的阶段性法则——就像密尔在其《民俗学》中，狄尔泰和雅斯贝尔斯在他们的世界观学说中，还有兰普莱希特、施莫勒、布莱西斯、斯宾格勒以及韦伯（在其"理想型"中）勾勒过的那样——都是"我能承认这门学科所具有的唯一意义上的社会学，而不是什么历史"与历史哲学（第 715 页）。特洛尔奇（和笔者类似）尖锐而在理地批驳了一切让整个世界历史的走向都臣服于西方的运动形式所代表的那些观念的无意识"欧洲主义"（黑格尔、孔德，甚至还包括冯·兰克），将其称为"欧洲人精致的傲慢"或者"偏执于基督宗教的'同一位牧者和他的同一群羊'式的教义学"。但他并没有（像笔者那样）得出如下结论，即，一种普世的历史哲学因此也必须涵盖其它文化圈（或者，这样一种普世的历史哲学是可能的），而是继续坚持既自愿承认自身相对性和局限性、同时又宣称自己是历史哲学的有意识的欧洲主义。特洛尔奇的这一论点，以及他用来支撑该论点的众多证据，我都无法予以赞同，我更倾向于最近斯特日戈夫斯基在其《精神科学的危机》中采取的那种立场。与特洛尔奇相反，我认为，恰恰以世界大战为起点，

各大相对封闭的文化圈之间开始了一场争论以及一个相互间达到
均衡的过程 ①——这是跟十九世纪完全不同的一种世界主义；并且，
我认为，即便是在考察过去历史的时候，我们也不能再像特洛尔奇
那样，将历史哲学和社会学区分开来了。在那些我们虽然没有"史
料"、却还有着许许多多古迹的地方，我们能够从这些古迹所拥有
的客观的、自身内在的价值与意义结构出发，弄清楚那些类型化的
人的精神结构、本能结构及其先后顺序。不过就连欧洲文化圈和亚
洲文化圈之间的那些纯历史的相互作用，也很有可能曾产生过比特
洛尔奇在他对伊斯兰、俄国等的简短研究中所指出的更为深远的影
响。我估计，在所有这些篇章中，特洛尔奇一方面都太过片面地听
从了那种想要得出一幅实践上的指导画面的非理论化视角，太过片
面地遵循了人文主义的传统以及他本人早期曾吸收过的神学信念。
而在另一方面，他又太受到——用他自己的话说——其它大型文化
圈所缺乏的发展观念的影响了，但或许对欧洲而言，比起事实与实
情，这种发展观念更多只是某种现代思维模式而已。特洛尔奇对真

388 实历史和仅限于史观的历史所做的区分还有太多不足。作为政治
家和神学家的特洛尔奇同样也抱持着的（类似于韦伯的）那种断然
西方式的、或者更确切地说盎格鲁-美利坚式的看待文化和未来的
角度，在这一章里面所占的权重也许太高了。特洛尔奇说，虽然"显
而易见地，欧洲世界的一个大时代，也就是帝国主义-资本主义式的
主权官僚大国的那个大时代轰然崩塌了。……可我们现在——完全

---

① 关于"均衡"过程，参舍勒 1927 年的文章"均衡时代的人"（Der Menschim
Weltalterdes Ausgleichs），收录于《舍勒全集》第 9 卷，《哲学世界观》。——编者注

抛开那个越来越进入世界舞台中心、对未来充满欢欣之情的美利坚不论——仍没有成熟到可以吟唱起人口和需求都减少的田园牧歌、用它换取安稳晚年的程度，也没有成熟到可以承受整个文化圈的那种英雄主义式的垂死挣扎的程度，这个文化圈无法也无意于知足常乐，它将自己野心勃勃、利欲熏心的成员们都推入了自相残杀的终极斗争中去"（第724页）。不排除特洛尔奇讲的这些很可能都是对的！他上面最后一句话里说的情况眼下就有可能发生，当前局势面临的这种危机实在是太大也太可怕了，我们只能用一种强有力的信仰之举避免这种情况发生，除此之外别无他法。而即使在特洛尔奇本人这里，这一信仰之举也都不是什么轻而易举的事。最后，在我看来，特洛尔奇的论点里面包含的将美利坚和欧罗巴紧密地结合为一个文化圈的做法已经不合时宜了，更遑论试图适用于未来了。过去，美利坚"曾经是"欧洲的"文化殖民地"。不过，随着其人口发生大规模的混血，英格兰的领导阶层越来越被抑制，继承者阶层的形成，个体在财产和教育方面自由升降运动的衰退，战争结束时它所获得的全新的、前所未有的权力地位，它因战争而大力推行的军事化和国族化，它越来越将自己的目光和兴趣从逐鹿厮杀的欧洲大陆转移，而且越来越关注中国和亚洲——这些摆在眼前的事实难道不会比我们所想的还要更快地让学者们必须承认美利坚其实已经是一个新文化圈了？特洛尔奇所说的"欧罗巴"，若其要承载某种"普世的"历史哲学，难道不会本身太狭窄、同时却又被他看得太宏大了吗？

对社会学而言同样也极具价值的是特洛尔奇对迄今为止的历史分期的批评（第四章第三节）。他详细讨论了黑格尔、冯·兰克及洛伦茨（世代理论）、基佐、斯宾塞及孔德的社会学分期、拉孔布、布莱西斯、韦伯、桑巴特。对诸种分期的视点进行批判考量之后，特洛尔奇驳回了传统上按宗教-教会的意识形态进行的分期以及（兰克）片面地从政权-政治角度进行的分期，并在"大的社会学-经济学-政治的持续形式"与底层建筑的基础上奠定了他自己的分期。"实际上，食物、性生活、社交、外在的生命与和平秩序……这类最基本的生命需求已经决定了生命的形式和精神生命的所谓的框架"（第 756 页）。特洛尔奇认为，只有这种"站在社会学角度的"分期——虽只重外在，然而——才是客观且可把握的。我自己则认为，进行历史分期，最关键在于决定着精神目标的那些力量的作用和现实中本质性的因果因素这两者的秩序在各种历史现实本身的形成过程中发生的那种转变。但在此，我无法继续展开这一思想。[1]

第四章第四节讨论了"构建的分层"，其中，特洛尔奇从原则上深刻地洞见了（尤其被斯宾格勒所忽视的）精神文化价值的不朽以及文化价值具有的超越了它们的由现实生命状态构成的社会学底层建筑——就仿佛其"身体一般"——的崩溃和死亡的自由的"从属"、联合与分离。这是对兰克业已做出的最深刻历史洞见之一的成功概括。此外，特洛尔奇在确定经典的"文化的巅峰与成熟时刻"在社会学层面的普遍生成条件这方面所做的尝试也非常深入。他认为这些条件存在于从对生命元素进行的保守主义贵族政治模式下农民-贵族两分式的形塑（即滕尼斯意义上的"共同体"）到个体主义的松动（即"社会"）的过渡之中，并从犹太、古希腊和西欧历

---

[1] 参前揭，第 7 页。——编者注

史中找出有理有据的例子来佐证自己的这一论断。不仅如此，针对反方向上从个体主义到共同体和在社会层面对已有的个体主义化混乱进行重新整合的"过渡"，他也以"奥古斯丁"[①]为其提供了一个恰如其分的范例。特洛尔奇对近代开端这个问题的研究同样极富价值，这是一个他曾在题为《新教与现代世界》的演讲中就已大力探讨的问题。其中，他把宗教改革划入了中世纪那个束手束脚的世界，而把启蒙运动、理性国家和高度发达资本主义视为"现代世界"的开端。在《历史主义》一书中，他也倾向于——但这时其程度已大为受限——同样的观点。这一划分肯定要比传统上以宗教改革作为近代开端的做法更正确，在特洛尔奇眼中，宗教改革、三十年战争一直到英国革命，都只是"现代世界"生成过程中一次短暂的"倒退"。

可惜的是，特洛尔奇没能从被他形象地刻画过的那些依然生机勃勃的精神势力——其从前的"社会学之躯"已经瓦解——中成功地建立起"文化综合"来，假如他的遗作中没有出现些完全出乎意料的东西的话。只不过，要实现对以下两者进行综观这项宏大的任务，就还需要有人来描述实现它的路径："一是某种尚应重新从被给予者中发展出来的社会及政治层面的生命秩序，二是对依然生机勃勃的精神势力的集中、简化和深化。""这是相信未来的人们充满创造性的冒险行为，这群人不会因为当下的任何事情丧失警惕、心力交瘁。……他们当中包括有信仰、有勇气的人，不包括怀疑

390

---

① 　另参特洛尔奇关于奥古斯丁的特别之作《奥古斯丁、古代基督教与中世纪》，慕尼黑，1915 年（《史学书库》卷 36）。

论者和密契论者，也不包括理性主义狂热分子和历史全知者"（第771页）。

完整而真实的恩斯特·特洛尔奇就体现在这些话语之中——它们摘自他亲笔写下的最后几页纸！我们应该全面地去理解特洛尔奇这个人。他是处于深重灾难下的德国堪称为"自己人"的那些最纯粹最高贵的人之一；他是德国实现自我解放这项任务的榜样——尤其是在他巨人般地同海量的材料展开搏斗这方面。不止是他做出的榜样，他的整个不可分割的出色人格同样是我们民族迈着沉重且昏暗的步伐由眼下的黑暗朝向光明攀登的阶梯上的一级活台阶。

青 年 运 动 ①

所谓的"青年运动"乃是一场国际性的现象。当然，它发展得
最为蓬勃的地方还是在战败国那里，或是在从和平新秩序中获得最
少满足的民族当中，比如意大利。就连法西斯主义，最初也只是一
场位于党派之外、反对议会制的青年运动，是年轻的一代人对欧洲
的贫瘠感做出的激烈回应，也是他们对社会主义、对大众对于个人
"神话"及国族"神话"的反感态度做出的激烈回应，另外还是他们
对基督宗教否定世界的态度、怀疑主义以及相对主义做出的激烈回
应——这场运动得到了亦深受尼采启发的邓南遮的支持，墨索里尼
则是这场运动中的古代异教与文艺复兴式的"自由"者和"友善"者
这类生活榜样的承载者与再次唤醒者。当然，只有在意大利，青年
运动才成为了一场自成一体的大型全国性运动，它在政治上发出了
冲击，并最终获得了成功。在德国，青年运动在思想上一直分歧严
重。在法国，由于这个当今世界上最为反动的国家的胜利和反击，
青年运动一时间遭到了相当程度的遏制。

无论在哪里，但凡青年运动兴起之处——它在战前就已遍及欧
洲各地——其前提都是在年轻一代当中十分普遍的对生命没落的

---

① 参见第二版编者后记。——编者注

感受。奥斯瓦尔德·斯宾格勒的出现对德国青年产生过很大影响，但在今天，这一现象过分掩盖了形形色色的对欧洲当代史的颓废式理解的丰富和厚重程度，而这些颓废式理解早在战前就已存在并产生着影响。毫无疑问，它们有着极为不同的形式，并且以各不相同的方式得到论证。但它们在最终的判断上却是一致的。从孔德、德·迈斯特之类的法兰西传统主义者，以及诺瓦利斯、巴德尔、施莱格尔、亚当·穆勒等（马克思在对"资本主义"世界发出控诉时，从这些人那里借用的东西比大家所知道的还要多）几位德意志浪漫派的最后几位代表人物，到德·戈比诺伯爵，再到尼采对"末人"、对即将到来的"虚无主义"与"凯撒主义"的预言，布克哈特的默观式悲观主义，以及俄罗斯——一开始是宗教的、后来更多是"国族的"——泛斯拉夫主义（从基列耶夫斯基到托尔斯泰和陀思妥耶夫斯基），颓废论这条路一直延伸到下面这样一群人，在他们那里，德意志青年运动首先获得了它对于欧洲主流社会的深切抵触感的合法性。这群人当中就包括施特凡·格奥尔格及其圈子、费迪南·滕尼斯、已阵亡的埃里希·哈马赫、维尔纳·桑巴特、格奥尔格·西美尔（参见《文化的悲剧》）、斯特林堡，也包括极端马克思主义的社会批判。斯宾格勒的影响绝不仅仅在于，他懂得把西方的文化悲观主义（法兰西、德意志及俄罗斯浪漫派，种族生物学的悲观主义，对欧洲"民主体制"的形成和发展所持的社会政治悲观主义）的所有这些如此不同的母题统统都囊括进同一部——极其缺乏风格的——交响曲之中，并用一种贬低精神与理性价值的"生命"哲学去为其奠基。

　　但青年运动并不是这种对颓废感进行历史理论层面的理智化

处理的代表人物和学生；正相反，它是青年人的生命感的猛然抬头，是对颓废感的有意识回应——是用一种新的"死而后生"去挣脱这一迫在眉睫的"命运"的尝试。只有这样，我们才能理解每位观察者都能如此清晰察觉到的，尤其存在于德意志青年运动当中的"浪漫派"与"政客派"以及极端情况下的"遁世派"与"入世派"之分野。在我看来，德意志青年运动的国族特色恰恰在于，相较于勇敢的现实感以及对这种现实进行有意义的塑造的严肃意愿，逃避国家与逃避历史的趋势直到今天仍在其中占据主导。至于这种"逃避"是发生在夸张的教会超自然主义里，还是发生在情感虔诚派或朦胧密契派的纯粹"内在性"①中，它是——像在大部分同青年运动保持距离的青年知识分子中那样——表现为毫无思想、如梦如幻地迷失在旧秩序的观念与现实之中（缺乏哪怕只是想要认识当今世界的严肃意愿），表现为单方面地逃往"自然"和"田园"，表现为逃向已变得过分"惬意"的候鸟的那永无止境的"迁徙"，表现为共产主义式的定居试验，表现为利用亚洲和俄罗斯去对欧洲做无力的反抗，还是表现为崇尚《萨宁》②式粗俗生命享受的犬儒派质朴青年群体——无论参与者和传统如何变化，归根到底，它始终还是同一个现象："逃避"现象。

我并不否认，青年人远离德国的一切已经习以为常的"仅强调心态"的政治及党派政治的做法一开始是对的。和青年对"父辈"以及对传承下来的家族的激烈批判态度一样，这种做法对于生命和

---

① 关于"内在性"，参见本卷"论两种德国病"一文。——编者注

② 《萨宁》(Ssanin)，发表于 1907 年的俄国小说，作者是米哈伊尔·阿尔志跋绥夫(Mikhail Artsybashev, 1878-1927)，俄国颓废主义代表作。——译注

灵魂的沉思、专注来说是同等必要的。它对政党制度本身的重塑而言也是必要的。因为，新的政治精神从来不可能从政治本身当中产生，它只可能从观念以及伦常-宗教的生活方式当中诞生。而政党制度的重塑又是作为议会民主制共和国的德国的存续以及在时代召唤下从纯粹的规划与心态政治向人格的自我担责政治的转型之路不可或缺的前提条件。然而，着眼于人格和未来"行动"的屏息凝神是不同于"逃避"的！因为，按照斯宾格勒的设想，这种逃避要比其它一切都更能为凯撒开辟道路。广大人民群众对政治日益缺乏兴趣给已经成为我们命运的民主体制造成了双重危险，没错，它成了民主体制的威胁，尽管未来会成为领袖的少数人原则上是支持民主体制的。

毫无疑问，除了上述这一不怎么令人愉悦的方面，我还想对德意志青年运动当中的"好的方面"和"令人疑虑的方面"加以区分：

该运动当中好的方面是它称为新的"身体感"和"生命感"的方面。老一辈人对"身体"缺乏独立的价值知觉。人们像对待一件东西那样使用、消费、享受身体。身体既是劳动之本，又是快乐之源。一边是喝酒、抽烟、不加选择与约束的性享受，一边是生意、靠各种"绩效"手段发家致富，此外，至多还有为了工作而"锻炼身体"——这在过去很普遍。新青年则开始认为，"身体"及其高贵美丽的形态本身就是一种价值。他们拥有被尼采称作"对身体的敬畏心"以及对自己的真实本能和欲望所具"大智慧"的敬畏心之类的东西。他们开始听从自己与自然界进程融为一体的知觉节律发出的警告和指引。于是，在酒与爱神之中，他们几乎克己苦行了起来——但并非出于对身体的憎恶或是无所谓的态度，而是出于对身体的爱。在好的青年运动当中，两性之间的交往基于完全的自由，同时也保持着细腻的矜持。因此，这些年轻人对"爱若斯"——这是最受他们欢迎的词——的思考和对如何以正确的方式造人并选择性别这类问题的思考要远多于对最高产值的思考。相较于一切"成绩"、一切"财富"、一切"事情"，人及"其形式"所占据的核心地位已融入了他们的血液。对每一个——像笔者这样——认为利用良知（而非"律法"）优生学进行种族再生并解决人口质量问题①才是未来欧洲面临的超越社会及经济领域一切问题的首要任务的人而言，这都意味着大把的希望。

青年运动里新开发出来的对于生命及灵魂技艺问题的意识无疑也属于它的好的方面。在对以物质的方式从外部驾驭自然与人类的片面追求中，欧洲丧失了对其自身的控制，因为每一个人都丧失了对自身以及自身欲望的精神控制。因此，自我约束和自我控制成了一切改革的开端。我们这群老一辈的人，个个都知道得无比多，想得无比复杂——跟我们相比，今天的年轻人简直如幼童般"单纯"、无知！但我们的内心有一种奇怪的不受约束性，尽管我们有这么多想法，可就连一个我们都不想把它活出来。而新青年对任何东西的渴望都不如对经过锻造的"形式"、一致的"生活风格"以及以下这种从他们的眼神贯彻至指尖的思想的渴望那般强烈："宁可遵循一条狭隘的教义，也好过因为太'多'思想和内容而变得不受约束的人生；宁可在事情上犯许多错误，也好过一个不在行为和存在中实现的想法！"

394

---

① 参见本卷"作为世界观问题的人口问题"一文。——编者注

这里——确实如此——"仅靠反应去对付恶"引发的一切恶果已在暗中埋伏。因为，新青年当中的这种风格与形式意志乃是如此地强烈，这甚至让他们陷入了接受任何一种极狭隘的教条主义并且丧失精神与修养的全部广度、自由乃至人性的巨大危险之中。这些尤具教会气质的人，他们之所以能有对实际生活进行直接塑造的强大意识，并在对这些事情的处理上不乏现实政治的明智，得益于生命与此在的一切"原则"问题都不再耗费他们的精力和灵魂挣扎。因为这些问题已经由"信仰"为他们"解决"了。新青年的固执的教条主义与专制主义（〈已故的〉①恩斯特·特洛尔奇经常正确地强调这一点），还有他们那自负的、大多十分幼稚的"非此即彼"选边站式的宗派主义，只不过是他们这次同父辈的一大恶习决裂的过程中的阴暗面罢了。

青年运动中好的方面还包括最互相矛盾、最互相对立的世界观群体彼此达成共识的那种自由、开放与忠诚的方式。前不久，我有幸在自己家中接待了参与青年运动的自由德意志派和民粹派、共产主义者、新教徒、天主教当中的"青春之泉"派（Quickborner）以及社会主义者们，并同他们就一些重要议题进行了探讨。②我惊讶于这些年轻人在向彼此介绍各自的事情时，竟是那么地互相理解、那么地风度翩翩、那么地客观。德国人在旧的威权国家中完完全全缺

---

① 本页和下页用尖括号标注的说明都是作者在手稿中添加的。——编者注

② 这场会谈是 1922 年夏在科隆举行的，持续了几天。其中一位参与者，布瑟-威尔逊（Elisabeth Busse-Wilson），曾在 1923 年第 14 年度的《行动》杂志上，就此次会谈发表了题为"马克斯·舍勒与资本主义人"（Max Scheler und der homo capitalisticus）的报道。——编者注

乏的东西——对该国的诸世界观群体的理解意愿和心理准备——确确实实在青年运动当中得到了新生。它将所有那些割裂我们民族的对立，不管是教派间的、部族间的、党派间的对立，还是南北或东西对立，都汇入了某条运动之河，这条河的背景则是下面这种国族知觉，它让人期待着，德国会从一个由灵魂上相距甚远的群体因强权政治的背书而被迫形成的整体变成各个部分都能自由地相互理解的同一个民族。

　　青年运动中好的方面还包括它对待宗教的新态度。青年运动之新在于，它完全是跨教派的，它囊括了天主教徒、各种派别的新教徒、犹太人，就连很大程度上对马克思主义感到失望的青年社会主义者们，它也都涵盖到了。因为，就连青年社会主义者们——如"宗教社会主义者"联盟所展现的那样——也会带来对宗教的生命势力新的、深刻的理解。这就好比，直到在社会主义青年运动当中，马克思主义的教义才受到了最强的撼动，其负面性质才被完全清晰地认识到。尽管青年当中的宗教复兴尝试在内容上因传统和领袖人物的特殊影响而各不相同，以下几点却为他们所共有：那些空洞的宗教口号应当被直观生动的内容重新填充；作为确实占主导的生命势力，宗教应当摆脱一切依赖性及服从关系，摆脱它与幸存下来的文化及社会形式尤其是同政治和经济上的利益群体间的勾连；宗教所具有的构建共同体以及释放真正的休戚与共意识的力量应当重新得到发展。青年们极度反感他们的父母同神性事物（同"亲爱的上帝"）之间的那种太过闲适、太过拟人化的关系。借助于新兴的宗教哲学，再加上受到了某些神学家（特别是鲁道夫·奥托和卡尔·巴特）的影响，在对宗教意识的这种重塑当中，首先被建立起来的，将会是以全新的庄严与盛大展现在精神面前的、理性所无法渗透的"上帝的光荣"（majestas Dei）。醉心于文化的泛神论以及人类学意义上的主观主义和道德主义都将消逝在远方。

特别在过去几年间，好的方面还包括强烈而真实的国族荣誉感的觉醒。这种荣誉感产生自威尔逊主义的崩溃，产生自与威尔逊主义如影随形、革命地呐喊着的那种"人类"诗歌最后几乎完全的消亡。青年们没有弄错，德国必须十分费力地重新赢得自己作为国族与国家的尊严，而德国若想再次崛起，就必须首先克服那些在我们自知无法遵守的条约下被迫并且有辱尊严的签字让我们产生的本能沮丧与自我贬低。

德意志青年运动中令人疑虑的方面包括它一再地分裂成新的联盟、宗派及共同体。同样令人疑虑的还有，迄今为止它都不具有任何一种内容上的共同意识形态。每一个传承下来的世界观群体都有其特殊的"青年运动"（民粹派、自由德意志派、共产主义者、社会主义者、天主教徒等），它们想要在已经习以为常的一切之中挖掘出自身传统里"真实"且"鲜活的"那一部分，却未能找到一种能让大家团结起来的新语言。这是德意志青年运动面对的一条清晰的边界。

新青年普遍具有的那种相当严重的闹着玩的心态是非常令人疑虑的——但同时，作为对德国式专业化的回应，这种心态也是可理解的。〈不久前刚过世的〉特洛尔奇曾在其"科学的革命"一文中描述过青年运动试图在"诸门科学"中站稳脚跟的方式，他笔下所写的许多都是很贴切的。

396　　在我看来，同样令人疑虑的还包括被过分强化的对"年轻态"

及其自身价值的反思，以及相对于精神价值而言对"生命"价值和"生命力"价值的过分强调——这种强调常常会发展到蔑视精神和蔑视理性的地步。没错，这种对青春的永恒反思——这种反思本身本质上难道不也是非青春的吗？

不过，上述这一点，连同此处没有被说明的其它一些方面，首先正是每一次按照辩证法以及作用力-反作用力法则为历史生活重新赋予形态时我们必须承担后果。

个人以及整个国族在精神-道德上形成并重新塑造自身，这其中的某个阶段具有的价值，从来都不会表现在这个人或这个国族明显处于的状态之中，也从来不会表现在这个人或这个国族做出的成绩中。一个人有可能在周围所有人看来站在了自己的幸福和声望的巅峰——与此同时，却依然有可能感到低落，明白自己生命的道德-精神源泉已经开始干枯。不过反过来，一个人同样也可能在经历人生中最为外在可见的破产之时——如果他能成功渡过某个"关键阶段"——感受到自己的内心深处并明白："我又重新获得了自我和那个源泉，我知道一切都会好起来的。"灵魂核心的精神-伦常运动的真正进化有着与可见成绩和状态的积累完全不同的程度、节律、阶段：前者可能把后者远远甩开，或是远远落后于后者。从整体上看，在力量进化的秩序方面，德国人或许是在战前骄傲地累积自己的成绩、成就、财富时突然跌落的。现在，他难道就不能从这种秩序——事业没落、身陷最穷困潦倒的境地——之中崛起吗？一个国族的精神-道德源泉的"重生"这一奥妙过程，发生在一切可被测定"币值"的另一边。

确切的问题在于：德意志民族，至少在产生其未来领导者群体的少数派当中，是否已迈过了那个"关键节点"？无法就外部可测情况判断的"死而后生"正是在此"关键节点"上开始的。生命之河是"往上"还是"往下"？对这个问题的始终都很简单的基本意识也正是在这个节点上发生分野的。基于我所积累的对德国青年的充沛的生命印象（此处无法详细展开），我的回答是肯定的"是"！今天，德意志民族已然迈过了那个"关键节点"——首当其冲在德意志青年运动当中：在其信仰、力量与希望之中。

附　　录

第二版编者后记

1923 年到 1924 年间，马克斯·舍勒以《社会学与世界观学说文集》为主标题，分为四个卷册——第一分卷《道德文存》，第二分卷《国族与世界观》，第三分卷《基督宗教与社会》（分为上、下两册）——发表的篇幅较短的文章，今再版收录在同一卷（《舍勒全集》第 6 卷）中。第一版共十七篇作品当中，现有两篇收录于《舍勒全集》另外的卷册。早期文章"劳动与伦理学"首发于 1899 年，1924 年曾被作者收入第三分卷的下册《劳动问题与人口问题》。现在，这篇文章和其它《早期作品集》一道——即先于《形式主义》以及几篇与该作同时产生的早期作品——再度发表于《舍勒全集》第 1 卷。马克斯·舍勒最初设想的是，把他在劳动问题上的哲学观点全都集中于第三分卷下册，但这个意图并没有实现。第三分卷上册排印期间，他发现若收入奠基性论文"劳动与认识"，又会让整个《文集》篇幅变得太长。（作者为第三分卷上、下两册撰写的共同前言仍把该文列为第三分卷下册的内容。）1926 年，在认识论和心理学的广阔基础上，该文更名为"认识与劳动"发表于《知识诸形式与社会》（参第二版，伯尔尼，1960 年，《舍勒全集》第 8 卷）。既然前述最初计划并未实现，所以，就这篇早期论文的再版发表而言，当初想要将其和本文集里面总体上晚了约十五到二十年才产生的那批作品收录在一起的理由也就不再成立。第二篇《文集》再版时未收录的论文"社会学的新方向与德国天主教徒在战后的任务"写于1915年，1916年收入《战争与建设》一书。该文有一部分与写于约五年后的"论教派间的和平"有关，这两篇文章也在1924年一并收入第三分卷的上册（副标题为《教派》），并且，该文的第二章"国族及其横向分层"对于本卷处理的国族问题也"不无裨益"（参作者为《国族与世界观》部分所撰前言）。尽管如此，"社会学的新方向"一文提出的问题以及它设定的实践-教育目标，如其标题所示，都在极大程度上被该文写作之年，即1915年底的具体政治局势连同当时对"战后"时代的展望所决定，以至于在编者看来，将此文纳入《舍勒全集》第4卷的框架才是明智之举。因为，第4卷收录的是舍勒写于战争期间（大约1915到1917年间）的以政治-教育和文化心理学为导向的文章，前述"新方向"一文与这些文章有着极为密切的关联。（分别收录于《舍勒全集》第1卷和第4卷的上述两篇文章，在本卷正文和后附文献列表中也都还会提到。）《文集》中题为《基督宗教与社会》的部分（今再版与1924年初版时标题相同）收录了当时第三分卷上、下两册的另外四篇文章。这一部分不管从形式上还是从内容上都呈现出一种更大的完整性，其中四篇文章都是成于1919到1921年间的演讲，面向更广泛的人群。它们分析了作者的几条哲学基本原则，这是在战后最初几年专门为了民众教育目标而进行的。另外，正如在《舍勒全集》的所有卷册中那样，在对各卷收录作品进行编排时，起决定作用的不仅包括作者本人的安排（若作者做过此类安排），也包括出版人的愿望，即，希望按照这些作品问世的顺序在《舍勒全集》框架下将其重新推出。

本卷中某几篇文章的文本(首先是"论受苦的意义"和"作为世界观问题的人口问题")今再版时按照手稿以及作者对打印文稿的修订进行过扩充,作者所加标注(有些是边注)在不影响行文的情况下被增补到文本中来。文中,这些增补以尖括号"〈 〉"标明。一些由编者所做增补则以方括号"[ ]"标明。

本卷还以"增补"的形式补充了一些文章,其中部分是从遗作中整理出来的。以下将介绍它们的产生以及它们和本卷主体部分作品的关系。舍勒为当时面世的三部作者分别为冯特、约珥和迪昂的作品所写的两篇书评同样也与《文集》所论问题有关(见下文)。

另外三篇同时期发表的其它短文分别是:纪念瓦尔特·拉特瑙的讲话、对社会学家恩斯特·特洛尔奇的评价以及短文"青年运动"。它们写作于1922到1923年间,作者生前都已发表。

对于本卷《文集》,尚需做以下几点具体说明:

《全书前言》和三个分卷的《前言》的手稿皆未保留下来。

《道德文存》这个部分的第一篇文章,"世界观学说、社会学与 401 世界观设定",首次发表于《科隆社会学与社会科学季刊》,第二年度,第一册。在同一刊物首发的还有"论知识的实证主义哲学(三阶段法则)"一文,载于1921年第一年度,第一册,首发时题为"知识的实证主义历史哲学与一门关于认识的社会学面临的任务"。这两篇文章,根据作者为《道德文存》所撰前言(1922年11月),应视作整部《文集》的导论。这两篇文章的手稿都保存下来了。"增补"部分第二篇文章参见马克斯·舍勒的"对威廉·耶路撒冷'评论'的评论"(见下文)。

　　"论受苦的意义"一文，作者最初将其发表在《战争与建设》一书中，莱比锡，白皮书出版社，1916 年。1923 年在《文集》(莱比锡，新精神出版社)中再版时，这篇文章已大幅扩充(参《道德文存》前言，1922 年底)。扩充的这些部分分别在本卷的第 38-53 页，第55-63 页，即对受苦的牺牲义的所有论述，牺牲、联合体的形成、受苦、死亡、爱之间的本质关联，以及关于认识论和对佛教形而上学的受苦学说与受苦技艺的阐释的论述。这篇文章只有上述扩充部分的手稿(1922 年)保存了下来。

　　目前这个版本里面，该文的文本增订了作者于 1927 年底在1923 年版的打印稿上加的边注和一些小的改动(见下文)。

　　作者遗作中还有几篇写于不同时间的论述疼痛与受苦问题的文字。最早的一册手稿大约成于 1912 年。其中除了一篇较长的提纲以外，还包括对疼痛的生理学和心理学的论述，对(冯·布利克斯、戈尔德舍德、施屯普弗、冯·弗莱等人)更早发表的作品的批评，这些人的作品为作者提供了"我们说'对恶的抵抗是疼痛增加的起始和根源'这句话的依据"。"完全容忍并放松抵抗，这样做会克服疼痛。对疼痛的忍受会降低疼痛的强度。"

　　本卷"增补"部分的那篇题为"论一种关于疼痛与受苦的哲学理论"的论述取自一份大约写于 1920 年的手稿。手稿中，紧随其后的文本从内容上看和 1923 年作者对该文的扩充中关于受苦的牺牲义的那部分是一致的。该手稿中其余关于人类历史和世界进程中的受苦的宗教义的论述与基督宗教对受苦的理解是相符的。

　　1927 年，马克斯·舍勒设想从两个角度继续扩充他论述疼痛与受苦问题的文章：一是形而上学意义阐释的角度，二是生理学-

医学的角度；并且，他有意从这里出发对生理与心理疗法的问题进行哲学探讨——这些问题也与消除受苦的双重道路（尤其是积极容忍这条路）问题相关。上文提到的对 1923 年打印稿的修订便是在此背景下产生的。这份打印稿上的一段较长的手写段落将会和作者后期作品一起，发表在别处。

　　"论对欢乐的背叛"这篇短文是为 1922 年路标出版社主编的年刊而作（该出版社正是 1922 年推出了威特克普主编的《当今德国生活》文集的那家出版社，舍勒的"当今德国哲学"一文也收录其中）。该文手稿尚存。

　　其后的"爱与认识"一文 1915 年 8 月首发于《白页》杂志，第二年度，第八册；后于 1916 年收入《战争与建设》一书，1923 年又收入《社会学与世界观学说文集》。根据作者最初的意图，第一部分"解决方案的类型学"（如保留在遗作里的两册手稿当中的第一册封面页所题）之后的第二部分应是"针对大问题的纯事实性研究"。但这个计划后来被搁置了（参该文已发表版本的结尾部分）。在《论人之中的永恒》1920 年 10 月第一版的前言中，马克斯·舍勒谈及自己的计划，他希望在该作（计划中的）第三分卷中"首先对爱与认识的关系进行纯事实性和系统性的论述，而更早的一篇文章已经对关于该关系的学说的历史类型进行了追溯"。关于爱在人的（以及位于人界以下和位于人界以上的）存在的全部领域当中的功能，遗作中的一册手稿里面有一份铺陈得很详细的研究提纲，这份提纲的第二点就涉及到爱与精神的基本举动之间的关系问题。关于这里列出的三个视点，作者遗作中还有三册手稿记载了相关论述和笔记。这些文字大体应产生于 1916 至 1918 年间（它们和舍勒几乎所有遗作一样，没有标记创作时间）。

"论东方和西方的基督宗教"一文首发于《白页》杂志，第二年度，第十六册，1915 年 10 月，后于 1923 年收录于《文集》。手稿未保留。

403 关于国族的本质和起源，请参见《国族与世界观》这一部分的前言以及本卷附录中关于第 118 页的注释。

这部分的第一篇文章，"法国思想中的'国族'元素"，被作者首发于《新墨丘利》，第二年度，第八册，1915 年 8 月（首发时题为"法国哲学中的'国族'元素"），后于 1916 年收入《战争与建设》一书，1923 年收入《社会学与世界观学说文集》第二分卷。紧接该文的是"论各大国族的国族观念"，首发于《战争与建设》（1916 年）一书，后于 1923 年收入《文集》。"各大国族民主体制的精神与观念基础"一文 1916 年首发于《战争与建设》，当时题为"略论各大国族民主体制的精神与观念基础"；同样首发于该书的还有"论心态式黩武主义与目的式黩武主义"一文。这两篇文章都收入了 1923 年版的《文集》。

"论两种德国病"1919 年首发于智慧学园年鉴《烛台》，第四年度，达姆施塔特莱歇尔出版社，后于 1923 年收录于《文集》。第二版时，作者对该文做过些许修改。本卷收录的该文又在文本中某几处增订了作者在首版打印稿上加的边注。

当时出版的第二分卷所载的上述五篇文章中，只有"论两种德国病"（1919 年）的手稿保存在作者遗作中。

《基督宗教与社会》部分的第一篇文章，"教派间和平"，首发于《高地》月刊，第十八年度，1920 年 11 月和 1921 年 1 月；1924

年被《文集》再版。本卷中，为了文章结构能更清晰，编者在第 228
页、第 233 页及第 254 页分别加入了数字"一"、"二"、"三"进行
分段（相应于作者提出的三个基本问题［参第 228 页］）。此外，作
者关于战后天主教徒和新教徒实现教派间和平的"已因重大历史事
件而变得更加成熟的条件"的论述（参第 245-250 页）现在都被放
到与之意义关联密切的关于基督徒达成一致这件事在心态上必要
的心理准备的那部分探讨后面去了。迄今的版本中，它们都排在关
于基督宗教诸教会与马克思主义工人阶级间争论的论述之后，即第
254 页及以下。（很可能是因为某次把手稿当中的段落错误地植入
了文本。）

　　作者遗作中虽然有一册就教派间和平这一主题所做报告的手 404
稿，但该册手稿的文本仅包含第一部分的论述、第二部分的开头（第
233-234 页）以及第三部分（此处缺少作者对基督教人民党的角色
的说明）。第 234 至 254 页那一部分缺少手写的底稿。基督宗教诸
教会可能达成的某种合一这个问题（参第 243 页）仅在手稿中有所
论及。手稿中的某几处还提到了目前仍下落不明的几页纸；还有几
处则用关键词或短句提示了最终版本里面的扩充。总体而言，已发
表版本和保存下来的手稿之间在文字上几乎是一模一样的。

　　接下来的一篇，"先知式社会主义抑或马克思主义式的社会主
义?"和前一篇一样，1919 年 10 月首发在《高地》月刊，第十七年
度；1924 年该文收于《文集》。手稿未保存下来。本卷第 259 页脚
注中引用的普伦格作品，"基督宗教与社会主义——论马克斯·舍
勒的一次报告"（1919 年），便是对舍勒这篇文章的讨论。该书引言
部分，普伦格教授提及了马克斯·舍勒于 1919 年 4 月 8 日、9 日

这两天在明斯特就"什么是基督宗教的社会主义?"这个问题所做的分为上下半场的报告。(正文部分开头谈到了该书作者与舍勒在报告结束后进行的一场"漫长的私人交谈",交谈中,两人达成了"广泛的一致"。在此语境中,普伦格还提到了舍勒就其《1789 年与1914 年》一书所撰的书评;这篇书评现收录于《舍勒全集》第 4 卷。)普伦格的前述作品是以一堂大课为基础的,而这堂课是普伦格在1919 年 4 月 11 日,紧跟在舍勒的报告会后,在明斯特大学补课小学期①的初级讨论班的最后一讲。在这部作品中,普伦格"从社会科学的立场出发",讨论了舍勒从他"作为哲学家和道德学家"立场出发而做的报告。由这部作品可知,舍勒在其(讲了两个晚上的)报告中,并未局限于本卷所载的这篇"先知式社会主义抑或马克思主义式的社会主义?"的论述,而是参考了在其遗作中发现的一本尺寸稍大的手稿"作为反资本主义的基督宗教社会主义"(1919 年)的部分内容,其中,他没有把马克思主义式的社会主义理解为"资本主义及其根源——资本主义精神——的真正对手",而是将其理解成现代资本主义社会秩序范围内利益意识形态的诸种形式当中的一种。这本写于 1919 年(初)的手稿,它的第一部分内容包含对"资本主义"概念的澄清以及对(作为"反资本主义"的谬误形式的)马克思学说的社会经济法则的讨论,这份手稿缺少作者标注页码的前 40 页。这些缺少的页很可能是(重新发表于本卷的)"先知式社

405

---

① 一战结束后,德国各大学都为那些因参战而废学停课的学生安排了所谓的"补课小学期"(Zwischensemester),时间通常在传统的冬季学期和夏季学期结尾、没有大课的时间段,时长短于传统学期;明斯特大学 1919 年上半年的补课小学期安排在 2 月3 日到 4 月 16 日。——译注

会主义抑或马克思主义式的社会主义?"一文下落不明的底稿。

　　这两篇文章论述的问题是战后的最初几年里舍勒许多场演讲的探讨对象。1919 年至 1923 年间,作者曾就"个体主义、社会主义、凝聚主义——某种社会哲学的基本特征"、"凝聚主义——某种社会哲学(以及某种历史哲学)的基本脉络"、"社会主义的形式与基督宗教"等主题在科隆大学开设过大课和练习课。

　　第三篇在《基督宗教与社会》这部分内再版的文章,"劳动与世界观",首发于天主教知识分子协会联合会 1920/21 年度年刊(这篇演讲首先也是在该联合会在科隆举办的会议上发表的),在那里题为"基督宗教下的劳动价值与劳动尊严"。这篇文章写作于 1920 年,1924 年收入《文集》。现存(两册)手稿;手稿和印刷版内容总体一致,只有结尾处,手稿更详细些。此外,这篇文章还有一份打字稿副本,作者在稿纸上某几处手写了增补。现在本卷文本当中简短的添加以及第 288 页关于现代社会主义的劳动观的较长添加都来自手稿。(参第 288 页编者注。)

　　《文集》收录的最后一篇文章,"作为世界观问题的人口问题",产生自舍勒 1921 年 5 月在科隆市召开的人口政策会议的开幕式上的演讲。大会为期数日,来自社会科学、社会政策与社会救济、医学、法学领域的大批著名人物与会发言,探讨了诸如遗传研究、保护萌芽生命、防治性病以及打击性交易方面的问题,并结合对人口政策的考虑及法律措施就社会问题进行了讨论。舍勒的开幕演讲(稍有删减)首发于官方的会议实录。1924 年,作者将其收录于《文集》。该文只有一小部分内容的手稿保留了下来(标注了 12 个页码的 10 页稿纸:本卷对应于第 295-299 页以及第 302-305 页)。406

不过整个手稿有一份经作者修订的打字稿保留下来，这份打字稿（删减后）是上述成书的第一版的基础。（作者手写的简短增订在这里又由别人的笔迹加深或重写了一遍。）另外一份打字稿上还有几页明显是演讲当时的速记稿转译后的遗留；这份打字稿上也有作者手写的增添。本卷文本当中加尖括号"〈 〉"的增添部分来自手稿和打字稿。

关于"增补"和"同时期发表的其它短文"这两个部分：

"增补"部分第一篇，"对威廉·耶路撒冷'评论'的评论"1921年发表于《科隆社会科学季刊》，第一年度，第三册。其中，舍勒对这位维也纳社会学家发表于同一册季刊的"对舍勒'知识的实证主义历史哲学与一门关于认识的社会学面临的任务'一文的评论"进行了评论。参收录于本卷的第二篇文章。手稿未存。

第二篇增补，"论一种关于疼痛与受苦的哲学理论"是从作者遗作中论述这些问题的众多文章中选取出来的（见上），选取原因是受苦问题与作者的一般情感学说之间的关联。手稿大约写作于1920年。

接下来的两篇关于国族问题的增补同样也来自作者遗作。收录于本卷的题为"一般'国族'概念与具体国族观念"的那篇，手稿有两册，约写于1916年。该文是作者在柏林的"女子社会学堂"所做的系列演讲之一，同样再版于本卷的"论各大国族的国族观念"一文也是该系列演讲当中的一篇。尽管本文开头部分的论述绝大部分都是对《形式主义》一书第五篇 B 部分第 4 章第 4 点中探讨的关于社会本质形式的学说的重复（虽然有些部分是经过重新表述或扩充的），但由于国族问题和一般社会哲学问题间的关联，我们还是将手稿全篇发表出来。后面一篇题为"论国族群体形式的'渊源'问题"的增补（手写在几页稿纸上面），写于1923年底，本来是一篇计划收录于《文集》的论文的导论。（参《国族与世界观》前言。）1925年，舍勒在科隆大学开设过一门研讨"国族的本质和渊源"的练习课。

　　接下来的一篇增补，"'法国思想中的"国族"元素'初版结尾"，1923/24年时，作者出于显而易见的原因放弃了对该文的再版，该文现于本卷重新发表。作者在1915年预估过法德间基本关系之后将可能得到的塑造，今天这些看法也许会再度引起大家的兴趣。

　　1915年7月，作者曾以"评国族心理学"为题发表过对威廉·冯特和卡尔·约珥的两部作品的评论，载于《新评论》，第廿六年度，第七册。对皮埃尔·迪昂《德国的科学》的书评1917年载于《大全》年刊。这两篇书评讨论的对象都和本卷《国族与世界观》部分关注的问题有关，两篇书评的手稿未存。

　　集结在"同时期发表的其它短文"这一标题下的文章中（它们都是舍勒生前首发的），第一篇是作者1922年7月16日在由科隆大学师生发起的纪念活动上发表的演说"纪念瓦尔特·拉特瑙"（1922年6月24日遇刺身亡）。演说中，舍勒以厚重的信念和暖意回忆了拉特瑙其人，他认为拉特瑙之死乃是一件有着深远意义和巨大象征力的国之不幸。以同样的精神发表纪念演讲的，还有法学系的阿图尔·鲍姆加登、社会科学系的爱德华·海曼。舍勒的演说当时是由一家科隆出版社刊行的。此外，它也收录在诺林德以拉特瑙家族的名义主编出版的《拉特瑙谈话与书信集》（德累斯顿，1925年）——在该书中被错误地冠以"后记"之题。舍勒纪念演说的手稿未存；仅有一份由作者手写过几处增补的打字稿中的几页保存了下来。

1917年，《高地》杂志(7月刊)刊载了一篇舍勒就拉特瑙《论将来之事》一书所撰的长篇评论，题为"论将来之事——对一本书的讨论"。这篇文章中，舍勒在认可该书作者拉特瑙的个人责任意识和该书所采用的方法的前提下，对书中所提的政治、社会与经济改革建议做出了批判式的评议。舍勒将这些建议和该书体现出的"拉特瑙所代表的新方向的精神"称为"从战争局势所造成的财政与经济困境中产生的"。这篇文章将被收入《舍勒全集》第4卷，该卷集结了舍勒在战争期间以文化心理学和国族教育学为导向的文章(也包括这些年间零星发表的短篇作品)。

"社会学家恩斯特·特洛尔奇"一文写于特洛尔奇(卒于1923年2月1日)逝后不久，当时发表于《科隆社会学与社会科学季刊》，第三年度。手稿未存。

本卷最后一篇文章"青年运动"1923年4月1日发表于《柏林日报》副刊，是由不同作者撰写的题为"没落还是崛起？"的系列文章中的第二篇。这篇短文写于1922/23年间，当时奥斯瓦尔德·斯宾格勒的作品出了第二卷，舍勒对该作进行了讨论。这篇长文的第一部分包含对斯宾格勒的历史哲学基本观点，尤其是对其颓废学说的批判；在第二部分，舍勒探讨了西方崛起的机遇，并对兴盛于欧洲各地的青年运动带来的机遇加以赞许(参见本卷概念索引)。这篇文章本来应该收录于《文集》计划中的第四分卷。作者(在首发后)对上述部分的手稿做过修订，本卷再版即以此修订版为基础。

　　下文所列"第一版勘误表"[①] 主要针对 1923/24 年版文本中妨碍理解或改变意思的错误。

　　如《舍勒全集》所有卷册中那样，"编者对正文和脚注的说明"[②] 既涉及到本卷所收录作品，又涉及到作者其余所有作品，尤其是 1923/24 年之后发表的作品。

　　本卷未列文献表。对刚刚出版的《舍勒全集》第 8 卷的文献表的勘误与补充构成了后附的"文献说明"。

　　下文另附针对全卷作品的"概念索引"及"人名索引"。

玛利亚·舍勒

---

　　① 第二版编者在"第一版勘误表"中对本卷第一版文本做出的改动已全部体现在译文中，未另行译出。——译注

　　② "编者对正文和脚注的说明"已在相应位置以带有"编者注"标记的脚注形式随附在译文中。——译注

第三版编者后记

本文集经修订的第三版现由波恩的布维耶出版社出版发行,该社现在也承担了《舍勒全集》的出版工作,令人不胜感激。

由玛利亚·舍勒撰写的第二版编者后记在第 399 页提到的"劳动与伦理学"、"社会学的新方向与德国天主教徒在战后的任务"这两篇作品现分别收录于《舍勒全集》第 1 卷和第 4 卷。

同一篇后记第 404-405 页提到的"作为反资本主义的基督宗教的社会主义",现收录于《舍勒全集》第 4 卷。后记中所言及缺失的 40 页手稿现已找到。详情请见第 4 卷编者后记,第 697 页及下页。

本卷第二版编者后记于第 407-408 页提到的马克斯·舍勒对瓦尔特·拉特瑙作品所撰书评"论将来之事——对一本书的讨论",现收录于《舍勒全集》第 4 卷。

作者曾将本卷(即第 6 卷)收录的"论心态式黩武主义与目的式黩武主义"(1916 年)一文的以下部分略作修改后放到了《全集》第 4 卷的"对德国人的仇恨的缘由"(1917 年、1919 年)一文中:本卷第 187-188 页第 7 行、第 190 页第 24 行-第 192 页第 33 行(脚注不算)、第 198 页第 16-28 行、第 199 页第 24 行-第 201 页第 35 行相当于《全集》第 4 卷的第 347 页第 25 行-第 348 页第 30 行、第 351 页第 5 行-第 353 页第 13 行、第 291 页第 14-16 行、第 291 页第 27 行-第 293 页第 41 行。

这里需要指出的是,《全集》第 6 卷、第 4 卷以及第 3 卷的某些部分之间有着内容上的紧密联系。

本卷中,作者数次提到的《哲学史》预计将由《全集》第 13 卷收录(参见文本中相关说明及脚注)。

目前正处于修编过程中的《全集》第 14 卷,暂定名《遗作与杂编》,将很可能包含玛利亚·舍勒在本卷第二版编者后记第 402 页 414 提到的舍勒对"论受苦的意义"打印稿的"手写附加段落"以及关于爱的"文章提纲"。

第三版同样不列文献表,因为《全集》第 12 卷预计将会给出一份力求完整的文献表。

针对本卷第二版所需进行的"勘误与补充"①请见下文。这些改动仅涉及第二版的"编者对正文和脚注的说明"。

正文部分进行了以下三处补充与勘误(显然应是作者本人的意思):第 28 页脚注 2,补充"在近代";第 149 页脚注,将"参前揭,第二卷,第 53 页"改为"俾斯麦著《思想与回忆》,斯图加特和柏林,1915 年,第二卷,第 83 页";第 152 页末行,"相信"一词后加句号。

曼弗雷德·弗林斯

---

① 第三版编者在"勘误与补充"中对本卷第二版的文本做出的改动已全部体现在译文中,未另行译出。——译注

概 念 索 引 ①

（本索引所注页码为原书页码，即本书边码）

Abendländisch 西方的／西欧的
—e Weltansch., relig. Geist, Den-
kart, Ethos, Philosophie, Wis-
sensideal, Wissensch., Technik,
Zivilisation 西欧的世界观、宗教
精神、思维方式、伦理、哲学、知
识理想、科学、技术、文明 11，
16，17，23，24，33，50，51，56，
57，60，101，112，118，119
Axiom aller -en Religion und meta-
phys. Spekulation 一切西方宗教
与形而上学玄想的公理 82（参见
Christentum (westl.) 基督宗教
［西方的］，Leidenstechnik 受苦
技艺，Heroismus 英雄主义，Eu-
ropa 欧洲 ＝ polit.-kultur. Einheit
政治文化统一体，Europäistisch
欧洲主义的）
Absolut 绝对［的］

—sphäre u. Metaphys., Wissensch.,
setzende Weltansch. 绝对域与形
而上学、科学、设定式的世界观
（参见 Daseinsrelativität 此在相
关性）
—e Daseinsstufe und Wahrheit,
Gutheit, Person 绝对此在层级与
真理（参此）、善、人格 18f.，20
Abstumpfungsaskese 钝化式苦修
antike - d. Leides 古代针对受苦的
钝化式苦修（参此）66（参见 Stoa
斯多葛派，Kyniker 犬儒派）
Académie Française 法兰西学院 213
（参见 Frankreich 法国）
Action française (Stellung zu Kirche,
Staat, Krieg, Kapitalismus) 法兰西
行动（与教会、国家、战争、资本主
义的关系）144，150，151，153（参
见 Frankreich 法国）

---

① "参此"指由这个直接先行的词所标识的本索引中的术语。

Adel 贵族

    Anteil von - und Bürgertum an Philosophie in Frankr. u. in-Deutschl. 法国(参此)和德国(参此)哲学中贵族与市民阶层的占比 139，218

Affekt 感情冲动

    —vergegenständlichung 将感情冲动对象化，rationalist. -theorie 关于感情冲动的理性主义理论 33，53，63

Allgemeingültigkeit und Wahrheit, Gutheit, Wissen 普遍适用性与真(参此)、善(参此)、美(参此) 18，90f.，134(参见 Person 人格/位格，Wissenschaft 学问/科学)

Algopbilie 嗜痛癖 37，42，53，69，71 (参见 Leiden 受苦，Pathologie 病理学)

All 寰宇(参见 Welttotalität 世界整全性)

Altruismus und Liebe 利他主义与爱(参此)81

Amerika(Vereinigte Staaten von -) 美国(美利坚合众国) 67，155，156，178，191，206，271，292，312，340，342，386，388

Analogieschluß (Fremderkenntnis) und «Gesellschaft» 类推结论(对他者的认识)与"社会"(参此)336

Analytisches und synthetisches Denken (französ. u. deutscher Geist) 分析式的与综合式的思想(法国精神与德国精神) 139 (参见 Frankreich 法国，Deutschland 德国；参见 Duhem 迪昂 356f.)

Anachoretentum (Einsiedlertum) 遁世生活/隐士阶层(遁世隐修者阶层) griech.-orthodoxes - (Verh. v. Selbstheiligung u. Nächstenliebe) (自我圣化与对邻人之爱的关系)69，90，99，104，106 (参见 Mönchtum 隐修生活，Christentum 基督宗教)

Anarchismus(russ.) (俄国的)无政府主义 167，168

Anbetung und Gebet 崇拜与祈祷(参此)

Ancien régime 旧制度

    «Geist des - -» in Frankr. 法国"旧制度的精神"(参此)123，141，145，146，151，161，164，307 民主法国(参此)的"革命精神"(参见 Revolution 革命)

Androgynenideal griech. 古希腊的雌雄同体理想 86，87 (参见 Platon 柏拉图)

Anglikanische Kirche (und Orthodoxie) 圣公会(和东正教)101，244(参见 Konfess.Friede 教派间的和平)

schaft) 社会主义-马克思主义世界观（工人群体）291, 293, 296, 297, 304, 306f., 313, 316-322（Staatssozialismus 家国社会主义 294f., 312, 321）

— und Kapitalismus, «kapitalist. Geist», Antikapitalismus 人口问题与资本主义，"资本主义精神"，反资本主义 293, 308-310, 318, 319, 321, 324（Bevölkerungsgesetz d. abendl. kapitaligt. Kulturen = Dekadenzgesetz, 309f.）（西欧资本主义文化的人口法则 = 颓废法则 309f.）

Malthusianismus, Neomalth., malthusianist. Bevölkerungsgesetz (und Liberalismus, Marxismus, Revisionism.) 马尔萨斯主义，新马尔萨斯主义人口法则和马尔萨斯人口法则（与自由主义、马克思主义、修正主义）294, 296, 314, 317, 319f., 324

— und die relig., weltanschaul. Eheauff., -formen (Fortpflanzung, Geschlechtsliebe), Sexualmoralen usw. 人口问题与宗教、世界观层面的婚姻观及婚姻形式（繁衍、两性之爱），性道德等 292, 294, 296, 297, 300-306, 307, 311-313（参见 Ehe 婚姻, Monoga-

mie 一夫一妻制，Familie 家庭, Geschlecht 性［别］）

— und d. Stellung der Religionen u. Weltansch. zur Rationalisierung (Trennung von Geschlechtsliebe und Fortpflanz.), Probibition (Motive. d. Pr.), Abtreibung, «Gebärstreik» (318) usw. 人口问题以及宗教和世界观对待理性化（两性之爱与繁衍的分离）、避孕（避孕动机［参此］）、堕胎、"分娩罢工"(318) 等待态度 296, 297, 302, 303, 304, 307, 308f., 311, 313, 315, 316, 317f., zur Prostitution 对待性交易（参此）的态度 294, 296, 315, 320

— und Frauenbewegung, -fragen 人口问题与女性运动、女性问题 297, 315, 316, 321, 322

Bevölkerungslehre (Rassenbiologie) = Grundlage aller Realsoziologie 人口论（种族生物学［参此］）= 一切现实社会学的基础（参见 Soziologie 社会学）294

— und Rassefragen, Erbwerte 人口问题与种族问题、遗传值 293f., 295, 298, 310, 320, 322 qualit. und quantit. Bevölkerungspolitik (Grenzen d. staatl., kirchl. Bev. pol.), alte und neue Einstellung d.

族学上受到的普鲁士（参此）类型的规定性 73f., 211, 215f., 217（参见 «Innerlichkeit» "内在性"，Glück («Verrat der Freude») 幸福["对欢乐的背叛"]，Slawisch 斯拉夫的，Primitive 原始人）

«Euamerika» "欧美"（特洛尔奇）386（参见 Amerika 美国，Europa 欧洲）

Eudaimonie 幸福

Begriff d. - bei Aristoteles 亚里士多德的幸福概念 73

Eudaimonismus 幸福主义，*endaimonistisch* 幸福主义的

— als Wertlehre, Irrtum d. Zweck- 幸福主义作为价值学说，目的式幸福主义的谬误 52, 53, 70f., 73, 75f.（参见 Glück 幸福）

deutsch-preuß. Anti- 德意志-普鲁士的反幸福主义 50f., 73f.

—e Kulturanklage 幸福主义的文化控诉（参见 Zivilisation 文明）

Eugenetik des Gewissens, nicht der Gesetze 良知（参此）而非律法的优生学 393（参见 Bevölkerungsprobleme 人口问题，(deutsche) Jugendbewegung[德意志]青年运动）

Europa 欧洲，*europäisch* 欧洲的

— als Kultureinheit, -kreis, Kulturidee, -er Geist («-es Gesicht»), - und Asien, Amerika, - nach dem [1.] Weltkrieg, - und d. Bolschewismus usw. 欧洲作为文化统一体、文化圈、文化观念，欧洲精神（"欧洲面孔"），欧洲与亚洲、美洲，[第一次]世界大战后的欧洲，欧洲与布尔什维克主义等 33, 155, 199, 202ff., 228, 243, 254, 265, 270f., 273, 323, 328, 329, 334, 340, 343, 347, 354, 355, 380, 387, 388, 391f., 393, 396

—er Kulturkreis und Menschheitsgeschichte (zu Troeltschs Geschichtsphilosophie) 欧洲文化圈与人类历史（关于特洛尔奇的历史哲学）386f.（参见 Europäismus 欧洲主义，Abendland 西欧／西方，Amerika 美国／美利坚，Bevölkerungsprobleme 人口问题，Kapitalismus 资本主义，Nation 国族，Pessimismus 悲观主义）

das Apriori aller -en Religion und Spekulation 一切欧洲宗教与玄想的先天 82

—e Liebesemotion 欧洲的爱情 301（参见 Geschlechtsliebe 两性之爱）

—e Wissenschaft 欧洲的科学（参此）33

的英雄主义 51f., 73ff.

— und Pessimismus, Kritik des bloßen - 英雄主义与悲观主义（参此），对纯粹的英雄主义的批评 52

Herrschaft 统治［权］

— und Dienstschaft im russ.-ortho-doxen, im westl. christl. Ethos 俄罗斯-东正教（参此）伦理及西方基督宗教（参此）伦理中的统治与服务（参此）99, 111f., 167f.（参见 Macht 权力）

englischer -sanspruch 英国对统治权的要求（参见 England 英国／英格兰，Nationalidee 国族观念）

Historisch 历史的

—er Sinn (deutsche Denkart) 历史意义（德国的思维方式）131, 172（参见 Geschichte 历史，Geisteswissenschaften 精神科学，Deutsch 德国的）

Historismus 历史主义，historistisch 历史主义的

—er Relativismus d. deutschen Romantik («historische Schulen») und deutsche «Innerlichkeit» 德意志浪漫派的历史主义式的相对主义（"历史学派"）与德意志"内在性"（参此）215, 217（参见 Troeltsch 特洛尔奇）

homo religiosus 修道人

Verh. von - - und Priester (thomist. Auffass, vom Verh. von Liebe u. Erkenntnis) 修道人与祭司的关系（对爱与认识的关系的托马斯学派式的理解）93（参见 Heilig 神圣的，Charismatisch 卡里斯玛［型］的）

«humanité» (französ. Ethos) "人性"（法国伦理）126, 163（参见 Menschheit 人类，Aufklärung 启蒙）

Ich 自我

—, Nicht- in der indischen Liebeslehre 古印度爱的学说中的"我"与"非我" 81

cartesian. - 笛卡尔的"我" 141f.（参见 cogito 我思）

—bezogene Gefühlsschichten 与自我相关的情感层次（参此）（参见 Fremd- 他者自我）

Idealfaktoren der Geschichte 历史（参此）的理想因素

Idealismus 唯心主义／唯心论，idealistisch 唯心主义的／唯心论的

deutscher -, - Geschichtsphilosophie 德意志唯心主义，唯心主义的历史哲学（参此）26, 30, 62, 138, 156, 174, 206, 271, 378（参见 Materialistisch 唯物主义的）

sprobleme 人口问题）等 68, 69,
89, 93, 164, 236, 251, 254,
268, 271, 300, 335, 341, 347（参
见 Justifikationssinn 合 法 性 意
义, Sündenfall 原罪）

Jugend 青年, *jung* 年轻的／青年的
geistig-polit. -e Bewegungen vor
und nach dem［1.］Weltkrieg
in Frankr., Engl., Deutschl,
Italien, ihr oppositioneller Geist
(Verh. zu Nation, Nationalis-
mus, Demokratie, Militarismus,
Pazifismus, nation. u. konfess,
Verständigung usw.)［第一次］世
界大战前后, 发生在法国、英国、
德国、意大利的精神-政治上的青
年运动, 其反对派精神（与国族、
国族主义、民主体制、黩武主义、
和平主义、国族间及教派间的理
解等的关系）11, 145, 150, 151,
153-157, 248, 351, 391-397（参
见 Fascismus 法 西 斯 主 义, Ac-
tion Française 法兰西运动）

deutsche -bewegung (Gutes und Be-
denkliches: Leib-Lebensgefühl,
Verh. zu Religion, zu Nation, zu
Politik, Lebensflucht, Geschlech-
terverh. usw.) 德意志青年运动
（好的方面和令人疑虑的方面: 身
体-生命感, 与宗教、国族、政治

的关系, 逃避生命、两性关系等）
11, 153, 391-396（参见 Mensch
人, Konfession 教派）

Justifikationssinn des Leidens (Straf-
leiden) 受苦（惩罚式受苦）的合法
性意义 37, 54, 68, 107（参见 Lei-
den 受苦, Judentum 犹太教）

Kantische Philosophie 康德哲学
negative Glückslehre der -n - 康德
哲学的否定式的幸福学说 73f.
— und deutsche Innerlichkeit 康德
哲学和德国人的内在性（参此）
213f., 217

Kantscholastik und konfession.
Friede 康德经院哲学与教派间和
平（参此）242（参见 Kant 康德,
Kategorischer Imperativ 绝 对 命
令, Pflicht 义务）

Kapitalismus 资本主义, «kapitalistischer
Geist» "资本主义精神"
— und Militarismus, Krieg, Arbeit-
sethos, Fortpflanzungswille usw.,
Anti- 资本主义与黩武主义、战
争、劳动伦理（参此）、繁衍意
愿（参 见 Bevölkerungsprobleme
人口问题）等, 反资本主义 33,
192, 198, 199f., 266, 284f.,
287, 288, 308ff., 318ff., 321,
389

na, Japan 在中国和日本，商人等级的伦理、实践道德性及其社会影响力 197

Ketzer 异端分子（参见 Häretiker 异端者）

Kirche 教会，*kirchlich* 教会的

— = Gesamtperson, Heils-Liebes-gemeinschaft (- u. Wahrheitsfind-ung) 教会＝总体位格（参此），救恩及爱的共同体（教会与对真理的寻求）80, 90f., 230, 231, 264, 334, 337（参见 Korporation-slehre 团体理论, Heil 救恩／得救, Häretiker 异端者）

die Idee d. «einen Kirche Gottes» und Theismus, natürl. Wertlehre "上帝之唯一教会" 的观念与有神论、天然的价值学说 244f.（参见 Unionsgedanke 合一思想, Kon-fession. Friede 教派间和平）

— und Staat 教会与国家（参此）

Verh. d. -en zu Herrschaft, Staat, Welt im östl. u. westl. Christen-tum 东方和西方的基督宗教（参此）诸教会与统治［权］、国家及世界的关系 104, 107–114

außerrelig. polit. Verflechtungen d. westl. -en 西方诸教会在宗教以外的领域的政治牵扯（参见 Katholizismus 天主教, Luther-

tum 路德宗）

protestant. Volks- 新教的民众教会 246, 247

kath. - und Wirtschaftsleben 天主教会与经济生活 286

— inspirierte Literatur und - Ten-denzlit. 从教会得到灵感的文学与宣教式文学 240

soziol. Ursprung d. - aus dem Chris-tuskult 教会在对基督的崇拜中的社会学起源（特洛尔奇）382

Soziallehren d. christl. -en 基督宗教诸教会的社会学说 381f.（特洛尔奇）

Klasse 阶级

demokratist. -ngedanke und aris-tokratist. Berufsged. in der engl., französ., deutsch. Demokratie 英国、法国、德国的民主体制（参此）中的民主主义的阶级思想与贵族主义的职业思想 161, 162

—ndifferenzierung und Wissensch. 阶级分化与科学（参此）31

—tinteresse und Menschheitsmis-sion des Proletariats 无产阶级的阶级利益与人类使命 175, 250

—nkampfstandpunkt des Sozialis-mus in den Bevölkerungsfragen 社会主义在人口问题（参此）中的阶级斗争立场 319f.（参见 Chil-

志"内在性"(参见此)，德意志人的类型(二元主义)，与国家的关系等 211f., 214, 216f., 231 (参见 Protestantismus 新教，Glaube 信仰，Gnade 恩宠，Arbeitsauffassung 劳动观念，Bevölkerungsprobleme 人口问题，Virginitätsideal 童贞理想，Nächstenliebe 对邻人之爱，Konfess.Friede 教派间和平)

Macht 权力 / 势力

—idee und europ. Ethos, Gottesidee 权力观念与欧洲伦理、上帝观念 112

—idee und deutsche Denkart 权力观念与德国思维方式 129f., 219

— und Dienstschaft im russ. Ethos (- = an sich böse) 俄国伦理中的权力与服务(权力 = 本身就是恶的，112)(参见 Herrschaft 统治[权]，Ironie 反讽，Sünde 罪)

Verh. von -stellung und Ethos, Moralität eines Standes 某个等级的权力地位与其伦理、道德性的关系 197f.

Majoritätsprinzip 少数服从多数原则

— = demokratist. Prinzip, - und Minoritätsrechte 少数服从多数原则 = 民主原则，少数服从多数原则与少数派权利 159, 163

und französ. Begriff d. Nation 以及法国的国族(参见此)概念 124f., 163

Makrokosmos-, Mikrokosmosidee und deutsches Denken 宏观世界 -，宏观世界观念与德国思想 136, 137, 354

Malthusianismus 马尔萨斯主义(参见 Malthus 马尔萨斯，Bevölkerungsprobleme 人口问题，Marxismus 马克思主义)

Manichäer 摩尼教

Augustins Kampf gegen die - 奥古斯丁反对摩尼教的斗争 302

Märtyrertum 殉道者群体

christl. - (Leidensheroismus) 基督宗教的殉道者群体(受苦英雄主义[参见此]) 56, 70

Marxismus 马克思主义, *marxistisch* 马克思主义的

(参见人名索引，Materialist. Geschichtsphilosophie 唯物主义的历史哲学，Chiliasmus 千禧年主义，Arbeit 劳动 / 工作，Arbeiterschaft 工人群体，konfessioneller Friede 教派间的和平，Bevölkerungsprobleme 人口问题，Sozialismus 社会主义，Sozialdemokratie (ältere deutsche)

Schema d. pantheist. und -en Lieb-eslehre 泛神论和密契论的爱的学说的模式 86

kathol. - und Luther 天主教的密契论与路德 286

christl. - und konfession. Friede 基督宗教的密契论与教派间（参此）和平 286

Nächstenliebe［对］邻人之爱

Verh. von - (Gemeinschaft) und Selbstheilung im indischen Ethos 对邻人之爱（共同体）和自我圣化（参此）这两者在古印度伦理中的关系 81, im östl. und westl. Christentum 以及这两者在东方和西方的基督宗教（参此）中的关系 90f., 104, 106, 110（参见 Anachoretentum 遁世生活，Mönchtum 隐修生活）

— (Gemeinschaft) und Glaube, in-divid. Selbstheilig. bei Luther 路德那里的对邻人之爱（共同体）与信仰、个体的自我圣化 231, 263, 381f.（关于特洛尔奇）（参见 Carität 慈善）

Nahrungsmittelspielraum und Bevölk-erungsprobleme 食品转圜空间与人口问题（参此）

Nation 国族，*national* 国族的

Wesen der - = geistig-kulturelle in-divid. Gesamtperson, Wirkspiel-raum einer -, Gesamtgüterwelt 国族的本质 = 精神－文化层面个体式的总体位格（参此），某个国族发挥作用的空间，总体财富世界 118, 119, 124, 126, 163, 334, 338, 339, 342, 349

wesensmäßige Vielh. d. -en Ge-meinschaften 国族共同体就本质而言的多元性 244

individ. Charakter des -en Geistes und Ethos, Wandel der -en Struk-tur (Verh. z. Geschichte einer -), Verh. zur allgemeinmenschl. Ver-nunft (Irrtum d. Aufklär.) 国族精神及伦理的个体性质，国族结构的变迁（与某一国族历史的关系），与普遍人类理性的关系（启蒙运动的谬误）132, 134, 342–347, 358

Unvertretbarkeit d. -en Geister, Ethosformen, ihre kosmopolit. Ergänzung 国族的精神及伦理形式的不可代表性，对国族的世界主义补充 29, 132, 134

individuelles sittl. Wesen d. - 国族的个体伦常本质 124, 344（参见 Mitverantwortung 共同担责）

— und Kulturkreis 国族与文化圈

柏拉图，Augustinus 奥古斯丁，Eros 爱若斯，Liebe und Erkenntnis 爱与认识）

Politik 政治，*politisch* 政治的

—e Einstellung (Fachpolitiker) 政治态度（职业政客）183

konservat. und revolution. Liebesprinzip in der - 政治当中保守的和革命式的爱的原则（参此）167

—es Handeln und Naturrecht, christl. Sittengesetz 政治行为与自然法，基督宗教的伦常法则 232

—e Methodik, Verh, von Außen- und Innen- in den europ. Nationen, aristokratist. (konservat.) und demokratist. (sozialist.) Prinzip in der - 政治方法论，欧洲诸国族外交与内政的关系，政治中的贵族主义（保守主义）与民主主义（社会主义）原则 128，148-150，161，162，166，351

Verh. von - (Staat) u. Religion (Kirche) in d. französ., engl, deutschen Demoktatie 法国、英国、德国民主体制（参此）中政治（国家）与宗教（教会）间的关系 176-178

—e Demokratie 政治上的民主体制（参此）

un-es Wesen, -e Passivität der deutschen Demokratie, deutschen Menschentums (Vorzüge, Schwächen), Folgen 德国民主体制（参此）和德国人（优缺点）的非政治性的本质与政治上的被动性，其后果 179-185，206，236，345，393（参见 Macht 权力，Obrigkeitsstaat 威权国家）

deutsche Jugendbewegung und - 德意志青年运动（参此）与政治 392f.

Bismarcks Macht und die Entpolitisierung des deutschen Bürgertums 俾斯麦的权力与德国市民阶层（参此）的去政治化 216，237

deutsches Ethos hins. des Verh. von - und Kultur 德国涉及政治与文化间关系这个方面的伦理 175f.

—e Verflechtungen der Religionen, Kirchen in Deutschland 在德国，各大宗教、各大教会在政治上的牵扯（参见 Katholizismus 天主教，Luthertum 路德宗）

Port Royal 王港 97

Positivismus 实证主义，*positivistisch* 实证主义的

—es Wissensideal, -e Geschichtsphilosophie, Soziologie des Wissens,

11, 33, 53, 54f., 57, 59（参 见 Leiden 受苦）

(neue) -ntechnik in der deutschen Jugendbewegung 德意志青年运动中（新的）灵魂技艺 11, 393（参见 Technik (Arten) 技术／技艺 [种类]）

—e Gefühle (Tiefenniveaus) 灵魂情感（深层次 [参此]）39, 40, 331

Sein 存在

das Verh, von -, Nicht- und Wert, Gutheit, Unwert, im indischen und griech. Geistestypus, -sverneinung, -sbejahung 古印度和古希腊精神类型中存在、非在与价值（参此）、善（参此）、非价值之间的关系，对存在的否定，对存在的肯定 78ff., 80, 82, 84f., 88

Idee d. Steigerungsgrade des -s = griech. Gedanke 关于存在的升级度的观念＝古希腊的思想 82, und die Idee des ὄντος ὄν 以及关于存在者本身的观念 78, 80, 82, 83, des Bösen = μὴ ὄν, -smangel 关于凶恶（＝物质，存在之匮乏）的观念 82（参见 Gottesidee (griech) [古希腊的] 上帝观念）

Platons Liebesbestimmung = Tendenz vom Nicht- zum - 柏拉图对

爱的定义（参此）＝从非在到存在的趋向 84

Entwirklichung d. -s = höchster -sgrad in d. buddhist. Lehre 存在的去实在化＝佛教学说中最高的存在等级 78

die Idee des absoluten -s (= Liebe) bei Augustinus 奥古斯丁思想中的绝对存在（＝爱）的观念 110

Verh. von - und Wert (Gutheit) bei Thomas v. A. 托马斯·阿奎那思想中的存在与价值（善）的关系 84, 91（参见 Nichts 无，Nirwana 涅槃，Individuum 个体，Buddhismus 佛教）

— des Menschen u. sein Bewußtsein 人（参此）的存在及意识 22

Sekte 宗派

— = aristokratist. Form relig. Gemeinschaft, Wirkungskraft der - u. zukünft. Umgestalt. des Protestantismus 宗派＝宗教共同体的贵族主义形式，宗派的影响力以及新教（参此）在未来的重塑 247f.（参见 Katholizismus 天主教，Troeltsch 特洛尔奇）

Selbsterlösung 自我解脱

asiat., griech. Form der - durch Erkenntnis 通过认识达到自我解脱的亚洲以及古希腊形式 33, 89

主权理论（参见 Demokratismus
民主主义）159

moderne -skriege (und Standes-
Berufsheerkriege) 现代人民战争
（与等级-职业军队战争）198（参
见 Krieg 战争, Militarismus 黩
武主义）

—skirche 民众教会（参见 Kirche
教会）

Völkerbund (Weltabrüstung, Wilson,
Deutschland) 国际联盟（在世界范
围内的裁军, 威尔逊, 德国）207

Volkshochschule 成教学院

— und Weltanschauungslehre, Wel-
tanschauungssetzung, - keine Fach-
schule, keine Parteischule 成教学
院与世界观学说（参此）, 世界观
设定（参此）, 成教学院不是大专
也不是党校 26, 35, 237, 240

Voluntarismus 唯意志论

Gottesidee des - (soziolog. Ent-
sprech.) und christl. Erlebnis-
struktur 唯意志论的上帝观念（社
会学对应项）与基督宗教的体验
结构 93

Max Webers nominalist. - 马克斯·
韦伯的唯名论派唯意志论 14（参
见 Calvinismus 加尔文宗）

Vorbild 榜样

Rolle des -es 榜样的角色（参见

Führer 领袖／领导者）

nationale -typen, Personideale　国
族的（参此）榜样类型, 理想人格
145, 165, 342, 391（参见 Frank-
reich 法兰西／法国, Engl. 英格
兰／英国, Italien 意大利）

Fehlen eines deutschen nationalen
-typus 德国的国族榜样类型的缺
失 235

Wahrnehmung (Einpfindung, Erin-
nerung) und Aufmerksamkeit, Inter-
esse　知觉（感知、回忆）以及注意
力、兴趣 20, 95

Wahrheit 真理

— und Person, Allgemeingültigkeit,
Subjektivität, Daseinsrelativität, -
und Falschheit 真理与人格, 普遍
适用性, 主观性, 此在相对性, 真
理与错误 8, 19, 22f., 90, 134f.
（参见 Philosophie 哲学）

die ganze - (notwend. Ergänzung)
全部真理（必要的补充）22, 23,
132, 329, 346（参见 Vernunft 理性）

cartesian. -sbegriff 笛卡尔的真理概
念 141

Weise 智者, Weisheit 智慧

der - = personale Führerschaft in
Metaphysik, setz. Weltanschau-
ung 智者＝形而上学（参此）、设

—sparteien in Deutschl, 德国的世界观派系 26, 292（参见 Volkshochschule 成教学院，Partei 政党／党派／派系）

Weltanschanungslehre 世界观学说

Stellung d. - im System d. Wissens, Bedeutung d. setzenden Weltansch. (Metaphysik, Philos.) für die - 知识体系中世界观学说的地位，设定式的世界观（形而上学、哲学）对于世界观学说而言的意义 7f., 20f., 22f.

die vier Hauptteile (Aufgaben) einer Bildungs- 教育世界观学说的四个主要部分（任务）23-26

Max Webers Auflös. der setz. Weltanschauung in - 马克斯·韦伯将设定式的世界观（参此）消解为世界观学说 13f., 18f., 22f., 26

soziolog. Bedingtheit der Verbreitung der - (= «das parlamentar. System d. Weltanschauungen») in Deutschl. 在德国，世界观学说传播的社会学局限性（= "世界观的议会制体系"）13, 22, 26（参见 Leiden 受苦，Arbeit 劳动／工作，Konfession. Friede 教派间和平，Bevölkerungsprobleme 人口问题，Volkshochschule 成教学院）

Weltgeschichte 世界［历］史（参见 Geschichte 历史）

Weltkrieg［1.］［第一次］世界大战（参见 Krieg 战争）

Werkzeug und Kunstwerk 工具与艺术品 189

Wert 价值

Verh. von- und Sein 价值与存在（参此）的关系（参见 Gut 善）

—e = eigenes ursprüngl. Bereich von Qualitäten 价值 = 由质性构成的自成一体的原初领域 82

monarch. Form des -erlebens 价值体验的君主制形式 349

—rangordnung und das ethische Prinzip in der Politik 价值等级秩序与政治（参此）中的伦理原则（参见 Gleichheit 平等）

—rang und die Mannigfaltigk. d. Gemeinschaftsformen 共同体形式的价值等级与多元性（参见 Verbandsf. 联合体形式）244

—e und Güter der wesenh. Verbandsf. 本质上的联合体形式（参此）的价值与财富 334, 335, 336, 337, 338

—rang und personh., gesamtpersonh. Differenzier. 价值等级与位格上的及总体位格上的差异 344

—rangordn. und Opferidee 价值等

人 名 索 引 ①

---

① 本索引为原著所有,中译者根据情况有所增补。人名后所注页码为原著页码,即中译本的边码。——译注

图书在版编目(CIP)数据

舍勒全集.第 6 卷,社会学与世界观学说文集/(德)
舍勒著;(美)曼弗雷德·弗林斯编;晏文玲译.—北京:
商务印书馆,2023
ISBN 978‐7‐100‐22624‐0

Ⅰ.①舍…　Ⅱ.①舍…②曼…③晏…　Ⅲ.①舍
累尔(Scheler,Max 1874‐1928)—文集②知识社会
学—研究　Ⅳ.①B516.59‐53②C912.67

中国国家版本馆 CIP 数据核字(2023)第 116850 号

舍勒全集

第 6 卷

社会学与世界观学说文集

〔美〕曼弗雷德·弗林斯 编

晏文玲 译

商 务 印 书 馆 出 版
(北京王府井大街 36 号　邮政编码 100710)
商 务 印 书 馆 发 行
北 京 通 州 皇 家 印 刷 厂 印 刷
ISBN 978‐7‐100‐22624‐0

2023 年 10 月第 1 版　　　　开本 710×1000　1/16
2023 年 10 月北京第 1 次印刷　　印张 43½
定价:160.00 元